Felix Schmidt – Geigele

Felix Schmidt

Geigele

Lebensbild einer Medialveranlagten

Bearbeitet von Bernd Körner

Eich-Verlag

2. Auflage 2011

ISBN 978-3-940964-17-5
© 2010 Eich-Verlag, Thomas Eich, Werlenbach
Alle Rechte vorbehalten

Umschlagfoto: © Jürgen Kramke
Umschlaggestaltung und Satz: Thomas Eich
Druck und Bindung: Bercker Graphischer Betrieb GmbH & Co. KG
Printed in Germany

www.eich-verlag.de

Inhalt

Vorwort zur Neuauflage 2010   7
Vorwort zur Erstauflage 1954   9

I. Geigeles Kindheit und Jugend 11
  1. Die Familie Schreiber 12
  2. Eine Heilung 17
  3. Heilen verboten 23
  4. Abschied von zwei Kindern 31
  5. Der Spuk bei Maiers 36
  6. Erwachen der Hellsichtigkeit Geigeles 47
  7. Brauer Ronners Ende 53
  8. Geigele und Fred 62
  9. Dr. Lehmann 69

II. Einblicke in die jenseitigen Welten 81
  10. An der Eingangspforte zum Jenseits 82
  11. Im Bereich des Höllischen 103
  12. In der Stadt der Gottlosen und Betrüger 113
  13. Aufruhr in der Höllenstadt 122
  14. Dirne und Hexe 128
  15. Ein Blick ins höllische Flammenmeer 134
  16. Vorübergehend wieder in dieser Welt 140
  17. Auf dem Vorplatz zum Himmel 149
  18. In den individuellen und kollektiven
      himmlischen Eigenwelten 168
  19. Das Kinderreich 179
  20. Im Weisheitshimmel 189
  21. Der Liebehimmel 212

III. Geigeles letzte Lebensjahre 235
  22. Herrn McCooks und Mutter Schreibers Heimgang . 236
  23. Das Medium von Chicago 245
  24. Geigeles Heimkehr 288

Vorwort zur Neuauflage 2010

Als eine Freundin von mir vor nun 25 Jahren von einem verstorbenen Bekannten viele Bücher erbte, befand sich darunter auch ein Buch – „Geigele" –, das mich sofort in seinen Bann zog, als ich es durchlas. Es beschrieb sehr überzeugend und faszinierend, was uns erwartet, sobald wir unseren Körper abgelegt haben und in die andere Welt hinübergewechselt sind. Ich kannte zwar schon die Bücher von Dr. Moody und Elisabeth Kübler-Ross, die in ihren Schriften viele eindeutige Beweise dafür erbracht haben, dass der Tod nicht das Ende ist. Die Lebens- und Jenseitsbeschreibung des jungen Mädchens Geigele ging jedoch noch viel weiter und erzählte sehr anschaulich von den vielen Fortschrittsstufen, die wir nach dem Tod im Jenseits zu bewältigen haben, um uns dem Himmel zu nähern und ihn endlich betreten zu dürfen. Insofern sehe ich diese Beschreibungen auch in einer Reihe mit den beiden Bänden der „Reise in die Unsterblichkeit" von Robert James Lees.

Als ich einer interessierten Gesellschaft „Geigele" vorstellen wollte, nahm ich beim Durcharbeiten des Buches wahr, dass das doch recht amerikanische Deutsch, in dem es geschrieben wurde, zu Verständnisschwierigkeiten führen konnte. So beschloss ich, es zu überarbeiten und in ein zeitgemäßes bzw. korrektes Deutsch zu bringen, um es anschließend neu herausbringen zu lassen.

Mit Hilfe des Eich-Verlages kann dieses Vorhaben nun realisiert werden, und somit steht einer Ausgabe in Deutschland nichts mehr im Wege. Das Buch ist 1954 in den USA in deutscher Sprache erschienen und in Deutschland auch über Antiquariate nicht mehr erhältlich. Umso mehr freue ich mich, dass eine Neuauflage nun, nach über 50 Jahren, möglich geworden ist.

So wünsche ich allen, die dieses Buch lesen, dass es ihnen über das, was uns im Jenseits erwartet, die Augen öffnet. Wie wir hier auf der Erde leben – im menschlichen Körper – bestimmt die Art unseres

Lebens nach dem sogenannten Tod. Es ist viel Trost in diesem Buch, aber auch viel Klarheit darüber, dass jeder Augenblick unseres Lebens wichtig ist und wir möglichst achtsam leben sollten, um später – drüben – nichts bereuen zu müssen.

Bernd Körner, im Dezember 2009

Vorwort zur Erstauflage 1954

Dieses Buch stellt eine Zusammenfassung aller Fortsetzungen von „Geigele", dem Lebensbild einer Medialveranlagten, dar, wie sie im Verlauf von mehreren Jahren allmonatlich in der vom unterzeichneten Bearbeiter herausgegebenen deutsch-amerikanischen Monatsschrift „Geistiges Leben" („Spiritual Life") erschienen sind.

Da neue Abonnenten der letzten drei Jahre nicht den Beginn des Lebensbildes nachgeliefert erhalten konnten, weil die Monatshefte der vorausgegangenen zwei Jahre schnell vergriffen waren, so wurde aus dem Kreise der Leserschaft heraus der Wunsch verlautbart, das Lebensbild im vollen Zusammenhang in Buchform erhalten zu können.

Das ist nun mit diesem Buch: „Geigele", Lebensbild einer Medialveranlagten, zur Tatsache geworden. Im Hinblick auf das große Interesse, das „Geigele" bereits während der Veröffentlichung in Fortsetzungen im „Geistigen Leben" erweckte, unterliegt es keinem Zweifel, dass dieses Buch allgemeinen Beifall finden dürfte. Über die Entstehung der Aufzeichnungen, die dann vom Unterzeichneten geordnet, in logischer Reihenfolge zusammengefügt und redaktionell bearbeitet wurden, wird in den Einführungen über einen jeden der drei Teile, in die das Buch zerfällt, näher berichtet.

Gleichzeitig sei all denen aufs Allerherzlichste gedankt, die durch Sonderspenden die Herausgabe dieses Buches überhaupt erst ermöglicht haben.

Cleveland, Ohio, ausgangs 1954

FELIX SCHMIDT

I. Teil

Geigeles Kindheit und Jugend

Das nachfolgende Lebensbild – in drei Teilen – spielt in deutschstämmigen Kreisen Amerikas. Die darinnen auftretenden Personen sind anders benannt worden. Die Handlung spielt sich hauptsächlich im oberen Mississippital ab. Die Ortschaften haben ebenfalls andere Namen erhalten, und zwar solche, die im oberen Mississippital nirgends zu finden sind, mit Ausnahme der Großstädte St. Paul und Minneapolis. Zweck aller Umbenennungen ist der, die Nachkommen der deutschstämmigen Familie, in der sich das Lebensbild „Geigeles" abspielte, vor aufdringlichen Nachfragen zu schützen, die nicht erwünscht sind. Nur unter dieser Bedingung ist es dem Verfasser erlaubt worden, das nachfolgend Mitgeteilte zu veröffentlichen, das bei allen Lesern der deutsch-amerikanischen Monatsschrift „Geistiges Leben" Interesse wachgerufen hat.

Felix Schmidt

1. Die Familie Schreiber

Es war ein heißer Augustnachmittag. Die Sonne brannte erbarmungslos auf das Mississippital hernieder, welches um das etwa zwanzigtausend Einwohner zählende Waterville herum von oft recht steilen, meistens mit Laubbäumen bewachsenen Hügeln umgeben ist. Auf dem breiten Mississippi fuhr ein Dampfer gemächlich stromab und begegnete einem stromauf dampfenden Schlepper, wobei sie sich gegenseitig mit Pfeifensignalen begrüßten, die über das Mississippital bei Waterville hinwegtönten und den Bewohnern des Städtchens ankündeten, dass selbst die sengende Nachmittagssonne das Leben auf dem breiten Strom nicht unterbinden konnte.

Waterville hat genau den gleichen Charakter wie alle Städtchen von derselben Größe da oben im nördlichen Teil des ausgedehnten Westens, wo sich der „Maisstaat" Iowa mit dem „Staat der Tausend Seen", dem Staat Minnesota, berührt und wo der Mississippi die Grenze nach dem Staat Wisconsin zu bildet. Waterville hatte, obgleich durchschnittlich nur Mittelstandsbevölkerung, doch auch eine Schicht von besonders Reichen, deren Eltern und Großeltern mit der Abflößerei der in den dichten Wäldern der oberen Nebenflüsse gefällten Baumstämme fette Gewinne erzielt, diese gut angelegt hatten und dann mit dem natürlichen Wachstum der Städte im Westen weiter hochgekommen und reich geworden waren. Das Städtchen hatte aber auch, genau wie alle anderen solcher Art, sein Armenviertel oder, wie man es hierzulande zu bezeichnen pflegt, die Gegend „jenseits der Bahngleise" – „on the other side of the tracks" –, wo diejenigen wohnen, die es trotz ehrlichster Arbeit zu nichts bringen können, weil entweder die Familie zu schnell gewachsen ist oder Krankheiten ein Hochkommen unmöglich gemacht hatten. Es gab dort „jenseits der Bahngeleise" aber auch einige Familien, die nicht gerade im besten Ruf bei der Bevölkerung standen, doch das waren zur Ehre Watervilles immerhin nur einige vereinzelte, die sonst keine Ruhestörungen verursachten außer während gelegentlichem Betrunkensein und dann einsetzenden Schlägereien, die aber meistens von den

Umwohnenden selbst geschlichtet wurden, ohne dass erst die Polizei einzuschreiten brauchte.

Eines der Häuser in der Gegend „jenseits der Bahngeleise" stand derart nahe am Eisenbahnbett, das nicht hochgelegt war, dass jeder vorbeifahrende Zug das ganze Haus erbeben ließ, namentlich nachts, wenn zwei Expresszüge nach und von der Pazifischen Küste, ohne anzuhalten, durchdonnerten. Doch die in dem Haus Wohnenden waren so an diesen Lärm gewöhnt, dass ihnen etwas gefehlt hätte, wenn die Züge nicht mehr vorbeigefahren wären. Die Bewohner, Schreiber mit Namen, waren erst vor kurzem aus dem Staate Montana nach dem südlichen Minnesota übergesiedelt, weil es da oben in Montana zwei Jahre hindurch auf der Farm nur Missernten gegeben hatte und den Schreibers schließlich die harten Winter mit ihrer großen Kälte und die große Hitze im Sommer, die in Montana gewöhnlich im Juli und August zu verzeichnen ist, die Sehnsucht nach einer besseren Gegend wachgerufen hatten. Man verbrachte zunächst einen Winter in Norddakota. Aber da waren die Verhältnisse fast die gleichen wie in Montana, nur mit dem Unterschied, dass es dort bei großer Kälte meistens auch noch stürmisch war. Schließlich fuhr Vater Schreiber mit seiner Familie aufs Geratewohl nach dem Osten. In Minneapolis hörte er von Waterville, wo sich eine kleine Industrie zu entwickeln schien und außerdem ein Stapelplatz für die Holzfällerei war.

Die Familie Schreiber gehörte zu jenen deutschen Pionieren, die sich überall, wohin sie das Schicksal verschlägt, ihr deutsches Wesen bewahrten und danach lebten. Vor jeder Mahlzeit, vor dem Schlafengehen, nach dem Aufstehen wurde gemeinsam gebetet, und an Sonntagabenden wurden oftmals gemeinsam die hübschen deutschen Kirchenchoräle gesungen. Das Familienoberhaupt, Michael Schreiber, entstammte einer Familie, die vor über hundert Jahren aus Süddeutschland in das Wolgagebiet ausgewandert war. Dort war durch die eingewanderten Deutschen in kurzem eine blühende Landwirtschaft geschaffen worden. Als aber die Russen anfingen, den eingewanderten Deutschen das Privileg zu nehmen, nicht in der russischen Armee dienen zu müssen, setzte eine Auswanderung der Deutschen aus den russischen Kolonien nach Nordamerika, und im geringeren Maße auch nach Argentinien ein. Michael hatte nicht gleich auswandern können, als er herangewachsen war, weil er eine kranke Mutter zu unterstützen hatte. So musste er denn auch noch in der russischen Armee dienen. Doch als seine Dienstjahre um waren und er nach der Heimkehr in sein Heimatdorf erfuhr, dass seine Mutter inzwischen gestorben war, da machte er sich nachts auf und schlug sich durch bis nach Bessarabien. Dort ging er bei einem deutschen Bauern für ein Jahr in Stellung, sparte sich Geld und machte sich dann weiter auf die Reise nach Amerika. Unterwegs wurden ihm jedoch seine Ersparnisse geraubt, und er musste nochmals ein Jahr in der Batschka bei einem Bauern eine Stellung annehmen. Dort lernte er dann sein „Sophie'erl" kennen, in das er sich verliebte und sie im Frühjahr heiratete. Darauf traten beide die Reise in die Neue Welt im Zwischendeck an, landeten in Montreal und versuchten erst eine Heimstätte in Saskatchewan zu bekommen. Das ging aber infolge irgendwelcher Umstände, die sich das junge Pärchen einfach nicht erklären konnte, nicht schnell genug, und so reiste man hinüber über die Grenze in die „Staaten" und nahm im Staat Montana eine Heimstätte auf.

Es wurden Michael und Sophie sechs Kinder geboren, drei Söhne und drei Töchter, nämlich: Georg, Joseph, Magdalena, Margareta, Philipp und Josephine. Sie waren dreizehn, elf, acht, sechs, drei und ein Jahr alt, als die Schreiberfamilie nach Waterville kam. Michael, das Familienoberhaupt, fand gleich Beschäftigung in der Brauerei am Ort. Georg, der Älteste, hatte es schnell verstanden, sich beim Eisenbahnstationsvorsteher beliebt zu machen und hielt sich fast seine ganze freie Zeit hindurch auf der Station auf, wo er bei allen Bahnbeamten der durchfahrenden Züge schnell bekannt und bei ihnen auch beliebt wurde, weil er jederzeit zu kleinen Gefälligkeiten bereit war. Seine Sehnsucht war, später einmal Eisenbahnschaffner zu werden, weil diese eine so schmucke Mütze tragen, den Zug sozusagen kommandieren und alle Fahrgäste einem Schaffner ihre Fahrkarten vorzuweisen haben. Joseph, der Zweitälteste, war nicht an der Bahn interessiert. Er spielte oft mit dem Sohn Rudi des Nachbarn, der ein notorischer Trunkenbold war und ging oft mit in die Wirtschaft, wenn Rudi seinen Vater „abholen" musste, was aber nicht so leicht war, da Rudi immer erst eine „Szene schauspielern" musste, ehe er seinen Vater vom Schanktisch wegbekommen konnte. Meistens heulte Rudi dem Vater was vor, dass zu Hause irgendetwas geschehen sei oder jemand erkrankt wäre, ehe sich Rudis Vater endlich entschloss, mit Rudi und Joseph heimzugehen, die den meistens Starkbetrunkenen „stützen" mussten, wobei die Jungen alle ihre Kräfte aufzuwenden hatten. Magdalena half der Mutter in der Küche, maßte sich aber eine herrschende Stellung an, wenn Mutter nicht da war, und tyrannisierte dann die jüngeren Geschwister. So musste die zwei Jahre jüngere Schwester Margareta dann alle die grobe Küchenarbeit machen, und Magdalena sah einfach zu und gab Befehle. Von den beiden Jüngsten, dem dreijährigen Philipp und der einjährigen Josephine, konnte aber Margareta noch keine Hilfe erwarten, da ja beide noch zu klein waren. Josephine war außerdem Mutters „Nesthäkchen".

Und das war so gekommen. Mutter Schreiber, immer noch eine stattliche, kräftige Frau, mit hübschen, man möchte fast sagen, durchgeistigten Zügen, war von Natur aus fromm. Außerdem war sie auch mit dem „Zweiten Gesicht" begabt. Sie konnte „Dinge vorhersehen". Als sie ihr Jüngstes, die Josephine, erwartete, hatte sie einen seltsamen Traum. Ein Engel erschien und sagte ihr, dass ihre Frömmigkeit dem Herrgott gefalle und dass sie deswegen ein Kind gebären würde, das genau wie sie das „Zweite Gesicht" besitzen würde. Außerdem würden durch das Kind später auch viele Menschen zu Gott geführt werden.

Nach diesem Traum betete Sophie Schreiber noch inniger dankerfüllten Herzens zu Gott. Und als dann das Kindchen geboren war, ein Mädchen, das auf den Namen Josephine getauft wurde, da bemerkte Mutter Schreiber sehr bald, dass die kleine Josephine dem entsprach, was ihr im Traum verkündet worden war. Die kleine Josephine lernte bald, wenn Mutter am Abend vor ihrer Wiege niederkniete, ebenfalls ihre Händchen zu falten und so anscheinend mitzubeten, obgleich Josephinchen anfangs sich natürlich noch nicht bewusst war, was es bedeutete. Der Mutter fiel dabei auf, dass Josephine beim Falten ihrer kleinen Händchen immer an der Wand hochsah. Dort befand sich ein Wandkalender aus einem längst vergangenen Jahr, der dort von den früheren Bewohnern zurückgelassen worden war und den die Schreibers hatten hängen lassen.

Das Bild über dem Wandkalender zeigte in der Mitte Gott auf einem Thron sitzend, umgeben von Engelchen, die alle die Geige spielten. Den Hintergrund bildeten Wolken. Die Engelchen waren, wie oft auf solchen Bildern üblich, nur mit entzückenden lockigen Kinderköpfchen abgebildet, darauf Schultern, einem Flügelpaar daran und mit Armen, mit denen sie die Geige zur Ehre Gottes spielten. Der übrige Teil der Engelkörperchen ging in die Wolkenbänke im Hintergrund über. Als die Mutter die Vorliebe ihrer Jüngsten für das Wandkalenderbild sah und Josephinchen älter geworden war, fing sie an, ihr das Bild zu erklären. Sie sagte: „Sieh, Phinchen (Abkürzung für Josephine), dort ist der liebe Gott, und um ihn herum sind alles Engerle, und sie spielen alle das Geigele."

Seltsamerweise blieb bei Phinchen von alledem nur das Wort „Geigele" haften. Und wenn Mutter sich über ihre Wiege beugte, um sie zu herzen und zu küssen, da richtete sich Phinchen oft auf, zeigte auf das Bild und stammelte „Geigele". Es war das erste Wort, das Phinchen aussprechen konnte, und so vergaß man bald den Namen Josephine und nannte Phinchen fortan nur noch das Geigele.

An dem zu Beginn geschilderten Augustnachmittag saß nun Geigele im Stühlchen neben ihrem zwei Jahre älteren Brüderchen Philipp wie immer neben der Türschwelle vor dem Haus, als das Glockensignal des Abendschnellzuges vernehmbar wurde. Immer, wenn dieser am Hause von Schreibers vorbeifuhr – er fuhr dann schon langsam, weil sich bald dahinter die Station befand – sah der Lokomotivführer vom Führerstand heraus und winkte den Kindern zu.

Als jetzt das Glockensignal lauter wurde, jubelte Geigele auf, und Philipp rannte ins Haus mit den Worten: „Mutti, Mutti, 's Zügle koamt."

Mutter Schreiber trocknete sich schnell die Hände ab – sie hatte gerade Wäsche gewaschen und eilte vor das Haus. Schon kam der Zug an. Vom Führerstand der Lokomotive herab beugte sich der Lokomotivführer und winkte freundlich den Kindern zu. Philipp und Geigele winkten wieder, doch Mutter Schreiber war weiß im Gesicht geworden.

Sie kniete nieder, umfing die beiden Kinder mit ihren Armen und murmelte etwas vor sich hin.

„Das war Papa Krause auf der Lokomotive, Mutti", bemerkte Philipp. „Er winkt uns immer, wenn er vorbeifährt."

„Er hat zum letzten Mal gewinkt", sagte da als Antwort Mutter Schreiber leise vor sich hin, die Kinder noch immer fest umschlungen haltend. Das freundliche Gesicht von Papa Krause auf dem Führerstand hatte sich für sie beim Vorbeifahren des Zuges plötzlich in einen Totenkopf verwandelt, ein sicheres Zeichen für Mutter Schreiber, dass ihm der Tod drohe!

Am nächsten Morgen durcheilte die Hiobsbotschaft Waterville, dass Lokomotivführer Krause tödlich verunglückt sei. Auf der nächsten Station habe er sich beim Abfahren zu weit aus dem Führerstand zur Seite hinausgelehnt, weil etwas an der Maschine nicht in Ordnung zu sein schien und war dabei von einem Signalmast gegen den Kopf getroffen worden, was den augenblicklichen Tod zur Folge hatte.

Wiederum hatte das „Zweite Gesicht" Mutter Schreiber nicht getäuscht.

2. Eine Heilung

Es hatte sich übrigens verhältnismäßig schnell in Waterville herumgesprochen, dass Mutter Schreiber das „Zweite Gesicht" hatte. Sie bekam deswegen öfter Besuch von solchen, die Krankheit im Hause hatten und die sonstige Sorgen drückten. Aber nicht immer war die um Rat Gefragte in der Lage, irgendeinen Aufschluss zu geben. Sie teilte das dem Besucher oder der Besucherin auch ehrlich mit. So kam es, dass man in Waterville geteilter Meinung über Mutter Schreibers hellseherische Begabung war. Die, denen Auskunft erteilt worden war, welche stimmte, schworen, dass das alles eingetroffen sei, was ihnen gesagt worden wäre. Diejenigen dagegen, die unverrichteter Sache hatten abziehen müssen, behaupteten steif und fest, die Hellseherin sei nichts wert, denn wenn jemand wirklich das „Zweite Gesicht" besäße, so müsste eine solche Person doch immer Aufschluss geben können. Die so Urteilenden verstanden es eben nicht besser und wussten nicht, dass mit der Gabe des „Zweiten Gesichts", wie überhaupt mit allen übersinnlichen Anlagen, auch eine gewisse Verantwortung verbunden ist, die freilich nur diejenigen intuitiv spüren, die keinen Missbrauch mit der ihnen von Gott als ein Geschenk verliehenen Gabe treiben.

Kurz nach dem geschilderten Unfall des Lokomotivführers Krause erhielt eines Nachmittags Mutter Schreiber hohen Besuch, nämlich den von Frau McCook, der Gattin des Besitzers der größten Holzflößerei am Ort. Da Magdalena noch in der Schule war und die anderen Kinder, Margaret, Philipp und Geigele draußen spielten, so war Mutter Schreiber allein im Haus.

Als sie die nach der neuesten Mode der damaligen Zeit gekleidete Dame vor sich stehen sah, wusste Mutter Schreiber gar nicht, was sie sagen und wie sie sich benehmen sollte.

„Kann ich ins Haus kommen?", nahm da freundlich lächelnd die Besucherin das Gespräch auf, indem sie die noch immer sie anstarrende Mutter Schreiber aufs Geratewohl ansprach.

„Aber natürlich", beeilte sich die Angeredete nun zu versichern, wobei sie, wie aus der Erstarrung erwachend, höflich zur Seite trat und Frau McCook ins Zimmer hineinließ und bat, auf einem der Stühle Platz zu nehmen, während sich Mutter Schreiber selbst ihr gegenübersetzte.

„Ich weiß nicht recht, wie ich beginnen soll", nahm etwas verlegen Frau McCook die Unterhaltung auf. „Wie man sich in der Stadt erzählt, haben Sie die Gabe des ‚Zweiten Gesichts'?"

„Wie man es nimmt", entgegnete bescheiden lächelnd die Angeredete.

„Natürlich, natürlich können Sie nicht alles wissen! Das ist mir klar und …"

„Entschuldigen Sie", unterbrach da Mutter Schreiber die Sprecherin, „das ist nicht so, wie Sie es sich denken. Ich weiß in jedem Falle sehr wohl, um was es sich handelt, doch ich darf manchmal nicht darüber reden und schweige deswegen."

„Wer verbietet Ihnen das Reden?"

„Eigentlich niemand! Doch in manchen Fällen spüre ich, dass es das Beste für alle Beteiligten ist, nichts zu sagen, da es doch nur Unangenehmes sein würde und ich damit vielleicht Verbitterung schaffen könnte."

„Wann wäre das zum Beispiel?", fragte Frau McCook teils neugierig, teils ängstlich.

„Wenn ich beispielsweise gefragt werde, wo sich jetzt Verstorbene von Fragestellern befinden. Manchmal sehe ich diese glücklich und zufrieden; manchmal sehe ich sie auch bitter leiden. Und in solchen letzteren Fällen schweige ich gewöhnlich."

„Ach so", kam es wie eine Art von Erleichterung von den Lippen der Besucherin. „Na, wegen solcher Auskunft komme ich nicht zu Ihnen."

„Was ist es, was Sie wissen möchten?"

„Ich habe einen Sohn von acht Jahren, der mir Sorgen macht. Er ist nicht wie andere Kinder. Er sitzt oft stundenlang da und stiert wie geistesabwesend vor sich hin. Nichts interessiert ihn. Oft bricht er in bittere Weinkrämpfe aus, woraufsich sein Zustand zu bessern scheint und er eine ganze Zeit hindurch wieder ein ganz normales Kind ist, bis plötzlich ganz unvermutet ein neuer Anfall über ihn kommt. Ich dachte, Sie könnten mir da mit Hilfe des ‚Zweiten Gesichts' eine Auskunft geben, was es für eine Bewandtnis mit dem Kind hat und wie ihm geholfen werden könnte. Ich will Sie auch gut bezahlen für Ihre Hilfe."

Mutter Schreiber hatte aufmerksam zugehört, doch bei der letzten Bemerkung mit dem „guten Bezahlen" verfinsterte sich ihre Miene wie im Unwillen und, schärfer vielleicht, als sie gewollt hatte, antwortete sie: „Bitte, meine Gabe, die mir unser Herrgott verliehen hat, ist nicht verkäuflich und käuflich. Wenn ich Ihnen helfen kann, dann tue ich das gern aus Menschenpflicht und aus keinem anderen Grund."

Frau McCook war etwas peinlich berührt. Sie wollte einerseits nicht beleidigen, andererseits war es ihr aber auch unverständlich, warum jemand für einen Dienst, den er vielleicht leistete, nichts bezahlt haben mochte. Ihr erschien das etwas unfasslich, da sie ja schottischer Herkunft war und es in ihrer Familie stets üblich gewesen war, für geleistete Dienste Bezahlung zu nehmen und für solche auch selbst zu zahlen. Aus Angst jedoch, Mutter Schreiber vielleicht so zu kränken, dass sie sich weigern würde, ihr zu raten oder zu helfen, lenkte sie schnell ein mit den Worten: „Es lag mir vollkommen fern, liebe Frau Schreiber, Sie irgendwie beleidigen zu wollen; doch helfen Sie bitte meinem Sohn. Wenn ich von ‚bezahlen' sprach, so meinte ich damit nicht, dass ich Sie einfach wie einen Händler abfertige, sondern ich wollte damit nur meine Bereitschaft zeigen, Ihnen Ihre Mühe und eventuellen Kosten zu vergüten."

„Nichts davon kommt hier in Frage", lautete die freundliche, aber ernste Antwort. „Wenn ein Mitmensch krank ist und es liegt in der mir von unserm Herrgott verliehenen Gabe und Macht, ihm zu helfen, werde ich das ungeachtet aller Mühen als selbstverständliche Menschenpflicht tun."

Damit erhob sich Frau Schreiber und deutete so an, dass sie bereit wäre, mit Frau McCook, die sich ebenfalls erhoben hatte, zum Kranken zu gehen.

Da jedoch vom Mitgehen bis jetzt nichts direkt gesagt worden war, so war Frau McCook über das plötzliche Aufstehen von Frau

Schreiber etwas erstaunt und dachte, sie wolle damit andeuten, dass sie den Besuch als erledigt betrachtete. Die Besucherin blieb daher unentschlossen stehen, da sie ja noch nicht wusste, ob ihrem Sohn geholfen werden würde oder nicht. Frau Schreiber wiederum konnte sich das einfache Stehenbleiben der Besucherin im Zimmer auch nicht erklären. Da fiel ihr plötzlich Geigele ein, das sie nicht gern völlig der Obhut der beiden nur wenige Jahre älteren Geschwister anvertrauen wollte. Sie bemerkte daher, wie entschuldigend: „Verzeihen Sie, Frau McCook, Sie haben wohl nichts dagegen, wenn ich mein jüngstes Kind mitnehme. Es ist ja nicht so sehr weit zu Ihnen, wenn wir weiter unten über die Bahngleise gehen."

„Oh, Sie wollen mit mir mitkommen, Frau Schreiber!", kam es da wie eine Erlösung von Frau McCooks Lippen.

„Aber natürlich, deswegen stand ich ja auf. Ich muss doch den Jungen erst mal sehen."

Nur zu gern war die Besucherin nun zum Fortgehen bereit. Sie versicherte, dass sie ganz und gar nichts dagegen hatte, Geigele mitzunehmen. So hob Frau Schreiber Geigele auf den Arm, das ihr Püppchen an sich drückte, und nahm sie mit.

Unterwegs fiel Frau McCook das primitive Püppchen von Geigele auf, und sie gelobte sich, wenn ihrem Sohn geholfen würde, ein anderes Püppchen zu kaufen. Geigele liebte nun aber gerade dieses Püppchen, weil es ihre Mutti für sie aus Stoffresten gemacht hatte. Die Augen waren zwei schwarze Knöpfe, der Mund und die Nase waren zwei schwarze Garnlinien, und die Ohren waren zwei angenähte Flicken.

Die McCooks bewohnten ein elegantes 14-Zimmer-Haus, das mitten in einem ausgedehnten Garten lag, der von einem eisernen Geländerzaun umgeben war, so, wie man zur damaligen Zeit die großen Besitztümer zu umzäunen pflegte.

Beim Öffnen der Gartentür kam ihnen ein großer Schäferhund bellend, aber schweifwedelnd entgegengesprungen.

„Sei still, Pluto!", befahl Frau McCook dem Hund, der immer noch schwanzwedelnd die fremden Besucher umsprang.

Geigele, das keinerlei Angst vor dem großen Hund hatte, schien Pluto gleich ganz besonders ins Herz geschlossen zu haben, denn er trabte neben Frau Schreiber her und blickte immer nur zu Geigele hoch.

Man ging durch mehrere Zimmer bis in einen saalartigen

Vorderraum, wo vor dem Fenster ein Lehnstuhl stand, in dem ein hübscher, achtjähriger Junge apathisch vor sich hinstarrend ruhte. Auch als Pluto, der mit hereingekommen war, seine Hände leckte, änderte der Junge nicht seine Stellung.

Mutter Schreiber nahm Geigele vom Arm und setzte sich dem Jungen gegenüber, während Frau McCook sich neben sie stellte und gespannt auf das wartete, was kommen würde. Aber es geschah vorläufig nichts. Geigele drückte sich an ihre Mutter und sah interessiert zu dem Jungen hinauf, während Pluto versuchte, Geigeles Händchen und Gesicht zu lecken.

Nach längerem Schweigen bemerkte Mutter Schreiber, sich wie im Halbschlaf an Frau McCook wendend:

„Ihr Sohn wird geheilt werden."

Dann schwieg sie aber plötzlich, obgleich ihr Mund noch halb geöffnet war, als ob sie noch mehr hätte sagen wollen, doch es kam kein Wort mehr über ihre Lippen.

Frau McCook, so hocherfreut sie über das Gehörte war, konnte das weitere Schweigen nicht verstehen, zumal sie bemerkt hatte, dass Frau Schreiber anfänglich noch hatte weitersprechen wollen, dann aber wie auf Kommando schwieg.

Sie wartete, bis Frau Schreiber wieder vollkommen bei sich war und drückte ihr dann dankbar die Hand mit den Worten: „Vielen innigen Dank für den Trost, den Sie mir geben! Sie ahnen ja gar nicht, welche Freude Sie mir damit bereiten."

Sie schwieg darauf und hoffte, dass nun Frau Schreiber etwas sagen würde. Als das aber nicht geschah, setzte sie hinzu: „Können Sie sehen, was wir, das heißt mein lieber Mann und ich, tun müssen, um den Zustand unseres Sohnes zu bessern?"

Doch ehe Frau Schreiber antworten konnte, bewegte sich der Sohn im Lehnstuhl, war plötzlich wach und streckte seine Hände nach der Mutter aus, die schnell zu ihm eilte und ihre Arme um ihn schlang.

„Fred, mein lieber Fred, oh wie freue ich mich!", jubelte sie, während sie ihren Sohn noch fester an sich drückte. Dieser bemerkte jetzt Frau Schreiber und sah diese neugierig an.

„Oh, Fred", versuchte die Mutter aufzuklären, „diese gute Frau kann in die Zukunft sehen und hat gesagt, dass alles noch gut mit dir werden würde."

„Ich weiß das jetzt auch", bemerkte zum höchsten Erstaunen der Mutter der Junge. „Weißt du, ich habe einen merkwürdigen Traum gehabt. Ich träumte, eine Frau – es war die da –", wobei er auf Frau Schreiber deutete, „würde ins Haus kommen und noch jemanden mitbringen, der mir Heilung gibt."

Nach diesen Worten richtete sich Fred hoch und sah sich um. Da bemerkte er das sich ganz an das Kleid der Mutter anschmiegende Geigele, sprang auf und rief: „Da, die da, das Mädchen ist es, das mich heilen wird!"

Damit bückte er sich zu Geigele, die ihm erstaunt, aber furchtlos entgegensah und sich ruhig von ihm umarmen und küssen ließ, wobei sie wie beglückt lächelte.

Frau McCook und auch Frau Schreiber sahen ruhig, wenn auch etwas erstaunt, dieser überraschenden Szene zu.

Plötzlich wandte sich Fred bettelnd an seine Mutter: „Kann das Mädchen nicht hier bei uns bleiben?"

Frau McCook sah Frau Schreiber an, und da sie bei ihr keine zusagende Geste bemerkte, so antwortete sie dem Fragenden zögernd: „Ich glaube, das wird wohl nicht gehen. Sieh mal, was würdest du wohl dazu sagen, wenn jetzt ein Fremder kommen und sagen würde: ‚Fred, du kommst nun zu uns'. Würde dir das gefallen?"

„Nein", antwortete zögernd und enttäuscht der Gefragte.

„Siehst du, so will auch das Mädelchen – ihr Name ist Geigele – bei seiner Mutter bleiben. Nicht wahr, Geigele?"

Damit beugte sich Frau McCook zu Geigele, das verlegen den Finger in den Mund gesteckt hatte, während sie in der andern Hand ihr Püppchen hielt, wobei sie sich ganz an ihre Mutter anschmiegte.

Geigele blieb stumm, nickte auch nicht. Deswegen ergriff ihre Mutter das Wort: „Warum kann denn es nicht so gemacht werden, dass Fred uns ab und zu besucht. Da kann er mit Geigele spielen."

„Oder", fiel da Frau McCook ein, „warum kann denn Geigele nicht zu uns herübergebracht werden und hier im Garten mit Fred spielen? Hier sind die Kinder keinerlei Gefahren ausgesetzt, und der Hund bewacht sie außerdem."

„Na, überlassen wir es der Zeit", wehrte Mutter Schreiber ab, ohne weder zuzustimmen noch abzulehnen.

Beim Fortgehen wollte Frau McCook den Scheidenden Gebäck mitgeben, doch auch das wurde sanft abgewehrt: „Ich verstehe Ihre Gefühle, Frau McCook, doch bitte, auch keine Geschenke!"

Frau McCook gab nach; aber da fiel ihr plötzlich noch ein:

„Können Sie mir nicht sagen, was ich tun soll, wenn sich die Anfälle bei Fred wieder einstellen?"

„Zunächst nichts weiter als innig zu Gott beten. Was später getan werden kann, vermag ich augenblicklich noch nicht zu sagen."

3. Heilen verboten

Von da ab verging kein Tag, an dem nicht Fred herüberkam, um Geigele zu sehen und mit ihr und ihrem Bruder Philipp zusammen zu spielen. Öfter brachte er auch seine eigenen Spielsachen mit. Anfänglich kam die Mutter mit, die sich ruhig ins Gras setzte und den Kindern zusah, wenn Frau Schreiber nicht zu Hause war. Manchmal kam auch nur das Hausmädchen von McCooks mit. Nur selten ging Mutter Schreiber mit Geigele zu McCooks hinüber, wo beide auch von Herrn McCook freundlichst willkommen geheißen wurden. Doch es war nicht oft der Fall, dass man McCooks besuchte. Und das hatte seinen Grund, der nur Mutter Schreiber bekannt war.

Was Mutter Schreiber beim ersten Besuch sah, hatte sie für sich behalten, diente ihr aber als Richtschnur. Sie hatte nämlich gesehen, dass irgendein Zusammenhang zwischen der seltsamen Krankheit Freds und ihrem Geigele bestanden hatte. Ferner hatte sie auch gesehen, dass Fred wohl ganz geheilt werden, aber jung sterben würde, und zwar eines gewaltsamen Todes. Daher ihr Schweigen, denn die mit ihrer Gabe gleichzeitig stets auftretende innere Eingebung hatte ihr den Mund verschlossen, der Mutter Freds mehr zu sagen.

Das „Gesicht" bezüglich Freds war leider nicht bis in alle Einzelheiten deutlich gewesen. Daher war Mutter Schreiber vorsichtig beim Umgang Geigeles mit Fred. Sie wollte nicht gern ihr eigenes Kind mit ihm zusammen gefährdet sehen. Und bisher hatte sie keine weiteren erklärenden „Gesichte" bezüglich Freds gehabt. Soviel ließ sich nur feststellen, dass dieser durch das Spielen und Zusammensein mit Geigele ganz anders geworden war. Seine Anfälle wurden immer seltener und traten eigentlich nur auf, wenn er infolge schlechter Witterung mehrere Tage hindurch nicht mit Geigele hatte zusammensein können. Es war, als ob von Geigele eine geheimnisvolle Heilkraft ausströmte.

Und allmählich ging auch mit Geigele eine Veränderung vor sich. Wenn es längere Zeit mit Fred nicht zusammen war, büßte das Kind an Lebhaftigkeit ein. Das war es, was Mutter Schreiber ganz besondere Sorgen bereitete. Sie wusste durch ihre mediale Begabung, dass es Menschen gibt, die andern Menschen Lebenskraft rauben, ohne es zu wissen. Allerdings schien das zwischen Fred und Geigele nicht so sehr ein Rauben zu sein, als ein verstärkter gegenseitiger Lebensstromaustausch, der beim längeren Nichtzusammenkommen eben einfach unterbrochen war.

Freds schneller Heilungsprozess sprach sich durch die Familie McCook natürlich auch in den „besseren Kreisen" von Waterville herum. Die McCooks hatten ja alle Ärzte nicht nur Watervilles, sondern auch aus der Umgebung wegen des Zustandes ihres Sohnes befragt, ohne dass nur ein einziger Arzt wirklich richtigen Aufschluss hätte geben können. Die Gesundung Freds nach dem Besuch von Mutter Schreiber rief daher umso größere Aufmerksamkeit hervor. Mutter Schreiber erhielt jetzt auch Besuch von außerhalb und wurde besonders bei unheilbaren Krankheiten viel um Rat gefragt. Intuitiv fragte sie aber in jedem Fall immer erst, ob der Patient in ärztlicher Behandlung sei und bei wem. Aus einfachem Anstands- und Taktgefühl riet Mutter Schreiber dann immer jeder sie um Rat aufsuchenden Person, den Arzt weiter zu behalten und auch seinem Rat zu folgen. Sie selbst heilte nur mit Gebet und Handauflegen, und ließ sich von den Kranken versprechen, nicht mehr bewusst zu sündigen, wenn sie gesund werden wollten. Die, welche ihr Versprechen ernst nahmen, gesundeten auch, oft in den schwierigsten Krankheitsfällen. Das erregte schließlich die Aufmerksamkeit der gesamten Ärzteschaft. Doch da Mutter Schreiber niemals etwas für ihre Ratschläge an Vergütung forderte, nicht mit Medikamenten irgendwelcher Art oder gar Patentmedizinen heilte und auch nie abriet, weiter zu dem Arzt zu gehen, den ein Patient gerade hatte, so konnte die Ärzteschaft nichts gegen sie unternehmen oder es ihr verbieten, für Kranke zu beten, um solche zu heilen.

Eines Tages wurde Vater Schreiber bei der Arbeit aufgefordert, zu seinem Arbeitgeber, dem Brauer Ronner, ins Privatbüro zu kommen. Der so Gerufene konnte sich diese Ehre nicht erklären.

„Mein lieber Herr Schreiber", begann nach Betreten des Privatbüros der Brauereibesitzer den verschüchterten Schreiber anzureden. „Ich höre da ja ganz seltsame Dinge von Ihrer Frau. Sie soll allerhand Kranke heilen können. Stimmt das?"

„Ja, Herr Ronner", antwortete Vater Schreiber, verlegen seine Mütze in den Händen drehend.

„Na, dann sagen Sie Ihrer Frau, sie soll das von nun an sein lassen", donnerte Ronner plötzlich den völlig verdutzten Schreiber an, der nur stammelnd fragen konnte: „Warum denn aber?"

„Warum? Und da fragen Sie noch? Weil es natürlich Unsinn ist! Kürzlich erst hatte ich eine Abendgesellschaft, zu der mehrere Ärzte geladen waren, und diese erzählten mir, dass die Frau eines in meiner Brauerei arbeitenden Angestellten den Ärzten hier arge Konkurrenz mache. Die Besucher baten mich, etwas dagegen zu tun. Und ich werde etwas dagegen tun." Hierbei schlug Ronner mit der Faust auf den Tisch! „Sagen Sie Ihrer Frau, sie soll mit dem Mumpitz aufhören und das Heilen den Ärzten überlassen, die diesen Beruf gelernt haben, verstanden?"

„Ja, aber warum denn, warum denn?", stammelte Vater Schreiber erneut, der das nicht begreifen konnte.

„Warum, warum? Das ist alles, was ich von Ihnen höre! Mag sein", und er mäßigte damit seine erregte Redeweise, „dass Sie als ehemaliger Farmer nicht wissen, was Ihre Frau mit ihrem Heilblödsinn in Wirklichkeit anstellt. Also erstens, es gibt kein Heilen durch Gebet! Wenn ich mir den Arm gebrochen habe, so brauche ich einen Arzt, der mir den Arm zurechtsetzt und kein Gebete murmelndes ‚olles Weib'! Zweitens haben die Ärzte, die sich irgendwo für ärztliche Praxis niederlassen, viele Jahre studiert, ehe sie als Ärzte zum Praktizieren zugelassen werden. Sie wissen also immer, was sie in Krankheitsfällen zu tun haben. Und drittens hat es viel, oft sehr viel Geld gekostet, ehe sie ihre ärztlichen Studien beenden konnten, und dann haben sie auch ein Recht, sich durch ihren Beruf einen Lebensunterhalt zu verdienen. Und diesen nimmt Ihre Frau mit ihrer Gesundbeterei nun den Ärzten fort! Dämmert's jetzt?"

„Meine Frau sagt doch aber immer allen, sie sollen bei ihren Ärzten bleiben und nimmt keinem Arzt das Honorar fort, denn sie nimmt niemals etwas für ihre Dienste! Ich verstehe das Ganze nicht."

„Da muss ich es Ihnen eben noch klarer machen", erhob Ronner jetzt wieder seine Stimme. „Wenn Sie es durchaus nicht begreifen können, dann suchen Sie sich woanders eine Stellung, und bis Sie eine gefunden haben, werden Sie genug Zeit zum Nachdenken gefunden haben. Verstehen Sie jetzt? Ihre Frau hört sofort mit ihrem Gesundbetereiblödsinn auf oder aber Sie hören auf, bei mir zu arbeiten. Das ist alles, und jetzt machen Sie, dass Sie hinauskommen."

Vater Schreiber hatte noch immer nicht alles voll begriffen. Kopfschüttelnd entfernte er sich und grübelte auf dem Nachhausewege vor sich hin, was er tun sollte. Jetzt merkte er erst, was es heißt, im Angestelltenverhältnis zu stehen. Vorher als Farmer hatte er wohl manchmal sehr, sehr schwere Zeiten durchgemacht, doch er war sein eigener Herr gewesen und hatte sich nichts gefallen lassen müssen. Nun war alles anders!

Als er zu Hause sein Erlebnis am Abendtisch mitgeteilt hatte, herrschte zuerst allgemeines Schweigen, und jeder sah zu Mutter Schreiber hin. Nach einer Weile sagte diese ruhig: „Vater, du gehst morgen zu Ronner und sagst ihm, dass deine Frau nicht mehr heilen würde."

„Nein, das tue ich nicht", begehrte Vater Schreiber auf. „Du tust niemandem Unrecht, und außerdem hast du die Gabe zum Heilen von Gott. Und niemand kann uns etwas verbieten, was uns Gott zu tun beauftragt hat."

„Du hast recht, Vater," besänftigte Mutter Schreiber; „aber eine innere Stimme sagt mir, dass es das Beste ist, was ich dir rate. Du gehst morgen zu Ronner und sagst ihm, dass deine Frau das Heilen aufgibt."

Die am Tisch sitzenden Kinder hatten ruhig zugehört. Nun mischte sich der Älteste, Georg, ein: „Mutter, du brauchst keine Angst zu haben. Vater bekommt jederzeit eine Stelle bei der Bahn. Du weißt, McAllister, der Stationsvorsteher, kann mich gut leiden. Er würde sofort Vater eine Stelle geben."

„Und ich", bemerkte Magdalena, „kann schon irgendwo im Haushalt aushelfen, wenn es sein muss."

Vater und Mutter Schreiber sahen sich erfreut an, als die Kinder sich so hilfsbereit zeigten; doch Mutter Schreiber blieb bei dem, was sie gesagt hatte: „Es ist lieb von euch, Kinder, dass ihr uns alle helfen wollt, doch Vater geht morgen zu Herrn Ronner und sagt, was ich ihm mitgeteilt habe. Ich fühle, es ist so das Beste, und wir brauchen auch noch den Verdienst, denn ihr seid noch nicht groß genug, um die Last auf euch zu nehmen, auch noch uns Erwachsene miternähren zu müssen."

„Übrigens", fiel da Georg wieder ins Wort, „habt Ihr, Vater und Mutter, etwas dagegen, wenn ich als Hilfsschaffner mit dem Nachmittagsgüterzug bis nach Corellville mitfahre und dann von dort noch denselben Abend mit dem hierher kommenden Güterzug als Hilfsschaffner zurückkehre? Ich kann so die Woche fünf Dollar verdienen und lerne schon alles, was ein Schaffner für einen Schnellzug wissen muss; man will mich anlernen."

Die Eltern nickten sich lächelnd zu; wussten sie doch, dass es Georgs Herzenswunsch war, einmal Schaffner auf dem Schnellzug zu werden.

„Wenn du uns versprichst, stets vorsichtig zu sein, haben wir nichts dagegen", antwortete Vater Schreiber, was einen Jubelruf bei Georg auslöste.

Des Brauers Ronner Gesicht glänzte vor gesättigter Zufriedenheit, als ihm am nächsten Morgen sein Angestellter Schreiber mitteilte, dass seine Frau nicht mehr heilen würde. „Da ist es also doch möglich, in den Dickschädel eines Farmers Vernunft zu bringen! Hier, nehmen Sie sich eine Zigarre", womit Ronner seinem Arbeiter Schreiber jovial eine seiner besten anbot. Dieser lehnte jedoch zum höchsten Erstaunen mit der Bemerkung ab: „Der Farmerdickschädel ist noch immer derselbe, und wenn ich nicht will, will ich nicht! Doch meine Frau selbst hat erklärt, dass sie nicht mehr heilen würde. Das ist der Grund; Ihre angeblichen Vernunftgründe jedoch waren es nicht!" Damit ging Schreiber stolz erhobenen Hauptes aus dem Privatbüro Ronners. Er hörte nicht mehr, was dieser ihm wegen seiner Bemerkung noch nachrief.

Mutter Schreiber lehnte von jetzt ab alle Fälle ab, in denen man sie um Hilfe bei Krankheitsfällen anging. Sie war taktvoll und sagte nicht den wahren Grund, sondern gab als Erklärung nur an, dass sie unerklärlicherweise die Gabe zum Heilen verloren habe. Der Besuch bei ihr ließ nach. Doch irgendwie – wahrscheinlich durch die Arbeiter in der Brauerei – musste es sich herumgesprochen haben, dass der Brauer Ronner etwas damit zu tun hatte, dass Mutter Schreiber nicht mehr heilen wolle.

So vergingen Monate, und nichts Besonderes ereignete sich. Fred kam regelmäßig, wenn immer das Wetter es erlaubte, sein Geigele besuchen, brachte Bilderbücher und anderes Spielzeug mit, und da meistens der nur zwei Jahre ältere Bruder Geigeles, Philipp, zu Hause war, so spielten die drei gemeinsam. Nie gab es Zank oder Streit zwischen den drei Kindern. Geigele und Philipp überließen Fred gern die Leitung bei allem.

Fred hatte seine Anfälle fast überhaupt nicht mehr. Niemals hatten die Ärzte feststellen können, was ihm eigentlich gefehlt hatte. Mutter Schreiber ahnte es, sagte aber nie etwas darüber. Sie glaubte, dass es sich bei Fred um eine Art von Besessenheit gehandelt hatte, und dass ihr Geigele die Anlage und Gabe hatte, die oder das Wesen, das zeitweise Besitz von Fred nahm, zu vertreiben. Daher auch der merkwürdige Lebenskraftaustausch zwischen den beiden Kindern. Warum das so war, konnte sich Mutter Schreiber trotz ihres „Zweiten Gesichts" aber nicht erklären.

Da, an einem bitterkalten Februarabend, der einen blizzardartigen Schneefall mit sich brachte, hielt ein Schlitten vor Schreibers Haustür. Auf das kräftige „Herein" Vater Schreibers trat ein Besucher in das von einer Petroleumlampe matt erleuchtete bescheidene Heim und nahm gleich neben dem offenen Feuerherd Platz, wo mehrere Holzstücke eine angenehme Wärme verbreiteten.

„Mein Name ist Knorr, Dr. Knorr", stellte er sich vor. „Ich komme aus Corellville – trotz des Hundewetters – und wollte Ihre Hilfe, Frau Schreiber, in Anspruch nehmen. Der Sohn von Richter John ist schwer erkrankt, und ich kann nicht recht herausfinden, was ihm fehlt; aber er siecht langsam hin, und ich kann nichts tun. Da hat mich der Vater beauftragt, Sie, Frau Schreiber, um Rat zu fragen. Er wäre Ihnen sehr dankbar, wenn Sie helfen würden."

„Ich habe versprochen, nicht mehr zu heilen", bemerkte ruhig Mutter Schreiber.

„So, wem denn?"

„Brauer Ronner."

„Und warum?"

„Er forderte es und wollte meinen Mann entlassen, wenn ich weiter heilen würde."

„Ist das so! Na, das überlassen Sie mal mir und Richter John!"

„Sie täuschen sich, Herr Doktor. Wenn unsereins sein Wort gibt, hält man es auch!"

„Aber was soll ich denn dann tun? Oder Richter John?"

„Das ist Ihre Sache! Sie wissen ja, warum ich nicht mehr heile."

Nach kurzem Nachdenken antwortete Dr. Knorr, wie vor sich hin hinredend:

„Ich verstehe! Doch sagen Sie mal, liebe Frau Schreiber, würden Sie wieder heilen, wenn Brauer Ronner Sie von Ihrem Versprechen entbindet?"

Mutter Schreibers Antlitz verklärte sich förmlich, als sie versicherte: „Gewiss!"

„Gut, dann komme ich morgen wieder."

„Wohin wollen Sie denn jetzt bei dem schlimmen Wetter", mischte sich Vater Schreiber ein.

„Einen freundschaftlichen Besuch beim Brauer Ronner will ich machen und dabei gleichzeitig auch bei ihm übernachten. Gute Nacht!"

Und richtig, am nächsten Mittag kam Dr. Knorr wieder und legte Mutter Schreiber einen Zettel vor, auf dem Brauer Ronner eigenhändig geschrieben hatte, dass er Frau Schreiber ihres Versprechens entbinde.

Nun setzte sich Mutter Schreiber hin und verfiel in eine Art von Trance. Es gelang ihr nicht so leicht, den Fall des Sohnes des Richters John richtig zu erkennen. Sie war aus der Übung heraus, weil sie lange nicht mehr geheilt hatte. Doch plötzlich schien sie Kontakt zu haben: „Sagen Sie dem Vater, Herr Doktor, dass er sich nicht zu sorgen brauche. Sein Sohn benötigt vor allem Ruhe; er soll viel Wasser trinken. Aber die Eltern müssen oft gemeinsam für ihren Sohn beten."

Dann brach Mutter Schreiber ab, doch man merkte, dass sie noch etwas hatte zusetzen wollen. Auch Dr. Knorr bemerkte das und ermutigte dazu mit den Worten: „Immer heraus mit der Sprache, wenn Sie noch was sagen wollen!"

„Ja, aber der Richter mag das nicht gern haben."

„Sie sagen es ja mir!"

Nach einer Weile des Zögerns setzte Mutter Schreiber hinzu: „Und sagen Sie dem Herrn Richter, dass er die Politik aufgeben und sich wieder dem Anwaltsberuf widmen solle!"

„Warum denn das? Und was hat denn das mit dem Gesundwerden des Sohnes zu tun?"

„Sehr viel! Der Richter ist in seinem Amt parteilich. Und das fällt auf seinen Sohn, der infolge einer besonderen Veranlagung immer für die Sünden seines Vaters gleich büßen muss."

„Das verstehe, wer will", murmelte Dr. Knorr, etwas enttäuscht über die letzte Mitteilung, die er für glatten Blödsinn hielt, vor sich hin. Er bedankte sich jedoch höflich, fragte, was er schuldig sei, und bedankte sich nochmals, als er erfuhr, dass man kein Geld annehmen wolle.

Da es Richter John nicht einfiel, die Politik aufzugeben, so half auch Mutter Schreibers Ratschlag nicht viel. Drei Monate später starb der Sohn von Richter John. Kein Arzt hatte ihm helfen können.

In seinem Schmerz suchte Richter John nach einem Schuldigen für den schweren Verlust, den er durch den Tod seines Sohnes erlitten hatte und schrieb an Brauer Ronner, dass er glaube, er hätte damals sehr weise gehandelt, als er der Frau seines Angestellten das Heilen verboten hatte. Das war Wasser auf die Mühle des Brauers. Er erkundigte sich, ob Mutter Schreiber weiter heile, und als er erfuhr, dass das geschehe, seit er den Brief dem Dr. Knorr gegeben hatte, ließ er erneut Vater Schreiber zu sich ins Büro kommen und eröffnete ihm:

„Herr Schreiber, Ihre Frau heilt weiter und kümmert sich nicht um ihr gegebenes Wort. Sie sind entlassen!"

„Aber, Herr Ronner", stammelte Vater Schreiber ganz erschrocken, „Sie haben es doch sogar schriftlich erlaubt, dass meine Frau wieder heilen könne."

„Nichts dergleichen! Die Erlaubnis galt nur für den Fall John. Und wie Sie ja selbst wissen, hat das Heilen Ihrer Frau dort nichts geholfen. Da sie trotzdem weiterheilt, so haben Sie sich die Folgen selbst zuzuschreiben. Lassen Sie sich auszahlen, was Sie zu bekommen haben, und dann lassen Sie sich hier nicht mehr sehen."

Vater Schreiber tat, wie ihm geheißen.

Auf dem Nachhausewege ging er wie betäubt die Straße entlang. Mit seinem Kummer beschäftigt, sah er nicht Herrn McCook vorbeigehen, bis dieser ihn ansprach: „Nanu, Vater Schreiber, was ist denn mit Ihnen los?"

Der Gefragte schilderte sein Missgeschick.

Herr McCook hörte Vater Schreiber ruhig zu und sagte dann tröstend: „Vielleicht ist das zum Besten für Sie. Wären Sie bereit, für mich zu arbeiten?"

„Aber gewiss", jubelte Vater Schreiber auf.

„Nun, dann vergessen Sie nur Ihren Kummer. Nächsten Montag können Sie unten an der Levee des Flusses anfangen, Schiffe auszuladen. Ich gebe Ihnen noch etwas mehr als Sie in der Brauerei hatten. Zufrieden?"

„Und ob."

Freudig schlug er zustimmend in die dargebotene Hand von Herrn McCook.

Leicht beschwingten Herzens machte sich Vater Schreiber auf den Heimweg. Da sah er von fern seine Frau auf sich zueilen, lebhaft mit den Armen wie abwehrend winkend. Er dachte, sie habe vielleicht auch schon die frohe Nachricht von seiner neuen Stelle gehört und winkte freudig zurück. Als er dabei ein nach der Brauerei abbiegendes Seitengleis überschritt, kam gerade ein Güterwagen leise angerollt, dessen Kupplung gerissen war, erfasste Vater Schreiber, warf ihn aufs Geleis nieder und zermalmte ihn. Ohne einen Laut ausgestoßen zu haben, ging Vater Schreiber hinüber in die Ewigkeit.

4. Abschied von zwei Kindern

Mutter Schreiber war ihrem Mann entgegengeeilt, weil sie von einer furchtbaren inneren Angst getrieben worden war. Sie hatte das Gefühl, ihm drohe eine große Gefahr. Sie wusste nicht, welcher Art die Gefahr sein könne, und hatte deswegen, als sie ihren Mann fröhlich die Straße heraufkommen sah, das instinktive Gefühl gehabt, dass er stehen bleiben solle, bis sie bei ihm sein könnte. Ihr Mann hatte das Winken aber nicht verstanden und war dadurch sogar von der unmittelbaren Umgebung abgelenkt worden, so dass er sich beim Kreuzen der Schienen zu den Industrieanlagen nicht umgesehen hatte, wie er es sonst stets tat.

Mutter Schreiber brach an der Leiche zusammen und musste in der Ambulanz nach Hause gebracht werden. Die Leiche von Vater Schreiber wurde zum Leichenbestatter geschafft. Frau McCook eilte gleich, als sie von dem Unglück hörte, zu Schreibers und nahm Geigele und Philipp in ihr Haus, wo diese durch Spielen mit Fred bald von dem Geschehnis abgelenkt wurden. Frau Schreiber brauchte jedoch Pflege. Frau McCook ließ deswegen eine Krankenschwester kommen, während Magdalena und Margarete den Haushalt besorgten.

Am Tag der Beisetzung hatte sich Mutter Schreiber wieder so weit erholt, dass sie an der Trauerfeier beim Leichenbestatter teilnehmen konnte. Pastor Knecht von der deutsch-evangelischen Kirche hielt die Trauerrede. Dann wurde die Leiche nach dem Friedhof zur Beisetzung hinausgefahren. Mutter Schreiber war noch zu schwach, um mitzufahren. So nahmen an der kurzen Feier auf dem Friedhof nur die vier ältesten Kinder teil: Georg, Joseph, Magdalena und Margarete; ferner waren Herr McCook und frühere Kollegen des Verstorbenen aus der Brauerei zugegen.

Nun begann eine ernste Zeit für Mutter Schreiber und die Kinder, obgleich ihnen manche Hilfe zuteil wurde. So konnte Magdalena im Haushalt von Familie McCook helfen; Margarete besorgte Auslieferungsgänge für den Händler an der Ecke an dessen Kundschaft; Joseph verkaufte Zeitungen, und Georg arbeitete an der Eisenbahn. Die Kinder brachten ihre Verdienste nach Hause. Mutter Schreiber nahm davon nur das Allernötigste für den Haushalt. Den Rest legte sie heimlich und ohne Wissen der Kinder in Sparguthaben für jedes einzelne an, das verdiente. Es waren nur immer kleine Einzahlungen, die gemacht werden konnten, ergaben aber mit der Zeit doch Spargroschen. Mutter Schreiber selbst ging täglich als Waschfrau aus und verdiente den Hauptlebensunterhalt für die Familie. Geigele und Philipp verbrachten deswegen die meiste Zeit im Haus von McCook – zur Freude von Fred, der von seinem Leiden ganz geheilt zu sein schien und ein wundervoller Spielkamerad für die beiden Schreiberkinder war. Erst spät am Nachmittag, wenn Mutter Schreiber von der Arbeit heimgekommen war, holte sie sich ihre Kinder wieder. Da Mutter Schreiber von fast überall her, wo sie den Tag über gerade gearbeitet hatte, Lebensmittel nach Hause mitbekam – Fleischwaren und Gemüse waren zur damaligen Zeit in kleineren Ortschaften im Mittelwesten spottbillig – so blieb der Familie wirkliche Not erspart.

Die schönsten Stunden für Mutter Schreiber waren die Abendstunden, wenn sie mit Geigele und Philipp zusammen auf der Schwelle vor ihrem kleinen Häuschen saß und sich den beiden Jüngsten widmen konnte. Und die hatten meistens sehr viel zu erzählen, was sie am Tag alles mit Fred erlebt und von diesem gelernt hatten. Besonders Philipp, ein kräftiger, sonst aber stiller und etwas schwerfällig veranlagter Junge, sah in Fred beinahe einen kleinen Gott und verehrte ihn auch wie einen solchen. Geigele dagegen liebte Fred so, wie eben Kinder einander liebgewinnen. Konnte sie aber einmal für einen oder gar zwei Tage mit Fred nicht zusammen sein, so weinte Geigele, wurde traurig und konnte nicht recht essen. Ebenso erging es jedoch auch Fred. Er vermisste Geigele ebenfalls sehr. Sah er sie nicht täglich, so kam es ihm so vor, als ob ihn eine Krankheit beschleichen würde.

Drei Jahre gingen so dahin. Die Kinder wurden größer und selbständiger. Georg, der Älteste, war jetzt achtzehn Jahre alt, bereits als Hilfsschaffner auf Personenzügen angestellt und konnte so seiner Mutter mit seinem Verdienst gut aushelfen. Er wusste nicht, dass der größte Teil davon immer weiter auf sein Sparkonto ging. Magdalena war zwar immer noch in Stellung bei McCooks, doch waren diese nicht mehr recht zufrieden mit ihr, da sie manchmal sehr schnippisch war und naseweise Bemerkungen machte. Sie wurde zwar freundlich zurechtgewiesen, doch das half nicht viel, so dass Frau McCook schließlich, so leid ihr das tat, Mutter Schreiber davon in Kenntnis setzen musste. Das machte Magdalena aber nur noch störrischer, und sie drohte Frau McCook, wenn diese ihr wieder mal was sagte, einfach: „Sie werden es noch so weit treiben, dass ich fortlaufe, aber dorthin, wo mich dann niemand findet. Und daran sind Sie schuld, Frau McCook!"

Kurz, es war mit Magdalena einfach nichts anzufangen. Auch Mutter Schreibers Mahnungen nutzten nichts. Im Gegenteil prahlte Magdalena dann nur, dass sie genug vom Haushaltführen und Kochen verstehe, um auch irgendwo anders eine Stelle in einem Haushalt ausfüllen zu können. Wenn sie gefragt wurde, wo, antwortete sie schnippisch: „Da gibt es noch andere Städte als gerade Waterville, zum Beispiel Corellville und dann St. Paul oder Milwaukee oder Davenport oder Chicago."

Wenn Mutter Schreiber dazu bemerkte, dass sie, Magdalena, doch noch nicht einmal ganze vierzehn Jahre alt sei, wurde nur erwidert: „Was macht denn das? Ich bin groß und stark. Wenn ich mir lange Kleider anziehe, merkt niemand, wie alt ich bin."

„Woher willst du das Geld für Kleider nehmen?"

„Das lasse nur meine Sorge sein", lächelte auf solche Bemerkung hin verschmitzt Magdalena.

Margarete und Philipp gingen zur Schule und waren ruhige und gesittete Kinder. Nur der Zweitälteste, Joseph, der jetzt sechzehn Jahre alt war, schien ganz und gar aus der Art zu schlagen. Er fühlte sich merkwürdigerweise auch am meisten zu der schnippischen Magdalena hingezogen. Joseph arbeitete jetzt bei der Zeitung, die er nach Vaters Tod auszutragen begonnen hatte, als „All Around Man", das heißt als Bürojunge, Laufbursche und gelegentlicher Helfer beim

Abladen von Papier und bei Reparaturarbeiten. Sein bester Freund war noch immer Rudi, von dem man nicht recht wusste, was er trieb. Von Zeit zu Zeit verschwand er aus Waterville, manchmal auf Wochen. Dann, wenn er wiederkam, verbrachte er die meiste Zeit in Kneipen und hatte vor allem immer Geld und ging auch anständig gekleidet. Er wohnte mit seinem Vater zusammen, der immer noch trank und in einem schäbig aussehenden und halb verfallenen Haus dahinvegetierte. Wann immer Rudi in der Stadt war, kam auch Joseph spät – manchmal sogar angetrunken – nach Hause. Alles Mahnen von Mutter Schreiber half nichts. Sie konnte so halt nichts weiter tun als nur immer wieder und wieder mahnen und für Magdalena und Joseph beten, die darüber aber nur lächelten.

Eines Abends im Herbst, als Mutter Schreiber vom Wäschewaschen nach Hause kam, fand sie dort außer Geigele und Philipp auch Frau McCook vor, die auf sie zu warten schien. Die Kinder waren schon das ganze letzte Jahr hindurch allein nach Hause gekommen.

Mutter Schreiber ahnte irgendetwas Unangenehmes, und ihre Ahnung war auch richtig.

„Es tut mir so leid, liebe Frau Schreiber, Ihnen diesen Schmerz bereiten zu müssen", begann Frau McCook, „aber Ihre Tochter Magdalena ist seit gestern abend nicht nach Hause gekommen. Ich wollte erst mit Ihnen sprechen, ehe ich die Polizei vom Verschwinden in Kenntnis setze."

„Haben Sie eine Ahnung, wo Madgalena sein kann?", fragte Frau Schreiber gefasster, als Frau McCook erwartet hatte.

„Nein. Nur war mir die letzten Tage aufgefallen, dass sich Magdalena geradezu betont frech aufgespielt hatte, und als ich sie einmal zurechtwies, antwortete sie mir: ‚In kurzem können Sie Ihre Arbeit allein machen', eine Bemerkung, die mich stutzig machte und der ich durch weiteres Fragen auf den Grund zu kommen versuchte, doch leider vergeblich. Mir scheint es, als ob sie da schon irgendeinen Plan für das Fortgehen gehabt hatte."

„Fehlt Ihnen etwas an Geld oder Sachen?", fragte Mutter Schreiber besorgt. „Falls es so ist, lassen Sie es mich wissen, denn ich ersetze Ihnen alles. Sie haben wirklich nur Gutes an uns getan und sollen keinen Schaden erleiden."

„Nein, aus meinem Haushalt ist nichts entwendet worden, weder Geld noch Sachen, soweit ich es wenigstens weiß. Und sollte etwas fehlen, Frau Schreiber, machen Sie sich deswegen nur keine Sorgen. Wir werden nicht verarmen. Allerdings kann ich nachfühlen, wie Sie empfinden; soll ich die Polizei verständigen?"

„Nein, liebe Frau McCook, bitte noch nicht. Ich habe das Gefühl, dass ich von Magdalena bald hören werde."

„Nun, wie Sie wünschen. Ich hoffe nur, Ihre Ahnung ist richtig, denn wenn Madgalena irgendwie verschleppt sein sollte, dann wäre jede Minute kostbar."

Mutter Schreiber erschrak bei dieser Bemerkung. Ein solcher Gedanke war ihr noch nie gekommen. Doch sie blieb trotzdem dabei, die Polizei noch nicht zu benachrichtigen, da sie bestimmt fühlte, dass sie bald Näheres von Magdalena erfahren würde.

Und Mutter Schreiber behielt auch recht. Nach zwei Tagen erhielt sie einen Brief von Magdalena aus Chicago, worin diese ihr mitteilte, dass sie dort eine Stellung in einem Haushalt angetreten hätte und „besser dran sei als bei den hochnäsigen McCooks". Der Brief enthielt aber keine sonstige Aufklärung, woher Magdalena das Reisegeld erhalten haben konnte. Mutter Schreiber schrieb zurück und bat Magdalena, doch zurückzukommen, sie brauche ja nicht mehr zu McCooks zu gehen. Wenn sie Geld brauche, so solle sie schreiben. Damit teilte Mutter Schreiber zum ersten Male Magdalena etwas von dem für sie angelegten Sparkonto mit. Dieser Brief wurde schnell von Magdalena beantwortet. Sie blieb dabei, dass sie nicht zurückkehren würde und forderte ihre Mutter in einem fast befehlsmäßigem Ton dazu auf – ohne ein Wort des Dankes für das angelegte Sparbuch –, ihr sofort den gesparten Betrag zuzusenden, da sie ihn gut gebrauchen könne, unter anderem zum Abzahlen einer kleinen Schuld.

Es blieb längere Zeit ein Rätsel, woher Magdalena das Reisegeld gehabt haben konnte, da sie ihren Verdienst bei McCooks immer prompt an ihre Mutter abgeliefert hatte. Doch das Geheimnis klärte sich auf, als einige Wochen später auch Joseph verschwand und dann später ebenfalls aus Chicago schrieb, dass er das „Nest" Waterville bis zum Erbrechen satt hätte und mit Rudi zusammen nach Chicago übergesiedelt sei. Anscheinend hatte Rudi – wie jetzt Joseph – vorher auch Magdalena mit Geld ausgeholfen. Joseph schrieb nicht, was er in Chicago arbeite oder mache. Da sowohl von Magdalena wie auch von Joseph dann weiter keine Briefe mehr kamen, so musste Mutter Schreiber eben beide ihrem selbstgewählten Schicksal überlassen. Später berichtete einmal Georg, der Älteste, als er regelrechter Schaffner auf Durchgangszügen zwischen den Zwillingsstädten St. Paul-Minneapolis und Chicago war, dass er einmal in Chicago beim Schichtwechsel länger als sonst Zeit hatte und beim Schlendern durch die Stadt zufällig Joseph und Rudi in einer Kneipe getroffen hätte. Beide seien gut gekleidet gewesen. Man habe aber nicht mehr als ein paar Worte gewechselt, und Joseph habe Grüße an „Ma" und „die andern" mitgegeben.

5. Der Spuk bei Maiers

Ab und zu erhielt Mutter Schreiber abends noch Besuche von solchen, die über die allerverschiedensten Dinge gern beraten werden wollten. Obgleich Brauer Ronner ihr das Beten für Kranke nicht mehr verbieten konnte, seit ihr Mann tot war und nicht mehr bei ihm arbeitete, so blieb Mutter Schreiber aber doch wie bisher korrekt und mahnte weiter, wie früher, in Krankheitsfällen stets auch einen Arzt zurate zu ziehen und diesen auch zu behalten, wenn man schon einen hatte.

Unter den Besuchern stellte sich einmal eine Frau ein, deren Mann Kirchenältester in der Gemeinde von Pastor Knecht war, der beim Begräbnis von Vater Schreiber die Trauerrede gehalten hatte. Dieser Kirchenälteste Maier hatte einen Sohn Karl von fünfzehn Jahren, in dessen Gegenwart sich im Elternhaus immer die merkwürdigsten Dinge ereigneten, die niemals vorkamen, wenn Karl nicht da war. Und das Allermerkwürdigste dabei war, dass Karl über alle die seltsamen Vorkommnisse weder erschreckt noch erstaunt war. Sie ließen ihn völlig gleichgültig. Da sich diese Verhältnisse ständig verschlimmerten anstatt zu bessern schienen, so schickte jetzt Maier seine Frau, um herauszufinden, ob vielleicht Frau Schreiber etwas dagegen tun könne.

Mutter Schreiber hörte Frau Maier ruhig an. Sie hatte aber, als sie zuhörte, das Gefühl, dass sie größte Vorsicht üben müsste, weil sie sonst Unannehmlichkeiten haben könne.

Als Frau Maier geendet hatte und nun Mutter Schreiber fragend ansah, blieb diese erst eine Weile, wie überlegend, still und fragte dann die Besucherin: „Was sagt denn der Herr Pastor dazu?"

„Dem haben wir noch nichts gesagt. Wir fürchten, ausgelacht zu werden, wenn es sich in seiner Gemeinde herumspricht, dass es bei uns angeblich ‚nicht mit rechten Dingen' zugehe."

„Sprechen Sie erst mit Ihrem Herrn Pastor", bestand Mutter Schreiber, „eher kann ich in dieser Angelegenheit nichts tun."

Alles Bitten von Frau Maier half nichts. Mutter Schreiber blieb fest. Sie wusste selbst nicht warum; doch es war, als ob eine innere Stimme sie warnte.

Am nächsten Abend kam Herr Maier persönlich und versuchte, Mutter Schreiber umzustimmen, freilich ebenfalls vergeblich.

Nun wandte sich Herr Maier, der mit Herrn McCook in geschäftlicher Verbindung stand, an diesen, da er wusste, dass dessen Sohn durch Mutter Schreiber geheilt worden war.

Er kam daher am darauffolgenden Tage nochmals wieder, diesmal in Begleitung von Herrn McCook, der über Mutter Schreibers Weigerung sein Erstaunen aussprach und ihr Verhalten nicht begreifen konnte.

„Frau Schreiber", so bemerkte er, „Sie haben doch Fred so wunderbar geholfen; warum können Sie denn da für Maier nichts tun?"

„Ich weiß nicht, Herr McCook", antwortete die Angeredete freundlich, denn sie wusste ja, dass dieser es wirklich nur gut meinte, „hier liegen aber ganz andere Verhältnisse vor."

„Inwiefern?"

„Das kann ich leider nicht sagen; doch ich fühle es."

„Sieht Ihr Gefühl irgendeine Gefahr für jemanden?"

„Ich weiß nicht", entgegnete Mutter Schreiber zögernd. „Es kommt mir alles so seltsam vor. Mir scheint, als ob ich mich auf ein ganz fremdes Gebiet begebe und dort Gefahren irgendwelcher Art lauern, von denen ich noch keine Ahnung habe!"

„Beruhigen Sie sich, Frau Schreiber", tröstete Herr McCook, „die Verantwortung übernehme ich und werde stets für Sie eintreten. Ich würde mich freuen, wenn Sie meinem Freund Maier helfen würden."

Das gab den Ausschlag. Mutter Schreiber versprach, am nächsten Abend Maiers zu besuchen.

Am Abend des Besuches von Herrn Maier und Herrn McCook hatte sich aber in Maiers Heim während dessen Abwesenheit etwas ereignet, was die merkwürdigen Vorkommnisse in des Kirchenältesten Hause plötzlich stadtbekannt machte.

Pastor Knecht war bei seinem Abendspaziergang ganz unvermittelt auf den Gedanken gekommen, den Kirchenältesten Maier wegen einer Gemeindeangelegenheit aufzusuchen. Als er an Maiers Tür anklopfte und niemand öffnete, trat er ins Haus und ging, da er in den vorderen beiden Räumen niemand fand, durch diese hindurch bis in die Küche, wo sich ihm ein einfach phantastisches Bild bot. Am Tisch saßen Karl und seine Mutter. Letztere starrte angsterfüllt auf eine Treppe im Hintergrund, die zum oberen Stockwerk führte. Von dort kam ein schmaler Tisch scheinbar heruntergeschwebt. Jedenfalls sah Pastor Knecht niemanden, der den Tisch trug. Schließlich landete dieser wohlbehalten vor dem Treppenaufgang.

Pastor Knecht, der glaubte, dass es sich hier vielleicht um einen Dummen-Jungen-Streich von Karl handelte, obgleich dieser wie geistesabwesend vor sich in ein Buch starrte, trat nun lachend mit der Bemerkung vorwärts:

„Na, was wird hier gespielt, etwa: ‚Im Hause spukt's'?"

Kaum hatte Pastor Knecht das ausgesprochen, als ihm eine geschälte Kartoffel vom Küchentisch her, auf der eine Schüssel mit geschälten Kartoffeln stand, an den Kopf flog.

„Nanu. Das ist genug! Lasst jetzt mal den Scherz sein", gebot entrüstet der Seelsorger, der noch immer an irgendwelche Dumme-Jungen-Streiche dachte. Statt aller Antwort flog ihm aber noch eine Kartoffel an den Kopf.

Unwillkürlich trat der Getroffene in die Tür zum Wohnzimmer, deren Schwelle er gerade überschritten hatte. Nun konnte er die ganze Situation genau überblicken. Alles blieb aber ruhig. Karl starrte weiter in das vor ihm liegende Buch, und Frau Maier drohte, einen Ohnmachtsanfall zu haben. Schnell sprang Pastor Knecht hinzu, legte den Arm von Frau Maier um seinen Hals, führte sie ins Wohnzimmer und setzte sie auf einen Sessel. Sie wollte und wollte aber nicht recht zu sich kommen, obgleich Pastor Knecht ihre Hände klopfte, ihren Kopf aufrichtete und auf sie einsprach. Als alles nichts half, ging der Seelsorger erneut in die Küche, um ein Glas Wasser zu holen. Karl stierte immer noch vor sich hin. Der Pastor holte sich ein Glas aus dem Küchenschrank und ging zur Wasserleitung. Gerade wollte er das Glas unter den Wasserhahn halten, als es ihm wie von unsichtbaren Händen fortgenommen wurde. Das Glas selbst schwebte zu dem Küchentisch und stellte sich dort wie von selbst hin.

Pastor Knecht war sprachlos. Es wurde ihm plötzlich seltsam unbehaglich zumute. Er wusste nicht, was er tun sollte. Da klopfte es zum Glück an die Tür. Er ging, um zu öffnen. Er hoffte, Herr Maier käme heim. Statt dessen kam aber eine Nachbarin und fragte nach Frau Maier. Als sie diese wie ohnmächtig auf dem Stuhl sitzen sah, blickte sie erst erstaunt auf den Geistlichen, der ihr aber durch eine Handbewegung andeutete, dass sie ruhig zu Frau Maier gehen könne.

„Ich bin gerade hier vorbeigekommen", klärte Pastor Knecht die Nachbarin auf, „als ich Frau Maier wie halb ohnmächtig am Küchentisch sitzen sah. Ich brachte sie hier herein und wollte gerade ein Glas Wasser holen, als Sie klopften."

Er verschwieg wohlweißlich das Geschehen mit dem Aus-der-Hand-Nehmen des Wasserglases in der Küche.

Die Nachbarin bemühte sich um Frau Maier, die nun auch aus der Ohnmacht erwachte. Sie rieb sich verlegen die Augen und, des Herrn Pastors ansichtig geworden, sprang sie auf, strich sich die Frisur zurecht und bedeutete ihm, Platz zu nehmen, wobei sie bemerkte: „Was verschafft mir die Ehre Ihres Besuches, Herr Pastor?" Dabei ging sie zur Küchentür, warf einen Blick in die Küche und schloss dann die Tür.

„Oh, ich kam nur hier vorbei und wollte Ihren Mann mal sprechen. Ich komme später wieder, wenn er zu Hause ist."

Damit ergriff der Pastor seinen Hut, verabschiedete sich schnell von Frau Maier und der Nachbarin und war innerlich froh und atmete auf, dass er auf so unauffällige Weise aus dem Hause kommen konnte. Freilich vermochte er sich nichts von dem eben Erlebten zu erklären. Er hoffte nur, dass man ihn deswegen nicht befragen und dass sich noch alles zufriedenstellend aufklären würde; er wollte Herrn Maier um genaue Auskunft bitten.

Die Nachbarin, der das auffällige schnelle Schließen der Küchentür von Frau Maier aufgefallen war, ließ sich aber nicht so schnell abfertigen. Sie bestand durchaus darauf, dass Frau Maier ein Glas Wasser trinken sollte, was diese jedoch abwehrte. Da rief von der Küche her Karl: „Mutter, komme schnell!"

Ohne im Augenblick an die Nachbarin zu denken, öffnete Frau Maier die Küchentür, und da bot sich den beiden Frauen ein seltsames Schauspiel. Karl saß immer noch am Küchentisch; doch sowohl dieser wie auch der Stuhl, auf dem Karl saß, schienen mindestens zwei Fuß über dem Boden zu schweben.

Bei diesem Anblick schrie die Nachbarin auf, rannte wie besessen auf die Straße und schrie hysterisch laut heraus: „Bei Kirchenrat Maier spukt's!"

Die Passanten sahen der Dahineilenden und Schreienden lachend nach, bis sie an der Straßenecke im Laden verschwand. Warum sie gerade dorthin gelaufen war, konnte sie sich später selbst nicht erklären. Als sie in den Laden stürzte, erregte sie bei den Kunden natürlich allgemeines Aufsehen. Erschöpft setzte sie sich auf einen Mehlsack. Sofort war sie von den Kunden im Laden umgeben, die auf sie einredeten, doch mitzuteilen, was nun eigentlich los sei.

„Bei Maiers spukt's!", war alles, was sie herauszubringen vermochte.

Die Anwesenden sahen sich verständnislos und kopfschüttelnd an.

Nach einer Weile hatte sich die Nachbarin von Maiers erholt und erzählte nun haarklein ihr seltsames Erlebnis. Dabei bemerkte sie, dass gerade Pastor Knecht bei Maiers gewesen sei, als sie in das Haus gekommen wäre.

„Und was sagt Pastor Knecht zu dem allen?", fragte einer der Herumstehenden.

„Ich weiß nicht", antwortete zögernd die Gefragte wahrheitsgetreu. „Er ging bald, nachdem ich gekommen war. Und was ich gesehen habe, ereignete sich erst nach dem Fortgang des Herrn Pastors."

„Na, da wollen wir doch gleich mal zu ihm gehen", bemerkte ein anderer. Sofort machte sich eine Gruppe auf, um Pastor Knecht zu befragen. Dieser war aber angeblich nicht daheim, und so mussten die Nachfragenden unverrichteter Sache wieder abziehen.

Das Spukerlebnis von Maiers Nachbarin sprach sich wie ein Lauffeuer erst in der Nachbarschaft und später in der ganzen Stadt herum. Der heimkehrende Kirchenrat Maier hörte unterwegs davon und hielt es deswegen nicht für angebracht, von vorn sein Haus zu betreten, das von Menschen umlagert war. Er ging deswegen durch eine Seitengasse und trat dann durch die Küchentür ins Haus. In der finsteren Küche wurde er beim Betreten von seiner Frau angeredet: „Bist du es, Wilhelm?"

„Ja, was ist denn bloß los?"

„Karl hatte wieder einen seiner Anfälle, als zuerst Pastor Knecht und später noch die Nachbarin Lehmann zu uns kamen. Die Lehmann hat nun gesehen, wie Karl mitsamt dem Küchentisch in der Luft schwebte. Sie lief erschreckt davon und hat jetzt die ganze Nachbarschaft alarmiert. Ich dachte, das Beste ist, nicht das Licht anzuzünden und zu tun, als ob wir nicht zu Hause wären."

„Das hast du gut gemacht. Doch wo ist Karl?"

„Hier", kam es von der Ecke zurück.

„Sieh, Karl, das haben wir nun dir zu verdanken!", bemerkte halb vorwurfsvoll der Vater.

„Ich weiß, Vater, doch ich kann ja nichts dafür", kam es weinend zurück. „Plötzlich kommt es halt über mich, und dann weiß ich nicht mehr, was um mich herum vor sich geht."

Es trat eine Pause im Gespräch ein, während der man Karl leise schluchzen hörte.

„Warst du bei der Schreibern?", fragte Frau Maier ihren Mann. „Was hat sie gesagt? Wird sie morgen kommen?"

„Sie wollte anfangs nicht; doch Herr McCook hat sie schließlich überredet, dass sie morgen Abend kommen wird. Ob sie freilich jetzt kommen wird, wo die ganze Stadt weiß, was in unserm Hause vorgeht, bezweifle ich."

„Lasst uns das Beste hoffen", seufzte kleinlaut Frau Maier.

Während die Maiersche Familie sich leise nach oben in ihre Schlafzimmer begab, standen noch lange Zeit Gruppen auf der Straße vor dem Haus. Als dieses jedoch finster blieb und sich nichts mehr weiter ereignete, zerstreuten sich die Gruppen allmählich.

Die Erzählung der Nachbarin Lehmann war auch zu Ohren des Schriftleiters der Lokalzeitung „The Recorder" gekommen, der gleichzeitig der lokale Vertreter einer der großen Depeschenagenturen des Landes war. So kam es, dass am nächsten Morgen in allen großen Zeitungen der „Spuk von Waterville" ausführlich beschrieben und zum Teil lächerlich gemacht worden war; „The Recorder" selbst erschien erst am Nachmittag.

Da Mutter Schreiber an diesem Tage gerade keine Arbeit als Waschfrau hatte, so war sie seit dem Abend vorher nicht mehr aus dem Haus gewesen, bis sie sich dann am späten Nachmittag, wie versprochen, zur Wohnung von Kirchenrat Maier begab, Geigele an der Hand mit sich führend. Sie hatte bisher von den Spukerscheinungen, die sich am vorhergehenden Abend bei Maiers ereignet hatten, weder etwas gehört noch gelesen. Sie war daher sehr erstaunt, als sie vor dem Haus des Kirchenrats eine Menge Menschen sah. Auf ihre Frage wurde ihr gesagt, dass ‚es dort bei Maiers spuke!" Doch statt deswegen umzudrehen, drängte sich Mutter Schreiber mit Geigele an der Hand entschlossen durch die Menschenmenge und klopfte bei Maiers an. Als Frau Maier öffnete, um Mutter Schreiber und ihr Kind einzulassen, versuchten auch noch andere einzudringen, was aber verhindert werden konnte.

„Liebe Frau Schreiber", begrüßte Frau Maier die Besucherin und drückte ihr hocherfreut beide Hände, „Sie kommen gerade zur rechten Zeit; unser Karl scheint wieder einen Anfall zu bekommen."

Mutter Schreiber ließ Geigeles Hand los und ging mit Frau Maier in die Küche, wo – diesmal aber nicht vor dem Küchentisch – der Sohn Karl abermals wie abwesend auf einem der Küchenstühle zusammengesunken und apathisch dasaß. Beim Eintreten der beiden Frauen – Herr Maier stand fassungslos in der Ecke – wurden Kohlenstücke aus dem Kohleneimer vor dem Ofen geworfen, ohne dass jedoch jemand getroffen wurde. Man sah die Kohlenstücke aus dem Kohleneimer hochgehen – als ob sie von unsichtbarer Hand gehoben würden – und dann einfach durch die Luft fliegen, um sich später in Nichts aufzulösen. Auch zwei Tassen und Untertassen tanzten auf dem Küchentisch herum. Im Beobachten der Vorgänge versunken, hörten weder die Maiers noch Mutter Schreiber, dass vorn an der Tür geklopft wurde. Geigele, die, nachdem die Mutter ihre Hand freigelassen hatte, im Vorderzimmer geblieben war, wo sie auf einem Stuhl ein Bilderalbum entdeckt hatte, in das sie sich vertiefte, hörte aber das Klopfen und öffnete als artiges Kind die Tür. Sie lief dann zum Album zurück, ohne darauf zu achten, wer geklopft hatte, ins Zimmer getreten war und schnell die Tür hinter sich wieder zuzog, um niemand anders hereinzulassen.

Als der Neuankömmling durch die geöffnete Küchentür dort Menschen stehen sah, ging er ebenfalls in die Küche. Sein Kommen wurde jedoch nicht bemerkt, da gerade wieder Kohlenstücke flogen.

Der Neukommende war der Berichterstatter einer Chicagoer Zeitung, der von dieser als Sonderberichterstatter nach Waterville geschickt worden war. Als er nun die Kohlenstücke fliegen sah, musste er laut auflachen. Fast im gleichen Augenblick schrie er aber auf, denn ein Kohlenstück war ihm an den Kopf geflogen und hatte eine ziemliche Beule und einen schwarzen Fleck von der Kohle hinterlassen.

Auf den Aufschrei hin drehten sich Herr und Frau Maier sowie Mutter Schreiber erstaunt um, da sie den Neuankömmling nicht hatten eintreten hören. Dieser stellte sich jetzt, dabei immer noch seinen Kopf reibend, vor: „Mein Name ist Raymound, Spezialkorrespondent der Chicagoer Zeitung ‚Voice of the People.' Ich bin herübergeschickt worden, um über den Spuk zu schreiben."

„Woher wissen sie denn in Chicago davon?"

„Oh, solche Sachen sprechen sich sehr schnell herum", kam es geheimnisvoll zurück. „Doch um was handelt es sich hier eigentlich?"

Herr Maier zog den Besucher ins Vorderzimmer, wo Geigele immer noch die Bilder im Album betrachtete, unbemerkt von irgend jemandem.

Während der Zeitungsmann von Herrn Maier jede gewünschte Auskunft erhielt, soweit eben Herr Maier solche geben konnte, wurden die sogenannten „Spukerscheinungen" in der Küche immer stärker. Schließlich schien alles durcheinanderzuwirbeln, ohne dass jedoch weder die Frauen noch Karl von den herumfliegenden Gegenständen getroffen wurden. Die Frauen wussten sich schließlich keinen Rat mehr. Da kam Geigele, die mit dem Durchsehen der Bilder im Album endlich fertig war, langsam in die Küche, und in demselben Augenblick, als sie die Türschwelle zur Küche überschritt, setzten sämtliche Spukerscheinungen wie auf Kommando aus. Das kam so unvermittelt, dass die Frauen vor Staunen sprach- und bewegungslos zu sein schienen, bis Geigele Mutter Schreibers Hand berührte – die dabei unwillkürlich zusammenschreckte und bat: „Mutti, bitte, bitte, lass uns heimgehen!"

Das kam so harmlos und natürlich von Geigeles Lippen, dass diese schlichten Kindesworte einfach den Bann brachen, der über allem gelegen zu haben schien.

„Ja, Geigele, gleich", antwortete wie automatisch die Gefragte. Dabei blickte sie, nunmehr ganz zu sich gekommen, erstaunt auf das plötzlich neben ihr aufgetauchte Geigele und dann auf die ebenso erstaunte Frau Maier. Beiden schien zur nämlichen Zeit die gleiche Erkenntnis zu kommen: Das Aufhören der Spukerscheinungen hatte etwas mit Geigeles Kommen in die Küche zu tun. Aber wie und warum?

Inzwischen erwachte auch Karl aus seiner Lethargie und sprach seine Mutter an.

Als Herr Maier und Raymound Stimmen in der Küche hörten,

traten sie ebenfalls neugierig hinzu und waren höchst erstaunt, nun alles so ruhig, so friedlich und Karl völlig erwacht zu sehen. Auf die Frage, wie das so plötzlich gekommen sei, erzählten die Frauen ihre Vermutung.

Der Zeitungsmann erkannte da sofort mit scharfem Blick die augenblicklich allergrößte Neuigkeit in der ganzen Spukaffäre, nämlich die Gabe von Geigele, solche Spukerscheinungen, ganz gleich ob gewollt oder ungewollt, ob beabsichtigt oder unbeabsichtigt, zu beeinflussen. Das war eine Neuigkeit! Mit ihr konnte man morgen alle andern Zeitungen schlagen. Er erkundigte sich noch nach näheren Einzelheiten über Geigele und ihre Mutter und empfahl sich dann. Mit dem Nachtschnellzug fuhr er zurück, arbeitete unterwegs jedoch einen Depeschennachtbrief an seine Zeitung aus und sandte diesen von einer der Stationen, an denen der Schnellzug hielt, voraus, so dass er dann nur noch ergänzende Kommentare bei seinem Eintreffen in Chicago zu schreiben brauchte.

Der Name Waterville war nun Tage hindurch auf den ersten Seiten aller Zeitungen des Landes zu sehen. Jede Zeitung beschrieb die Spukerscheinungen wieder anders. Einige versuchten, sie wissenschaftlich zu erklären; die meisten freilich machten die Vorkommnisse nur lächerlich. Lediglich „Voice of the People" in Chicago sah tiefer und beabsichtigte, die Angelegenheit noch lange nicht fallen zu lassen, da das Geschehen noch viele, viele gute „Neuigkeiten" bergen konnte. „Voice of the People" widmete auch Geigeles Gabe einen längeren Abschnitt.

Nun wurde Waterville das Pilgerziel zahlreicher Delegationen von Spiritisten, Theosophen, Freidenkern und Wissenschaftlern aller Art. Doch es war, als ob Geigele den ganzen Spuk verscheucht hätte. Die Vorfälle und Erscheinungen in Maiers Haus blieben vorläufig aus, und die Delegationen mussten unverrichteter Sache wieder abziehen.

Somit kam Waterville allmählich bei den Zeitungen des Landes wieder in Vergessenheit. In Waterville selbst allerdings hatte das Vorkommnis im Haus des Kirchenrats Maier noch so manches Nachspiel. Die vorgesetzte Dienstbehörde von Pastor Knecht forderte einen eingehenden Bericht und verfügte dann, dass der Herr Pastor Herrn Maier zur Kündigung als Kirchenrat veranlassen sollte, was dieser sich aber zu tun weigerte. Die anderen Kirchenratsmitglieder stimmten jedoch Pastor Knecht und seiner vorgesetzten Dienstbehörde zu und versuchten daher, immer mehr und mehr Druck auf Maier auszuüben.

Mutter Schreiber war die nächsten Tage recht nachdenklich. Das war das zweite Mal, dass Geigele Heilungen zuwege gebracht hatte, wo alle Ärzte versagten. Zunächst war Fred McCook völlig geheilt worden und jetzt der Sohn Karl vom Kirchenratsmitglied Maier. Da Geigele im Übrigen aber ein ganz normales Kind war, das sich an kindlichen Vergnügungen unterhalten konnte, so musste die dem Kinde anhaftende Gabe eine angeborene Eigenschaft sein. Mutter Schreiber wollte aber doch versuchen, die Gabe ihres Lieblings näher festzustellen. Aus diesem Grunde widmete sie sich abends, wenn sie von der Arbeit heimgekommen war und die Tische nach der Abendmahlzeit gewaschen hatte, mehr als vorher ihrem Geigele. Dieses verbrachte immer noch den Tag bei McCooks, wo das Kind stets sehnsüchtig auf das Heimkommen von Fred aus der Schule wartete. Philipp kam gewöhnlich mit Fred zusammen. Dann spielte man noch eine Weile, worauf Geigele mit Philipp nach Hause ging, da dann die Mutter von der Arbeit heimzukommen pflegte.

Abends saßen Mutter Schreiber, Geigele und auch Philipp, der an seinem Schwesterchen sehr hing und es wie eine ganz besondere Persönlichkeit verehrte, vor der Tür des Hauses, während die Abendsonne an den Steilhängen der Hügel am jenseitigen Ufer des Mississippi ihr wunderschönes Farbenspiel entfaltete. Das war immer ein herrliches Schauspiel, zumal nach Süden – nach Corellville zu – wo hinter den Steilhängen immer noch höhere Hügel auftauchten.

Wenn alle drei, Mutter Schreiber, Geigele und Philipp still versunken dem Farbenspiel der untergehenden Sonne zuschauten, da geschah es manchmal, dass Geigele vor Freude ganz plötzlich in ihre Händchen klatschte und wie selbstverständlich ihre Mutter auf etwas aufmerksam machte, was sie an den fernen Hängen der Hügel zu sehen schien.

„Mutti, Mutti", pflegte sie sich dann aufgeregt an ihre Mutter zu wenden, wobei sie an Mutters Schürzenzipfel zog, „sieh doch alle die ‚Geigele' dort am fernen Hügel. Und dahinter, da sind herrliche Paläste, wo die ‚Geigele' alle ein- und ausgehen. O Mutti, wie herrlich, wie herrlich!"

Sie faltete dann gewöhnlich ihre Händchen und sah verzückt in die Ferne.

Mutter Schreiber wusste aus eigener Erfahrung, dass ihr Geigele hellsehend war und dort am Horizont etwas sah, was sie selbst nicht wahrnehmen konnte; sie störte deswegen ihr Kind nicht.

Manchmal wurde ihr aber doch bange um Geigele. Wie, wenn

sie früh sterben würde? Wer würde sich dann wohl ihres Geigeles annehmen, das ganz die Gaben einer gottbegnadeten Seherin hatte? Mutter Schreiber konnte keine Antwort finden, doch betete sie zu Gott, dass Seine Gnade sich ihres Geigeles erbarmen möge.

Inzwischen waren die Bemühungen wegen der Kündigung von Herrn Maier als Kirchenrat weitergegangen – doch leider ohne jeden Erfolg. Herr Maier erwies sich als überaus dickköpfig. Doch die vorgesetzte Dienstbehörde von Herrn Pastor Knecht drängte einfach auf eine Entscheidung! Pastor Knecht war am Verzweifeln und wusste nicht, was er tun sollte. Auch der Kirchenrat wusste nicht recht, wie er Herrn Maier zum Kündigen veranlassen konnte!

In dieser Bedrängnis fiel einem Kirchenratsmitglied ein, dass Brauer Ronner ein ausgesprochener Gegner von Familie Schreiber war. Er wandte sich daher an ihn, und dieser, Brauer Ronner, erklärte sich aus einem ihm selbst unverständlichen Grund und Drang dazu bereit, Herrn Maier dadurch zur Kündigung zu zwingen, dass er in der Öffentlichkeit entschieden Stellung gegen Frau Schreiber und ihr Geigele nahm.

So setzte, angeregt durch Herrn Ronner, eine Diskussion in der Lokalzeitung „The Recorder" gegen Frau Schreiber und ihr angeblich mediales Töchterchen ein, wovon letzteres freilich nichts hörte, und das sie in ihrem Alter wohl auch kaum begriffen hätte.

Das Ergebnis der lokalen Zeitungskampagne war, dass die öffentliche Meinung angeblich forderte, dass Frau Schreiber fortan jedes Sich-Einmischen in lokale Angelegenheiten mittels ihrer angeblichen Gaben und den vermeintlichen Gaben ihres Töchterchens Geigele unterließ. Man ging sogar so weit, dass eine besondere Kommission der lokalen Handelskammer bei Mutter Schreiber vorsprach und sie bat, im Interesse des Aufblühens von Waterville alles zu unterlassen, was die Gemeinde irgendwie in Misskredit bringen könne, wie es kürzlich im Falle Maier durch Frau Schreibers Einmischung gewesen wäre mit dem Ergebnis, dass zahlreiche Zeitungen von außerhalb durch ihre Berichte Waterville lächerlich gemacht hätten.

Mutter Schreiber, die von all dem nichts richtig verstand, gab aber doch die gewünschte Zusicherung, die man von ihr verlangte, und somit war der Friede in Waterville wiederhergestellt, zumal Kirchenratsmitglied Maier es allmählich doch satt bekommen zu haben schien, überall in der Stadt als eine Art von „Feind des Allgemeininteresses" angesehen zu werden.

6. Erwachen der Hellsichtigkeit Geigeles

So vergingen zwei Jahre.
Georg, der Älteste der Schreiberfamilie, war inzwischen Hilfsschaffner geworden, stolz auf seinen Erfolg, besonders aber auf seine Uniform, und er half Mutter Schreiber wacker beim Unterhalt der Familie. Von Joseph und Magdalena hatte Mutter Schreiber nichts mehr gehört und musste beide deswegen ihrem selbstgewählten Schicksal überlassen. Margarete half im Haushalt von McCooks und war dort sehr gern gesehen, da sie fleißig und niemals anmaßend war, wie es so oft bei Magdalena der Fall war. Philipp entwickelte sich zu einem kräftigen Jungen, und Geigele ging nun auch zur Schule, wo sie gute Fortschritte machte. Fred, ihr bester Freund, war ihr natürlich in der Schule weit voraus, doch die alte Freundschaft bestand weiter, und Geigele war glücklich, wenn sie an den Nachmittagen kurz mit ihm zusammen sein konnte, oder er abends, nachdem er seine Schularbeiten erledigt hatte, ins Haus von Mutter Schreiber kam. Letztere hatte einen ständigen Kreis von Kunden, bei denen sie wöchentlich wusch und somit auch ihre ständigen Einnahmen, von denen sie für Philipp und Geigele noch sparen konnte.

Da kam eine Spiritistin aus Chicago nach Waterville und hielt mehrere öffentliche Vorträge. Sie hatte nicht viel Erfolg, zumal die Mehrzahl der Bewohnerschaft von Waterville damals noch deutscher Abkunft war, die wenig oder gar nichts auf den Spiritismus gab und glücklich war, wenn ihr Gesangverein „Lyra" ab und zu ein Tanzvergnügen oder Konzert veranstalten konnte.

Die Spiritistin, die sich Madame Williams nannte, erfuhr auch von den früheren Vorkommnissen in Waterville und der Familie Schreiber, besonders Geigeles. Sie suchte daher Mutter Schreiber auf.

Nachdem sie sich vorgestellt hatte, fuhr sie fort: „Sehen Sie, Frau Schreiber, ich bin sehr medial veranlagt, und wenn ich irgendwohin komme, ziehe ich immer gleich die Geister im Haus an mich. Hier beispielsweise will eine Mildred sich melden und Ihnen mitteilen, dass sie jetzt sehr glücklich sei. Sie kennen doch eine Mildred?"

Als Mutter Schreiber das ehrlich verneinte, wurde Madame Williams unruhig, doch nahm sie sich zusammen und fuhr ruhig fort: „Sehen Sie, liebe Frau Schreiber, ich bin hier im Lande geboren und kann manchmal die Namen von Ausländern nicht richtig verstehen. Es mag sein, dass Mildred in Ihrer Heimatsprache einen andern Namen gehabt hat."

Da trat Geigele ins Zimmer. Sie sah Madame Williams, deutete auf sie mit dem Finger und warnte ihre Mutter mit den Worten: „Mutti, lasse dich nicht auf sie ein! Ich sehe böse Geister um die Frau herum."

Geigele hatte deutsch gesprochen. Madame Williams hatte sie deswegen nicht verstanden. Sie fragte Mutter Schreiber danach, was das Kind gesagt hätte. Mutter Schreiber erfasste sofort die Sachlage und erwiderte ruhig: „Machen Sie sich nur nichts daraus, was das Kind sagt."

„Ja, was hat es denn gesagt?"

„Dass du von bösen Geistern umgeben bist", fiel da Geigele ins Gespräch, wobei sie diesmal Englisch und nicht Deutsch sprach.

„Das ist ja unerhört", sprang Madame Williams von ihrem Sitz auf. „Das hat mir noch nie jemand gesagt. Mein Schutzgeist versichert mir dauernd, dass ich nur die besten Geister um mich hätte, und dieses dumme Kind behauptet einfach das Gegenteil. Nein, das ist empörend; das ist unerhört! Ich denke, ich habe genug von Ihnen, Frau Schreiber, und Ihrem angeblich so medialen Kind." Damit stand Madame Williams empört auf und entfernte sich.

Als sie fort war, ging Geigele zu ihrer Mutter, die wie benommen dastand, und sprach auf sie wie tröstend mit den Worten ein: „Mutti, glaube mir, ich sah nur dunkle Gestalten um die Frau herum. Wenn sie nicht gegangen wäre, würden auch wir jetzt die bösen Geister haben."

Mutter Schreiber beruhigte Geigele und schickte es ins Bett.

Aber auch sie, Mutter Schreiber, hatte gefühlt, dass mit Madame Williams irgendetwas nicht stimmte, und dass die Geister, die sie mitbrachte, durchaus nicht so einwandfrei waren, wie Madame geprahlt hatte.

Das Medium hatte während seines kurzen Weilens in Waterville aber doch schon Verbindungen hergestellt, die genügten, um sie zu veranlassen, in Waterville eine spiritistische Kirche zu eröffnen und sich selbst zum Geistlichen – Frau Reverend – zu ernennen.

Die Spiritistenkirche schien aber nicht so gut zu gehen, denn einige Monate später verschwand Madame Williams wieder, und die spiritistische Gemeinde schlief ein.

Da erkrankte Geigele plötzlich. Der Arzt wusste nicht recht, was es war. Es hatte immer Fieber, manchmal Schmerzen im Kopf, im Nacken und dann wieder in der Brust. Der Arzt verschrieb ihr irgendein Beruhigungsmittel und überließ damit Geigele seinem Schicksal. Es erhielt täglich den Besuch seines Freundes Fred, worüber es sich sehr freute. Geigele musste weiter das Bett hüten, und Mutter Schreiber konnte ihren beruflichen Pflichten als Waschfrau nicht nachgehen. Doch da sie Ersparnisse hatte, fühlte sie den augenblicklichen Einnahmeausfall nicht stark.

Der Zustand Geigeles war merkwürdig. Zu Zeiten war sie ganz schmerzfrei; doch sie hatte dauernd Fieber, und seit einigen Tagen stellten sich auch Ohnmachtsanfälle ein. Der Hausarzt wusste nicht, was er aus dem Krankheitsfall machen sollte und hielt sich soviel als möglich von der Kranken fern.

Da, eines Abends, als Mutter Schreiber neben Geigele am Bett saß und ihre Hand hielt, richtete diese sich unvermutet auf, sah starr in die Ecke des Zimmers, als ob ihr Blick diese durchdringe und als ob sie irgendetwas Interessantes erschaue. Dann sprach sie langsam, wie zu sich selbst: „Ja, Vati, ich erinnere mich an dich! Oh wie froh bin ich doch, dass es dir gut geht. Mutti sitzt hier neben mir. Ich weiß nicht, ob sie dich sehen und erkennen kann."

Mutter Schreiber horchte auf, sah aber nichts Besonderes.

Geigele blieb aufgerichtet im Bett sitzen und starrte weiter ununterbrochen in die Ecke des Zimmers. Ab und zu war es, als ob sie etwas vor sich hinspräche; doch Mutter Schreiber konnte nichts vernehmen. Geigeles Miene zeugte von höchster Gespanntheit an dem, was sie anscheinend wahrnahm, wovon Mutter Schreiber jedoch nichts sehen konnte.

Dann trat eine allmähliche Erschlaffung ein. Geigele fiel ins Bett zurück und schlief sanft ein.

Mutter Schreiber dachte über den Vorfall nicht weiter nach, bis am nächsten Mittag, gerade als der Arzt kam, Geigele wieder interessiert in die Ecke starrte. Der Arzt bemerkte das wohl auch, nahm aber weiter keine Notiz davon und verschrieb nur neue Medizin. Gerade als er seine Tasche zumachte, in der er seine Instrumente hatte, sprach Geigele – dabei immer noch unverwandt in die Ecke sehend – zu ihm: „Deine Mutti ist da und lässt dir sagen, dass sie sehr glücklich sei, wo sie sich befindet, und du sollst auch frömmer sein und dich mehr deines Herrgottes erinnern!"

Der Arzt, ein jovialer Freidenker, hatte anfangs interessiert zugehört, dann aber gelächelt und bemerkte nur, schon um in der Gegenwart von Mutter Schreiber was zu erwidern: „Das war schön von dir, liebes Geigele, dass du mir was von meiner verstorbenen Mutter berichtet hast; doch ich denke, du solltest jetzt wieder etwas schlafen."

Damit versuchte der Arzt, Geigeles Körper hinüber zu legen, um es zur Ruhe zu betten. Doch alle Anstrengungen des kräftigen Arztes halfen nichts. Geigele konnte einfach nicht hingelegt werden.

Der Arzt versuchte das Beste aus der Lage zu machen und bemerkte lächelnd zu Mutter Schreiber: „Geigele scheint in seinen Halluzinationen so befangen zu sein, dass es für nichts anderes zugänglich ist. Bringen Sie es bitte nachher zur Ruhe. Auf Wiedersehen."

Doch noch ehe der Arzt, der schon seinen Hut aufgesetzt hatte, das Zimmer verlassen konnte, sagte Geigele plötzlich: „Doktor, sei vorsichtig! Dir droht Gefahr!"

„Sagt das vielleicht auch meine verstorbene Mutti, Geigele?", bemerkte dazu der Arzt, wieder lächelnd, um damit alles ins Scherzhafte zu ziehen.

„Ja, lieber Doktor, deine Mutti lässt dir sagen, du sollst ja sehr vorsichtig sein, sonst wirst du bald sterben."

„Danke dir schön, Geigele", bemerkte der Doktor. Und auf Geigeles angebliche Halluzinationen freundlich eingehend, erwiderte er: „Sag nur, liebes Geigele, meiner Mutti, wenn du sie wiedersiehst, dass ich Obacht geben werde!"

Damit ging der Arzt, noch immer vor sich hinlächelnd, fort.

Er kam nicht mehr bis nach Hause. Er besuchte noch zwei andere Patienten und wählte auf dem Nachhauseweg den kürzeren Weg, wobei er aber ein Stück auf den Bahngleisen entlangzugehen hatte. Er wich einem hinter ihm kommenden Frachtzuge auf das Nebengleis an einer Stelle aus, wo die Strecke eine Kurve beschrieb. Und um die Kurve herum auf dem andern Gleis kam ein Sonderzug, der ihn überfuhr, den Körper ein Stück mitschleifte und bis zur Unkenntlichkeit verunstaltete, ehe der Zug zum Halten gebracht werden konnte.

Der Arzt hatte bei seinen beiden Besuchen, nachdem er Schreibers verlassen hatte, lächelnd von der Prophezeiung Geigeles erzählt, da sie ihn doch etwas beunruhigt hatte. Als nun sein plötzlicher Tod bekannt wurde, durcheilte erneut wie ein Blitz die Nachricht das

Städtchen, dass Mutter Schreibers Geigele den Tod vorausgesehen hätte.

Erst schüchtern, doch mit der Zeit immer stärker und stärker, stellten sich wieder Besucher bei Mutter Schreiber ein, angeblich nur um zu sehen, wie es Geigele ginge, in Wirklichkeit aber, um vielleicht auch eine Prophezeiung für die Zukunft zu erhalten.

Sie wurden nicht enttäuscht. Wenn Geigele sich gerade in dem Zustand völliger scheinbarer Ohnmacht befand, teilte sie verschiedenen Besuchern auf Befragen Dinge mit, die sich später auch als richtig erwiesen. Das trug natürlich noch mehr dazu bei, Geigeles Gabe im Städtchen erneut bekanntzumachen.

Die Gabe Geigeles war diesmal merkwürdig genug. Manchmal sagte es überhaupt nichts, wenn Besucher kamen. Manchmal wieder erzählte es ihnen, wenn es sich gerade wieder in seinem „merkwürdigen Zustand" befand, alles Mögliche von deren verstorbenen Angehörigen, was diese natürlich gerne hörten.

Es schien, als ob Geigele infolge seiner Krankheit noch hellseherischer und hellfühlender geworden wäre. Einmal gab ihm eine Besucherin ein Handtäschchen zum Geschenk. Als Geigele das Geschenk dankend angenommen hatte, verfiel es wieder in seinen starren „Zustand". Es schien kaum zu atmen, doch sein Mienenspiel zeugte von irgendeinem Erlebnis, das es während seines „Zustandes" haben musste.

Plötzlich fing es – immer noch mit geschlossenen Augen – zu sprechen an: „Was ich hier habe, das gehörte früher einem Mädchen, das tot ist. Es starb an einer Krankheit. Ich habe es eben besucht. Es ist in einer wunderschönen Gegend, o so schön" – und dabei glänzte Geigeles Gesicht wie verklärt – „und geht dort mit anderen Mädchen in seinem Alter in eine Schule, wo sie alle von vielen ‚Geigeles' unterrichtet werden. Sie sagte zu mir, als es mich erkannte, ich solle die Tasche nur ruhig behalten; es sei ihre gewesen."

Dann trat eine Entspannung und sichtliche Erschlaffung ein. Geigele fiel zurück und schien zu schlafen.

Dieses Vorkommnis, das der Wahrheit bezüglich des Ablebens der früheren Eigentümerin des Täschchens entsprach, wurde Tagesgespräch in Waterville. Mutter Schreibers Haus war von nun ab fast dauernd wieder von Besuchern umlagert. Sie wusste sich nicht zu helfen. Manchmal wollten die Besucher Frau Schreiber „für ihre Unannehmlichkeiten durch die Besuche" mit Geld entschädigen, doch

Mutter Schreiber lehnte die Annahme von solchem entschieden ab. Nur wenn man mal irgendein Geschenk fürs Geigele zurückließ, nahm sie es an und behielt es auch für ihre Tochter.

In Geigeles Zustand trat eine sichtliche Verschlechterung ein. Wenn immer es wach war, fragte es nach seinem Freund Fred, der in seiner freien Zeit doch stets neben Geigeles Bett saß. Dann schien es mit Geigele besser zu gehen. Es blieb wach, hielt Freds Hand und konnte ihm glücklich lächelnd ununterbrochen zuhören. Es schien beinahe so, als ob jetzt ein umgekehrtes Verhältnis zwischen beiden bestände – als ob Fred dem Geigele Kraft gebe, während doch früher Geigele den Zustand Freds gebessert hatte.

Frau Schreiber wusste sich keinen Rat, was sie machen sollte. Sie litt zwar keine Not, zumal ja auch Fred und Frau McCook, wenn sie zu Besuch kamen, immer Esswaren mitbrachten, und wenn Frau McCook mal nicht kommen konnte, sie Margarete mit Esssachen nach Hause schickte. Doch Mutter Schreiber wollte Geigele doch so gern helfen, wusste aber nicht wie. Die drei andern Ärzte in Waterville lehnten den Fall ab, da sie, wie sie sagten, die Krankheitsursache doch nicht erkennen würden, da es ihr verstorbener Kollege auch nicht hatte feststellen können. In Wirklichkeit munkelte man aber, dass die Ärzte Angst hatten, dass Geigele ihnen vielleicht auch den Tod voraussagen oder, wenn das nicht, vielleicht sagen würde, sie sollten nicht so unverschämte Preise für ihre Besuche bei Kranken fordern, wie sie es oft taten.

So vergingen einige Wochen, ohne dass eine Besserung in Geigeles Befinden eintrat. In letzter Zeit bat es ihre Mutter, nicht so viele Besucher zuzulassen, da es für sie zu anstrengend sei. Mutter Schreiber gab dies den Wartenden bekannt, die damit nicht zufrieden waren. Einige murrten sogar darüber.

„Ja, aber ich kann doch nicht mein krankes Kind noch kränker werden lassen", bemerkte, wie hilflos, Mutter Schreiber.

„Und ich möchte gern wissen, ob mein Kind im Jenseits glücklich ist", wurde ihr geantwortet. „Und ich", mischte sich eine andere Frau ein, „möchte wissen, was mein Seliger dazu sagt, dass ich mich wieder verheiratet habe." So ging es fort. Rücksicht auf die Kranke schien man nicht zu kennen. Da sich aber einige, die Mutter Schreiber gut kannten und bei denen sie auch schon lange als Waschfrau tätig war, vordrängten und besondere Berücksichtigung verlangten, so wusste sich die so bedrängte Mutter schließlich überhaupt keinen Rat mehr.

„Mutti, gib doch Zettel mit Nummern aus", hörte sie da Geigeles Stimme aus dem Zimmer, dessen Tür nicht ganz verschlossen war. Und das tat Mutter Schreiber auch.

Von nun ab fragte sie jeden Morgen Geigele, wie viele Besucher sie empfangen könne. Manchmal waren es mehr, manchmal weniger.

„Geigeles Ruf als Hellseherin verbreitete sich auch unter den Farmern in der Umgebung von Waterville. Die Kirchen und auch die Behörden waren machtlos dagegen und ließen alles gehen, wie es ging, um nur nicht noch größeres Aufsehen zu erregen. So tat es schließlich auch die Bevölkerung, von der ein Teil sogar stolz darauf war, dass Waterville eine Hellseherin besaß.

7. Brauer Ronners Ende

Nur einen ärgerte das Aufsehen, das Geigele und seine Mutter erneut machten. Aus einem ihm selbst unerklärlichen Gefühl der Abneigung hasste Ronner die Schreibers. Er ließ schließlich einen Artikel im „Recorder" unter der Rubrik: „Stimmen aus dem Leserkreis" aufnehmen und mahnte darin die Bewohnerschaft zur Vernunft und dazu, ihren Verstand zu bewahren. Etwas Übernatürliches gäbe es nicht! Das wisse er als überzeugter Freidenker, und im Zwanzigsten Jahrhundert glaube niemand, der seine fünf Sinne zusammen habe, an Geister, Gespenster und sonstigen Unsinn. Unter denen, die sich da vor dem Haus von Mutter Schreiber täglich einfänden, mögen wohl einige sein, die gutgläubig mal herausfinden möchten, was an all dem sei. Wer aber wirklich ernstlich glaube, dort irgendwelche Auskunft von Bedeutung zu erhalten, der täusche sich ganz gewaltig. Geigele und ihre Mutter schienen ihm nur recht geschäftstüchtige Personen zu sein, wenigstens nach den Geschenken zu urteilen, die man ihnen ins Haus bringe.

Der Artikel war ungerecht und unfair. Es kamen auch Erwiderungen, die der Herausgeber des „Recorder" aber nicht aufnahm, da ihm Ronner für jede von ihm zurückgewiesene Zuschrift eine Extra zehn Zoll Anzeige der Brauerei versprochen hatte. Das Nichtaufnehmen der Zuschriften gegen Ronners „Eingesandt" hatte aber unter denen, die abgewiesen wurden, rechten Unwillen hervorgerufen. Man erfuhr nämlich allmählich – auf welche Weise, ließ sich allerdings nicht recht feststellen –, dass Ronner bei der Nichtaufnahme der Zuschriften gegen sein „Eingesandt" die Hände im Spiel hatte. Das trug nun gerade nicht zur weiteren Popularität des an und für sich wegen seines oft anmaßenden Auftretens unbeliebten Ronner bei.

Ronner war – wie man sagte – seit „undenklichen Zeiten" der Präsident des deutschen Gesangvereins „Lyra." Bei Neuwahlen wusste man schon vor der Wahl genau, wer gewählt werden würde – Ronner natürlich! Wie das immer geschah, wusste niemand so recht, doch es geschah eben! Es kursierten über die Durchführung dieser Wahlen auch die merkwürdigsten Gerüchte. Doch was ging es einen schließlich an! Ronner ließ sich seine Stellung als Präsident etwas kosten, denn niemals brauchte der Verein aus seiner Kasse etwas für das Bier zu bezahlen. Die „Lyra" hatte immer Ronners Freibier.

In einer Geschäftssitzung der „Lyra" stellte unter dem Punkt „Verschiedenes" aber auf einmal ein Vereinsmitglied – das von Ronner immer als „Radikaler" bezeichnet wurde – die Frage: „Herr Präsident, ich wollte Sie mal fragen, warum Sie dem ‚Recorder' verboten haben, Zuschriften gegen Ihr ‚Eingesandt' aufzunehmen?"

„Wer sagt, dass ich das verboten hätte", brauste Ronner auf.

„Das ist meine Sache! Warum haben Sie das getan, antworten Sie!"

Ronner schnellte von seinem Sitz hoch, schlug mit dem Hammer auf den Tisch und gebot „Ruhe im Haus", obgleich nirgends Unruhe herrschte. Dann donnerte er den Fragesteller an: „Das gehört nicht hierher in die ‚Lyra'. Und wenn Ihnen das nicht passt, dann machen Sie, dass Sie rauskommen oder ich lasse über Ihren Ausschluss abstimmen."

Damit war Ronner doch wohl etwas zu weit gegangen, denn es erhoben sich Proteststimmen. Das hatte der Vorsitzende nicht erwartet. Nach einer Weile des Nachdenkens sagte er, ruhiger und gefasster: „Gut, es scheinen mir nicht alle beizustimmen. Da wollen wir es doch mal anders machen. Seid ihr alle damit einverstanden, dass wir dem Schwindel bei Schreibers ein für allemal ein Ende machen?"

„Was geht denn die ‚Lyra' das Leben der Familie Schreiber an? Das gehört nicht hierher! Und wenn Ihnen das nicht passt, Herr Ronner, dann werde ich mal den Antrag stellen, über Ihren Ausschluss abzustimmen", entgegnete der erste Redner, den Ronner als „Radikalen" bezeichnete, entschlossen mit fast genau den gleichen Redewendungen, die Ronner ihm entgegengeschleudert hatte.

Ronner war rot vor Wut geworden und wollte gerade gehässig ausfällig werden, als der erste Vizepräsident Fröhlich, der Vormann in Ronners Brauerei war, ihm ins Wort fiel: „Warum können wir von der ‚Lyra' nicht mal den Unsinn bei Schreibers untersuchen? Wie es scheint, findet sich ja sonst niemand in ganz Waterville, der das täte. Ich schlage vor, dass wir halt die Sache in die Hand nehmen, ein Komitee ernennen und dann sehen, was dabei herauskommt."

Fürs Komiteeernennen und Sachen zu untersuchen sind deutsche Vereine im Ausland immer zu haben. Es ist so schön, wenn sich ein Komitee mit Untersuchungen abquält und dabei eventuell hineinfällt, während die Mitglieder, die nichts dabei getan haben, dann die Richter sind, sobald das Komitee Bericht erstattet! Da kann man so schön kritisieren, was das Komitee alles falsch gemacht hatte und wie man selbst alles viel besser durchgeführt hätte.

Und so wurde halt ein Untersuchungskomitee des Gesangvereins „Lyra" ernannt unter dem selbstverständlichen Vorsitz des Präsidenten des Vereins, des Brauereibesitzers Ronner.

Es wurde vereinbart, dass man am nächsten Samstag gegen Abend bei Schreibers vorsprechen und davon auch vorher Bescheid geben würde, so dass der Besuch als fair charakterisiert werden konnte.

Als Mutter Schreiber den Brief erhielt, dass ein Untersuchungskomitee des Gesangvereins „Lyra" vorsprechen würde, wusste sie nicht, was sie davon halten sollte. Sie fragte deswegen Herrn McCook um Rat, der die Untersuchung für eine alberne Angelegenheit des „Wichtigtuers" Ronner hielt. Er versicherte Frau Schreiber, dass er mit seiner Frau und Fred am Samstagabend ebenfalls zugegen sein würde. Sie solle nur unbesorgt sein und am besten Geigele nichts vorher sagen, wenn sie ihm bisher noch nichts von dem angekündigten Besuch mitgeteilt hätte.

Mutter Schreiber war aber Donnerstag, Freitag und auch den Samstag hindurch so nervös, dass es Geigele auffiel.

„Mutti, was hast du?", fragte sie fürsorglich.

„Nichts, nichts, mein Kind", antwortete die Gefragte etwas nervös.

„Doch, Mutti! Ich weiß, was dich drückt, aber sei unbesorgt."

„Woher weißt du das?", platzte Mutter Schreiber erstaunt heraus.

„Mutti, sieh, seit ich das bin, was ihr alle als krank bezeichnet, ist ständig jemand bei mir, der sich mein ‚Freund' und ‚Beschützer' nennt. Er sieht wie ein ‚Geigele' aus, ist stets freundlich und lieb zu mir, und er ist es auch, der mir die Auskunft auf die gestellten Fragen der Besucher gibt und mich dann dazu auffordert, seine Antworten mitzuteilen. Dieser ‚Beschützer' hat mir gesagt, dass Samstag für uns alle hier ein wichtiger Tag sein würde. Ich solle aber nichts fürchten, so auch du nicht und niemand, der es gut meint. Mehr sagt er mir nicht, doch er hat mir solches Vertrauen eingeflößt, dass ich weiß, alles wird zum Besten sein."

Mutter Schreiber war erstaunt über das Gehörte, doch entgegnete sie nichts auf das Vernommene, hauptsächlich wohl auch, weil sie wirklich nicht wusste, was sie sagen sollte.

Es war in der Jahreszeit gegen Ende August. Der Samstag war ein schwüler, heißer Tag. Schon vormittags ballten sich schwere Wolkenmassen zusammen, hinter denen zeitweise die Sonne verschwand. Doch es regnete nicht. Nur ab und zu hörte man fernes Donnerrollen. Jeder Bewohner des oberen Mississippitales weiß, dass an solchen Tagen im Hochsommer alle Gewitter von Minnesota, Wisconsin und Iowa über dem Mississippital scheinbar zusammentreffen und dort oft eine ganze Nacht, manchmal sogar Tag und Nacht mit nur kurzen Unterbrechungen wüten. Und was für Unwetter sind das! Sie sind schlimmer als unten im Süden. Dort oben, ebenso auch in den Dakotas – dort aber von kürzerer Dauer – sind solche Gewitter äußerst schwer. Schlag folgt gewöhnlich auf Schlag, und wenn es erst zu regnen beginnt, so sind es fast immer wolkenbruchartige Regen, die von den Steilhängen des Mississippitales ganze Felsblöcke losreißen und talabwärts rollen lassen.

Ein solcher Gewittertag war der Samstag.

Die Familie McCook stellte sich schon gegen fünf Uhr abends ein. Geigele schien den Tag besonders gut aufgelegt zu sein, und als sich Fred neben das Geigele setzte, war es so frisch, als ob es überhaupt nicht irgendwie krank wäre. Nur seine blasse Gesichtsfarbe verriet Geigeles Leiden.

Gegen sechs Uhr abends brach mit elementarer Gewalt das erste wirkliche Gewitter über Waterville los, gerade als draußen der Schnellzug vorbeifuhr, auf dem Georg diesmal Dienst als voll ausgebildeter und alleiniger Schaffner tat. Er blickte beim Vorüberfahren an Mutter Schreibers Haus vom Ende eines der Pullmanwaggons zum Fenster hinaus. Doch so stark war der wolkenbruchartige Regen und das grelle Zucken der Blitze so blendend, dass er das Haus beim Vorbeifahren kaum zu erkennen vermochte.

Endlich gegen sieben Uhr schien das erste schwere Gewitter vorüber zu sein. Es war etwas kühler geworden. Die Luft war aber noch drückend. Es rührte sich kein Lüftchen. Dabei zuckten ringsum die Blitze weiter, und der Donner rollte, aber es regnete nicht.

Kurz vor acht Uhr setzte jedoch wieder starker Regen ein, wobei sich das Blitzen und Donnern verstärkte, und mehrere Blitze mit krachenden Donnerschlägen zeugten davon, dass es auch in Waterville irgendwo eingeschlagen haben müsse – meistens in Bäume oder Telefon- und Telegraphenstangen oder auch in Lichtleitungen –, und dass sich eines der Gewitter jetzt direkt über der Stadt befand.

Da wurde an die Tür geklopft, und auf das „Herein" betraten, wassertriefend vom Regen, Ronner und fünf andere Männer das Haus von Frau Schreiber.

Als Ronner die Familie McCook im Zimmer sitzen sah, indem Geigele im Bett lag – Fred saß wie ein echter Freund auf einem Stuhl neben dem Bett und hielt Geigeles Hand –, bemerkte er erstaunt: „Nanu, Sie hier, Herr McCook? Was wollen Sie denn hier?"

„Haben Sie etwas dagegen, dass ich hier bin?", fragte McCook zurück.

„Nein", kam es zögernd zurück, „doch ich denke, es wäre besser für uns alle, wenn das Komitee mit den Schreibers hätte allein sein können, um eine genaue Untersuchung vorzunehmen."

„Das können Sie trotz unserer Anwesenheit", antwortete lächelnd McCook. „Ich kann überhaupt nicht recht verstehen, was Sie gegen unsere Gegenwart haben könnten, außer dass es Ihnen nun vielleicht schwerer sein mag, einen Bericht zusammenzuschreiben, der wohl Ihnen und den vielleicht von Ihnen beeinflussten Komiteemitgliedern – ich sehe, es sind alles Angestellte Ihrer Brauerei – zusagen mag, der aber trotzdem möglicherweise doch nicht so ganz den Tatsachen entsprechen könnte."

„Was, wollen Sie mich der Unehrlichkeit bezichtigen?", brauste Ronner auf.

Doch da mischte sich schnell Frau Schreiber mit der Bitte ein: „Herr Ronner, wollen Sie nicht so liebenswürdig sein und schnell fragen, was Sie fragen wollen. Vergessen Sie nicht: Meine Tochter ist nicht gesund, und jede Anstrengung und Aufregung muss vermieden werden."

„Und das ist keine Anstrengung für Ihre Tochter, wenn sie täglich Besuche empfängt, was?"

„Das ist unsere Angelegenheit und geht Sie nichts an, Herr Ronner!"

„So, das geht mich nichts an! Na, das wollen wir gleich mal sehen. Gehen Sie weg dort", kommandierte er Fred, der jedoch nicht von seinem Platze wich.

„Junger Mann, haben Sie nicht gehört, was ich sagte?", schnauzte Ronner jetzt Fred direkt an.

„O ja, ich habe es gehört; doch da Sie keine Behörde, sondern nur Vertreter eines Gesangvereins sind, so wüsste ich nicht, wie Sie mich dazu zwingen wollen, meinen Platz aufzugeben!", bemerkte lächelnd Fred.

„Das wollen wir mal sehen!"

Damit schritt Ronner auf Fred zu. Doch im selben Augenblick gab es einen solchen Donnerschlag, dass das ganze Haus erbebte. Ronner war auch erschrocken und brauchte eine Zeit, sich wieder zu sammeln. Dann sagte er plötzlich, wie beruhigt, zu den Komiteemitgliedern: „Was macht es schließlich aus, wenn der Junge dort sitzt. Lasst uns beginnen."

Ohne erst die Antwort und Zustimmung der anderen Komiteemitglieder abzuwarten, wandte er sich an Geigele und fuhr es an: „Was fehlt dir, Kind?"

Geigele sah seine Mutter an und antwortete nicht.

„Was Geigele eigentlich fehlt, wissen auch die Ärzte nicht", antwortete Mutter Schreiber für Geigele, wurde aber sofort von Ronner angeschnauzt: „Habe ich Sie vielleicht gefragt? Ich habe zu Ihrer Tochter gesprochen."

Da stand Herr McCook auf und wandte sich an Ronner: „Hören Sie mal ...!"

Weiter kam er nicht, denn Geigele war inzwischen in ihren „Zustand" gekommen und begann zu sprechen – langsam, klar und deutlich: „Warum verfolgen Sie uns?"

Niemand antwortete. Draußen zuckten weiter die Blitze, und der Donner rollte.

„Warum verfolgen Sie uns ... Herr Ronner?"

„Wer, ich?", tat der direkt Angeredete erstaunt. „Ich verfolge niemanden. Ich will nur das Beste für die Gemeinde und will nichts als Wahrheit, Wahrheit und nochmals Wahrheit."

„Ist das alles?", fragte Geigele zurück.

Es war eine eigentümliche Situation eingetreten. Das bestimmte

Fragen vom Geigele, das wie geistesabwesend mit geschlossenen Augen hoch aufgerichtet im Bett saß, hatte Ronner scheinbar aus dem Gleichgewicht gebracht. Die übrigen Komiteemitglieder, die bisher sowieso nichts gesprochen und anscheinend ja auch nichts zu sagen hatten, blieben ebenfalls stumm, und so trat eine etwas unheimlich anmutende Pause ein, die das starke Klatschen der vom Sturm gepeitschten Regenmassen gegen die Fensterscheiben besonders deutlich vernehmbar werden und die zuckenden Blitze noch grausiger erscheinen ließ, als es vielleicht war. Und da war ganz in der Nähe wieder ein Einschlag; das Haus bebte in allen Fugen.

„Ist das alles?", stellte mit einer unheimlichen Bestimmtheit Geigele seine Frage erneut. Es schien jetzt kein Kind mehr zu sein.

Da immer noch alles ruhig blieb, kam die Frage zum dritten Mal von Geigeles Lippen, wobei die Worte, obgleich nicht besonders betont ausgesprochen, in der merkwürdigen Situation mit dem draußen tobenden Gewitter wie das Urteil einer Nemesis wirkten.

Da hielt es Ronner endlich doch für angebracht zu antworten, um vor den Komiteemitgliedern nicht als Feigling dazustehen.

„Ich will der Wahrheit bei dem Hokuspokus in diesem Haus auf den Grund kommen!"

„Da ist kein Hokuspokus vorhanden", antwortete Geigele mit einem Ernst, der unmöglich von dem Mädchen im Alter von noch nicht ganz zehn Jahren herrühren konnte. Es musste jemand anders sein, der da sprach.

Das schien auch Ronner zu fühlen; denn er wurde etwas unsicher, als er fortfuhr: „Dann wäre das alles wahr, was du den Besuchern erzählst? Es wäre wahr, dass du die Verstorbenen im Jenseits sehen kannst? Es wäre wahr, dass du in die Zukunft zu schauen vermagst?"

„Ja", antwortete Geigele kurz und bestimmt, wobei ein neuer Einschlag ganz in der Nähe des Hauses das Gesagte zu bestätigen schien.

„Nun, wenn du so in die Zukunft schauen kannst: Sage mir doch, wo jetzt mein Vater ist, der vor dreißig Jahren starb!"

Geigele schwieg.

„Aha", begann Ronner zu triumphieren, als keine Antwort kam, wobei er sich borniert im Kreis umsah. „Das habe ich mir doch gedacht! Mein Vater war ein Mann wie ich. Er wollte immer nur die Wahrheit, hielt all den Quatsch vom Fortleben für Hokuspokus und ebenso das Vorhandensein von Gott für ein Märchen. Seht", und damit wandte er sich an die Komiteemitglieder, „bei so einem Freidenker prallt sogar der Hokuspokus eines Geigele ab."

„O nein", kam es bestimmt zurück. „Sie täuschen sich! Doch über den gegenwärtigen Aufenthalt mancher Verstorbenen darf ich nicht reden."

„Und warum nicht, wenn man fragen darf", fragte Ronner ironisch.

„Weil das nicht angenehm für die Angehörigen sein würde", lautete die Entgegnung.

„Wie bitte? Das ist ja eine Unverschämtheit sondergleichen von dir, Mädel!"

Ronner wurde nun ernstlich ungehalten.

„Warum nehmen wir solchen Unsinn überhaupt ernst? Ich werde euch Komiteemitgliedern" – und damit wandte er sich diesen ganz besonders zu – „einmal beweisen, welcher Unfug mit der angeblichen Weisheit vom Jenseits von raffinierten Menschen, wie von der Schreibern mit ihrer Tochter – so jung sie auch ist – getrieben wird. Hier" – und damit zog er einen Stein aus seiner Tasche heraus – „ist ein Stein, den einer meiner Freunde aus Ägypten mitbrachte und den er von einer Pyramide abbrach. Wenn du Mädel nun so hellsichtig und hellfühlend bist wie abergläubische, alte Weiber annehmen, dann wirst du mir wohl sagen können, von welcher Pyramide er herstammt."

Geigele nahm den Stein entgegen. Sie war immer noch in ihrem starren Zustand. Sie legte den Stein an ihre Stirn und schwieg eine Weile.

„Aha", begann Herr Ronner schließlich, „da ist es mit der Hellseherin ihrer Kunst zu Ende! Natürlich hat sie keine Ahnung von der Geschichte und weiß nichts von den Pharaonen. Daher kann sie auch nichts antworten. Seht", sich den Komiteemitgliedern zuwendend, „da habt ihr es ganz deutlich, dass alles Schwindel ist. Nun, ich denke, dieser Beweis genügt. Lasst uns gehen, da das Gewitter gerade etwas nachgelassen zu haben scheint."

Doch als er sich erhob und damit auch die Komiteemitglieder, begann es wieder gegen die Fensterscheiben zu prasseln. Diesmal musste auch Hagel mit unter dem Regen sein.

Unschlüssig standen Ronner und die Komiteemitglieder vor der noch geschlossenen Tür im Zimmer. Da ließ sich Geigele nochmals hören: „Der Stein ist nicht von einer Pyramide abgebrochen, sondern den haben Sie heute Mittag aufs Geratewohl aus ihrem Garten aufgelesen. Aber der Stein hat, ohne dass Sie es wissen, doch seine Geschichte. Er ist ein Stein, der vor Tausenden von Jahren vom Himmel herunterfiel, und zwar von einem Stern, der nicht mehr vorhanden ist, sondern einst zersprang. Dieser Stern war eine wunderbare Welt. Und in dieser Welt hatten Sie gelebt. Sie waren aber wegen ihres Charakters ausgestoßen worden und auf der dortigen Welt von wilden Tieren zerrissen worden. Das Auflesen gerade dieses Steines in Ihrem Garten besiegelt Ihr irdisches Verhängnis. Noch heute wird Ihr Leben seinen Abschluss finden."

Ronner war bei diesen Worten kreideweiß geworden.

„Nein! Unsinn! Blödsinn! Lasst uns gehen!", rief er voller Grauen, riss die Tür auf und rannte in den Regen hinaus. Da, ein greller Blitzstrahl, ein Donnerschlag, der wie ein Erdbeben das Haus erschütterte, und Ronner lag hingestreckt in einer Wasserpfütze, tot, vom Blitz getroffen.

Die Komiteemitglieder ergriff ein furchtbares Entsetzen. Sie rannten davon, so schnell sie konnten.

Auch Mutter Schreiber und Familie McCook waren entsetzt. Nur Geigele saß immer noch wie geistesabwesend da. Plötzlich kam sie aber zu sich und sah alle lächelnd an.

Herr McCook erklärte, dass er von dem Vorfall die Polizei benachrichtigen müsse. Seltsamerweise hatte es nach dem Blitzstrahl, dem Ronner zum Opfer gefallen war, wie abgeschnitten zu regnen aufgehört. Auch das Donnern war nur noch von ferne her vernehmbar.

Geigele saß aufgerichtet im Bett und streckte ihre Hände nach Fred aus, der diese ergriff und drückte.

„Geigele, weißt du, was eben geschehen ist?", fragte besorgt die Mutter.

„Nein, nicht genau", antwortete die Gefragte; „nur ist mir so, als ob jemand, der es schon lange verdient hat, von der Gerechtigkeit ereilt worden wäre! Ich weiß nicht, ich fühle mich jetzt so frisch und frei! Nichts schmerzt mich mehr! Ich glaube, ich kann morgen aufstehen!"

8. Geigele und Fred

Wenn auch alles versucht wurde, die näheren Umstände beim Ableben von Ronner zu vertuschen, so sprachen sie sich durch die Komiteemitglieder doch herum, was zur Folge hatte, dass Mutter Schreiber und Geigele allmählich in den Ruf einer Art von Heiligen kamen.

Zum Glück für beide schien aber seit dem Abend, an dem Ronner sein Schicksal ereilt hatte, in Geigeles Zustand eine Besserung eingetreten zu sein, die anhielt und zur schließlichen Gesundung führte.

So vergingen wiederum mehrere Jahre.

Geigele war inzwischen dreizehn Jahre alt geworden. Ihr zwei Jahre älterer Bruder Philipp arbeitete ab und zu schon bei der Bahn als Streckenarbeiter, da sich sein Bruder Georg für ihn bei der Bahn verwandt hatte.

Geigele war ein stilles, hübsches Mädchen geworden. Sie war fleißig und aufmerksam in der Schule, so dass Herr und Frau McCook sich mit dem Gedanken trugen, sie später in eine besondere Mädchenschule zu schicken, da sie dachten, dass ihr Fred, der mit Geigele noch immer ein Herz und eine Seele war, sie wohl eines Tages heiraten würde. Fred selbst war längst aus der Hochschule heraus und von seinem Vater auf ein Kolleg in St. Paul geschickt worden, um sich dort zum Ingenieur auszubilden. Er und Geigele schrieben sich fast täglich. Geigele schien es selbstverständlich, dass Fred ihr gehört, und Fred hatte kein Auge für irgendein anderes Mädchen als eben nur für „sein" – Geigele.

Geigele selbst war aber auch ein Mädchen geworden, das durch seine bloße Schönheit schon Aufsehen erregte. Es ist daher eigentlich verständlich, dass es ihr an „Boy friends" nie gemangelt hätte; doch sie wies alle ab. Für sie gab es nur einen – Fred!

Die Ferienzeit und die christlichen Festtage waren wirkliche Festtage für Geigele und Fred, der seine Freizeit immer im Elternhaus oder auf gemeinsamen Spaziergängen mit Geigele verbrachte.

Fred war ein hübscher junger Mann geworden, der aber für seine Jugend zu ernst erschien. Das größte Vergnügen beider war, bei schönem Wetter durch die Hügel, die das Mississippital einrahmten, spazieren zu gehen. Dabei wurden meistens ernste Gespräche geführt. Fred schwärmte von seiner Zukunft als Ingenieur, und Geigele hörte, jedes Wort von seinen Lippen förmlich verschlingend, andächtig zu.

Seltsamerweise hatten sich alle die sogenannten „übernatürlichen Erscheinungen" und Eigenschaften bei Geigele fast ganz gegeben, seit sie nach Ronners tragischem Ableben von ihrem damaligen unerklärlichen Leiden geheilt worden war.

„Hast du gar keine Visionen mehr?", fragte bei einem der Spaziergänge Fred einst Geigele.

„Ja und nein! Nein insofern, als ich nicht mehr ohnmächtig werde und meinen geistigen Beschützer sehe. Ja aber, indem ich manchmal, wenn ich mit Handarbeit beschäftigt bin und vor mich hin sinne, wunderbare Landschaften und Gegenden vor meinem geistigen Auge vorüberziehen sehe. Es ist mir dann, als ob ich darinnen lebe – nein, als ob ich darinnen schon existiert hätte."

„Erschrickst du dabei oder fühlst du dich beglückt?"

„Ich fühle mich beglückt und zufrieden. Ich glaube, ich habe einmal in irgendeiner solchen Gegend gelebt, ehe ich hier auf diese Erde kam. Und ich habe auch das Gefühl, dass du, Fred, mit mir zusammen dort warst. Ich habe sogar die Gewissheit, lieber Fred, dass wir uns schon seit langem kennen und hier auf Erden nur wiedergetroffen haben. Ich weiß nicht, wie das alles ist, aber manchmal habe ich das Gefühl, als ob du ein Stück von mir wärst."

„Seltsam", erwiderte Fred nachdenklich, „genau so geht es mir mit dir. Oftmals, wenn ich mich abends nach Beendigung meiner Studien zu Bett gelegt habe und ehe ich einschlafe, fühle ich mich zu dir irgendwie hingezogen und empfinde deine Gegenwart. Auch mir kommt es manchmal so vor, als ob wir uns seit langem, langem kennen. Doch ich sehe und fühle das alles nicht so klar, wie anscheinend du, liebes Geigele."

Es war ein seltsames Verhältnis zwischen Fred und Geigele. Noch niemals war zwischen ihnen das Wort „Liebe" gefallen; noch nie hatten sich beide geküsst, und doch wussten sie, sie sind eine Einheit. Sie brauchten keine Liebeserklärung und auch keine Küsse. Sie gehörten eben einfach sowieso zusammen. Sie besuchten nie Festlichkeiten irgendwelcher Art, wie Schultänze oder ähnliche Veranstaltungen. Sie waren glücklich und zufrieden, wenn sie nur zusammen sein konnten. Oft sprachen sie bei ihren Spaziergängen lange nichts miteinander, und doch wussten beide, sie verstanden sich irgendwie, und ihre Gedankengänge bewegten sich in derselben Richtung. Wenn dabei der eine oder andere eine Bemerkung so vor sich hinsprach, wurde – wie ganz selbstverständlich – von der andern Seite darauf geantwortet, logisch und folgerichtig. Gleich, als ob der andere in den Gedankengängen dessen, der die Bemerkung machte, mit darin gelebt hätte.

Frau McCook sprach mit Geigele über den Plan ihres Mannes, sie in ein Mädchenpensionat nach Minneapolis zu schicken, doch Geigele zeigte weiter kein Interesse für den Vorschlag.

„Ich dachte gerade, du würdest es gern sehen, nach Minneapolis gehen zu können. Fred ist in St. Paul, und ihr wäret dann nur fünfzehn Meilen voneinander in den Zwillingsstädten entfernt."

Geigele schwieg. Was Frau McCook sagte, war richtig; doch sie wollte lieber in Waterville nahe ihrer Mutter bleiben. Sie fühlte, es war ein besonders inniges Verhältnis zwischen ihr und ihrer Mutter. Außerdem würde Margarete doch bald heiraten, und dann könnte sie den Tag über bei McCooks helfen und die Abende mit ihrer Mutter verbringen. Alsdann brauchte diese auch nicht mehr waschen zu gehen, denn sie, Geigele, würde genug verdienen, und auch Philipp, der noch zu Hause wohnte, gab jetzt schon von seinem Verdienst ab.

So blieb Geigele in Waterville, half ab und zu in Familien aus, wenn diese größere Festlichkeiten hatten, und Mutter Schreiber, die auch eine gute Köchin war, betätigte sich gewöhnlich bei solchen Gelegenheiten außerdem als Helferin beim Kochen.

Geigeles hellseherische Begabung schien ganz von ihr gewichen zu sein. Sie führte mit ihrer Mutter zusammen ein ruhiges, stilles Leben. Jedes Mal, wenn der Schnellzug am Haus vorbeifuhr, auf dem Georg als Schaffner Dienst tat, standen Mutter und Geigele vor der Tür und winkten ihm beim Vorbeifahren zu. Die beiden Frauen waren freundlich zu allen Nachbarn, aber mit niemandem intim, daher überall gut gelitten, und langsam war in Vergessenheit geraten, dass Geigele einst ganz Waterville mit ihren übernatürlichen Gaben in Aufregung versetzt hatte. Schreibers lasen wohl das Lokalblatt, waren aber sonst an Politik nicht interessiert und lasen so auch selten etwas von dem, was sie im Grunde genommen nichts anging, in den überregionalen Zeitungen beispielsweise von den Schlachten des Ersten Weltkrieges in Europa, der dort ausgebrochen war. Doch als auch in Amerika immer häufiger vom Krieg gesprochen wurde, begann auch Geigele mehr Anteil an all dem zu nehmen, was im Zusammenhang damit in Amerika geredet und gesprochen wurde.

Als Fred zu Weihnachten nach Waterville kam, war er ernster als sonst. Geigele fiel das natürlich sofort auf, und ihrer bemächtigte sich eine innere Unruhe. Doch sie sagte nichts, sondern wartete, bis Fred von allein von dem zu reden anfangen würde, was ihn anscheinend bedrückte.

Es war aber nicht eher, als bis kurz vor seiner Rückreise ins Kolleg in St. Paul, dass Fred bemerkte: „Geigele, ich fürchte, wir werden wohl im nächsten Jahr etwas länger als sonst getrennt sein müssen."

Die Angeredete erschrak und sah ihren Begleiter geradezu fassungslos an.

Da zwang sich Fred zum Lächeln, legte seinen Arm um ihre Schultern und drückte sie – zum ersten Male – fest an sich.

„Doch das ist ja nur für kurze Zeit, liebes Geigele. Dann, wenn ich zurückkomme, dann – heiraten wir."

Geigele, die Fred gerade zum Bahnhof begleitete, blieb wie versteinert mitten im Schnee auf dem Bürgersteig stehen und sah, immer noch sprachlos und wie gelähmt, Fred ununterbrochen an, als ob sie auf eine nähere Erklärung wartete.

Fred musste unwillkürlich lachen: „Aber, Geigele, ich wusste nicht, dass dich das so erschrecken würde, wenn ich vom Heiraten zu dir spreche. Freilich hätte ich erst formell deine Mutter um Erlaubnis und auch vielleicht dich erst mal ordentlich küssen und dann offiziell fragen sollen, ob du auch meine Frau werden möchtest, ehe ich vom Heiraten zu dir spreche. Doch ich dachte, auch bei dir wäre es selbstverständlich, dass wir einmal Mann und Frau werden; denn ich kann es mir ja gar nicht anders denken, als dass es einmal so sein würde."

Da nahm sich Geigele zusammen, schmiegte sich an Fred, sah ihn dabei glückstrahlend an und stammelte: „Fred, nicht das Heiraten hat mich erschreckt, sondern deine Bemerkung vom Getrenntsein auf kurze Zeit. Was bedeutet das?"

„Nun, Geigele, zunächst bin ich froh, dass du mit meinem etwas seltsamen Heiratsantrag einverstanden zu sein scheinst. Was das Getrenntsein anbetrifft" – und dabei wurde sein Gesicht sehr ernst, – „so glaube und fürchte ich, dass auch Amerika in nicht allzu langer Zeit in den europäischen Krieg verwickelt sein wird und ich genauso wie alle anderen jungen Leute hierzulande werde Soldat sein müssen, um drüben zu kämpfen."

Geigele erwiderte nichts. Auf einmal war es ihr, als ob ihre frühere hellseherische Gabe wiederkäme. Doch sie unterdrückte das diesbezügliche Empfinden mit Gewalt.

Da zog sie Fred fort und rief dabei: „Komm, Geigele, sonst verpasse ich meinen Zug. Hörst du ihn nicht schon pfeifen."

Von fern war der dumpfe Ton der Lokomotivpfeife vernehmbar.

Man eilte schnell zum Bahnhof, wo Fred gerade noch Zeit fand, seine Fahrkarte zu lösen, ehe der Zug einfuhr. Zum ersten Mal nahm Fred Geigele öffentlich in seine Arme und küsste sie, wobei es Geigele so seltsam wie ein elektrischer Strom durchzuckte. Sie konnte nur beglückt mit der Hand winken, als der Zug wieder abfuhr und Fred ihr durch das geschlossene Waggonfenster Kusshände zuwarf. So eingenommen war sie noch von dem innerhalb weniger Minuten Erlebten, dass sie gar nicht bemerkte, wie ihr Bruder Georg von der Veranda des Aussichtswaggons ihr zurief und winkte. Er tat jetzt Dienst als Schaffner auf dem Küstenexpress, mit dem Fred nach St. Paul zurückfuhr.

Von jetzt ab lasen Geigele und ihre Mutter, die natürlich über Freds Heiratsantrag auch erfreut war, obgleich sie das eigentlich als selbstverständlich erwartet hatte, da Geigele und Fred seelisch zu eng miteinander verbunden waren, die Lokalzeitung aufmerksamer und wurden nun erst gewahr, wie groß die Spannung zwischen Amerika und den Mittelmächten bereits vorgeschritten war.

Geigele quälte irgendetwas, doch sie wusste nicht was. Es war ihr öfter genau so eigentümlich zumute wie bei Freds Abschied, als es ihr so vorkam, dass sich ihre hellseherische Gabe wieder einstellen würde. Aber die Gabe schien nicht recht durchkommen zu können. Außerdem peinigte sie der Gedanke, dass Fred vielleicht doch bald in den Krieg müsse.

Fred bekam, wie alle anderen Insassen seines Kollegs, zu Ostern keinen Urlaub, da das Kolleg in Anbetracht des drohenden Krieges den Unterricht über Ostern nicht unterbrechen wollte, um den Studenten möglichst viel mitzugeben, wenn sie doch noch vor Semesterschluss eingezogen werden sollten.

Und so kam es auch! Gleich nach der Torpedierung der „Lusitania" durch ein deutsches Unterseeboot kam die Kriegserklärung Amerikas und dann die Einziehung zum Militär.

Fred wurde in St. Paul eingezogen und in ein Camp nach dem Norden geschickt. Man ließ ihm keine Zeit, nochmals erst nach Hause zu reisen. Es ging alles so schnell. Nach etwa achtwöchiger Ausbildung wurde er nach Plattsburg im Staat New York abkommandiert, wo sich ein großes Lager zur Ausbildung von Reserveoffizieren befand.

Fred hatte für die Abkommandierung und Übersiedlung drei Extratage Urlaub herausgeschunden und verbrachte diese in Waterville. Er und Geigele waren während dieser Zeit überhaupt nicht zu trennen. Es waren unvergessliche 72 Stunden.

Am Abend vor der Abreise nach Plattsburg fand eine Familienfeier im Heim von McCooks statt, an der aber nur die Eltern Freds, Mutter Schreiber, Margarete und Geigele teilnahmen. Dabei machte Herr McCook den Vorschlag, dass sich Fred offiziell mit Geigele verloben sollte. Fred war sofort einverstanden, Geigele aber nicht.

Man war erstaunt und erwartete natürlich eine Begründung Geigeles für ihre Ablehnung.

„Fred weiß ganz genau", begann schließlich Geigele langsam, „dass es für mich niemals einen andern Mann als nur ihn geben könne. Ich bin sofort bereit, ihn zu heiraten, wenn er zurückkommt, ganz gleich ob krank oder gesund, doch er soll sich bis dahin nicht gebunden und irgendwie verpflichtet fühlen. Er darf mich aber trotzdem als seine Braut betrachten, die ich ja in Wirklichkeit auch bin, denn, wie gesagt, niemals wird es einen andern Mann für mich geben. Doch uns jetzt zu verloben, käme mir vor, als ob ich Fred irgendeinen Zwang auferlegen würde, unter dem er vielleicht einmal leiden könnte. Nein, Fred soll seine Pflicht seinem Vaterland gegenüber erfüllen, ohne jede besondere Verpflichtungsbelastung gegen irgendjemanden."

„Das ist ja alles sehr schön und lobenswert gedacht von dir, liebes Geigele", entgegnete Fred. „Doch denkst du denn nicht, dass es für mich viel schöner ist zu wissen, dass ich für etwas Eigenes – mein Geigele – zum Beispiel, kämpfe?"

„Fred", antwortete Geigele, wobei sie ernst wurde und sich ganz zu Fred hinüberbeugte, „das weißt du, ob verlobt oder nicht, dass du für mich mitkämpfst, wenn dir das einen Lebensinhalt draußen im Feld geben kann. Aber bitte, liebster Fred, lasse es so sein wie es jetzt ist. Ich bin die Deinige und werde es immer bleiben. Darauf darfst du bauen wie auf einen Felsen!"

Damit schlang sie ihre Arme um ihn und küsste ihn innigst auf den Mund.

Freds Ausbildung in Plattsburg dauerte gerade acht Wochen. Dann wurde er als Offizier einem Regiment zugeteilt. Natürlich hatten diese schnell ausgebildeten Reserveoffiziere nicht die militärische Erfahrung wie Berufssoldaten oder „Top"-Sergeants, die Jahre hindurch Dienst getan hatten. Man gab diesen schnell ausgebildeten Reserveoffizieren daher auch bald einen Spitznamen, nämlich: „Die Achtundvierzig-Tage-Wunder von Plattsburg".

Als ein solches „Achtundvierzig-Tage-Wunder von Plattsburg" stellte sich ausgangs August 1917 Fred seinen Eltern und seiner Braut in Waterville während seines letzten Urlaubs vor Abreise nach Übersee vor.

Die Tage des Urlaubs zogen wie ein herrlicher Traum an Geigele vorüber. Doch dann kam die Stunde des Abschieds. Es ist seltsam mit einem Abschied, besonders mit einem solchen, bei dem eine geliebte Person hinaus ins Feld muss. Die letzten Minuten vor dem Scheiden möchte man am liebsten auf Stunden verlängert haben, und doch rückt der Uhrzeiger genauso gleichmäßig schnell weiter wie in Zeiten der Langeweile und Unwichtigkeit.

Schließlich kam der Augenblick, in dem es hieß: Scheiden!

Geigele war merkwürdig gefasst, nur bleich war sie, schreckensbleich. Fred bemerkte das weiter nicht, da er zu sehr damit beschäftigt war, sein Geigele immer und immer wieder an sich zu drücken und zu küssen.

Als der Zug die Station verlassen hatte und Geigele zusammen mit ihrer Mutter und McCooks zum Haus der Letzteren zurückkehrten, um dort zu Abend zu essen, herrschte allgemeines Schweigen. Jeder hing seinen eigenen Gedanken nach; endlich raffte sich Herr McCook zusammen.

„Na, ewig hat ja bis jetzt noch niemals ein Krieg gedauert. So wird der jetzige auch mal vorübergehen und Fred wieder nach Hause kommen. Ich erinnere mich noch, wie wir im Spanisch-Amerikanischen Krieg nach Puerto Rico eingeschifft wurden. Und dann war der ganze Feldzug dort eine große Spielerei gewesen. Es kam überhaupt zu keinem größeren Gefecht. Es war eigentlich alles viel eher vorüber, als wie wir gedacht hatten."

„Diesmal wird das aber anders sein", bemerkte dazu Frau McCook ernst. „Vergiss nicht: Diesmal sind zu viele Nationen in den Krieg verwickelt. Es ist ein regelrechter Weltkrieg. Und außerdem gab es zu deiner Zeit noch keine Flugzeuge, Bombenabwürfe und Flammenwerfer."

„Na, lasst uns hoffen, dass drüben alles vorüber ist, ehe die Amerikaner an der Front eingesetzt werden", tröstete McCook.

„Werden die nicht gleich an die Front geschickt?", fragte erstaunt Frau McCook.

„Bewahre", lachte McCook, „die müssen sich dort erst ans Feldleben gewöhnen."

Und so war es auch. Fred schrieb regelmäßig an Geigele, aber auch häufig an seine Eltern. Er war in einem Lager in Südfrankreich und wurde, wie auch die anderen im Lager, unruhig, weil man nicht eingesetzt wurde, um dem Krieg endlich ein Ende zu machen – so oder so, denn die Amerikaner hatten das Herumliegen in Feldlagern satt und wollten so schnell wie möglich wieder nach Hause.

Im Frühjahr schrieb Fred dann, dass man in zwei Wochen nun endlich entweder in den Argonnen oder in der Champagne eingesetzt werden würde. „Nun dauert es nicht mehr lange, liebes Geigele, und wir sind wieder vereint."

Das waren die letzten Zeilen von Fred.

Wochen hindurch traf keine Nachricht mehr von ihm ein. Man verstand das, denn an der Kampffront blieb wohl nicht viel Zeit zum Schreiben.

Da eines Nachts, etwa ein Jahr nach Freds Abschied, wachte Geigele plötzlich auf mit einem grellen Aufschrei: „Fred, Fred, o lieber, guter, einziger Fred – du bist tot?"

9. Dr. Lehmann

Mutter Schreiber, die im selben Zimmer mit Geigele schlief, war sofort wach, als sie den grellen Aufschrei ihrer Tochter gehört hatte, machte Licht und sah Geigele hoch aufgerichtet im Bett sitzen mit ausgestreckten Armen und nach der Ecke des Zimmers starren, wobei ihr die Tränen die Wangen herunterliefen und sie tief erschüttert in sich hineinschluchzte. Ihr ganzer Körper bebte.

Nach einer Weile trat Entspannung ein. Geigele fiel zurück, und eine tiefe Ohnmacht umfing sie, aus der sie auch am Morgen nicht erwachte.

Mutter Schreiber schickte ein Kind aus der Nachbarschaft zu McCooks und bat sie, sofort zu kommen.

Als diese eintrafen, erzählte Mutter Schreiber Geigeles nächtliches Erlebnis, wobei Frau McCook ebenfalls aufschrie und ohnmächtig zusammenbrach. Nur Herr McCook blieb gefaßt und sandte nach einem Arzt, während er und Frau Schreiber sich um Frau McCook bemühten. Geigele lag noch da wie tot. Man merkte kaum, dass sie atmete.

Als der Arzt eintraf, brachte er Frau McCook bald wieder zu sich. Schlimmer war es um Geigele bestellt. Der Arzt horchte und horchte auf ihren Herzschlag, beobachtete abwechselnd den Puls und die Ohnmächtige, zog dann einen Rezeptzettel hervor und schrieb etwas auf, was er Mutter Schreiber mit der Aufforderung übergab, diese Medizin holen zu lassen und Geigele einige Tropfen – wie er vorgeschrieben hatte – alle drei Stunden zu geben.

„Steht es schlimm um meine Tochter?", fragte Mutter Schreiber besorgt.

„Ich kann noch nichts sagen. Ich komme heute abend wieder. Lassen Sie sie nur ruhig allein. Nach der Medizin wird sie in einen tiefen Schlaf verfallen. Auch dabei stören Sie sie nicht, bis sie von allein aufwacht."

„Ja, sie muss doch aber etwas essen."

„Wenn der Hunger zu groß wird, da wird sich schon ihre Natur von allein melden, und sie wird aufwachen. Sorgen Sie sich deswegen nicht; sie wird nicht verhungern."

Mutter Schreiber ließ die Medizin holen und flößte der Ohnmächtigen die Tropfen ein, so gut sie es konnte, da Geigele ihren Mund geschlossen hielt.

Gegen Abend kam der Arzt wieder und stellte fest, dass Geigele aus ihrer Ohnmacht erwacht, aber in tiefen Schlaf gefallen war, aus dem sie nicht geweckt werden sollte.

„Was hat sie eigentlich, Herr Doktor?", fragte Mutter Schreiber besorgt.

„Soviel ich bis jetzt feststellen kann, leidet sie unter den Folgen des Schrecks, den sie durch die angebliche Erscheinung ihres Freundes gehabt hat."

„Glauben Sie, das Fred gefallen sein kann?"

„Das weiß ich ebensowenig wie Sie selbst. Abstreiten lässt sich so etwas nicht, besonders wenn es in das Unterbewusstsein einer Person eingedrungen ist."

„So glauben Sie also, Herr Doktor, dass es doch möglich sein kann, dass Fred tot ist?"

„Wie gesagt, es kann sein; es kann aber auch nicht sein. Vergessen Sie nicht, ich bin Arzt und nicht Spiritist!"

„Wir sind auch keine Spiritisten."

„Nein?", antwortete der Arzt erstaunt. „Ich dachte immer, Sie und Ihre Tochter wären Spiritisten nach dem zu urteilen, was ich seit meiner Niederlassung in Waterville über Sie beide von Bewohnern gehört habe."

„Der Meinung sind Sie, Herr Doktor?", erwiderte etwas befremdet Frau Schreiber.

„Machen Sie sich nur nichts daraus, Frau Schreiber", tröstete der Arzt, Dr. Klein, der erst seit zwei Jahren in Waterville wohnte. „Apropos, liebe Frau Schreiber, ich habe einen Assistenten, der sich viel mit solchen sogenannten ‚übernatürlichen Dingen' beschäftigt hat. Der wird sich bestimmt für den Fall interessieren. Ich werde ihn gelegentlich mal mitbringen."

Geigele erwachte, wie Dr. Klein gesagt hatte, schließlich von allein aus ihrem tiefen Schlaf. Sie sah sich um, gleich als ob sie in einer Gegend sei, die sie vorher noch nie gesehen hatte. Allmählich schien sie aber die Erinnerung an ihre Umgebung zurückzugewinnen und leise rief sie: „Mutti!"

Frau Schreiber eilte sofort an Geigeles Bett und strich ihr besorgt über die Stirn.

„Wie geht es dir, Geigele?"

„Ich weiß nicht; mir ist so seltsam zumute! Mir ist, als ob ich gar nicht mehr hierher gehöre! Mir ist, als ob ich ganz woanders gewesen bin, wo es sehr schön war, o so schön!"

Dabei verklärte sich ihr Gesichtsausdruck fast überirdisch.

„Willst du etwas essen?"

„Ich habe keinen Hunger."

Trotzdem machte Mutter Schreiber aber Milch warm und flößte sie der Kranken ein. Allmählich begann diese auch zu trinken.

„O, ich bin so müde; ich möchte wieder schlafen."

„Schlaf nur, Kind, schlaf, doch nimm vorher etwas von dieser Medizin."

Geigele tat, wie ihr geheißen, und schlief gleich wieder ein.

Es dauerte mehrere Tage, ehe Geigele wieder aufstehen konnte. Sie war sehr schwach und kreidebleich, als ob alles Blut aus ihr gewichen wäre. Der Arzt kam regelmäßig, verschrieb ihr neue Medizin und versicherte, dass sie in spätestens zwei Wochen wieder auf der Höhe sein würde.

Seltsamerweise hatte Geigele nichts mehr von der Erscheinung Freds seit ihrem Erwachen aus der Ohnmacht gesagt. Es schien, als ob sie sich überhaupt nicht daran erinnern könne. Mutter Schreiber berührte den Punkt auch nicht und bat McCooks, wenn diese kamen, ebenfalls nicht von Fred zu sprechen. So schien es fast, als ob sie Fred ganz vergessen hätte; das war aber nicht so.

Eines Abends, als Mutter Schreiber und Geigele vor der geöffneten Haustür saßen, um den Abendzug vorüberfahren zu sehen, begann Geigele, die wie ihre Mutter Strickzeug in der Hand hielt, plötzlich ganz von allein.

„Mutti, du glaubst doch auch, dass man im Traum mit Verstorbenen zusammen sein kann."

Mutter Schreiber hielt in ihrem Stricken inne, sah ihre Tochter, die nachdenklich vor sich hinblickte, von der Seite an und antwortete langsam und bedächtig: „Freilich, Geigele, glaube ich das. Ich bin seit Vaters Tode oft mit ihm im Traum zusammen. Doch, warum fragst du?"

„Ich bin jede Nacht mit Fred zusammen. Es ist genau wie früher. Wir gehen zusammen spazieren und er hat mir viel, o so viel, zu erzählen."

Das war also der Grund, warum Geigele so gefasst war, seit sie aus ihrer Ohnmacht aufwachte. Sie war jede Nacht mit Fred in ihren Träumen zusammen und hatte das Gefühl, ihm jetzt viel, viel näher zu sein als ehedem, jedenfalls als während der Monate, seit er abreiste und ihr nur regelmäßig Briefe gesandt hatte.

„Das muss schön sein, Geigele", bemerkte Mutter Schreiber gleichgültig dazu, da sie immer noch nicht von Geigele gehört hatte, ob sie wusste, dass Fred ihr als angeblich Gefallener erschienen war.

Es trat eine Pause ein. Da kam der Schnellzug herangebraust. Georg tat diesmal nicht auf diesem Dienst, sondern auf dem Nachtschnellzug zwischen Chicago und St. Paul.

Als der Zug vorüber war, begann Geigele wieder: „Weißt du, Mutti, man ist sich doch eigentlich viel näher, wenn jemand, den man lieb hat, tot ist als bei seinen Lebzeiten."

Sie wusste also doch, dass Fred ihr in seiner Sterbestunde erschienen war.

Nach kurzem Nachsinnen sprach Geigele weiter: „Und das Schöne bei solchem Zusammentreffen ist, dass die ganze Umgebung so verklärt aussieht. Man fühlt keinen Schmerz, sondern nur eine innere Beglückung, die lediglich ein Vorgeschmack von der ewigen Glückseligkeit sein kann."

Von da ab erzählte Geigele ihrer Mutter jeden Abend vom Zusammensein mit Fred. Das war ihr so etwas Selbstverständliches, als ob es gar nicht mehr anders sein könnte.

Dr. Klein kam ab und zu mal vorbei, um nach Geigele zu sehen und war mit ihrer Besserung zufrieden. Einmal gelang es Dr. Klein, Mutter Schreiber zur Seite zu nehmen und zu fragen, ob Geigele nochmals auf die Erscheinung zurückgekommen wäre und von Fred spräche. Als er hörte, dass Geigele angeblich mit Fred jede Nacht im Traum zusammen sei, schien er recht zufrieden zu sein und fügte hinzu: „Lassen Sie sie bei ihren Erzählungen. Stören Sie sie nicht in ihren visionären Traumbildern. Desto schneller wird die völlige Genesung eintreten. Doch ich denke, jetzt ist es bald mal an der Zeit, dass ich meinen Assistenten, Dr. Lehman, mitbringe, der, wie ich Ihnen sagte, sich für solche Sachen ganz besonders interessiert. Er ist eben so wie Sie und ich deutscher Abstammung. In Freundeskreisen wird er für einen Sonderling gehalten, da er sich nichts aus Unterhaltungen von jungen Männern seines Alters macht. Er ist mir auch etwas zu ernst für sein Alter, aber er interessiert sich für das, was er als ‚über unser naturwissenschaftliches Wissen hinausgehend' bezeichnet, und so werde ich ihn einmal mitbringen."

Dr. Klein hielt sein Wort und führte Dr. Lehmann, einen sehr sympathischen jungen Mann, ein. Geigele nickte nur mit dem Kopf, als sie vorgestellt wurde und machte sich anscheinend nichts weiter aus ihm. Dessen ungeachtet kam er aber doch wieder.

„Haben Sie etwas dagegen, Frau Schreiber, und auch Sie, Fräulein Schreiber, wenn ich ab und zu abends mal vorbeikomme, so dass wir uns unterhalten können?"

Beide hatten nichts dagegen. Doch Frau Schreiber wunderte sich, dass Dr. Lehmann nicht als Arzt eingezogen war.

„Ich bin nicht ganz gesund, nicht felddienstfähig, und außerdem hat mich Dr. Klein freundlicherweise reklamiert und tatsächlich sind wir ja jetzt auch die einzigen Ärzte in ganz Waterville und Umgegend. Hoffentlich tritt keine Epidemie ein, denn dann wüssten wir nicht, was wir beide allein machen sollten."

„Und eine solche wird kommen", mischte sich da Geigele ernst ein, „eine schlimme Epidemie, der viele, viele Menschen zum Opfer fallen werden."

Dr. Lehmann schwieg betroffen, ebenso Mutter Schreiber. Geigele schwieg nach dieser Äußerung ebenfalls, grade als ob sie unbewusst zu viel gesagt hätte.

„Woher wissen Sie denn das, Frl. Schreiber?", fragte Dr. Lehmann neugierig.

„Ich kann es nicht recht sagen, woher. Doch ich weiß es und es wird geschehen, dass Tausende und Abertausende sterben werden."

„Was für eine Epidemie soll das sein, da wir doch fast alle schon gegen Typhus und Cholera geimpft haben?"

„Es wird eine Epidemie der Lungen sein", bemerkte bestimmt Geigele.

„Bist du dessen so sicher?", fragte nun auch Mutter Schreiber betroffen.

„Ja, Mutti, ich weiß es. Diesen Winter wird die Epidemie einsetzen."

Darauf kam das Gespräch ins Stocken und Dr. Lehmann verabschiedete sich. Nachdenklich begab er sich nach Hause und besprach das Gehörte mit Dr. Klein.

„Unsinn, Lehmann", lachte Dr. Klein. „Ich habe zwar großen Respekt vor Ihrem Forschen über das, was über unser wissenschaftliches Wissen hinausgeht, doch ich glaube, dass Sie manches zu ernst nehmen. Das Beste ist freilich, einfach abzuwarten. Dann ist immer noch Zeit, sich darüber Kopfschmerzen zu machen."

„Ja und nein! Glauben Sie nicht, Herr Kollege, dass es vielleicht angebracht wäre, dass man sich mit irgendeinem Serum darauf vorbereitet?"

„Ja, aber mit welchem Serum? Nach der Beschreibung Ihrer übersinnlichen jungen Dame weiß man nicht, was es für eine Epidemie werden soll. Was für ein Serum kommt denn da wohl in Frage?"

„Das weiß ich freilich im Augenblick auch nicht", gestand der junge Assistent betroffen ein. Aber der Gedanke ließ ihn nicht los, dass man doch irgendwelche Vorkehrung treffen sollte für den Notfall, denn vielleicht könnte es doch zu einem Epidemieausbruch kommen. Im Zusammenhang mit Kriegen hat man ja schon von jeher das Allermerkwürdigste erlebt.

In Geigele ging inzwischen eine Wandlung vor sich. Sie war wieder gesund, doch wenn sie schon immer ein ruhiges Kind gewesen war, so war sie jetzt noch ruhiger. Sie konnte, wenn sie nicht gestört wurde, stundenlang dasitzen und ruhig vor sich hinstarren, wobei ihr Gesichtsausdruck Glück und Zufriedenheit ausstrahlten. Sie hatte stets großes Schlafbedürfnis und schlief auch sehr viel.

Dr. Lehmann sprach ab und zu noch vor, doch nicht zu häufig, denn er konnte Geigele in kein rechtes Gespräch hineinziehen.

Mutter Schreiber ging immer noch aus zum Waschen. Geigele versorgte den kleinen Haushalt. Am liebsten hätte Geigele eine Stellung gesucht, doch Mutter Schreiber wollte davon nichts wissen.

„Du bist noch zu schwach dafür. Außerdem sorge fürs Haus und Philipp, wenn ich nicht da bin, damit er sein Essen bekommt, und im Übrigen ruhe, bis du wieder ganz hergestellt bist!"

Inzwischen war der Verlobte Margarets vom Militär zurückgekehrt, ohne in Übersee gewesen zu sein. Er hatte sich bei der Ausbildung ein Leiden zugezogen und war als untauglich entlassen worden. Das Leiden war aber nicht dergestalt, dass er nicht hätte arbeiten können. Auch Waterville hatte Kriegsindustrie bekommen und dort fand er schnell Beschäftigung. Mitte November wollten Margarete und ihr Gustav heiraten und dann sollte Geigele den Haushalt bei McCook führen, um abends immer zu ihrer Mutter zurückzukehren und dort weiter wohnen zu bleiben. Frau McCook war, seit sie inzwischen offiziell gehört hatte, dass ihr Sohn Fred tatsächlich bei einem Sturmangriff gefallen war, leidend geworden und brauchte Pflege.

Doch noch vor der Hochzeit Margaretes wurde Frau McCook infolge eines Herzschlages dahingerafft. Herr McCook blieb allein in seinem Haus und bat Frau Schreiber und Geigele, ganz zu ihm überzusiedeln, sobald Margarete geheiratet hätte. Und so geschah es auch.

Einige Wochen nach der Übersiedlung begann Geigele aber wieder zu kränkeln. Kurz vor Ostern wurde sie bettlägerig, und Mutter Schreiber übernahm den Haushalt bei McCooks und sorgte für ihn und für ihre Tochter.

Herr McCook freute sich, wenn Dr. Lehmann abends ab und zu vorsprach, was er jetzt wieder häufiger tat, seit Geigele erneut erkrankt und bettlägerig geworden war.

„Was ist eigentlich Geigeles Krankheit, Herr Doktor", fragte bei einem der gelegentlichen Abendbesuche Herr McCook den Assistenzarzt.

„Es ist ein seelisches Leiden, wofür die Kunst der Ärzte noch keinen rechten Namen gefunden hat."

„Ist es eine neue Krankheit?"

„Nein, ganz im Gegenteil. Sie ist uralt und wird auch schon in der Bibel ab und zu erwähnt."

„Ist es eine Art von Besessenheit?", fragte interessiert Herr Mc-Cook, da Dr. Lehmann die Bibel erwähnt hatte.

„Nein, das nicht. Es ist ein seelisches Leiden irgendeiner Art, durch das die Seele den Körper anscheinend irgendwie ‚auflockert', so dass sich die Seele ohne Wissen des oder der Leidenden aus dem Körper zu entfernen vermag."

„Weist die Geschichte der Arzneikunst solche oder ähnliche Fälle auf?"

„Ja, doch sind es nur wenige. Wahrscheinlich wären es viel mehr, wenn sich die Ärzte damit mehr beschäftigt hätten. Soviel mir bekannt ist, liegt bisher nur ein einziger offizieller Bericht über ein solches Leiden vor, und zwar ist das der Bericht des deutschen Arztes Dr. Justinus Kerner über die ‚Seherin von Prevorst'! Ich habe den Bericht schon mehrmals genau gelesen, erst in letzter Zeit wieder, da mir das, was Dr. Kerner von der ‚Seherin von Prevorst' berichtet, in mancher Beziehung auch auf Geigeles Zustand zu passen scheint."

„Das ist interessant, sehr interessant. In welcher Hinsicht ist da eine Ähnlichkeit vorhanden?"

„Das ist noch schwer zu sagen. Ich denke, Geigeles Zustand wird sich erst noch dazu entwickeln, mag aber eine etwas andere Form annehmen als bei der ‚Seherin von Prevorst'. Doch wir müssen abwarten."

Dr. Lehmann hatte recht vermutet; Geigeles Zustand wurde immer hinfälliger. Sie lag oft mit halbgeschlossenen Augen und gefalteten Händen da, gleich als ob sie vor sich hin betete. Manchmal sprach sie auch laut, und wenn Mutter Schreiber gerade an ihrem Bett saß, so hörte sie Geigele oft, als ob sie sich mit jemand unterhielte.

Inzwischen war es tatsächlich so gekommen, wie Geigele es prophezeit hatte. Es war eine Epidemie ausgebrochen, und zwar eine Grippe, von der jetzt auch Waterville und Umgebung nicht verschont blieben. Es war, als ob Waterville erst ganz zum Schluss an die Reihe käme, nachdem schon seit Monaten die Epidemie geradezu verheerend in ganz Nordamerika gewütet hatte. Inzwischen war es ja auch zum Waffenstillstand gekommen. Es wurden schnell Ärzte von der Armee entlassen, doch die Epidemie wütete noch den ganzen folgenden Winter hindurch, wenn auch nicht mehr so stark wie am Anfang ihres Auftretens.

Der Epidemie war unter vielen anderen auch Dr. Klein zum Opfer gefallen. Sein Assistent, Dr. Lehmann, übernahm seine Praxis und hatte zunächst vollauf zu tun, um allen Rufen um Hilfe nachzukommen.

Inzwischen änderte sich an Geigeles Zustand nichts, außer dass sie fast zum Skelett abmagerte, dabei aber geistig frisch und heiter erschien.

Mutter Schreiber und auch Herr McCook, dem Erstere von Geigeles Vor-sich-hin-Sprechen erzählt hatte, saßen nun öfters abends am Bett der Kranken, denn es ergab sich allmählich, dass sie besonders in den Abendstunden absolut geistesabwesend zu sein, oder – besser ausgedrückt – sich in einem Zustand völliger Entrückung zu befinden schien. Wohin ihre Seele dann schwebte, wusste man nicht, doch zeigte das geringe Atmen und der selige Gesichtsausdruck, dass Geigele einerseits noch lebte, andererseits mit ihrer Seele jedoch ganz woanders sein musste.

Öfter bewegten sich wohl Geigeles Lippen, als ob sie mit jemandem spräche. Man hörte auch manchmal ganze Sätze, aber nicht deutlich genug, um den Sinn des Gesprochenen feststellen zu können.

Da, eines Abends, als Dr. Lehmann wieder einmal zu Besuch gekommen war und man ihn von dem eigentümlichen Benehmen und Verhalten von Geigele in Kenntnis gesetzt hatte, schien diese plötzlich zu erwachen und sprach dabei aufgeregt vor sich hin.

Alle drei – außer Geigele – im Zimmer Anwesenden setzten sich nun ganz nahe zum Bett, um besser hören zu können, was die Kranke vor sich hinsprach. Diese verfiel aber bald wieder in ihren scheinbar so glücklichen Zustand des inneren Schauens.

Schon wollten sich alle leise entfernen, als Geigele die Lippen zu bewegen und nun deutlich zu sprechen begann. Man trat nahe ans Bett heran. Sie atmete sehr erregt. Plötzlich ließ dieses Atmen nach. Die Kranke erschien wie innerlich gesammelt und gefasst und sagte nun klar und deutlich:

„Doktor, nimm Papier und einen Bleistift und schreibe!"

Und als Dr. Lehmann überrascht und zweifelnd zauderte, kam es wieder, diesmal bestimmt, von Geigeles Lippen: „Warum zögerst du? Bitte tue, um was ich dich gebeten habe!"

Nun suchten alle drei, Geigeles Mutter, Herr McCook und Dr. Lehmann, nach Papier und fanden es schließlich auch. Dr. Lehmann hatte einen Bleistift bei sich und schreibbereit beugte er sich zu der

Kranken nieder. Diese schien sich mit irgend jemandem Unsichtbaren zu unterhalten. Sie nickte ab und zu ernst mit dem Kopf, dann öffnete sie den Mund wie zum Sprechen, zögerte aber wieder und schien erneut zuzuhören. Endlich musste sie alles gehört haben, was ihr gesagt wurde. Man sah es an ihrem Gesicht, das den Ausdruck des gespannten Zuhörers verlor. Nach einer Weile diktierte sie: „Schreib! Die lieben Verstorbenen, die hier alle um uns sind, lassen euch sagen, dass ihr nicht um sie zu trauern braucht. Sie sind alle glücklich. Ich habe hier einen ‚Beschützer' bei mir, der uns – Fred und mich – immer hier herumführt und alles zeigt und erklärt. Nun hat er mich beauftragt, Verschiedenes von dem, was ich sehe und wahrnehme, der Welt mitzuteilen. Bist du, Doktor, bereit niederzuschreiben, was ich dir diktieren werde? Ich werde alles erleben und ich übertrage es dann nur in Worte an euch. Bist du bereit dazu, Doktor?"

„Gerne," antwortete der Gefragte. „Doch du weißt" – wobei Dr. Lehmann als ganz selbstverständlich ebenfalls mit „du" antwortete –, „dass ich nicht jeden Tag kommen kann, weil ich durch Patienten in Anspruch genommen werde."

Geigele schwieg und horchte lauschend nach innen, wobei sie wiederholt nickte, als ob sie das Gehörte verstanden hätte. Einige Male lächelte sie vor sich hin. Einmal schüttelte sie auch energisch mit dem Kopf, lächelte dann aber gleich wieder.

Darauf sagte sie laut vernehmlich: „Mein Leiter und ‚Beschützer' sagt mir, du kannst kommen, wann du willst und Zeit hast. Man wird sich nach dir richten. Im Übrigen wirst du jetzt weniger zu tun bekommen, da wieder genügend Ärzte da sind und die Epidemie in kurzem ganz erloschen sein wird."

Da nun nichts mehr weiter an Kundgaben kam, verabschiedete sich Dr. Lehmann von Frau Schreiber. Herr McCook begleitete ihn zur Tür und fragte ihn, wie zweifelnd: „Was halten Sie von alledem, Herr Doktor?"

„Jetzt liegt ein ganz klarer und deutlicher Fall von entwickeltem Sehertum vor, wie Dr. Kerner ihn bei der ‚Seherin von Prevorst' beobachtet hat. Und ich – denken Sie, Herr McCook – ich bin dazu ausersehen, den Zustand und die Erlebnisse dieser deutsch-amerikanischen Seherin, ‚Seherin von Waterville', der Nachwelt zu übermitteln!"

Freudig erregt drückte Dr. Lehmann dem etwas erstaunten Herrn McCook die Hände und eilte davon.

Von jetzt ab begannen für Dr. Lehmann und auch für McCook, der es sich selten entgehen ließ, dabei zu sein, sowie für Mutter Schreiber äußerst – wie sie sie alle übereinstimmend bezeichneten – „segensreiche" Abende und Stunden, wovon die Außenwelt nichts weiter erfuhr, bis sich später der Zustand von Geigele doch wieder irgendwo herumgesprochen haben musste und sich erneut Besucher einstellten. Doch das war erst später. Die Kundgaben Geigeles kamen nun mehrere Jahre hindurch, wann immer Dr. Lehmann kommen konnte, und sie dauerten oft viele Stunden.

Dr. Lehmann zeichnete sie sorgfältigst für die Nachwelt auf!

Um sie hier im vollen Zusammenhang wiederzugeben, wird der Bericht über den eigentlichen Lebensweg Geigeles nun unterbrochen und zunächst das in den rechten Zusammenhang gebracht, was Geigele aus dem Jenseits in ihrem somnambulen Zustand zu berichten hatte.

Die Berichte führen in die verschiedensten Sphären des jenseitigen Seins. Manche davon bleiben aber verschlossen, da die dort herrschenden Umstände und Zustände kaum begriffen werden könnten. Manche jenseitige Sphäre ist nur für schon Verstorbene erfassbar und würde noch Lebende lediglich verwirren.

II. Teil

Einblicke in die jenseitigen Welten

Die nachstehenden somnambulen Kundgaben Geigeles sind nicht chronologisch, das heißt in der Reihenfolge, wie sie kamen, sondern als inhaltlich zusammenhängende Erlebnisse wiedergegeben. Manche Erlebnisschilderung Geigeles erfolgte innerhalb von Wochen, ja, sogar erst von Monaten, je nachdem Dr. Lehmann zwecks Aufzeichnung zugegen sein konnte. Die verschiedenen Schilderungen sind so zusammengefasst, dass sie fortlaufende Berichte ergeben. Die hier festgehaltenen somnambulen Mitteilungen Geigeles erstreckten sich mit zeitweisen Unterbrechungen über fast sieben Jahre, worauf sie auf einmal – wie Geigele von geistiger Seite vorher angekündigt worden war – gänzlich ausblieben. Geigele lebte darauf noch etwa fünf Jahre, die mit recht dramatischen Ereignissen ausgefüllt waren, die in einem, diesem zweiten Teil folgenden dritten Teil dann noch eingehend geschildert werden. Obgleich sich das Nachfolgende auf die gemachten Aufzeichnungen von Dr. Lehmann stützt, ist die erzählende Form beibehalten.

Felix Schmidt

10. An der Eingangspforte zum Jenseits

Der Leiter und Beschützer Geigeles, ein Mann in glänzendem Gewande, der einstmals auf Erden ein großer Denker war, aber nur wenig Anerkennung während seines Erdenlebens gefunden hatte, half ihr aus ihrem Körper. Neben dem Beschützer stand lächelnd und Geigele begrüßend – ihr Fred! Es durchrieselte Geigele ein überaus beglückendes Gefühl, als Fred ihre Hand ergriff und sie an sich drückt. Sie sahen beide auf den wie tot im Bett liegenden Körper Geigeles, der nur schwache Anzeichen von Leben verriet. Daneben saßen die Mutter, Herr McCook und Dr. Lehmann, letzterer mit einer Schreibmappe auf den Knien. Alle blickten sie auf den Körper – wie lauschend. Geigele selbst fühlte sich zwar wunderbar frei, aber doch noch wie auf geheimnisvolle Weise an ihren daliegenden irdischen Körper gekettet. Es kam ihr so vor, als ob sich alle ihre Gefühle und Empfindungen auf diesen übertrugen, wodurch sie den Umsitzenden verständlich wurden, da sie darüber laut sprach, wovon sie selbst aber nichts wusste, obschon sie sich bewusst war, dass sie lebte und erlebte.

Der Beschützer, der sich als Aristos vorgestellt hatte, wandte sich jetzt mit den Worten an Fred und Geigele: „Zunächst will ich euch in eine Sphäre führen, die du, Fred, zwar schon kennst, da du ja auch nach deinem irdischen Ableben dort durchgegangen bist, doch die du jetzt, da du deine eigene Sphäre, wo du vorläufig noch hingehörst, gefunden hast, nun mit ‚wissendem' Bewusstsein spüren wirst, das heißt, du kannst nun über dem Verwirrenden dieser Sphäre stehen. Für Geigele freilich wird es ganz etwas Neues bedeuten. Sie soll diese Sphäre aber kennen lernen, um durch ihr Erleben in ihr gleichzeitig für die noch lebende Menschheit darüber zu berichten. Kommt!"

Damit war es, als ob sich alle aus dem Zimmer entfernten, in dem Geigeles Körper lag; doch sie vermochte es nicht recht anzugeben, ob es ein räumliches Entfernen oder nur ein örtlicher Szenenwechsel war. Es war hier auf den Ebenen, in die sie einging, wenn sie im irdischen Körper ihr Bewusstsein verlor, alles so ganz, ganz anders.

Plötzlich befanden sich alle drei in einer Landschaft, die sich am

Horizont in neblige Umrisse auflöste. Es schien alles etwas durcheinander zu sein. Es kam Geigele fast wie eine Art von Sanatoriumsgarten vor. Dauernd tauchten, wie von ungefähr, Menschen in den allerverschiedensten Kleidungen und Trachten auf. Nach anfänglichem scheinbaren Herumirren näherten sich diesen immer bald andere Menschen, die hier sozusagen zu Hause zu sein schienen und wie Angestellte dieses scheinbaren Sanatoriumsgartens sich der alle Augenblicke wie von ungefähr auftauchenden Menschen freundlichst annahmen. Geschah das, so verschwanden sie wieder aus dem Gesichtsfeld, als ob sie sich aufgelöst hätten.

Geigele sah Fred erstaunt an; dieser lächelte.

„Und da bist du auch durchgegangen, ich meine durch diesen Sanatoriumsgarten?", fragte sie betroffen.

„Ja", gab Fred freundlichst zurück.

„Das ist der Platz", fiel da Aristos erklärend in das Gespräch ein, „wo alle auf Erden Gestorbenen, also alle von ihren Menschenleibern befreiten Seelen zuerst im sogenannten ‚Jenseits' eintreffen. Das hier ist keine Räumlichkeit, die sich irgendwo im Kosmos befindet, sondern eine Zustandsörtlichkeit, die räumlich überall sein kann und sich dort bemerkbar macht, wo jemand stirbt. Das ist freilich für noch lebende Menschen etwas schwer verständlich. Für Fred wird das aber nicht mehr so unverständlich sein." Dabei blickte Aristos Fred freundlichst an, der zustimmend nickte.

„Nun, Geigele", fuhr Aristos erklärend fort, „für dich ist das aber alles natürlich etwas ganz Neues und so auch für die Erdenmenschen, die einmal das anhand der Aufzeichnungen lesen werden, die Dr. Lehmann neben deinem irdischen Körper macht, da du ihn – ohne dass du es hier fühlst – über das alles durchs Erzählen unterrichtest."

Nachdem alle drei eine Weile dem Kommen und Gehen auf dem Gelände zugeschaut hatten, fuhr Aristos erklärend fort: „Um das alles zu verstehen, wollen wir uns einmal einen Einzelfall herausgreifen. Seht dort den Mann, etwa zwischen siebzig und achtzig Jahren, der zögernd, staunend und etwas verwirrt aus dem schattenhaften Horizont auftaucht und sich wie hilfesuchend umsieht. Es ist die Seele eines gebildeten Menschen, der einen anständigen Charakter hatte, bei Lebzeiten niemandem absichtlich etwas Böses zufügte, mit jedermann gut auskam, Rücksichten kannte und nahm, sich aber um geistige Zustände nie ernstlich kümmerte. Er verlachte sie jedoch auch nicht, ließ sie aber nur als kindliche Einbildungen gelten. Er war überzeugt, dass für ihn nach dem irdischen Tode alles aus sein werde; nun ist er gestorben. Er weiß das aber noch nicht. Seht, jetzt nähert sich ihm jemand, der ein ähnlich freundliches Wesen hat. Lasst uns zuhören, worüber sie sich unterhalten."

Ohne dass sich die drei fortbewegten, war es, als ob sie nun direkt neben der eben erst hier eingetroffenen Seele standen, ohne dass diese sie jedoch sehen konnte. Nur die freundliche Person, die sich dem Neuankömmling genähert hatte, schien die drei Beobachtenden wahrzunehmen, nickte ihnen aber nur wie einladend zu.

„Was ist denn bloß mit mir los? Wo bin ich?", redete der Neuankömmling die zu ihm tretende Person an.

„Du bist gestorben, mein Freund, und grade im ‚Jenseits' angekommen, an das du ja nie geglaubt hast", lautete die Antwort.

„Das verstehe ich nicht", dabei fasste sich der Neuankömmling an die Stirn, als ob er über alles das erst mal ordentlich nachdenken müsste.

Nach einiger Zeit fiel sein Blick wieder auf die neben ihm stehende Person, die sich seiner annehmen will, und er fragte höflichst: „Entschuldigen Sie bitte, doch wer sind Sie denn? Ich kann mich nicht erinnern, Sie je vorher schon einmal gesehen zu haben."

„Oh doch! Ich bin Charles Dunkan!"

„Charles Dunkan?", wiederholte nachdenklich der Neuangekommene.

„Jawohl, Charles Dunkan," bekräftigte der Angeredete. „Und Sie sind Edward Laurel, der in der Stadt, in der Sie auf Erden lebten, der bekannteste Architekt war."

„Ich verstehe immer noch nicht."

„Warten Sie! Denken Sie mal etwa dreißig Jahre zurück. Damals arbeitete ich, Charles Dunkan, als Hilfsarchitekt in Ihrem Architekturbüro. Ein Gebäude stürzte ein und begrub mehrere Arbeiter unter den Trümmern. Man machte mich dafür verantwortlich, weil ich die hauptsächlichsten Berechnungen durchgeführt hatte. Erinnern Sie sich jetzt?"

„O ja, jetzt erkenne ich Sie!"

„Sie nahmen sich damals, als ich verurteilt wurde und dann im Zuchthaus starb, meiner Familie in uneigennützigster Weise an, ließen meine Kinder etwas lernen und unterstützten meine Frau, bis diese sich wieder selbst ernähren und ihr später von ihren Kindern geholfen werden konnte. Ich weiß, Sie betrachteten Ihre Handlungsweise als einen Akt der Anständigkeit. Lieber Freund, Ihr Handeln war ein Akt, der mich über das Grab hinaus verpflichtete und Ihnen – ohne dass Sie es wussten – als Verdienst zugeschrieben wurde. Darum bin ich es jetzt, der Sie bei Ihrem Eintreffen begrüßen und anfänglich beraten darf."

„So, so, also tatsächlich tot bin ich! Merkwürdig, dabei habe ich vom eigentlichen Sterben gar nichts gespürt."

„Das ist der Lohn für Ihre durchaus anständige Gesinnung ihren Mitmenschen gegenüber."

„Dann gibt es also doch ein Fortleben, an das ich nie habe glauben können."

„Ja, und das jetzige Leben – nach dem irdischen Tode – wird für Sie immer reicher und voller werden. Doch vorerst werden Sie einige Aufklärungsinstitute besuchen müssen, wo Ihnen jede Auskunft über Gott zuteil werden wird, die Sie wünschen. Überall werden Sie dabei von netten und freundlichen intellektuellen Menschen umgeben sein, so dass Sie sich daher direkt heimisch fühlen können."

„Was wird denn dann aus mir, wenn ich die Institute absolviert habe?"

„Dann kommen Sie in eine Sphäre, die Ihrem Innersten entspricht."

„Hoffentlich werde ich mich dort irgendwie betätigen können, denn nichts ist mir mehr zuwider als Herumsitzen."

„Deswegen brauchen Sie sich keine Sorgen zu machen. Hier im Jenseits gibt es so etwas wie Faulenzen überhaupt nicht, wenn man sich glücklich fühlen will. Erst überzeugen Sie sich aber vom Dasein Gottes, und Sie werden überrascht sein, wie sich die Umwelt für Sie zum Besten ändern wird."

Damit endete die Unterredung, und Aristos, Fred und Geigele schienen wie durch unsichtbare Hände von den beiden Sprechenden abgerückt zu sein.

„Hat man dich hier auch so empfangen, Fred, als du gefallen bist?", fragte Geigele.

„Nicht gerade so, aber ähnlich."

„Wie war es?", drängte Geigele,

„Soweit ich mich zurückerinnere, war es folgendermaßen: Wir hatten im Argonner Wald mehrere Stellungen gestürmt und lagen nun vor einer besonders starken Stellung. Wir warteten auf unsere Artillerie, bis diese nachkam und die Stellung erst ‚sturmreif' zusammenschoss. Dann stürmten wir wieder weiter. Das Letzte, was ich weiß, war, dass ich über die Böschung unseres schnell aufgeworfenen Schützengrabens hinwegkroch. Weiter weiß ich nichts mehr, denn es wurde plötzlich alles schwarz um mich herum. Ich hatte dabei aber doch das dumpfe Gefühl, als ob ich existierte. Mir war etwa so zumute wie in einem Halbschlummer. Mit der Zeit schien ich in einen traumlosen Tiefschlaf zu versinken. Wie lange das war, weiß ich nicht. Plötzlich war es mir aber, als ob mich jemand an der Hand nahm und freundlich ermunterte: ‚Kommen Sie, Herr Leutnant, kommen Sie mit'. Mir war es, als ob ich gehorchen müsste. Ich richtete mich auf, was mir gar keine Schwierigkeiten bereitete. Willenslos folgte ich dem, der meine Hand ergriffen hatte, von dem ich aber vorläufig nur die Silhouette wahrnahm, da alles wie im Nebel um mich herum erschien. Auf meine Frage, wohin wir gingen, erhielt ich zur Antwort, ich solle mich nicht beunruhigen. Ich folgte daher ruhig weiter und tauchte dann schließlich hier auf, wo wir uns jetzt befinden. Da wurde es plötzlich hell um mich und ich erkannte meinen Begleiter. Du kennst ihn auch, Geigele, denn er steht neben uns. Er war Aristos!"

„Was hat denn Aristos gerade zu dir hingezogen?"

„Das weiß ich auch nicht", antwortete Fred achselzuckend.

Fred erschien Geigele noch in seiner Offiziersuniform, so wie sie ihn beim Abschied gesehen hatte, nur hatte er keine Kopfbedeckung, und in seiner Stirn befand sich, wie Geigele jetzt mit Schrecken wahrnahm, ein kleines Loch – wie von einer Kugel herrührend.

Als Geigele das jetzt gewahr wurde, schmiegte sie sich ganz an Fred an, und ihre Hand auf die Kopfwunde pressend, fragte sie besorgt: „Tut das noch immer weh, Fred?"

„Was meinst du?", kam es erstaunt zurück.

„Deine Kopfwunde!"

„Habe ich denn eine?" Damit griff Fred, wie überrascht, nach seiner Stirn. Als er die Wunde wahrnimmt, wundert er sich noch mehr.

„Das habe ich aber noch gar nicht bemerkt."

„Hast du denn dort keine Schmerzen? Die Wunde sieht aus, als ob sie noch nicht geheilt wäre."

„Nein."

Geigele konnte sich das nicht erklären. Deswegen mischte sich Aristos ein: „Fred erlitt einen Herzschuss und war gleich tot. Deswegen weiß er selbst es auch nicht, auf welche Weise er starb. Da er noch nicht danach fragte, wie er starb, habe ich es ihm nicht gesagt.

Übrigens hat er die Kopfwunde, die du Geigele, jetzt wahrnimmst, auch nicht immer, sondern nur, wenn er mit dir zusammen ist."

„Das verstehe ich nicht", bemerkte der Angeredete.

„Das glaube ich", fuhr Aristos fort, „das hängt nämlich folgendermaßen zusammen. Fred ist sich nicht bewusst, wie er starb. Folglich gibt es für ihn auch keine Kopfwunde, die er auch nie erhalten hat, weil die Kugel direkt durch sein Herz ging. Doch da du, Geigele, dir immer dachtest, er sei beim Angriff durch den Kopf geschossen worden, so siehst du jetzt auf Freds Stirn eine Kopfwunde. Und weil du darüber voller Mitleid und Erbarmen bist, so erscheint dir die Wunde noch ungeheilt und schmerzhaft. In Wirklichkeit aber ist sie gar nicht da, außer in deiner Vorstellung."

Geigele schwieg benommen und schien nachzudenken.

Aristos lächelte und erläuterte weiter: „Ja, hier sind andere Gesetzmäßigkeiten, besonders bei Beginn des Lebens im Jenseits als bei euch. Hier ist alles vorhanden, was sich jemand vorstellt. Die Wunde an Freds Stirn ist von dir geschaffen, Geigele."

„Von mir?", schreckte Geigele zusammen.

„Ja, von dir, doch du brauchst deswegen nicht zu erschrecken, denn du siehst ja, dass Fred sie gar nicht bemerkt hatte und sie erst jetzt gewahr wird, als du behauptest, er hätte eine. Da ihm selbst eine solche Wunde aber völlig unbewusst ist, so ist die Wunde sofort weg, wenn du nicht bei uns bist."

„Dann gehe ich lieber gleich. Lasst mich in meinen Körper zurück", bittet Geigele flehentlich. „Ich will Fred keine Schmerzen bereiten."

„Ja, aber er hat doch gar keine", lachte Aristos.

„Stimmt das, Fred?", fragte zweifelnd Geigele.

„Aber ja doch, liebes Geigele. Niemals wäre mir der Gedanke an eine Kopfwunde gekommen, wenn du mich nicht darauf aufmerksam gemacht hättest. Wie sich bei dir, liebes Geigele, die Vorstellung von einer Kopfwunde in dein Bewusstsein eingeschlichen hat, weiß ich nicht, doch deine Vorstellung lässt nun für mich eine Kopfwunde auf meiner Stirn erscheinen. Nach deiner Vorstellung und Auffassung würde ich für dich – wie ich nun glaube – gar nicht dein Fred im Jenseits sein, wenn ich nicht eine Kopfwunde hätte."

„Ist das seltsam", bemerkte erstaunt-zögernd Geigele.

„Hier ist noch so manches andere höchst seltsam, Geigele", fügte Aristos hinzu. „Doch Geigele, sag mal selbst, wie sollte wohl jemand einen – besonders seit langem im Jenseits sich schon befindenden – Verstorbenen wiedererkennen, wenn dieser nicht die Merkmale und Charakteristika aufwiese, die mit ihm bei Lebzeiten identisch waren. Angenommen, jemand war ein Krüppel und erscheint nach langer Zeit einer ihm sonst fremd gewesenen Person, die im Leben weiter keinen Anteil an ihm genommen hatte. Der Verstorbene mag hier im Jenseits in seinem Seelenkörper schon lange kein Krüppel mehr sein, doch muss er noch als solcher der Person erscheinen, die ihn nur so kannte, da sie sonst nicht wissen würde, wer die Erscheinung wäre. Wenn du öfter mit uns zusammen bist und mit der Zeit weniger auf unsere äußere Erscheinlichkeit achten wirst, würdest du sehen, dass Fred in Wirklichkeit hier, wo er jetzt weilt, auch gar keine Uniform mehr trägt, sondern in ein weites, buntes Gewand gekleidet ist."

„O da musst du aber schön darin aussehen, Fred", rief Geigele erfreut aus.

„Ja, darin sieht Fred auch hübsch aus."

„Warum kann ich ihn denn jetzt nicht einmal darin sehen, nur für einen kurzen Augenblick wenigstens, bitte."

Aristos schüttelte lächelnd den Kopf: „Alles zu seiner Zeit. Du wirst Fred schon noch früh genug so sehen, wie er jetzt wirklich aussieht. Doch da drüben sehe ich eine Seele sich aus dem nebligen Horizont herausschälen, zu der wir hinwollen, um sie zu beobachten und zu belauschen."

Schon standen die drei auch neben der Seele, deren Konturen als die einer menschlichen Person aber nur schwach hervortraten. Es war ein Mann in einem schäbigen Anzug, der durchaus nicht deutlicher werden wollte. Er schien im Selbstgespräch begriffen zu sein und um sich nichts wahrzunehmen. Mit geballten Fäusten, wie drohend irgendwohin gestikulierend, sprach er zu sich selbst: „Warte, du Schuft, du wirst deinen Zahltag noch kriegen! Lass mich erst wieder gesund sein. Keine ruhige Minute wirst du mehr in deinem Leben haben. Was du mir angetan hast, wirst du hundert – nein, tausendfach – durchkosten, denn ich werde dich nicht gleich umbringen, sondern langsam zum Krüppel machen, du elender Schuft du!"

Damit erhob das schattenhafte Wesen drohend die Faust.

„Wer ist denn das?", fragte Geigele erstaunt.

„Das ist der Mann, der eben im Streit in einer Kneipe erstochen wurde. Er weiß noch nicht, dass er tot ist. Er glaubt, er wurde nur verwundet und ist voller Rache gegen den Täter."

„Was wird hier aus ihm?", verwunderte sich Geigele.

„Siehe, da nähert sich jemand, fast genauso schlecht gekleidet wie er und ebenfalls heruntergekommen aussehend, was der Hinzukommende aber in Wirklichkeit nicht ist. Im Gegenteil, er ist ein jenseitiger Helfer, auf den die hier eingetroffene Seele aber nicht hören – ja, ihn nicht einmal sehen – würde, wenn der Helfer nicht wie jemand erschiene, der aus dem gleichem Milieu wie die angekommene Seele stammte."

Nun nahm die Seele den Helfer wahr.

„Nanu, wo kommst du denn auf einmal in dieser elenden Gegend her? Sag mal, wo bin ich denn eigentlich?", und sich, wie an den Streit erinnernd, blickt er sich wütend um: „Und wo ist der Schuft, der Charles?"

„Charles ist nicht hier", bemerkte ruhig der Helfer.

„Was willst du dann hier? Scher dich fort!"

Darauf nicht hörend, fuhr der Helfer fort: „Du solltest froh sein, dass sich jemand deiner annimmt. Du bist nämlich ohne rechtes Bewusstsein und träumst."

„Was, das soll ich träumen? Doch, wo ist der Schuft, der Charles?"

„Gemach, gemach, du wirst ihn schon noch zu sehen bekommen."

„Ich hoffe es und das recht bald!", unterbrach die Seele erregt den Sprecher.

„Na ja doch, so beruhige dich doch endlich mal!", fuhr tröstend der Helfer fort. „Was du jetzt nötig hast, ist Schlaf, weil du durch den Blutverlust infolge der Messerstiche" – und damit wurden für Geigele und Fred plötzlich mehrere blutende Wunden in der Brust des Seelenkörpers sichtbar – „sehr geschwächt bist."

„Da magst du recht haben! Wo soll ich mich hinlegen? Wo bin ich denn überhaupt?"

„Warte, bis du ausgeschlafen hast", tröstete der Helfer. „Doch komm!"

Damit nahm der Helfer den Seelenkörper, der sichtlich schwächer und schwächer wurde, an der Hand und führte ihn fort. Beide verschwanden in dem wallenden Nebel des Hintergrundes.

„Der Helfer nimmt diese Seele fort und bettet sie weich auf ein Lager", erklärte Aristos. „Dort schläft sie, jawohl schläft sie", unterstrich Aristos nochmals, da er Geigeles Erstaunen darüber bemerkte, „bis sich der Seelenkörper langsam erholt hat, um allmählich die Umgegend fassen und begreifen zu können. Für den Verstorbenen, der im Streit umkam, wird das aber noch nicht gleich möglich sein, denn er ist voller Rache. Er wird für einige Zeit sich selbst überlassen bleiben müssen, bis sein Rachedurst etwas nachlässt und er seine Aufmerksamkeit mehr seiner Umgebung zuwendet. Dann wird sich ihm der Helfer wieder als teilnehmender Zuhörer nähern und langsam, ganz langsam und vorsichtig versuchen, ihn von seinen Rachegedanken abzubringen. Das mag noch lange dauern, ehe es gelingt. In der Zwischenzeit wird die Seele sich allein überlassen und muss einsam herumirren, bis sie für Ratschläge zugänglicher wird und ihr Verlangen nach Rache abgekühlt ist."

„Wo kommt diese Seele dann hin?", erkundigte sich Fred.

„Das hängt von ihrer Gesamtlebensführung als irdischer Mensch ab. Diese Seele war bei Lebzeiten kein regelrechter Verbrecher. Er war nur ein jähzorniger Mensch, vor allem aber war er rachsüchtig veranlagt. Das hätte sich aber im Laufe seines ferneren irdischen Lebens allmählich geben können, wenn er eben länger gelebt hätte. Doch da er in einem Wutanfall hier ins Jenseits einging, so muss er das Ablegen des Jähzornes jetzt hier lernen, was aber viel, viel langsamer vor sich geht und schwerer ist als es bei Lebzeiten der Fall gewesen wäre."

Geigele blickte sich beobachtend um und nahm wahr, wie sich dauernd neue Seelen gleich Schatten aus dem nebligen Hintergrund herauslösten.

„Können wir mal bis zu dem Hintergrund gehen? Ich möchte gern sehen, was dieser eigentlich ist", bat sie Aristos.

„Gut", ging dieser willig auf das Ersuchen ein.

Alle drei schritten nun vorwärts. Doch sie kamen und kamen damit dem Hintergrund nicht näher. Es war, als ob er stets zurückwiche. Es schien Geigele, als ob sie sich überhaupt nicht fortbewegten. Aber sie gingen doch und schritten vorwärts.

Plötzlich blieb Geigele stehen. Auch Aristos und Fred taten das.

„Was ist denn das bloß", bemerkte sie wie unwillig, „wir kommen ja dem Hintergrund überhaupt nicht näher. Es ist, als ob wir uns überhaupt nicht fortbewegen, und doch tun wir das."

„Du kannst den Hintergrund nie erreichen, Geigele", belehrte Aristos, „weil wir uns in einer Zustandsörtlichkeit befinden, und zwar in einer solchen, die für jeden, der stirbt und nach dem Tode zu sich kommt, die gleiche ist, nämlich ungewiss, verwirrend und irreführend. Diese Eigenschaften stellen den nebelhaften Begrenzungshintergrund dar. Das ist hier eine Stätte, die, wie schon erwähnt, räumlich irgendwo sein kann, örtlich sich aber für jeden Verstorbenen immer völlig gleich formt beziehungsweise sich von selbst bildet. Kurz, es stellt eine Art von Einführungsräumlichkeit ins große Jenseits dar – sowohl für den Himmel wie auch für die Hölle. Hier ist die Stätte, wo jede Seele eines oder einer Verstorbenen sich erst sammelt, bis sich die Charakteristika vollends herausgearbeitet haben, die ihr auf Erden eigen gewesen waren. Dabei wird hier jeder Seele gestattet, ihren Lieblingswünschen nachzugehen, und jede Seele wird in die dafür passende, zustandsmäßige Sonderörtlichkeit versetzt. Und da zeigt es sich, dass viele, viele Seelen für das, was sie begehren, einfach nicht reif sind und deswegen dort auch nicht verweilen können. Sie werden nicht hinausgeworfen, sondern sie wollen dort einfach nicht mehr bleiben. Dann kommen sie hierher zurück und verweilen schmerzlos und sogar mit einer gewissen Zufriedenheit, bis es ihnen langweilig zu werden beginnt. Nun wird die Seele erst wie magnetisch dorthin gezogen, wo sie sich wirklich wohlfühlt, das heißt, wo alles ihrem Innersten entspricht. Einen Verbrecher zieht es mehr oder weniger in höllische Zustandsräumlichkeiten, gute Menschen dagegen in dementsprechend für sie himmlisch anmutende Zustandsregionen. Doch lasst uns einmal solche Fälle selbst beobachten."

„Ist das eigenartig und so ganz anders, als wie wir es uns auf Erden immer vorstellen", warf Geigele interessiert ein.

„Ja, das ist richtig", fuhr Aristos fort. „Manche Menschen glauben auf Erden, sie gehen gleich in den Himmel ein und haben ein Recht dazu, da sie ihrer Meinung nach ein gottgefälliges Leben geführt haben – das ist ihre Meinung, die sie für die allein richtige halten –, doch die Wirklichkeit hier im Jenseits ist nur zu oft anders. Seht, dort drüben kommt gerade eine Seele an; es ist die einer Frau. Auf Erden war sie eine ganz bedeutende Persönlichkeit und lebte in der ursprünglichen Heimat deiner Eltern, Geigele. Sie war vermögend und gab reichlich, wenn sie darum ersucht wurde und dafür genügend Lob erntete durch Zeitungen und in Ansprachen. In allen Vereinigungen, denen sie angehörte, war sie Präsidentin – sonst hätte sie sich ihnen überhaupt nicht angeschlossen –, und in ihrem Heim hatte sie drei weibliche Angestellte, die sie – ihrer Ansicht nach – mit dem größten Wohlwollen –, in Wirklichkeit aber ganz nach ihren Launen – behandelte. Sie hielt sich für so gut – und wurde darin von Schmeichlern um sie herum auch noch bestärkt –, dass sie nun bestimmt glaubt, sie kommt nach ihrem Tode sofort in den Himmel, zumal sie in ihrer Kirche ständig den teuersten Platz gemietet und auch immer prompt dafür bezahlt hatte. Kommt, wir wollen uns ihr nähern."

Anfänglich verworren, blickte sich die Seele der Frau eine Weile erstaunt um. Doch dann schien sie ihre innere Sicherheit zu gewinnen. Schon nahte sich ihr auch eine andere Seele, diesmal eine Frau, als Helferin. Diese redete die Neuangekommene höflich an.

„Womit kann ich Ihnen dienen, gnädige Frau?"

„Na, zunächst sagen Sie mir mal, wo ich überhaupt bin! Ich lag doch krank danieder."

„Sie sind tot und im Jenseits, gnädige Frau!"

„Was, Sie sind wohl nicht ganz richtig oder wollen sich Ihren Spaß mit mir erlauben. Tot? So was Unsinniges! Meine liebe Frau oder Fräulein, oder was Sie nun gerade sind, wenn ich mal gestorben bin und im Jenseits aufwache, gehe ich geradewegs in den Himmel und nicht in eine Gegend wie hier, wenn die Religion auf Erden irgendwelche Wahrheit enthalten haben sollte. Wissen Sie denn nicht, Sie einfältige Person Sie, dass die Gläubigen, die Hilfreichen und wirklich guten Menschen, so wie ich es war, die einzigen auserlesenen ‚Kinder Gottes' sind? Wo haben Sie denn Ihren Religionsunterricht genossen! Wahrscheinlich bei irgendeiner Sekte, wo man nichts weiß und nicht versteht, was Religion wirklich lehrt und ist. Also, scheren Sie sich mal gefälligst fort, Sie einfältiges Wesen Sie!"

Damit machte die arrogante Seele eine Handbewegung, als ob sie die Helferin fortscheuchen wollte. Diese entfernte sich auch, das heißt, verschwand.

„Na, was ist denn das hier", fing nun die Verstorbene an, sich zu beschweren, „gibt einem denn hier niemand eine richtige Auskunft?"

„Aber gewiss, gnädige Frau", ertönte es da neben ihr, wo, wie von ungefähr, ein Priester im Bischofsornat auftauchte. „Womit kann ich Ihnen dienen?"

Beim Anblick dieses hohen Geistlichen klärte sich die Miene der Verstorbenen sofort auf, und sie antwortete in geradezu überfreundlicher Weise: „Mein liebster Herr Bischof, Eminenz, welche Ehre, mich hier willkommen zu heißen. Aber sagen Sie mir doch bloß mal, wo kommt man denn hier in den Himmel, wenn ich nun doch mal gestorben sein soll, wie die einfältige Frauensperson von vorhin mir glatt ins Gesicht sagte?"

„Ja, in welche Abteilung des Himmels wünschen denn die gnädige Frau zu gehen?", erkundigte sich unterwürfigst der Bischof.

„Dorthin, wo alle guten Menschen wie ich eingehen. Das ist doch wohl ganz selbstverständlich."

„Wie Sie wünschen. Bitte, folgen Sie mir. Doch nach Ihnen, gnädige Frau!"

Damit deutete der Bischof nach rechts, verneigte sich und ließ die Seele voranschreiten, die sich dadurch natürlich sehr geschmeichelt fühlte.

„Ach, es ist doch ganz etwas anderes, wenn man es mit wirklich gebildeten, vornehmen Menschen wie mit Ihnen, Herr Bischof, zu tun hat."

Die Verstorbene war noch zu kurze Zeit im Jenseits, um gewahr zu werden, dass es doch auffällig sein müsste, wie schnell sich alles änderte. Ihr Zustand war noch ein zu verschwommen-traumhafter, jedoch beherrscht von ihren hervorstechenden Charakteristika, nämlich Hochmut, Eitelkeit und Dünkel.

Plötzlich befand sich die Seele mit dem Bischof als Begleiter in einem herrlichen Palast, wo Generäle in phantastischen Uniformen, Diplomaten und Damen in hochherrschaftlicher Kleidung herumstolzierten; die Seele fühlte sich nun wie zu Hause.

„Wer sind denn die Herrschaften alle?", informierte sie sich fragend bei dem hinter ihr untertänigst folgenden Bischof.

„O, das ist die Gesellschaft am Hofe eines mächtigen Herrschers!"

„Natürlich am Hofe Gottes?"

„Das würde ich nun gerade nicht sagen", lenkte der Gefragte vorsichtig ab.

Eine Weile sah sich die Seele um und wartete, angesprochen zu werden.

Sie brauchte auch nicht allzu lange zu warten, da ja das alles etwas rein Zustandsmäßiges für die Verstorbene war.

„Sagen Sie mal, meine Liebe", wurde sie da auch schon von einer sehr vornehm sich benehmenden Dame angesprochen, „sind Sie nicht die Gräfin Belmont?"

„Nein, bedaure, Ihnen nicht dienen zu können?", antwortete freundlichst die Angeredete.

„Oh", bemerkte nun enttäuscht die Dame, wandte etwas schnippisch den Kopf fort und entfernte sich hochmütig, sich mit ihrem Fächer Luft zuwedelnd.

Die Seele war darüber innerlich gekränkt.

„Aber so was", bemerkte sie entrüstet und, sich an den Bischof neben sich wendend, haderte sie: „Von einer Angehörigen des Hofstaates Gottes hätte ich aber ein wenig mehr Takt erwartet."

„Aber, ich bedeutete Ihnen doch, gnädige Frau, dass ich sehr daran zweifle, dass das wirklich Gottes Hofstaat ist."

„Das bleibt sich jetzt gleich", entgegnete etwas aufgebracht die schon recht gekränkte Seele.

Sie nahm nun eine recht hochmütige und arrogante Pose an und schwebte nur so durch den großen Saal. Untertänigst machten Generäle und Diplomaten ihr Platz, was ihr sehr schmeichelte. Da sah sie einen Diener und winkte ihm: „Sagen Sie mal, gibt es hier niemanden, der einen einführt oder vorstellt?"

„Aber gewiss doch, gnädige Frau", ertönte es da wiederum untertänigst neben ihr. „Gestatten Sie, mein Name ist Baron von Dressler. Wem wünschen gnädige Frau denn vorgestellt zu werden?"

„Endlich einmal ein wirklicher Gentleman", nickte die Seele erfreut und befriedigt mit dem Kopf.

„Stellen Sie mich doch bitte zunächst mal dem Herrn da auf dem Thron vor."

„Aber gern. Wie ist doch Ihr Name?"

„Frau Krautschild, Gattin des Bankiers Krautschild und Präsidentin und Ehrenpräsidentin fast aller Frauenkomitees und Frauenvereinigungen in unserm Ort. Na, Sie wissen schon."

„Krautschild ist Ihr Name? Gerade eben nur Krautschild?", bemerkte da wie enttäuscht und betroffen der Baron.

„Jawohl, Krautschild. Genügt Ihnen das vielleicht nicht?", entgegnete die Seele etwas spitz, weil sie sich schon stärker getroffen und verletzt fühlte.

„Bitte, gnädige Frau, nehmen Sie meine untertänigste Entschuldigung entgegen; aber hier darf niemand vorgestellt werden, der nicht einen Titel hat, und wäre es auch nur das einfache und schlichte ‚von'."

„Was ist das?", fuhr die Seele, wie von einer Tarantel bei Erdzeiten gestochen, empört herum: „Und das soll der Himmel sein! Nein, für solch einen Himmel danke ich, wo man nicht die Verdienste, sondern nur die Titel und Arroganz ehrt. Kommen Sie, hochwürdiger Herr Bischof!"

Und ohne sich umzusehen, schwebte sie davon in der Richtung, wo sie einen Ausgang vermutete. Sie sah sich gar nicht einmal um, ob ihr der Bischof folgte; sie sah nur, dass sie einen Aufruhr im Saal verursachte. Alle drehten sich nach ihr um und sahen sie missbilligend und empört an. In ihrer Erregung merkte sie auch nicht, wie sich die Umgebung immer mehr und mehr für sie veränderte, bis sie schließlich wieder die Form annahm, wie sie war, als sie nach ihrem Ableben zu sich kam. Sie war nun wieder an dem Ort, der von einem nebligen Horizont umgeben war. Der Bischof war auch verschwunden.

Die Seele sah sich erstaunt um und bemerkte entrüstet: „Na, aber so was!"

Dann schien sie sich aber, wie ganz selbstverständlich, in alles zu schicken.

„Was wird nun mit ihr?", fragten da Geigele und Fred fast gleichzeitig ihren Begleiter Aristos.

„Vorläufig wird sie ermüden und in einen tiefen traumlosen Schlafzustand sinken. Wenn sie wieder zu sich kommt und gekräftigt erwacht, wird sich ihr abermals jemand als Helfer nähern und sie ein anderes Charaktererlebnis durchmachen lassen. Das geschieht so lange, bis sie derselben müde wird. Dann wird sie in die Sphäre versetzt, die ihrem wirklichen Wesen nach ihrer Eigencharakteristik entspricht. Dort wird sie mit solchen zusammen sein müssen, die ebenso arrogant, eingebildet und hochmütig sind wie sie und die sie recht oft demütigen werden. Ist das geschehen, dann wird sich wieder ein Helfer oder eine Helferin nähern, die sie in eine andere Sphäre versetzen, wo auf diese Seele andere Erfahrungen warten, die ebenfalls mit ihrem allmählichen Charakterwandel etwas zu tun haben werden. Es ist ein langwieriger Geduldsprozess für die Helfer, bis es bei dieser Seele langsam zu dämmern anfangen wird, dass andere Menschen auch Rechte haben und nicht bloß sie allein. Alle solche Fälle von Hochmut und Arroganz sind hier drüben sehr schwer auszuheilen."

„Gelingt das aber schließlich doch?", forschte Geigele interessiert.

„Ja, niemand geht verloren, doch in manchen Fällen gehen bis dahin so viele Wandlungen und Veränderungen mit dem Zustandsmäßigen der Seele und inzwischen auch mit ihren räumlichen Verhältnissen vor sich, dass es selbst für Weitvorgeschrittene fast unmöglich ist, allen Zusammenhängen in einzelnen Fällen zu folgen und sie zu übersehen."

„Ich sehe immer nur Seelen von westlichen Ländern hier eintreffen? Wo kommen denn die Seelen von anderen Ländern hin, beispielsweise von Menschen aus Indonesien, Polynesien und den asiatischen Ländern?"

„Die kommen auch zuerst hier an, da, wie ich schon sagte, das, was ihr hier seht, als die Eingangs- und Einführungsstation zum Jenseits zustandsmäßig örtlich überall im Raum vorhanden ist, ganz gleich in welcher Gegend der Erde ein Mensch stirbt. Dass ihr beispielsweise Seelen von Indern und anderen Menschen Asiens und der vielen Inseln im Pazifischen Ozean nicht wahrnehmt, wenn sie hier eintreffen, liegt an euch, da sich euer ganzes Leben in westlichen Ländern abspielte und ihr mit den Verhältnissen in asiatischen und anderen Ländern nicht vertraut seid. Doch seid sicher, auch Asiaten und Polynesier treffen – wie schon erwähnt – als Seelen ständig hier ein, da es keine andere Eingangsstelle für menschliche Seelen ins Jenseits gibt als eben nur das Zustandsmäßigörtliche, wo ihr euch jetzt befindet und das als Erdlichzustandsmäßiges einfach überall im Raumgebiet der Erde vorhanden ist. Doch das mag euch noch lange Zeit schwer verständlich bleiben. Lasst uns lieber, solange wir nun gerade hier sind, noch einige andere Seelen beobachten, wie es ihnen hier nach ihrem Eintreffen ergeht. Die Seele zum Beispiel, die sich dort jetzt aus dem Nebelhintergrunde löst."

Es war ein seltsames Wesen oder besser eine merkwürdige Seele, die nun sichtbar wurde, aber überraschend schnell. Sie wurde sehr klar und deutlich und blieb nicht verschwommen wie die meisten anderen, die wir bis jetzt beobachtet hatten.

Es war die Seele eines freundlichen alten Mannes, sehr bescheiden, um nicht zu sagen schäbig gekleidet. Auf seinem Gesicht war ein überraschtes Erstaunen, gleichzeitig aber auch ein zufriedenes Lächeln. Gleich, nachdem die Seele klar und deutlich hervorgetreten war, stand ein ähnlich gekleideter Mann als Helfer daneben und sprach sie an:

„Willkommen, Emil. Ich sagte dir bei Lebzeiten doch immer, dass ich, wenn ich eher sterben sollte, dich im Jenseits begrüßen werde. Nun, hier bin ich!"

„Was tust du hier, Egon?", fragte der Angeredete, dabei dem Helfer, in dem der Neuankömmling seinen Freund Emil wiedererkannt zu haben glaubte, tüchtig die Hand schüttelnd, um seiner Freude über das unerwartete Zusammentreffen Ausdruck zu verleihen.

„Oh, so mancherlei", bemerkte der Gefragte. „Jedenfalls ist die Aufgabe, die ich hier auszuführen habe, eine sehr angenehme."

„So, was ist es denn?"

„Ungefähr dasselbe, was ich auf Erden getan habe."

„Nanu, können denn hier auch alte Sachen gesammelt werden? Ich dachte, im ‚Jenseits' gibt es so etwas nicht."

„Oh, du weißt schon, dass du gestorben bist?"

„Freilich weiß ich das! Ich starb ruhig und nahezu im Vollbewusstsein meines bevorstehenden Ablebens, weil ich mich – wie du weißt – bei meinen Lebzeiten oft mit sogenannten okkulten Dingen beschäftigte. Nach meinem Ableben, das mir keine zu große Pein verursachte, blieb ich noch eine Weile bei meiner Leiche, um zu sehen, ob man für meinen Hund sorgen würde, wie mir meine Nachbarn im Falle meines Todes versprochen hatten; sie taten es – doch der Hund wollte nicht gleich mitgehen. Er sah mich nämlich als Seele neben dem Körper stehen, und erst als ich ihm durch eine Handbewegung gebot zu gehen, ließ er sich ruhig fortführen."

„Wenn du willst, kannst du hier deinen Hund um dich haben."

„Ja, er lebt doch aber noch."

„Wenn du ihn gern haben möchtest, wird er sterben. Aber du kannst dir auch den Hund herbeischaffen durch dessen ätherisches Doppel. Der Hund lebt dann weiter bis zu seinem natürlichen Tode, fühlt aber, dass er mit dir doch irgendwie verbunden ist und kommt nach seinem Tode dann gleich zu dir."

„Nein, ich möchte auch ein Tier nicht direkt an mich ketten; das wäre nicht recht. Wenn das Tier nach seinem natürlichen Tode zu mir kommt, ist es mir schon recht; doch ich werde es auch dann nicht zurückhalten, wenn es wieder als ein Teil der tierischen Massenseele in einen neugeborenen Hund zur Weiterentwicklung hineinverkörpert wird nach den dafür geltenden Naturgesetzen."

„Du weißt ja wunderbar Bescheid hier."

„Ich habe ja auch genug über alles das bei Lebzeiten gelesen. Doch, was fange ich jetzt hier an?"

„Denke mal ruhig darüber nach, was du im Leben immer so gern gemacht hättest."

„Wenn ich das Geld gehabt hätte, hätte ich in Not Befindlichen immer gern geholfen."

„Nun, das kannst du jetzt hier in Hülle und Fülle tun. Komm!"

Nun traten beide in eine Sphäre ein, die traurig und öde aussah, in der aber zahlreiche Menschen hungrig und durstig umherirrten.

„Hier", sagte Egon, auf diese Unglücklichen weisend, „kannst du gleich mit Helfen anfangen."

„Doch woher soll ich die Hilfe nehmen? Hier wächst ja nichts."
„Willst du helfen?"
„Ja."
„Nun, das genügt! Gehe zu dem alten, halb verhungerten Mann dort und gib ihm zu essen."
„Ich habe doch nichts!"
„Gehe hin zu ihm!"
Emil ging zu dem alten Mann, der ihn nun plötzlich wahrnahm und zu jammern anfing, dass er schon wer weiß wie lange kein Stückchen Brot mehr gegessen hätte und sehr hungrig sei. O wie dankbar wäre er für eine Brotkruste!

Emil sah sich wie hilfesuchend um. Sein Wunsch, dem Mann zu helfen, wurde dabei immer stärker. Doch wie helfen? Da erinnerte er sich, dass er im Erdenleben immer Gott um Hilfe angefleht hatte. Er fing an zu beten, und noch war er damit nicht ganz fertig, da lag neben ihm auch schon ein knuspriges, frisches Brot, das er dem alten Mann hinreichte, der gierig hineinbiss und sich des Dankes nicht genug tun kann.

„Nun siehst du, Emil", bemerkte hier lächelnd Egon, der daneben stand, von dem alten, nun gierig das Brot essenden Manne aber nicht gesehen werden konnte, „wie wir hier helfen können! Jetzt macht es sich für uns – wenn man so sagen darf – bezahlt, dass wir schon während unseres Erdenlebens an Gott zu glauben begannen."

Damit verließen Aristos, Geigele und Fred die beiden – nun drei – glücklichen Alten und kehrten zu ihrem Beobachtungsplatz zurück.

„Emil und Egon", so begann nun Aristos das eben Wahrgenommene zu erläutern, „waren in ihrem Erdenleben Geschäftsnachbarn. Beide waren Altwarenhändler, aber absolut ehrliche und anständige Menschen, die für jedermann ein Herz hatten und niemals geschäftlich irgend jemand übervorteilten. Doch da drüben" – dabei auf eine sich aus dem Nebel heraus entwickelnde behäbige und sehr wichtig vorkommende Persönlichkeit deutend – „werden wir wieder etwas anderes erleben."

Die Persönlichkeit, die in diese Einführungssphäre nun langsam einging – denn die Herausentwicklung aus dem Nebel des Horizontes dauerte diesmal länger als sonst und schien für diese Seele (es war die eines Mannes) nicht leicht und dabei sogar schmerzhaft zu sein – blieb sehr verschwommen. Man gewann, soweit man sein Äußeres wahrzunehmen vermag, den Eindruck, dass es sich hier um einen Menschen handelt, der im irdischen Leben eine bedeutende Persönlichkeit gewesen sein musste. Und so war es auch, wie jetzt Aristos erklärte: „Hier seht ihr die Seele eines führenden Politikers seines Landes, dem außerdem viele Privatunternehmen gehört hatten und der über ein immenses irdisches Vermögen verfügte. Er starb plötzlich – an einem Herzschlag – nach einem zu reichlich genossenen Mahl. Hätte er sorgfältiger gelebt, so hätte er noch nicht zu sterben brauchen. Er ist erst nahe der Fünfziger gewesen. Doch nähern wir uns ihm."

Sofort standen sie neben ihm, ohne dass er sie sehen konnte. Er rieb sich die Augen, wie um besser sehen zu können; doch es half nichts. Es blieb vorläufig alles für ihn wie verschwommen. Er wusste nicht, was er tun sollte und sah sich hilfesuchend um. Da entdeckte er – wie in weiter Ferne – einen gut gekleideten Mann.

„Hallo, Sie da! Kommen Sie doch mal her!"

Doch der Angerufene schien ihn nicht zu hören. Nun begann der Verstorbene auf den Mann zuzurennen. Er rannte auch, doch er kam – vom Standpunkt der Zusehenden aus betrachtet – nicht von der Stelle, schien dabei aber doch dem Manne immer näher zu sein, wie sich aus seinem Mienenspiel schließen ließ. Endlich musste er ihn erreicht haben. Für die Beobachtenden hatte der Helfer – denn ein solcher war es – aber sowieso schon dauernd neben dem Verstorbenen gestanden.

„Sie, lieber Mann, hören Sie mal, wo ... Aber was ist denn das? Sie kommen mir doch bekannt vor? Warten Sie mal? O ja, Sie sehen aus wie der verstorbene Daniels, doch der ist ja nun schon seit Jahren tot."

„Das stimmt! Und doch bin ich jener Daniels."

„Was, Sie wollen der Daniels sein, den ich in der Wahl besiegte?"

„Jawohl, der bin ich!"

„Mann, machen Sie keinen Scherz! Wenn das wahr sein sollte, dann müsste ich ja auch tot sein, und doch fühle ich mich kreuzfidel am Leben."

„Trotzdem sind Sie aber tot. Sie ‚ehrenhafter' Herr Thompson, Sie!"

„Sie kennen also auch mich?"

„Natürlich kenne ich Sie! Waren Sie es doch, der mich auf die allerniederträchtigste Art und Weise mit Wahlmanövern und Manipulationen auf Erden um mein Brot und meinen Verdienst gebracht haben."

„Na, na, Mann, mäßigen Sie sich! So schlimm kann es ja doch nicht gewesen sein, sonst würden Sie nicht hier neben mir stehen."

Nun erinnerte sich Thompson aber plötzlich, dass ihm Daniels kurz vorher ins Gesicht gesagt hatte, er sei tot.

„Apropos, wie kommen Sie überhaupt hierher, und wo in aller Welt befinde ich mich denn eigentlich?"

„In der Ewigkeit, im Jenseits, da sind Sie jetzt, Sie sehr ‚ehrenwerter' Herr Thompson, Sie!"

Dieser ist fassungslos und verwirrt.

„Bitte, lassen wir jetzt mal alles vorläufig vergessen sein, was sich zwischen uns früher abgespielt hat. Sagen Sie mir doch bitte vor allem erst einmal, wo ich eigentlich bin und was in aller Welt ich hier mache."

„Gern! Sie sind tot und im Jenseits, weil Sie zu üppig gelebt haben."

„Wenn das stimmt, warum sind Sie es denn dann eigentlich, der mich hier im Jenseits empfängt?"

„Ganz einfach: weil ich Ihnen Ihre Gemeinheiten nicht nachtrage."

„Na, das ist ja schön von Ihnen! Kommen Sie gleich mal her und lassen sie uns die Hände schütteln."

„Gemach, mein sehr ‚ehrenwerter' Freund! Wir sind hier im Jenseits und in keiner irdischen, politischen Versammlung, wo man mit Händeschütteln die Mitmenschen irreführen, belügen und betrügen kann. Eins gilt nur im Jenseits, wenn man vorwärtskommen will, nämlich ein anständiger Charakter."

„So, so, und den glauben nun ausgerechnet Sie zu besitzen. Da fallen mir aber eben so einige Sächelchen ein, die auf Ihr Konto zu setzen sind, als Sie noch auf Erden in Amt und Würden waren."

„Das gebe ich zu. Ich konnte aber nicht anders handeln. Die Parteidisziplin und der sogenannte Ehrenkodex meines Berufes zwangen mich zu den von Ihnen angedeuteten Handlungen, sozusagen gegen meinen Willen. Doch dass ich Sie jetzt hier im Jenseits begrüßen kann und darf, verdanke ich schließlich doch Ihnen, wenn auch indirekt!"

„Na also, mein Lieber, ein Grund mehr, dass wir uns die Hände schütteln sollten."

„Nochmals sage ich Ihnen: gemach! Ich habe wohl keinen Hass mehr gegen Sie und trage Ihnen nichts von Ihren Gemeinheiten gegen mich nach, aber eine Freundschaft wie im irdischen Sinne könnte ich mit Ihnen deswegen doch nicht wieder aufnehmen, ehe Sie sich nicht geändert haben, und das dürfte hier für Sie noch eine Zeit dauern."

„Nanu, schon wieder die moralische Überlegenheit von Ihrer Seite? Wann werden Sie sich denn einmal ändern?"

„Das ist zum Teil schon geschehen. Beweis ist die Tatsache, dass ich es bin, der Ihnen hier in Ihrem jetzigen Zustande helfen will."

„Danke, ich denke, ich brauche keine Hilfe. Hab mir bisher im Leben immer allein ganz gut fortgeholfen."

„Das war im Leben, doch jetzt sind Sie tot."

Dies, bestimmt gesagt, machte Thompson erneut stutzig und für eine Weile stumm. Doch er raffte sich wieder auf und fragte: „Sie, Daniels, haben mir dabei immer noch nicht erklärt, warum nun gerade Sie mich hier zu empfangen haben."

„Deswegen, weil ich Ihnen eine Dankesschuld abzubezahlen habe."

„Na, da geben Sie es ja selbst zu, dass ich doch kein ganz so schlechter Kerl gewesen bin."

„In einer Beziehung nein, aber nicht durch Ihr eigenes Zutun, sondern durch die von Ihnen herbeigeführten Umstände."

„Wie meinen Sie das?"

„Dadurch, dass Sie mich durch Ihre Wahlbetrügereien aus dem Amt geworfen hatten, wählte ich eine andere Beschäftigung, wo ich erst langsam zu merken begann, dass ich, wäre ich weiter in meinem früheren Amt geblieben, schließlich auf Ihr Niveau hätte herabsinken müssen. Ihre Betrügereien haben also meine Seele vor schwerem Schaden bewahrt."

„Sehen Sie, was ich für ein Seelenretter gewesen bin! Ich wünschte, mein Pastor und meine politischen Freunde hörten das."

„Was diese über Sie denken, können Sie leicht feststellen, wenn sie als Seele jetzt Ihrem eigenen irdischen Begräbnis beiwohnen würden, das gerade augenblicklich vor sich geht."

„Was, man begräbt mich? Ich bin doch aber hier! Bitte, lassen Sie den Unsinn sein."

„Wollen Sie sich überzeugen, dass Sie tot sind? Wollen Sie Ihre eigene Leiche sehen?"

Und ohne erst eine Erwiderung abzuwarten, sahen sich beide, Thompson und Daniels, auch schon in eine Kirche versetzt, wo ein Sarg vor dem Altar aufgebahrt steht, in dem eine Leiche liegt.

„Gehen Sie nur ruhig hin und sehen Sie sich die Leiche an, Thompson", ermunterte Daniels.

„Aber ich würde ja den Gottesdienst stören."

„Unsinn, keiner von den hier anwesenden ‚Leidtragenden' kann Sie sehen, und außerdem: Woher plötzlich Ihre Bescheidenheit und Rücksichtnahme bei Ihnen, dem einst so geriebenen Politiker!"

Zögernd trat Thompson neben den Sarg, der noch geöffnet war und – schrak zurück. Tatsächlich, dort lag er drinnen! Andererseits lebte er aber doch und stand neben seinem Körper. So verwirrend wirkte das alles, dass er beinahe das Seinsbewusstsein vorübergehend verlor, doch Daniels stützte ihn und flößte nun auf solche Weise neues Seinsfluid ein.

Thompson starrte lange auf die Leiche und sagte nichts. Inzwischen hielt der Geistliche die Trauerrede und lobte die „edlen Taten" des Verstorbenen über alle Maßen. Allmählich nahm Thompsons Seele Interesse an des Geistlichen Ausführungen und freute sich immer mehr und mehr über das Lob, das ihm gespendet wurde.

„Sehen Sie, mein lieber Daniels, hier auf Erden schätzt man mich immer noch und hat meine vielen ‚edlen' Taten, wie der ganz famose Herr Pfarrer mit Recht hervorhebt, nicht vergessen. Da muss ich wohl doch nicht ganz so schlecht gewesen sein, wie Sie mich glauben machen wollen."

„Vergessen Sie nicht, dass ein Geistlicher bei einer Leichenfeier mit Rücksicht auf die Angehörigen und zu deren Trost stets Lobenswertes über einen Toten sagen wird. Doch wollen Sie wirklich wissen, was man über Sie so denkt, so beobachten Sie bloß mal die anwesende Zuhörerschar."

Thompson tat das. Seine Frau und Kinder waren ehrlich betrübt, aber doch nicht in dem Maße, wie er angenommen hatte, dass sie es sein würden. Aber er verzieh ihnen das großmütig, da ja die Kinder erwachsen und nicht mehr so eng mit ihren Eltern verbunden waren.

Dann richtete er seine Aufmerksamkeit auf die anderen „Leidtragenden", und da musste er zu seinem höchsten Erstaunen wahrnehmen, dass fast alle ihre Gedanken auf etwas ganz anderes gerichtet hatten, wenn sie rein äußerlich auch so taten, als ob sie „Leidtragende" wären. Viele dachten bei sich, wenn der Geistliche da vorn doch bloß mal mit seiner Weisswascherei des Politikers Thompson endlich aufhören würde! Andere dachten wieder an ihr Geschäft, an ihren Beruf und an ihre eigenen persönlichen Sorgen. Von wirklichem Bedauern über das Ableben Thompsons war bei fast keinem etwas zu bemerken.

Im Gegenteil, bei den meisten seiner Kollegen herrschte das Gefühl vor, dass es höchste Zeit gewesen war, dass Thompson endlich mal sein Schicksal ereilt hätte und er Platz machte für einen anderen. Thompson wäre im Grunde doch nichts wert und nichts weiter als ein aufgeblasener Politiker und Tunichtgut von einem Wichtigtuer gewesen.

Als Thompson das alles wahrnahm, hatte er nur noch den Wunsch, wieder dorthin zurückzukehren, wo er – wie er glaubte – „aufgewacht" war.

Daniels sagte nichts, und auch Thompson schwieg. Schließlich verabschiedete sich Daniels mit den Worten: „Na, lassen Sie es sich gut gehen, und wenn Sie Sehnsucht nach mir haben, brauchen Sie nur zu wünschen, dass ich bei Ihnen bin, und ich werde da sein!"

„Vorläufig wünsche ich nur," bemerkte Thompson in seiner bitteren Enttäuschung über das Beobachtete und Wahrgenommene, „dass Sie sich wer weiß wohin scheren!"

„Tue ich gern", versicherte Daniels. Thompson blieb sich selbst überlassen.

Nun bemerkte Aristos: „Damit, Geigele und Fred, lasst es genug sein mit dem, was sich an dieser Stätte als Eingangspforte zum Jenseits für jeden Verstorbenen abspielt, ehe er in die Sphäre eingeht, die seinem innersten Wesen hauptsächlich entspricht. Wir sind hier sozusagen an der Verteilungsstelle des Jenseits. Ich sehe, Dr. Lehmann hat alles sorgfältig aufgezeichnet. Hoffentlich denken alle, die es lesen, gründlich über das hier Mitgeteilte nach und ziehen ihre eigenen Schlussfolgerungen für sich selbst daraus."

11. Im Bereich des Höllischen

Wieder einmal begann Geigele, aus ihrem Körper herauszutreten, der ruhig auf dem Bett lag, während Dr. Lehmann, mit Papier und Bleistift versehen, sowie Herr McCook und Geigeles Mutter daneben saßen und die scheinbar Einschlafende mit gespanntestem

Interesse beobachteten. Da Geigele nun bereits mehrmals aus ihrem Körper herausgetreten war, ging das jetzt schon bedeutend leichter vor sich. Neben ihr standen, wie immer, Fred und beider Führer und Berater, Aristos.

Fred war jetzt nicht mehr mit seiner Uniform, sondern wie mit einem Pelerinenmantel bekleidet, an dessen Kragen eine haubenartige Kopfbedeckung saß, die hinten herunterhing. Die Bekleidung nahm sich etwa aus wie die Kutte eines Mönchs, nur war sie von einer angenehmen, dem geistigen Auge wohltuenden blauen Farbe.

„Diesmal", so begann Aristos, als er mit Fred zusammen Geigele vollends aus dem auf dem Bett wie tot liegenden Körper herausgeholfen hatte, „werden wir in Zonen wandern, die zum Teil erschreckend und gruselig anmuten mögen. Haltet euch deswegen stets an mich und tut auch nur das, was ich euch rate, dann braucht ihr auch nichts zu befürchten. Um der Welt und ihren Bewohnern durch die Aufzeichnungen von Dr. Lehmann von solchen Regionen Kenntnis zu geben, musst du, liebes Geigele, diese durchschreiten, damit das, was du dabei erlebst, deinem wie tot daliegenden irdischen Körper übertragen werden kann, durch den dann alles Erlebte kundgetan wird, so dass es Dr. Lehmann aufzeichnen kann."

„Wo sind diese Zonen, in die wir uns begeben wollen?", fragte interessiert Geigele.

„Da müsst ihr nun beide genau zuhören, um das richtig verstehen zu können, weil die Beschreibung für irdische Begriffe – und auch Fred haftet ja noch immer viel Irdisches in seiner Vorstellungswelt an – etwas schwer verständlich ist. Was ihr beide bisher erlebt habt, spielte sich bekanntlich sozusagen an der Eingangspforte zum Jenseits ab, die überall vorhanden ist, wo Menschen sind, die sterben. Es ist das rein Zustandsmäßige jedes Menschen, in dem er – wie ihr beide wahrgenommen habt –, so lange verbleibt, bis sich der Grundton des Charakters eines Verstorbenen herausschält, was dadurch geschieht, dass alles im rein Zustandsmäßigen noch anhaftende Irdische abfällt. Damit geht dann die Seele eines Verstorbenen vom rein Zustandsmäßigen in das Zustandsmäßigörtliche über, das, obwohl örtlicher Art, doch für jeden Menschen vorhanden ist und vielleicht am besten vorstellbar werden mag durch die gewöhnliche Auffassung, dass alles, was gut ist, himmelwärts – also nach oben zu – strebt und alles dazu Gegensätzliche nach unten, also höllenwärts, gerichtet zu sein scheint. Da wir zunächst die Zonen besuchen wollen, die nach unten gerichtet sind, und zwar selbst einige recht schaurig anmutende, so bitte ich euch nochmals, euch ja nach meinen Anweisungen zu richten. Ich werde euch zwar stets im Auge behalten, aber da ihr eventuell auch mal den Bewohnern jener Zonen sichtbar werden könntet, so kann es sehr wohl geschehen, dass vorübergehend ein Kontakt zwischen ihnen und euch hergestellt wird, der verderblich für euch sein könnte, namentlich für Fred, der sich nun schon wirklich im Jenseits befindet, für dich, Geigele, jedoch insofern, als dein irdischer Körper dabei Schaden erleiden mag. Also, bitte, folgt meinen Anweisungen."

Aristos hatte dabei so ernst und mahnend gesprochen, dass es beide, Fred sowohl wie Geigele, beeindruckte.

„Nun kommt und folgt mir", forderte Aristos auf.

Alle drei begannen sich fortzubewegen und kamen auch wirklich von der Stelle, wobei sich die Umgebung vollständig veränderte. In welcher Richtung man sich bewegte, war Geigele allerdings völlig unklar. Man ging zunächst über schöne, blumendurchwirkte Wiesen und Hänge, die sich immer mehr und mehr abwärts senkten. Die Gegend wurde spärlicher im Pflanzenwuchs. Es war also gerade umgekehrt als auf der Erde, wo der Pflanzenwuchs spärlicher wird, je höher man steigt. Beim weiteren Abwärtswandern wurde der Weg steiniger und die Gegend trostloser. Bald nahm es sich aus, als ob man am Rand einer Wüste wäre. War es vorher hell gewesen, gleich als ob glänzender Sonnenschein über allem lag, obgleich Geigele keine Sonne hatte wahrnehmen können –, wurde es jetzt düsterer. Es war, als ob sich der Himmel mit einer gleichmäßigen dunklen Wolkenschicht überzogen hätte, wobei jedoch keinerlei Wolkenform zu unterscheiden war. Es nahm sich aus, als ob sich ein dicker Nebel immer tiefer herabsenkte. Auf einmal sah man in der Ferne einen grellen Blitz aufleuchten und gleich darauf einen feuerroten Lichtschein, als ob es irgendwo eingeschlagen hätte. Es ließ sich jedoch nichts weiter unterscheiden. Der dem Blitz nachfolgende Donner war anderer Art als der irdische. Er war nicht so laut, dafür aber dröhnender, so dass man das Donnerrollen im ganzen Körper wie eine Vibration zu verspüren bekam. Es ging noch weiter abwärts. Jetzt schien die dicke einförmige Wolkenwand sich von oben bis auf etwa fünfzig Meter Tiefe herabzusenken. Es war nur noch dämmerig. Da tauchten am Horizont erneut zuckende Blitze auf, in deren Lichtschein man Gebäude erkennen konnte. Sie sahen aus wie Ruinen! Dazwischen hoben sich die Silhouetten dunkler Wesen ab, die hin- und herhuschten. Der Weg wurde noch mühsamer. Jetzt war er nicht mehr nur mit Steinen, sondern auch mit vulkanischem Bimsstein und verbrannten großen Kohlenstücken besät. Geigele war es plötzlich, als ob sie müde wurde und konnte mit Aristos und Fred nicht mehr so recht Schritt halten.

Aristos nahm sie unter den Arm und sofort fühlte sich Geigele wieder gestärkt, besonders nachdem Aristos noch einige magnetische Striche über ihren Körper gezogen hatte.

Man kam den scheinbar noch immer brennenden Ruinen näher. Jetzt sah man, dass die schattengleichen Wesen, die man vorher hin- und herhuschen gesehen hatte, wirkliche menschliche Wesen waren, die mit irgendetwas emsig beschäftigt zu sein schienen. Was es war, konnte noch nicht festgestellt werden.

Aristos führte Fred und Geigele ungeachtet der züngelnden Flammen in das Ruinenfeld hinein, und plötzlich war vom Feuer nichts mehr zu sehen, und die Ruinen waren Häuser, wie man sie in jeder Stadt findet. Die Menschen waren ärmlich gekleidet, bis auf unzählige Uniformierte, die man herumlaufen sah.

„Hier", so erläuterte Aristos, „seht ihr die Hauptstadt eines Landes, in der ein Herrscher regiert, der eben dem Nachbarland den Krieg erklärt hat. Überall seht ihr Redner stehen, die das Volk zur Wut gegen den Feind aufstacheln. Die Soldaten gehören der Armee an und werden bald die Stadt verlassen, um gegen den Feind zu ziehen. Die Flammen, die wir beim Näherkommen gesehen haben, die jetzt aber verschwunden sind, waren die Erscheinlichkeiten für uns, die wir an dem hier Vorgehenden unbeteiligt sind, und solange wir nicht in der Stadt selbst waren. Nun sind wir aber von der Aura der Erregung der Bewohner der Stadt umgeben, sehen deren Benehmen und erblicken daher auch nicht mehr die äußerlichen Erscheinlichkeiten ihrer Wut und Rache als Flammen und Feuergarben. Nun seht, jetzt kommt die Armee herangerückt, die dem Feind entgegenzieht."

Es war eine eigenartige Armee mit ganz verschiedenen Uniformen, von denen einige von phantastischer Art waren. Man sah sowohl Scharfschützen mit Pfeil und Bogen und auch gepanzerte Ritter, dann aber auch wieder ganz modern mit Gewehren, Haubitzen und schweren Geschützen bewaffnete Truppenteile vorüberziehen.

Fred schüttelte erstaunt den Kopf und fragte: „Was ist denn das für eine Armee? Hat die gegen Heere verschiedener Zeitepochen zu kämpfen und deswegen die verschiedenartig bewaffneten Truppenteile?"

„Du hast es ganz richtig erraten, Fred", stimmte Aristos zu. „Was wir hier sehen, ist das Zustandsmäßigörtliche eines Landes, das von Natur aus kriegerisch gesonnen war, aber zum Schluss unterlag, da es von einem bedeutend besser bewaffneten Heer eines Nachbarlandes besiegt wurde. Nun glaubt man sich aber wieder kräftig genug, um die Niederlagen zu rächen. Da zwischen diesem und dem Nachbarland schon seit Jahrhunderten eine Todfeindschaft herrscht, so nehmen die Krieger, die in den früheren Kriegen fielen, ebenfalls erneut Anteil an dem jetzigen Rachefeldzug."

„Hindern sich denn diese nicht gegenseitig bei den Kampfhandlungen infolge der verschiedenartig bewaffneten Truppenteile?"

„Nein", entgegnete Aristos, „und zwar einfach deswegen nicht, weil das Heer jeder Epoche immer nur das gleiche Heer derselben Epoche als Gegner sieht und bekämpft. Die Heeresgruppen der anderen Epochen sehen einander nicht. Nur wir können die Truppen aller Epochen wahrnehmen, da wir an all dem nicht ‚interessiert' sind, das heißt, keinen Anteil haben."

„Wenn ich mich nun zum Beispiel aber der Infanterie des modernen Heeres hier anschließen würde, könnte ich dann die Truppen der anderen Epochen auch nicht mehr sehen?", fragt Fred interessiert als ehemaliger Soldat.

„Nein, du könntest die anderen Heere nicht mehr sehen, würdest aber auf einmal gleich von genau so leidenschaftlicher Rache beseelt sein wie die Truppen hier."

„Bitte, bitte, lieber Fred, tue das nicht! Mische dich nicht unter die Soldaten", bat Geigele.

„Nein, sei unbesorgt", beruhigte der Angeredete. „Ich wollte nur einmal die inneren Zusammenhänge von dem Erlebnis hier richtig zu begreifen versuchen."

„Das ist verständlich", bemerkte Aristos, „doch lasst uns weiter nur unbeteiligte Zuschauer bleiben, um nicht in den Wutstrom der nun bald Kämpfenden mit hineingerissen zu werden. Sobald nämlich einer von uns dreien etwa die Angelegenheit, die wir hier beobachtend wahrnehmen, zu ‚seiner Eigenangelegenheit' macht, muss er vorübergehend das Schicksal der Krieger teilen, das diesen in kurzem bevorsteht."

Kaum hatte Aristos das ausgesprochen, als fern am Horizont riesige Feuergarben aufleuchteten, dauerndes Kanonendonnerrollen zu hören war, und manchmal Riesenflammen noch besonders hoch loderten.

„Das muss ja ein entsetzlicher Kampf sein", bemerkte interessiert Fred. „Können wir nicht etwas näher gehen, um uns den Kampf anzusehen? Wir sind ja im Jenseits; uns kann nichts mehr geschehen."

„Das ist gerade ein großer Irrtum", entgegnete ernst Aristos. „Du als wirklich Verstorbener, also als Geist, kannst mit Leichtigkeit in all das Durcheinander mit hineingezerrt werden, eben infolge deines ziemlich reichlichen Interesses, das du an diesem Vorgang hier nimmst. Sei deswegen ja vorsichtig."

„O bitte, bitte, lieber Fred, bleibe ganz bei Aristos und mische dich in nichts ein!", bat erneut Geigele.

„Ich weiß nicht, was ihr habt", entgegnete diesmal Fred leicht gereizt, weil er sich in seinem stetig zunehmenden Interesse für die Vorgänge gestört fühlte. „Ich bin doch nun gestorben und kann nicht nochmals sterben."

„Das ist auch wieder etwas, worin du dich irrst", bemerkte hierzu erneut Aristos, nun näher aufklärend. „Freilich bist und bleibst du unsterblich, genau wie du es schon bei deinen irdischen Lebzeiten gewesen bist, doch ebenso wie du dort starbst, indem dein ‚Erlebnisbewusstsein' erlosch, um dann erst hier im Jenseits wieder zu erwachen – zunächst im rein Zustandsmäßigen der Übergangsepoche –, so könntest du auch hier nochmals dein Erlebnisbewusstsein vorübergehend verlieren, also scheinbar sterben. Mischtest du dich nämlich hier in den Kampf ein, so wäre dein Erlebnisbewusstsein voll davon in Anspruch genommen, und dir könnte im Kampf ebenso mitgespielt werden wie allen den Kriegern, die du vorhin gesehen hast, mitgespielt werden wird. Und was würde geschehen? Du würdest dein Bewusstseinerlebnis abermals für alles hier verlieren und würdest erst wieder nach einer Epoche des Schlafens im rein Zustandsmäßigen zu dir kommen, durch das du nach deinem irdischen Tode schon einmal gegangen bist und wo wir uns kennen lernten. Du würdest also hier im Jenseits ganz von neuem anfangen müssen."

„Wäre denn das so schlimm", warf da Fred ein wenig frivol ein, „da uns unsterblichen Wesen doch die ganze Ewigkeit zur Verfügung steht?"

„Das stimmt schon, aber du würdest mit deiner neuen Entwicklung hier im Jenseits möglicherweise dann in eine anders geartete seelische und geistige Evolutionswelle hineinkommen und damit von mir, vor allem aber von Geigele, für lange, lange Zeit getrennt sein."

Geigele hatte angstvoll der Erklärung zugehört, fasste jetzt Freds

Hand und flehte ihn geradezu leidenschaftlich und in Tränen ausbrechend an: „Fred, liebster Fred, bitte, bitte bleibe hier! Denke doch auch an mich! Du weißt doch, wie innig ich dich liebe! Bitte, bitte, lieber Fred, bleibe hier!"

Fred wurde nun nachdenklich. Es war ihm, als ob er aus einer leichten Hypnose zu sich kam. Beinahe apathisch beruhigte er Geigele: „Sei nur unbesorgt, liebes Geigele, ich bleibe hier und verlasse dich nicht, auch Aristos nicht."

„Wenn du dein Versprechen hältst, so können wir uns unbesorgt dem Schlachtfeld nähern, denn als lediglich unbeteiligten Zuschauern kann uns da nichts geschehen", schlug Aristos vor.

„Können wir nicht von Kugeln oder Pfeilen getroffen werden?", fragte halb ängstlich und gespannt Geigele.

„Nein, denn die Kugeln und Pfeile sind nur todbringend für alle diejenigen, die an dieser Geisterschlacht voll ‚erlebnisbewusst' teilnehmen, das heißt, die keinerlei anderen Gedanken zugänglich sind."

Alle drei begaben sich jetzt in die Richtung, wo die Schlacht zu toben schien. Sie waren bald dort, mischten sich einfach unter die Kämpfenden, die sie nicht zu sehen schienen und sahen nun, wie sich vor ihren Augen ein furchtbares Blutbad abspielte. Beide Heere – es waren solche mit moderner Bewaffnung – kämpften tapfer und wichen nicht. Die Soldaten sanken hin, als ob sie niedergemäht würden. Manche schienen nur verwundet zu sein und zu leiden. Das Kampfgetobe und die Schreie der Verwundeten und Sterbenden waren zuviel für Geigele. Sie bat, wieder fortzugehen, was auch alle drei taten.

Fred schüttelte nachdenklich mit dem Kopf. Er konnte mit all dem Gesehenen und Beobachteten nicht recht fertig werden.

„Was ist dir daran unklar, Fred?", fragte teilnehmend Aristos.

„Warum bekämpfen sich denn diese Soldaten? Sind es immer wieder dieselben Soldaten, die das tun?"

„Ja, es sind dieselben Soldaten. Aber jedes Mal werden es weniger, weil manche bei den Kämpfen doch so schwer verwundet werden, dass sie unter großen Schmerzen dahinsiechen. Das bringt sie langsam zur Einsicht des Unsinnigen des Kriegführens. Doch lasst uns das einmal selbst beobachten. Kommt."

„Nein, bitte nicht mehr dorthin", wehrte Geigele bittend ab.

„Du brauchst keine Angst mehr zu haben, Geigele", tröstete Aristos. „Seht dorthin, wo das Schlachtfeld war. Es ist alles ruhig. Der Kampf ist vorüber. Es wallen nur noch schmutzig-graue Nebel."

Man war schnell auf dem Schlachtfeld, wo die ganze Armee getötet dalag. Manche Soldaten waren furchtbar zugerichtet, doch alle schienen tot zu sein.

„Nun will ich euch etwas wahrnehmen lassen, was ich euch zeigen kann, weil ich weiter fortgeschritten bin als ihr. Seht dorthin!"

Und auf einmal spielte sich vor den Blicken von Geigele und Fred ein merkwürdiges Schauspiel ab. Von allen Seiten hatten sich wie von ungefähr jenseitige Helfer eingestellt und bemühten sich um die Toten. Sie befreiten vielfach Seelenkörper aus den daliegenden leblosen Formen. Die Seelenkörper wurden von den Helfern fortgetragen. Wohin, ließ sich nicht feststellen, da sie auf einmal, wenn sie einen Seelenkörper aufgehoben hatten, mit diesem zusammen verschwunden waren. Bei manchen toten Körpern ließen sich die jenseitigen Helfer geduldig nieder, anscheinend um zu warten, bis und ob es ihnen möglich sein würde, den Seelenkörper herauszuretten. Bei vielen schien das aber nicht möglich zu sein, denn nach einer Weile des Wartens entfernten sich die jenseitigen Helfer traurig.

„Das, was ihr hier wahrnehmt, wird euch gewiss unverständlich sein", klärte Aristos auf. „Nun, in all den Fällen, in denen jenseitige Helfer die Seelenkörper forttrugen, haben die Gefallenen diese Sphäre, in der sie schon wer weiß wie lange gewesen sein mögen, endgültig verlassen, weil sie diesmal durch ihre schwere Verwundung und das Leiden einen inneren Abscheu vor dem Kämpfen erhalten haben. In früheren Kämpfen mögen sie gleich getötet worden sein, ohne zu leiden, und behielten daher ihren Rachedurst bei. Sie erwachten dann später hier in dieser Sphäre wieder als Krieger, und für sie war es ganz selbstverständlich, dass sie wieder einmal würden kämpfen müssen, um ‚Rache für das letzte Mal zu nehmen'. Erst jetzt, infolge der selbst durchkosteten Leiden sind sie zur Besinnung des Unsinnigen ihres Tuns gekommen. Wenn sie später nach längerem Schlaf erwachen, werden sie sich in einer anderen, fortgeschritteneren Sphäre befinden."

„Wie lange dauert es, bis die wieder erwachen, von denen sich die jenseitigen Helfer traurig abwandten", fragte teilnehmend Geigele.

„Das mag verschieden sein. Sieh mal, dort erheben sich schon einige, sind aber anscheinend noch nicht ganz bei sich und bewegen sich taumelnd weiter! Und wohin gehen sie? In die Stadt zurück, aus der sie gekommen sind. Doch lasst uns jetzt mal dorthin zurückkehren und schauen, wie es da aussieht."

Damit begaben sich alle drei in die Stadt zurück, wo großes Klagen herrschte. Die taumelnden zurückkehrenden Krieger wurden in Häuser, die wie Lazarette wirkten, gebracht, dort gepflegt und behandelt. Überall war Trauer eingekehrt, und alles wirkte niederdrückend.

„Nun, lasst uns noch, ehe wir diesen traurigen Platz verlassen, sehen, wie sich dieser Zustand für objektive Beobachter, wie wir es sind, erscheinlich ausdrückt."

Damit waren alle drei plötzlich wieder an der Stelle, an der sie zum ersten Mal den Feuerschein in den Ruinen und die huschenden Schattenschemen beobachtet hatten. Doch jetzt sah es dort am Horizont, wo sich die Stadt befand, anders aus. Nicht mehr rotglühend war der Horizont, sondern es war, als ob dort gelblich-schmutzige, dicke und erstickende Nebelschwaden hochstiegen, die nur ab und zu von grellen Blitzen zerrissen wurden – von Rachegedanken, die bei den sich heimschleppenden Soldaten hie und da schon wieder auftauchten."

„Nun lasst uns weitergehen", mahnte Aristos.

„Wo gehen wir jetzt hin?", fragte Fred.

„In eine Stadt, in der sich viele gemeine Menschen als ihr zustandsmäßig Örtliches zusammengefunden haben."

„Existiert eine solche Stadt auch in Wirklichkeit auf Erden?", fragte Geigele.

„Ja und nein", entgegnete erklärend Aristos. „Nein insofern, als sich Verkommene wohl kaum auf Erden an einem einzigen Platz, in einer einzigen Stadt, allein zusammenfinden mögen. Ja aber insofern, weil das Charakteristische, was ihr sehen werdet, in jeglicher Großstadt auf Erden zu finden ist."

Man schritt vorwärts. Der Weg senkte sich noch mehr. Die Dämmerung wurde schwächer, so dass man nur ganz nahe Gegenstände zu erkennen vermochte. Es wuchs absolut nichts mehr. Zum ersten Mal seit Antritt dieses Besuches in den unteren Sphären begegnete man Einzellebewesen. Es waren verelendete, heruntergekommene, abgemagerte und zerzauste Gestalten, die sich nur mühsam vorwärtsbewegten. Manche saßen auch apathisch da, gleich als ob es sie nichts mehr anginge, was noch weiter mit ihnen geschehen mochte. Sie schienen Aristos, Fred und Geigele nicht zu sehen.

„Was sind das für Menschen, und was wird aus ihnen?", fragte mitleidsvoll Geigele.

„Es sind ganz und gar egoistische Naturen, die aus dem irdischen Dasein nichts an inneren Werten mitgebracht haben und daher hier auch nichts erwarten können."

„Wovon leben sie?"

„Fast von gar nichts! Doch sie verhungern nicht, da hier im Jenseits ja niemand völlig ausgelöscht werden kann, weil ja jeder unsterblich ist, was den Verstorbenen meistens bald klar wird und einleuchtet."

„Ist dieser Zustand ewig für diese Wesen?"

„Der Zustand, den ihr hier seht, ist freilich ewig, doch die Wesen brauchen in diesem Zustand nicht ewig zu bleiben. Sie können jederzeit daraus befreit werden. Sie brauchen es nur zu wollen."

„Ja, aber warum wollen sie denn das nicht?"

„Aus demselben Grund, aus dem jemand auf Erden aus einer gewohnheitsmäßigen Einrichtung nicht herausgerissen werden möchte."

„Aber die hier müssen doch das Eintönige ihrer Lage endlich einmal sattbekommen."

„Das geht nicht so leicht, wie ihr denkt, da hier das zustandsmäßig Örtliche genau der Charakteristik entspricht. Auf Erden hat jeder eine Umwelt um sich, die unabhängig von seinem Charakter – seinem Wollen und Wünschen – durch sich selbst besteht und sich selbst entwickelt. Hier im zustandsmäßig Örtlichen gibt es für eine Seele aber keine von ihr unabhängige Umgebung. Darum heißt es ja, dass auf Erden in einer Minute mehr erreicht werden kann als im Jenseits in Tausenden von Erdenjahren."

„Werden diese Bedauernswerten aber nicht doch schließlich einmal erlöst werden?"

„Ja, aber das mag lange, lange dauern, denn erst muss der Wunsch nach etwas anderem bei den Wesen erwachen. Solche Wünsche werden durch jenseitige Helfer bei den Bedauernswerten geweckt. Freilich viele, viele solcher Besuche sind vergeblich."

„Was ist die hauptsächlichste Ursache für solch einen Zustand", ging das Fragestellen an Aristos weiter.

„Na, dort zum Beispiel, bei dem Mann, der in ganz zerrissenem Gewand und in einem geradezu elenden Zustand einfach dasitzt und vor sich hinstarrt, war die Hauptursache für seine jetzigen Verhältnisse sein grenzenloser Egoismus. Alles musste sich immer nur nach ihm richten; für alle anderen hatte er nur ein verächtliches Verurteilen übrig. Und als sich die Mitmenschen von ihm immer mehr und mehr zurückzogen, so fühlte er beinahe eine innere Genugtuung darüber, weil er glaubte, etwas ganz Besonderes zu sein und die anderen nicht zu brauchen, weil er – wie er es nannte – ‚selbstzufrieden' mit sich war; er ist es noch immer. Daher seine Teilnahmslosigkeit und sein immer noch vorhandener Wunsch, allein bleiben zu wollen."

„Es gibt doch aber auch viele gute Menschen, die für sich bleiben möchten", wandte Geigele ein; „ich zum Beispiel bleibe auch am liebsten zu Hause."

„Bei dir, liebes Geigele, liegen die Verhältnisse aber auch ganz anders. Du verurteilst die Mitmenschen nicht und hast Verständnis für deren Leiden und Streben, was du nicht herabsetzt und dich nicht wer weiß wie erhaben über andere dünkst. Gerade das mangelnde Verständnis für die Mitmenschen und das Ablehnen von Anteilnahme macht das Traurige des Zustandes dieses Menschen hier am Wegrand aus."

„Gibt es nicht auch Fälle, wo solches Verlangen nach Alleinsein auf eine angeborene Tendenz oder auf irgendeine Anlage zur Geisteskrankheit zurückzuführen sein mag?"

„Jawohl, das stimmt. Doch das Los solcher, die du eben beschrieben hast, ist auch ein leichteres und viel besseres. Übrigens sind die Leiden solcher, die an Geisteskrankheit gestorben sind, hier im Jenseits meistens bald behoben nach einer mehr oder weniger langen Ruhe und magnetischen Behandlung durch fortgeschrittene Verstorbene."

„Haben wir denn hier im Jenseits auch Heilgehilfen und Krankenschwestern?", erkundigte sich Fred neugierig.

„Noch viel, viel bessere als auf Erden. Auch die Ärzte sind hier viel, viel weiter fortgeschritten als die Ärzte auf Erden, denen hiesige Ärzte vielfach überhaupt erst Eingebungen zugehen lassen, wenn wieder einmal ein neues Hilfsmittel auf Erden entdeckt wurde."

12. In der Stadt der Gottlosen und Betrüger

Man schritt weiter. Da wurde am Horizont eine Art von schmutziger, rötlich-grauer Beleuchtung sichtbar.

„Da ist wieder eine andere Stadt, in die wir uns begeben wollen", erklärte Aristos. „Habe ich euch früher schon gebeten, euch nur nach mir zu richten, so muss ich diese Bitte nun nochmals sehr ernstlich wiederholen. Vergesst nicht, wir begeben uns in diese Stadt nur deswegen, damit Geigele die Zustände erlebt und durch ihr Sprechen im irdischen Körper dann durch Dr. Lehmann aufzeichnen lässt zur Warnung für die Erdenbewohner, die solche Warnung beachten sollten. Für dich, lieber Fred, birgt diese Stadt ziemliche Gefahren. Auch du, Geigele, kannst dir, wenn du mir nicht genau folgst, ein körperliches Leiden durch dein Seelenerlebnis zuziehen, das kein irdischer Arzt mehr würde heilen können."

Beide, Geigele und Fred, versprachen hoch und heilig, sich ganz nach Aristos zu richten.

Man betrat jetzt eine Straße, auf der viele Menschen geschäftig hin- und hereilten. Sie schienen die drei Besucher nicht zu sehen, ja, sogar einfach durch diese hindurchzugehen.

Man kam an einer großen, hell erleuchteten Halle vorbei, in die Menschen hineinströmten.

„Ist hier ein Konzert?", fragte Geigele.

„Nein", antwortete Aristos, „hier findet eine Massenversammlung von Gottesleugnern statt, zu der die Öffentlichkeit eingeladen ist."

„Können wir da mal hineingehen und zuhören?", fragte Fred interessiert.

„Natürlich", stimmte Aristos bei.

Der große Saal war mit Besuchern überfüllt. Noch ließen sich die Gesichtszüge nur schwer unterscheiden. Man unterhielt sich und sprach anscheinend erregt aufeinander ein. Wie man den Gesprächen zu entnehmen vermochte, erwartete man einen großen, bekannten Gottesleugner als Redner.

Fred und Geigele fiel auf, dass die meisten Zuhörer einen recht rohen Gesichtsausdruck hatten; doch es gab auch einige Besucher in den vordersten Reihen, die sich wie Gelehrte ausnahmen, einige davon sogar wie Idealisten.

Nun begann es im Saal ruhig zu werden. Auf die Bühne trat ein Mann, der die Versammlung zu leiten schien. Er führte jemanden ein, der nun auf die Bühne trat, ein robuster, kräftiger Mann mit wildem ungepflegten Haarwuchs, buschigen Augenbrauen und einem üppigen Vollbart. Bei seinem Erscheinen applaudierten alle Anwesenden begeistert.

Der Redner führte etwa Folgendes aus: Er sei soeben von einer weiten Reise zurückgekehrt und hätte erfahren, dass auf Erden die „Aufklärung" jetzt ganz ungeheure Fortschritte mache. Auf Erden glaube nunmehr beinahe keiner mehr an einen Gott, sondern nur noch an die unabänderlichen Naturgesetze, wie man sie hier, wo man sich jetzt befinde, genau studieren könne. Er hoffe, dass mit der Aufklärung die Menschheit auf Erden endlich zum „goldenen Zeitalter" kommen würde, das er schon, als er noch lebte, immer geahnt hätte.

Der Redner erntete großen Beifall. Dann wurde dazu aufgefordert, Fragen zu stellen. Es meldete sich auch jemand von den anscheinend Gelehrten in den vorderen Reihen, und zwar einer von denen, der sich wie ein wirklicher Idealist ausnahm. Er trat auf die Bühne, verneigte sich vor dem Redner und begann dann:

„Freunde! Mit Freude vernahmen wir, dass auf der Erde endlich das langersehnte ‚Goldene Zeitalter' anzubrechen scheint und dass man mit dem Aberglauben bricht. Freilich, zugeben müssen wir, dass mit einer Sache der Aberglaube – und damit ist ja jeder Glaube gemeint – auf Erden Recht behalten hat, nämlich dass es ein Fortleben nach dem irdischen Tode gebe." – –

„Unrichtig! Unsinn! Ebenfalls Aberglaube!", wurde der Redner da von allen Seiten unterbrochen.

Dieser schien durch die Zwischenrufe verwirrt zu sein, denn er konnte nicht gleich fortfahren. Endlich hatte er sich aber gesammelt.

„Nun, Freunde, ihr mögt böse sein wie ihr wollt, aber mit dem Fortleben nach dem Tode hat der ‚Aberglaube' doch recht behalten, denn wir leben ja doch immer noch." – –

„Aufhören! Komm runter von dort oben, du Idiot! Solch einen Unsinn hier zu verzapfen!", wurde erneut energisch von allen Seiten protestiert.

Der Redner stieg resigniert von der Bühne herab und setzte sich wieder auf seinen alten Platz.

Dafür stand nun der Hauptredner auf, und mit einem überlegenen Lächeln beruhigte er die Aufgeregten mit den Worten: „Na, na, wir sind doch hier nicht mehr auf Erden! Benehmt euch doch anständig, wie es sich für Aufgeklärte, wie wir es sind, geziemt. Wir alle erinnern uns gewiss noch, wie es uns erging, als wir hier auf dieser Seite der Welt zu uns kamen und wahrnahmen, dass wir lebten. Und als wir dann von anderen erfuhren, dass wir in Wirklichkeit auf der Erde gestorben waren, so ging es uns so ähnlich, wie der Vorredner noch immer behauptet. Kurz, wir dachten alle für eine Weile, der ‚Aberglaube' auf Erden hätte doch recht damit gehabt, dass es ein Fortleben nach dem Tode gebe. Diese Annahme dauerte natürlich nur so lange, bis uns wieder bewusst wurde, dass ja die Wissenschaft schon immer das Gleiche behauptet hatte, nämlich dass nichts vergehen könne. Nur war uns diese wissenschaftliche Feststellung auf Erden nie so recht klar geworden, weil der ‚Aberglaube' dort dauernd ein persönliches Fortleben nach dem Tode betont hatte und ..."

„Na, und was ist das wohl anderes als ein persönliches Fortleben, was wir jetzt führen", mischte sich da eine schrille Frauenstimme ein, den Redner unterbrechend. Die weiter vorn Sitzenden drehten sich nach der Frau um. Sie schienen sie hier alle wie eine Art von Kuriosum zu kennen, denn Zurufe wie: „Setz dich, du alte Schrulle!" – „Behalte deine Altweiberweisheit für dich!" – „Halte gefälligst dein vorlautes Mundwerk", wurden von allen Seiten laut.

Die Gemaßregelte ließ sich jedoch nicht einschüchtern und fuhr fort: „Und wenn es euch auch nicht passt, ich bleibe doch dabei, dass es auf Erden nur der ‚Aberglaube' der Religion gewesen ist, der uns ein persönliches Fortleben zugesichert hat, das wir jetzt auch haben, und nicht eine allgemeine und verschwommene Fortexistenz, wie es euch euere euch so ‚erleuchtet' vorkommende Wissenschaft einreden wollte."

„Du hast wohl wieder mal deinen Prophetenspleen, Laura", mischte sich da ein untersetzter kräftiger Mann ein. „Was hast du denn nun wieder in deinem Kaffeegrund alles erblickt?"

Die Anwesenden lachten.

Der Vorsitzende stand, ebenfalls lachend auf, und mit einer Handbewegung Schweigen gebietend, bemerkte er, wie aufklärend, zu der Versammlung: „Die meisten von uns kennen ja wohl Laura, und wir brauchen sie daher mit ihren Hirngespinsten nicht zu ernst zu nehmen."

„Ich habe keine Hirngespinste", schrie die aufgebrachte Laura dazwischen. „Auf Erden war ich ein großes Medium und habe dort Prinzen und Herrschern die Zukunft richtig vorhergesagt."

„Vielleicht", bemerkte lachend der Vorsitzende, „kannst du uns hier, wo sich scheinbar in Jahrhunderten für uns nichts ändert, auch mal die Zukunft vorhersagen."

„Das kann vielleicht sein", reagierte die Aufgeforderte. „Seit einigen Minuten habe ich nämlich das Gefühl, als ob wir hier von einigen unsichtbaren Geistern beobachtet würden."

Schallendes Gelächter.

„Willst du damit etwa sagen, Laura," höhnte der Vorsitzende,

„dass du auch hier noch, wo wir uns jetzt nach unserem irdischen Tod befinden, an Gespenster, vielleicht sogar an den Teufel und ähnlichen Unsinn glaubst?"

„Spottet nicht", warnte da allen Ernstes Laura. „Es gibt einen Teufel und ..."

„Aha, du musst es ja wissen, weil du mit deiner Weissagerei wahrscheinlich mit ihm im Bunde stehst", warf da jemand ein.

Schallendes Gelächter belohnte diese Bemerkung.

„Lacht nur, ihr einfältigen Narren mit eurer wissenschaftlichen Weisheit und gottlosen Menschheitsbeglückung und einem bevorstehenden ‚Goldenen Zeitalter' auf Erden. Ich weiß es besser! Ich weiß, dass es doch noch etwas Höheres für uns hier gibt, für die das Dasein sonst tagaus, tagein ewig immer nur das Gleiche ist, und dazu mit euch Bonzen da vorn auf der Rednertribüne als ewigen Leithammeln. Ich sehne mich mal nach etwas anderem, nach etwas Höherem, mag das nun Gott oder Teufel sein. Am liebsten wäre es mir aber, wenn ich mit Gott in irgendeine Verbindung kommen könnte."

„Und das kannst du", mischte sich da zum höchsten Erstaunen von Fred und Geigele deren Führer Aristos ein, der dabei gleichzeitig allen Anwesenden im Saal sichtbar wurde, und zwar wohl als irgendein höheres, glänzendes Wesen.

Sein Erscheinen rief eine unbeschreibliche Aufregung im Saal hervor. Alles schrie und gestikulierte durcheinander und bedrohte Aristos, an den aber merkwürdigerweise niemand herankommen konnte. Dafür warf sich jetzt die Menge über Laura, die sich zwar tüchtig wehrte, aber schließlich doch unterlag – was Aristos schweigend geschehen ließ – und schließlich totgeschlagen wurde. Fred und Geigele sahen nun der scheinbaren Leiche von Laura einen Seelenkörper entsteigen, wobei Aristos half, der inzwischen für alle anderen im Saal Anwesenden wieder unsichtbar geworden war.

Als sich im Saal die Aufregung allmählich gab, besann man sich plötzlich auf den unbekannten Besucher, konnte ihn aber nirgends mehr finden oder sehen. Die Versammlung löste sich auf, wobei das eben Durchlebte noch gründlich durchgesprochen wurde und sich viele Diskussionen anschlossen, die zeigten, dass die Erscheinung bei vielen Zweifel darüber wachgerufen hatte, ob es wirklich so sei, wie die Führer der Gottlosen behaupteten, dass es keinen Gott gebe. Es habe sich doch gezeigt, das irgendetwas da sein müsse, was mehr Gewalt als sie habe.

Aristos hatte inzwischen die Seele von Laura von ihrem dortigen zustandsörtlichen Körper freigemacht. Die Seele war noch vollständig verwirrt und glaubte zu träumen. Da fand sich auch schon ein jenseitiger Helfer ein, der, Aristos zunickend, die Seele von Laura in seine Obhut nahm und mit ihr verschwand.

„Was wird jetzt mit ihr?", fragten Fred und Geigele.

„Erst wird sie zur Ruhe gebettet, so dass sie sich vollständig sammeln und wieder kräftig werden kann. Dann wird sie in eine andere Sphäre versetzt, da sie in die hiesige nicht mehr hineinpasst."

Man ging weiter durch die Stadt und kam bei einem größeren, ebenfalls prächtig erleuchteten Gebäude vorbei, durch dessen Haupttor ununterbrochen Menschen aus- und eingingen.

„Lasst uns jetzt einmal hier hineingehen und sehen, was vor sich geht", forderte Aristos auf. Man trat in eine Vorhalle, in der sich am Ende ein langer Marmortisch befand, der die weiter dahinter gelegenen Räumlichkeiten nach vorn abschloss. Es sah aus wie die Annahmestelle einer großen Zeitung auf Erden. Das war es auch zum Teil. Außerdem wurden aber auch Wetten entgegengenommen, Versicherungen für alles Mögliche abgeschlossen, Roulette gespielt, und in einem Seitenraum befand sich ein Restaurant mit einem Tanzsaal. Es ging alles bunt durcheinander, so dass sich Fred und Geigele kein rechtes Bild davon zu machen vermochten, was hier in Wirklichkeit eigentlich vorging.

„Das hier ist", so begann Aristos, „eine ‚halbähnliche' und teilweise auch ‚amtliche' Abwicklungsstelle für die allerverschiedensten Geschäfte meistens dunkelster und gemeinster Art, denn der Hauptsinn bei allen hiesigen Abkommen sind Betrug und Besprechung von Diebstählen und Irreführung der anderen. Hier wird auch nicht ein einziges Geschäft ehrlich abgeschlossen. Doch wir wollen einmal näher treten."

Sie gingen aufs Geratewohl an einen der Schalter, wo ein verschmitzt aussehender, verhältnismäßig gut gekleideter Mann mit dem Angestellten hinter dem Schalter im Flüsterton irgendein Geschäft abzuschließen schien.

„Ist das aber auch wirklich so, wie Sie es da angeben?", fragte gerade der Angestellte.

„Aber natürlich! Ich schwöre es Ihnen bei allem, was irgendwelchen Wert für mich hat."

„Haben Sie keine bessere und verlässlichere Eidesformel?", erwiderte geschäftsmäßig kalt der Angestellte, der den anderen sehr wohl zu kennen schien.

„Schon gut, schon gut, da lassen Sie mich halt schwören bei irgendetwas, was Sie denken, das wirksam und nachdrücklich sein könnte."

„Gut, dann schwören Sie bei einer freiwilligen Geldbuße von tausend Dollar, dass Sie mir die Wahrheit gesagt haben."

„Werde mich schwer hüten! Würden Sie so einen Schwur vielleicht leisten?"

„Natürlich nicht", lachte der andere zurück. „Doch da wir uns nun gegenseitig so gut verstehen, sagen Sie mal, was ist in diesem Geschäft so eigentlich drinnen für Sie und für – mich!"

Nun ging das Feilschen im Flüsterton weiter.

Aristos erläuterte den Vorfall folgendermaßen. Der an den Schalter Herangetretene wollte durch den Angestellten ein Grundstück für so und so viel zum Verkauf bringen. Dieser kannte den anderen aber und wusste, dass sich dort, wie angegeben, überhaupt kein Gebäude von irgendwelchem Wert befand. Der Angestellte war aber nicht abgeneigt, trotzdem auf den Geschäftsvorschlag einzugehen, wenn der andere ihm für die Mithilfe am betrügerischen Verkauf von etwas, was gar nicht vorhanden war, einen Anteil zusicherte. Man traute sich jedoch gegenseitig nicht. Schließlich schien man aber doch zu einer Vereinbarung zu kommen.

„Wird denn das den Bewohnern hier nicht endlich einmal über, sich gegenseitig zu betrügen?", fragte Fred.

„Sag mal, Fred, du hast ja lange genug auf Erden gelebt, um genügend Menschen kennen gelernt zu haben. Kannst du dir vorstellen, dass jemand, dem irgendein illegales Geschäft einmal geglückt ist, von neuen Versuchen dieser Art Abstand nehmen wird, wenn er glaubt, dass weiter keine Gefahr mit solchem Vorhaben verbunden ist und jedes weitere solche ‚Geschäftchen' immer wieder glückt?"

Fred gab zu, dass auch auf Erden jemand, der erstmal „Glück" mit Unrechttun hatte, es immer und immer wieder versuchen würde, bis er dann einmal tüchtig dabei hineinfällt.

„Nun wohl", erläuterte Aristos weiter, „wenn das schon auf Erden geschieht, um wie viel mehr dann erst hier, wo dem Geiste in seinem zustandsmäßig Örtlichen die sonstige rechte Ablenkung fehlt?"

„Dann kann ja aber das Betrügen überhaupt kein Ende nehmen", warf hier bescheiden-schüchtern Geigele ein.

„Scheinbar nein, und doch geschieht das, und zwar dadurch, dass hier jeder Unrechttuende immer seinen Meister findet. Mag jemand noch so raffiniert sein. Immer wird er im Jenseits jemanden finden, der noch raffinierter ist; das ist das ‚Höllische' an seinem Zustand. Und das geht so lange, bis es ein so immer und immer wieder Reingefallener einmal gründlich satt bekommt und einsieht, dass er doch nicht der Allerschlaueste zu sein scheint. Dann wird ihm ein unsichtbarer Helfer zugeschickt, der ihm zeigt, dass es auch noch andere Betätigungsgebiete gibt, wo man zwar ehrlich sein muss, dabei aber doch ganz gut vorwärtskommen könne. Das leuchtet schließlich einem so Beratenen einmal ein und er folgt dem ihm zugesandten Helfer, der ihn in eine andere Umgebungssphäre versetzt, wo es dem so aus seiner bisherigen Sphäre Entführten möglicherweise bald recht zu gefallen anfangen wird."

„Soviel ich bis jetzt feststellen konnte", begann Fred nachdenklich, „ist die Hölle eigentlich gar nicht so schlecht für ihre Bewohner, wenn die Gegend, in der wir uns jetzt befinden, schon zum Bereich des Höllischen gehört."

„Da hast du nicht so unrecht vom Standpunkt derer, die sich in diesen Sphären befinden. Sie wären ja gar nicht hier, wenn die Umgebung eben nicht ihren Herzensneigungen entspräche – im erstgegebenen Fall Kampfgier und Rachsucht und hier jetzt Gemeinheit, Hinterhältigkeit, Lug und Betrug. – Die hier Weilenden merken es auch dann erst richtig, dass die hiesigen Zustände höllischer Natur sind, wenn sie ihnen wegen dauernder Missgeschicke zuwider werden und sie in eine andere Sphäre versetzt worden sind. Dann erst nehmen sie den Unterschied beider Sphären wirklich wahr und sehen, dass dort, wo sie vorher gewesen waren, wirklich ‚höllische' Zustände gewesen sind."

„Wie anders ist doch hier drüben alles im Vergleich zur Erde", warf Geigele ein. „Und eigentlich kann es ja auch gar nicht anders sein, wenn es, wie es heißt, wahr ist, dass das jenseitige Leben nur auf den Verlängerungslinien des irdischen Seinszustandes zu suchen ist."

„Das ist recht geurteilt", bestätigte Aristos. „Doch ihr beide täuscht euch sehr, wenn ihr etwa annehmt, dass das Höllische, was ihr eben gesehen habt, alles sei, was es an Höllischem gibt. Zunächst vergesst nicht, dass, wenn auch jemand, wie beispielsweise jetzt Laura, die von hier durch ihr ‚Ableben' in dieser Sphäre befreit ist, damit doch noch lange nicht gleich in himmlische Zustände übergeht. Die Menschen, die ziemlich tief in höllische Verhältnisse geraten waren, wie diejenigen, die ihr eben gesehen habt, haben hier beispielsweise zunächst das kollektive Höllische in sich abgetötet. Doch dann muss noch das individuelle Höllische in jedem überwunden werden. So geht im Falle von Laura deren unsterbliche Seele nebst ihrem Erlebnisbewusstsein von hier in eine Gegend ein, die sogar noch unter dieser hier liegt. ‚Unter‘ dabei weniger als ‚räumlich‘ verstanden als vielmehr ihrer individuellen Charakteristik entsprechend als noch tiefer liegend als die kollektive Erlebnisumgegend, aus der sie von mir befreit wurde, weil sie im Grunde doch an einen Gott glaubt."

„Dann ist die Hölle doch schlimmer als sie uns bis jetzt erschienen ist", bemerkte nachdenklich Geigele.

„Ja, viel schlimmer", bestätigte Aristos. „Und dabei kann und darf ich euch beiden nur die höllischen Zustände von Menschen zeigen, die Betrüger, Verbrecher gewöhnlicher Art und Gesinnungslumpen allgemeiner Natur waren, aber nicht die haarsträubenden Zustände derjenigen, die mit nahezu tierischen Leidenschaften besessen sind. Solche dürft ihr hier im Jenseits nicht sehen, weil ihr beide dafür nicht vorbereitet seid, denn euch fehlen diesbezügliche Erlebnisse von der Erde her. Seid Gott, dem Herrn, dankbar dafür! Denn in einigen Abteilungen dieser aller-, allertiefsten höllischen Zustände können sich nur die allerkräftigsten und fortgeschrittensten Geister hineinwagen, ohne selbst dabei Schaden zu erleiden. Das Feuer der Leidenschaft solcher Tiefgesunkenen ist so furchtbar, dass es zum Beispiel euch beide Unvorbereitete beinahe vernichten könnte, wenn ihr euch ohne jeden schützenden Begleiter dorthin verirren würdet. Erfreulicherweise kann das bei euch beiden aber nicht der Fall sein, nicht so sehr deswegen, weil es hier ja eben kein Verirren geben kann, wenn man sich nicht dem Charakter gemäß zu einer bestimmten Abteilung hingezogen fühlt, sondern deswegen, weil bei euch die Erfahrung gänzlich fehlt, wie es solchen äußerst Bedauernswerten in ihrem leidenschaftlichen Fühlen zu Mute ist."

„Doch, Aristos", wandte da Fred wie etwas verschämt ein, „vergiss nicht, ich war auch schon ein erwachsener junger Mann, ehe mich die Kugel traf, und auch ich habe schon gewisse Leidenschaften gespürt."

„Deswegen sei unbesorgt", beruhigte Aristos. „Das ist es nicht, was dich mit jenen Tiefbedauernswerten gleichsetzen würde. Was du meinst, ist jene Last für den Körper und scheinbare Belastung des Gemütslebens, von denen kein Mensch frei ist, ja nicht frei sein kann, einmal aus rein natürlichen Gründen und zweitens um die Beherrschung des rein Gefühlsmäßigen durch das Unterscheidungsvermögen des Geistes zu erlernen. Doch das sind Angelegenheiten, die zum Leben gehören und nötig sind; weiter nichts! Man finde sich bei Lebzeiten damit ab, lege ihnen aber keinerlei besondere Bedeutung bei! Vor allem grüble man nicht viel darüber nach. Dieses Gefühlsmäßige verliert sich im Jenseits mit der Zeit einesteils deswegen, weil man im Jenseits unter normalen Verhältnissen damit nicht mehr körperlich gequält wird, wenn es durch möglichst geringe Beachtung bei Lebzeiten eben nicht zu tief ins Gemütsleben eingedrungen ist, und zweitens, weil die Hauptkraft, die sich bei diesem Gefühlsmäßigen manifestiert, im großen Jenseits bald transformiert, das heißt, auf eine höhere Wirkungsebene gebracht wird, wo man das Lästige, was sehr quälen mochte, völlig los ist. Nein, das hat nicht das Geringste mit jenen zu tun, die ich als die Tiefbedauernswerten bezeichnete, die auf Erden so tief sanken, dass sich ihr Denken fast nur noch ausschließlich mit den Äußerungen der angedeuteten Kraft beschäftigte. Doch lasst es damit genug sein. Seid froh, dass ihr bis jetzt nichts damit zu tun hattet und dagegen ziemlich gut geschützt seid."

13. Aufruhr in der Höllenstadt

Man verließ das Gebäude und ging durch Straßenzüge, die nach außen hin Wohlstand verrieten.

„Denen scheint es ja ganz gut hier in der Hölle zu gehen", bemerkte Fred auf die Außenfassaden der Häuser deutend.

„Du sagst ganz richtig, Fred, ‚scheint so', denn das, was du hier siehst, ist nur ein Schein, falscher Schein. Um euch davon zu überzeugen, folgt mir zum Beispiel hier in dieses Haus."

Damit öffnete Aristos eine Haustür und schritt in einen Torgang, der zu einem großen Zimmer führte, in dem sich mehrere Personen sehr lebhaft unterhielten. Die drei Hinzugetretenen wurden anscheinend von niemandem gesehen.

Beim Umherblicken nahmen nun Fred und Geigele auf einmal

wahr, dass all die wunderbaren Heimausstattungen nur äußerlich so wunderbar erschienen. Die Möbel waren in Wirklichkeit verwahrlost und hielten sich zum Teil nur dadurch aufrecht, dass sie hinten gegen die Wand zu durch Bretter und Stöcke gestützt waren. Überall hingen Spinnenweben herum und fingerdicker Schmutz hatte sich in den Ecken angesammelt.

Die sich Unterhaltenden bestanden aus sechs Männern, die auf wackligen Stühlen saßen. Sie waren geradezu bizarr gekleidet. Die Kleider waren geflickt und abgeschabt, saßen auch nicht recht, sondern hingen teilweise in Fetzen herab.

„Und doch ich sage Ihnen", wandte sich einer der Männer, in dessen Gesicht alle nur denkbaren Leidenschaften ihre Spuren hinterlassen hatten, an die anderen Herumsitzenden, „dass es in Wirklichkeit eine Kleinigkeit ist, die ganze Macht in die Hände zu bekommen."

„Ja, aber wie wollen Sie denn die Palastgarde beseitigen, die bestimmt Widerstand leisten wird?", wandte der, der die Versammlung zu leiten schien, zweifelnd ein.

„Und das wissen ausgerechnet Sie, Exzellenz, nicht?", lächelte der andere verschmitzt.

„Ich wusste gar nicht, dass man hier im Jenseits auch Bestechungen zugänglich wäre."

„Hier vielleicht noch leichter als einst auf Erden. Hier sind ja eben gerade solche zu finden, die gern bestochen werden wollen, da sie sich auf Erden immer bestechen ließen. Und Ehrliche", damit verneigte sich lachend der Wortführer vor dem, zu dem er sprach, wie untertänigst, „gibt es in dieser Gegend, wo wir sind, überhaupt nicht."

„Na also, warum zögern wir denn da eigentlich immer noch! Lasst uns zum Palast gehen."

Damit standen alle Anwesenden zufrieden auf; die Männer umgürteten sich mit Schwertern und verließen das Haus.

Fred und Geigele sahen Aristos verständnislos an. Letzterer gab nun folgenden Aufschluss.

„Diejenigen, die ihr hier gesehen habt, waren Fürsten und Hofangestellte aus verschiedenen Zeitepochen auf Erden, die sich hier infolge der ihnen eigenen Veranlagungen zu Intrigen zusammengefunden haben und eben beschlossen, den Herrscher dieser Stadt zu stürzen. Vier von den sechs Personen, die ihr hier versammelt saht, waren auf Erden bei solchen Versuchen getötet worden, und die beiden anderen, die besonders abgerissen aussahen, in Kerkern gestorben. Sie hatten sich an dieser Stelle im Jenseits zusammengefunden, weil sie sich wie magnetisch angezogen fühlten und verfielen gleich wieder in ihr altes Intrigenspiel. Die vier Personen, die schon seit langer Zeit hier zu sein schienen, wissen, dass sie bei solchen Versuchen wohl nochmals umgebracht werden könnten, dass sie sich dann nach einiger Zeit aber wieder erholen und das alte Intrigenspiel von neuem anfangen können. Die zwei anderen, die in Gefängnissen starben und die erst kurze Zeit hier weilen, sind dagegen fest überzeugt, dass ihnen hier nun nichts mehr geschehen könne, da sie ja, wie sie nun spüren, auch nach dem irdischen Ableben noch immer existieren. Doch nun lasst uns sehen, wie es den sechs Verschwörern geht!"

Aristos, Fred und Geigele verließen das Haus und fanden die Menschen aufgeregt gestikulierend auf der Straße herumrennen. Wie sie aus den Gesprächen heraushörten, sei der Versuch gemacht worden, den Herrscher zu stürzen. Infolge Bestechung der Palastgarde seien die Täter bis ins Thronzimmer gekommen, dort jedoch von einer Spezialgarde niedergesäbelt worden, denen von dem Herrscher versprochen worden war, dass jeder, der einen Verschwörer umbringe, eine große Geldsumme erhalten würde, die nach der Zahl der Umgebrachten ausfalle. Die erste Palastgarde, die sich hatte bestechen lassen, wusste, dass im eigentlichen Thronsaal noch eine Spezialtruppe war, von der sie Prozente für jeden Verschwörer erhielt, den sie hineinließ. Zugleich teilte sie vorher der Spezialgarde mit, dass Attentäter kämen, so dass diese beim Betreten des Thronsaales mühelos niedergemetzelt werden konnten. Von den sechs Attentätern lagen auch schon fünf tot auf dem mosaikgetäfelten Fußboden des Thronsaales, als Aristos, Fred und Geigele diesen betraten. Der sechste, noch lebende, aber schwerverwundete Verschwörer war gefesselt und wurde nun dem Herrscher selbst vorgeführt, einem Mann von erschreckend hässlichem Aussehen, dessen Züge sich vor teuflischer Freude geradezu verzerrten, als er den sich vor Schmerzen krümmenden Gefangenen vor sich ausgestreckt liegen sah.

„Nehmt ihn raus auf den Balkon und viertailt ihn vor den Augen meiner Untertanen."

Der Schwerverletzte wurde hochgerissen und zum Balkon geschleppt. Unten auf dem Vorplatz wimmelte es von Menschen, die dem Herrscher zujubelten, als er ihnen das Vierteilen des Gefangenen vor ihren Augen versprach.

Nun traten fünf grausam aussehende Soldaten der Spezialgarde zynisch lächelnd vor, ergriffen den Gefangenen bei jedem Fuß und Arm, während der fünfte Soldat sein Schwert schwang und unter dem Jubelgebrüll der Untertanen den Körper des Gefangenen der Länge nach zweiteilte. Dann wurden die beiden Seitenhälften – der Gefangene war nun natürlich tot – nebeneinander auf die Balkonbalustrade gelegt und nun nochmals quer durchschnitten, was wieder ungeheuren Jubel auslöste. Dann drehten sich alle nach rechts zu. Am dortigen Ende des Platzes war ein Käfig mit Löwen, die infolge des Blutgeruches wild brüllend hin und her liefen. Diesen Löwen wurden die Körperstücke des Gevierteilten zugeworfen. Außerdem brachte man jetzt auch die Leichen der anderen fünf Umgekommenen und warf sie den Löwen vor.

Geigele schauderte bei dem Anblick, der sich darbot. Fred war robuster und gefasster. Er war nachdenklich geworden und wandte sich schließlich Aufschluss suchend an Aristos mit der Frage: „Sag mal, sind das alles wirkliche Vorgänge oder nur Erscheinlichkeiten?"

Aristos lächelte, als er antwortete: „Fred, deine Frage zeigt mir, dass du lernst und in deinen Kenntnissen der hiesigen Sphären Fortschritte zu machen scheinst. Ich glaube, du würdest bei einigem Nachdenken selbst die richtige Antwort finden, doch im Interesse Geigeles und derer, die einst das hier Erlebte lesen werden, will ich den ganzen Vorfall näher erläutern."

Nach einer Pause, wobei er über die sich nun zerstreuende Menschenmenge hinwegblickte, forderte er Fred und Geigele auf, ihm zum Löwenkäfig hin zu folgen. Es lagen im Käfig nur noch blutende Reste der von den Löwen Verzehrten herum.

„Kommt, lasst uns einmal nähertreten."

Damit schritt Aristos durch die eisernen Stäbe des Käfiggeheges und stellte sich mitten unter die Löwen, die ihn weder sahen, hörten noch spürten.

„Kommt nur, kommt! Euch geschieht hier nichts", forderte Aristos lächelnd Fred und Geigele auf, die zögerten, ihm in den Käfig zu folgen. Nach einigem Sträuben taten sie es aber doch und kamen auch anstandslos durch die eisernen Stäbe hindurch.

Da warf sich einer der gesättigten Löwen mit einem scheinbar zufriedenen Gebrüll hin. Das geschah gerade neben der Stelle, an der sich Geigele befand; sie schrie laut auf. Der Löwe musste etwas davon gespürt haben, denn er sprang sofort brüllend auf und sah sich zähnefletschend um.

Aristos stand gleich neben Geigele und nahm sie in seinen Arm, was sie sofort beruhigte. Auch der Löwe beruhigte sich und legte sich wieder nieder. Doch schien es, als ob er irgendeinen Verdacht von etwas geschöpft hatte, wovon er jedoch weder etwas sah noch roch.

Aristos schenkte den nun herumliegenden Löwen keinerlei Beachtung mehr, ging im Käfig auf und ab und trat dabei auch einfach auf die Löwen, doch sein Fuß trat durch diese hindurch und die Raubtiere merkten noch nicht einmal etwas davon.

„Nun seht! Es ist eine ganz, ganz andere Welt, die wir hier besuchen, als die ist, in der wir uns sonst seelisch befinden. Allein allerdings hätte ich euch diesen Besuch noch nicht unternehmen lassen, denn euch fehlt noch innere Sicherheit, euch in irgendeiner Sphäre bewegen zu können, ohne dass man euch bemerkt. Erst wenn ihr diese habt – Fred hat sie zum Teil bereits, weil er schon im Jenseits weilt – könntet ihr euch selbst in den Seinswelten jeder Menschenseele auch in deren zuständsmäßigen Örtlichkeit unbeschadet bewegen. Seht, draußen vor dem Käfig gehen immer noch Menschen der hiesigen zustandsmäßigen Örtlichkeit vorbei, sehen sich die schlummernden Löwen an und können uns dabei doch nicht wahrnehmen."

„Der eine Löwe vorhin muss mich aber doch irgendwie gewittert haben", widersprach Geigele.

„Nicht gewittert, Geigele", erläuterte Aristos, „sondern er hat deine Anwesenheit irgendwie gespürt, etwa so wie man ein Gespenst ahnt. Er war darüber viel mehr erschrocken als du, Geigele, und hätte er dich voll zu Gesicht bekommen, so wärst du ihm wie eine Geistererscheinung vorgekommen. Dass er dich aber spürte, beruht auf demselben Prinzip wie jemand sofort von einem Steg herabfällt, wenn er nicht geradeaus, sondern in die Kluft hinabsieht, über die der Steg führt."

Dann fuhr Aristos fort: „Doch nun zu deiner vorhin gestellten Frage, lieber Fred. Das alles, was du hier siehst und wahrnimmst, ist absolut wirklich, sogar einschließlich der Schmerzen von Verwundeten, für alle, die hier als Seelen Verstorbener ihre zustandsmäßige Örtlichkeit gefunden haben. Für uns dagegen nicht, die wir uns hier nur aufhalten, aus einer anderen Sphäre kommen und an den Vorgängen in dieser zustandsmäßigen Örtlichkeit weiter keinen wirklichen Anteil nehmen. Es handelt sich hier also um eine Örtlichkeit, die geschaffen und vorhanden ist als Zustandsmäßigkeit für alle diejenigen, die ihrem Wesen nach hier so eigentlich zu Hause sind und sich demnach auch bis zu einem bestimmten Grade wohl und glücklich fühlen, weil sie ja nichts anderes in ihrer Wesenheit empfinden können als Betrug, Hinterlist, Gemeinheit und Rohheit aller Art, ganz zu schweigen vom beherrschenden Hochmut. Die Zahl solcher zustandsmäßigen Örtlichkeiten im Jenseits hat keine Grenze, ist einfach unerschöpflich. Jede stärkere Neigung und Charakteristik hat irgendwo im Jenseits auch ihre dementsprechend zustandsmäßige Örtlichkeit."

„Ist es so auch im Himmel?"

„Jawohl."

„Worin besteht denn da eigentlich der Unterschied zwischen beiden?"

Aristos lachte. „Das, lieber Fred, wirst du sehr schnell herausgefunden haben, wenn wir später die himmlischen Regionen besuchen. Außerdem ist aber noch ein großer Unterschied vorhanden: Wenn jemand in himmlischen Zuständen durch einen friedlichen Schlummer aus einer zustandmäßigen Örtlichkeit in eine andere übergeht – was in keinerlei Beziehung mehr an das hier im Höllischen wahrgenommenen Sterben erinnert – so geschieht das nur, um in immer noch glücklichere Zustände überzugehen. Wenn hier im Höllischen jemand endlich aus einem zustandsmäßig Örtlichen herauskommt, hat er meistens mit einem anderen dortigen zustandsmäßig Örtlichen zu rechnen, weil er noch andere, nunmehr nicht mehr kollektive, sondern individuelle, Schlechtigkeiten und Schwächen in seinem Charakter ausleben muss. Hier im Höllischen kann man sich auch durch die zustandsmäßigen Örtlichkeiten anderer Verstorbener nicht so einfach hindurchbewegen – also sozusagen Besuche machen – sondern muss warten, bis einen ein weiter fortgeschrittener Geist zur Erlösung aus dem gerade gegenwärtigen Zustand besucht. Und das hängt wieder davon ab, ob jemand in einer hiesigen Sphäre, der einen solchen rettenden Besuch erhält, auch auf den Besucher hört und sich ihm nicht einfach verschließt. Tut das jemand hier, so kann er noch eine ganze Weile warten, ehe sich ihm wieder ein rettender Besucher und somit eine Gelegenheit zur Verbesserung der Lage – durch Herausgesetztwerden aus den gegenwärtigen Verhältnissen in andere – bieten wird. Denn es kann nur dem geholfen werden, der das wirklich

‚will', weil jeder Verstorbene seinen freien Willen behält und sein Herz – was sein jeweiliges Wollen ist – sein bewusstes Leben darstellt. Mag sein, dass manches von dem hier Gesagten noch ein bisschen zu schwer für euch zu begreifen ist. Aber nun lasst uns weitergehen und noch einige andere Beobachtungen anstellen!"

Damit waren sie auch schon außerhalb des Löwengeheges und mitten unter den geschäftig hin- und hergehenden Menschen auf der Straße, von denen jedoch keiner die drei Gäste aus einer anderen Sphäre wahrzunehmen schien.

14. Dirne und Hexe

Aristos bog in eine weniger belebte Seitenstraße ein. Sie machte einen etwas geheimnisvollen Eindruck. Vor den Häusern brannten rote Laternen und an den Fenstern saßen Frauen, die zu winken schienen. Aristos ging weiter bis zum Ende der Straße. Von dort hörte man lauten Lärm und schrille Musik sowie Lachen. Als die drei an das Gebäude herankamen, entpuppte es sich als eine Kaschemme übelster Art. Aristos ging trotzdem hinein und Fred sowie Geigele folgten.

Der Saal oder das große Zimmer, an das sich andere anzureihen schienen, war wie mit Nebel angefüllt – ähnlich dem irdischen Tabakqualm an solchen Plätzen. Fred und Geigele konnten daher weder die Gestalten noch gar die Gesichter derer erkennen, die den Platz füllten. Aristos ging weiter bis in eins der hintersten Zimmer, wo er vor einem Tisch stehen blieb, was dann auch seine Begleiter taten.

Dort saß eine Frau, deren Gesichtszüge von Leidenschaft durchfurcht waren, obgleich sie noch einstige Schönheit verrieten. Ihr gegenüber saß ein verhältnismäßig junger Mann, auf den die Frau einsprach: „Ich bitte dich, lieber Robert, drehe doch um! Du kommst ums Leben, wenn du weitergehst! Du bist dem rohen Gesindel hier nicht gewachsen! Bitte, bitte, gehe wieder fort!"

Der Angeredete schien aber keine Lust zum Fortgehen zu haben. Er achtete nicht auf die Frau, der man es ansah, dass sie es wirklich ehrlich meinte, und sah nur immer verlangend in die anderen nebeldurchwallten Räumlichkeiten hinein, als ob ihn dort etwas lockte.

„O bitte, bitte, Robert, drehe doch bloß um!", flehte erneut die Frau.

Statt den Rat zu beherzigen, stand Robert entschlossen auf, drückte die Frau, die sich schützend vor ihn stellen und ihm den Weg versperren wollte, beiseite und schritt vorwärts. Er kam aber nicht weit. Ein robuster Mann von äußerst verrohtem Äußeren stellte sich ihm entgegen und fragte: „Was willst du hier? Du hast hier nichts zu suchen! Gehe dahin, von wo du gekommen bist."

Damit wollte er Robert beiseite schieben, was dem Rohling merkwürdigerweise aber nicht gelang. Wütend darüber zog dieser ein langes Messer heraus und wollte es gerade dem einfach weiterschreitenden Robert in den Rücken stoßen. Aber da warf sich die Frau vor den Unhold und dieser traf mit dem Messerstich diese und nicht Robert. Auf den Schrei der Getroffenen hin dreht sich Robert um, stieß mit einer Handbewegung den durch den Vorfall etwas verwirrten Rohling beiseite und beugte sich über die Sterbende. Im selben Augenblick hatte sich der Rohling aber wieder zusammengerafft und brüllte laut: „Wo ist denn der Kerl hin, der eben hier war? Wo ist er?"

Dabei blickte er sich wild um und andere halfen ihm suchen.

Fred und Geigele sahen sich betroffen an, denn Robert stand doch immer noch über die Sterbende gebeugt da. Warum konnten der Rohling und die anderen Robert nicht mehr sehen? Aristos gab die Erklärung und zog dabei Fred und Geigele fort. Während alle drei sich langsam entfernten, erläuterte Aristos: „Die Frau war ein Mädchen gewesen, das von einem jungen Mann namens Robert sehr verehrt wurde. Das Mädchen liebte ihn über alle Maßen und wollte ihm gern beim Vorwärtskommen helfen, da beide arm waren. Trotz aller Bitten von Robert beschloss das Mädchen, in die nächste Großstadt in Stellung zu gehen, um Geld zu verdienen. Es war in Mitteleuropa vor nicht allzu langer Zeit, bald nach Schluss des Weltkrieges. Als sie eines Abends heimkam, wurde sie von jemandem überfallen und vergewaltigt. Nun schämte sie sich zurückzukehren und haltlos begann sie ein Leben, das sie außerhalb der Gesellschaft stellte. Sie liebte aber immer nur einen wirklich, ihren Robert, für den sie sparte, darbte und viel Unbill über sich ergehen lassen musste. Robert konnte und konnte das Mädchen nicht finden, da sie Geld an ihn, um ihm beim Studium zu helfen, immer wieder von einem anderen Ort sandte. Nicht allzu lange später hörte sie, dass Robert plötzlich an Schwindsucht gestorben war, die er sich im Krieg zugezogen hatte. Es dauerte auch nicht mehr lange und das Mädchen selbst starb infolge eines Unfalls. Das Ableben Roberts hatte sie aus dem Gleichgewicht gebracht und ihr jeden Halt genommen, so dass sie um nichts mehr etwas gab und auch auf den Verkehr beim Überschreiten des Straßendammes nicht mehr achtgegeben hatte."

„Warum hat denn jetzt Robert das Mädchen umkommen lassen? Das war nicht schön von ihm", nahm sich Geigele warm der Ermordeten an.

„Weil der Mann, den das Mädchen für Robert gehalten hatte, gar nicht Robert gewesen ist."

„Dann muss es doch aber jemand gewesen sein, der Robert ähnlich sah, da das Mädchen in ihm Robert erkannt hatte."

„So war es auch! Der, welcher als Robert erschien, war nämlich ein jenseitiger Helfer gewesen, der in der Erscheinung von Robert gekommen war, um sie aus dem hiesigen zuständsmäßig Örtlichen zu befreien. Dort seht hin, er ergreift jetzt die schlafende Seele der Ermordeten und führt sie fort."

„Wohin kommt sie jetzt?"

„In eine ganz, ganz andere Umgebung. Sie hat den Weg des Übels eingeschlagen, nicht freiwillig, sondern war durch Umstände auf die schlechten Wege gedrängt worden und einmal dort, sah sie eine Gelegenheit, leichter Geld zu verdienen und somit ihrem Robert besser helfen zu können. Sie war im Grunde also eine sehr selbstlose Person. Hier musste sie nach ihrem Tode erst hin, weil das Leben, das sie die letzten Jahre auf Erden geführt hatte, sie für eine bessere Umgebung im Jenseits zuerst ungeeignet gemacht hatte. Sie brauchte aber nicht lange hier zu bleiben. Ihre Sehnsucht nach Robert, den sie hier nicht finden konnte, hatte sie zu beten veranlasst und sie somit zugänglich gemacht für Hilfe von höherer Seite. Um ihr schneller vorwärtszuhelfen, hatte ein solcher Helfer, der als Robert auftrat, gleichzeitig eine Probe des Mädchens vorgenommen. Sie hatte sie bestanden und gern ihr Leben – das scheinbare in dem zustandsmäßig Örtlichen, wo sie sich befand – für Robert geopfert. Wenn sie nach einiger Zeit in einer glücklicheren und friedlicheren Umgebung aufwachen wird, wird es der Seele ihres wirklichen Roberts möglich sein, sich ihr zu nahen. Sie werden zusammen sein können, wann immer sie es sich wünschen und sich dabei gegenseitig hier im Jenseits weiter vorwärtshelfen zu immer besseren und glücklicheren Verhältnissen für beide."

Fred und Geigele hatten aufmerksam und schweigend zugehört. Geigele unterbrach zuerst dieses Schweigen, das Aristos ungestört gelassen hatte, mit den Worten: „Was für eine eigenartige Welt ist doch das Jenseits und wie wunderbar sind Gottes Wege, die wir auf Erden nicht übersehen können!"

„Da hast du recht", stimmte Aristos zu.

„Doch lasst uns mal dort unten hingehen, wo die Straße hinführt. Da werdet ihr noch etwas anderes Interessantes erleben."

Alle drei gingen die Straße entlang bis vor ein Haus, wo die Vorhänge vor den Fenstern heruntergelassen waren. Dahinter aber war Licht, das Zimmer somit erleuchtet.

Aristos, Fred und Geigele hatten keine Schwierigkeit, Eingang zu finden. Sie traten einfach durch die Wand ins Zimmer, wo eine alte, abgemagerte Frau mit einem richtigen Hexengesicht ein Bild von einem Manne mittleren Alters vor sich hatte, darauf starrte und geheimnisvolle Zeichen darüber machte. Die ihr gegenübersitzende Frau von vielleicht 45 bis 50 Jahren sah ihr gespannt zu und fragte: „Wird es diesmal etwas helfen, Magda?"

„Ich hoffe."

„Hoffe, hoffe, nichts als hoffe bekomme ich zu hören. Ich will Resultate haben, verstanden, sonst ..."

„Sonst was?", fragte die Hexe lauernd.

„Ach ich weiß nicht", antwortete beschwichtigend die andere Frau. „Du darfst nicht vergessen, dass mir zu sehr mitgespielt wurde und dass ich ein Recht auf Rache habe! Und wenn du sie mir nicht verschaffen kannst, dann muss ich eben woanders hingehen."

„Wohin?", fragte die Hexe lächelnd.

„Na, dann eben zum Teufel selbst!"

„Gut, tue es nur!", lachte die Hexe laut auf und begann ihre verschiedenen Utensilien zusammenzupacken.

„Aha, vor dem hast du wohl Angst, du Hexe, du!"

„Ich?", fragte die Hexe, gleichsam resigniert zurück. „Nein, diese Zeit ist vorüber. Die Tausende von Jahren, die ich hier bin, haben mich gelehrt, mich nicht auf den Teufel, sondern auf mich selbst zu verlassen. Alles, was mir der Teufel einstens – vor Jahrtausenden – versprach, war eine Lüge. Wie schwer war es für mich, mich langsam bis hierher wieder emporzuarbeiten. Nein, ich will nicht wieder zurück, ich will nicht, ich will nicht, ich will nicht!"

Die Besucherin war überrascht über den Gefühlsausbruch der Hexe.

„Nun, wo willst du denn eigentlich dann noch hin?"

„Vorwärts, aufwärts und nie mehr rückwärts! Ich habe meine Lektion gelernt."

„Das will ich doch aber auch."

„Das wird dir nie gelingen, solange du nicht von deinen Rachegedanken ablässt. Und ausrichten wirst du nie etwas damit können, wenn ich es nicht mal fertig bringe mit meiner jahrtausendelangen Erfahrung im Beeinflussen durch schwarze Magie. Ich sage dir, lasse ab von der Verfolgung. Der, an dem du dich rächen willst, ist zu anständig und kann nicht erreicht werden! Mittel der schwarzen Magie helfen nur bei solchen, die selbst schlecht sind."

„So, dann willst du den Schuft auch noch reinwaschen, den Schuft, der mich betrogen hat und nicht heiratete."

„Hatte er dir denn das wirklich versprochen und du es dir nicht vielleicht nur eingebildet?"

„Ich werde wohl wissen, wie es gewesen ist."

„Solltest du! Aber deine Wut lässt dich nicht richtig und klar denken. Du bist ganz Wut! Das zeigt, dass bei dir überhaupt keine echte Liebe vorhanden war. Echte und wahre Liebe verzeiht, aber rächt sich nicht!"

„Nanu, willst du Hexe mir jetzt etwa Moral predigen? Hört sich nett aus deinem Munde an."

„Gewiss nicht schlechter als aus deinem Munde deine Versicherung von Liebe, wenn alles, was dich bewegt, nur Rache ist!"

„Ist es nicht gerade große Liebe, die sich beim Wandel ins Gegenteil – in tödlichen Hass – verwandelt?"

„Ja, so heißt es wohl, doch das ist dumm, denn man schadet sich damit nur selbst! Aber bei dir ist es übrigens nicht Hass aus gewandelter Liebe, sondern bei dir entspringt das Rachegefühl einem ganz anderen Motiv."

„Und das wäre?"

„Beleidigter Hochmut deswegen, weil der, den du jetzt angeblich aus ehemals so großer Liebe hasst, nicht auf deine Pläne hineingefallen ist, ihn als Ehemann zu gewinnen! Das Beste, was du tun kannst, ist: Vergiss ihn! Du bringst ihn nicht ins Verderben mit deinen Manipulationen, da er dir nichts Schlechtes wünscht! An solcher Haltung müssen alle geplanten seelischen und geistigen Versuche abprallen. Sie finden keinen Halt, kommen dann aber verstärkt auf den Sender solcher hässlichen Gedanken zurück und rächen sich an ihm. Hochmut ist eins der größten Übel, die es gibt und am schwersten zu heilen. So gehe in dich, Weib!"

„Und du gehe, wohin du willst!"

Damit stand die Besucherin auf und entfernte sich empört.

Die Erklärung des eben Wahrgenommenen durch Aristos war diesmal kurz, indem er bemerkte: „Ihr habt ja alles mit angehört! So war es auch, wie es die angebliche Hexe der Fragestellerin ins Gesicht sagte. Diese Hexe ist auf dem Wege aufwärts zum Licht und zu ihrer langsamen, aber sicheren Erlösung, wenn sie so bleibt und versucht, andere von ihren verkehrten Wegen abzuhalten. Und die rachsüchtige Frau wird niemals etwas erreichen können, weil der Mann, gegen den sich ihre Rache richtet, ein anständiger Charakter ist. Sein Verbrechen bestand nur darin, dass er auf die Wünsche der Frau nicht einging, wie sie es wollte."

Es trat eine Pause ein, in der Fred und Geigele über das Gehörte nachdachten. Schließlich fragte Geigele, wie nachdenklich: „Werden die beiden – ich meine die hassende Frau und der Mann, den sie hasst – sich im Jenseits je begegnen?"

Aristos bemerkte hierzu: „Schwerlich, und wenn das nach langer, langer Zeit, unter ganz anderen Bedingungen und Verhältnissen, doch vielleicht geschehen sollte, dann jedoch nur wie gleichgültige Bekannte, die sich lange nicht sahen und sich formell gegenseitig fragen, wie es ihnen geht. Aber selbst eine solche, wenn auch nur formelle, Begegnung kann nur stattfinden, wenn die Frau ihren Hass und ihr hochfahrendes Wesen völlig abgelegt hat. Erst muss sie lernen, selbstlos zu werden und ihre Rachsucht aufzugeben. Damit wird bei ihr auch schon von ganz allein die Sehnsucht nach dem Mann, den sie jetzt hasst, verblassen. Ist diese Sehnsucht aber verblasst, dann geht sie ihren eigenen Weg und wird sich um den Mann genauso wenig kümmern, wie dieser es schon seit langem mit ihr tut – nämlich seit dem Augenblick, als er ihren wahren Charakter erkannt hatte."

„Ich glaube", bemerkte nach wieder einer Weile Geigele, „dass aus dem Verhältnis der Geschlechter zueinander auf Erden sehr, sehr viele Situationen hervorgehen, in denen Hass und Rache eine große, wenn nicht sogar ausschlaggebende Rolle spielen."

„Da hast du schon recht, Geigele", stimmte Aristos zu, „doch vergiss nicht, dass die Erde hauptsächlich eine Schule und Prüfungsstätte ist. Zum Prüfen gehören aber Versuchungen und Probleme aller Art, die jeder mit sich selbst abzumachen und zu lösen hat, um damit auch seinen eigenen Charakter zu entwickeln und zu schulen."

15. Ein Blick ins höllische Flammenmeer

Man war während dieses Gedankenaustausches ins Freie getreten. Die Gegend war düster und trug einen unfruchtbaren Wüstencharakter. Überall gab es nur Sand und Staub. Das Geröll auf der Erde war verschwunden. Es war eine eintönige, farblose Landschaft und Umgebung. Da kam ihnen ein einzelner Mann entgegen. Er nahm die drei Besucher aus den höheren Sphären merkwürdigerweise gleich wahr; er warf jedoch nur einen Blick auf Aristos, Fred und Geigele und schritt uninteressiert vorbei. Ab und zu sah er sich noch misstrauisch um, ob man ihm etwa folge. Der Mann hatte den Eindruck der Verschüchtertheit und des Misstrauens gemacht. Lange sahen die drei ihm nach, ohne etwas zu sagen, bis Fred kurz bemerkte: „Eine eigentümliche Menschenseele!"

„Damit hast du das richtige Wort gefunden, die Seele zu charakterisieren", stimmte Aristos zu.

„Was hat der Mann wohl auf Erden angestellt, dass er hier in diese Umgebung der höllischen Sphäre versetzt worden ist?"

„Nichts so eigentlich Schlimmes", erläuterte Aristos. „Und er hat auch einen guten Kern, der sich durch seine von ihm selbst auf Erden um sich geschaffene Hülle des Misstrauens nur noch nicht hat durchkämpfen können. Glaubt nicht, dass in der Hölle nur Verbrecher sind. Es weilen dort auch Menschen, die sich derartig in engbeschränkte Eigenwelten hineingearbeitet – um nicht zu sagen hineinversetzt – haben, dass solche nur von ihnen selbst gesprengt werden können. Solange das nicht geschieht, wandeln derartige Menschenseelen in eben eintönigen, wüstenartigen zustandsmäßigen Vorstellungswelten hier im Jenseits herum, wie ihr es habt wahrnehmen können."

„Ja, aber was ist es denn nun eigentlich gewesen, was den Mann eine solche engbegrenzte Eigenwelt um sich hatte aufbauen lassen?"

„Das ist manchmal sehr schwer zu erklären. Meistens ist es durch eine gewisse Charakterveranlagung bedingt, die zur Absonderung geneigt macht. Damit bildet sich auch eine eigene Beurteilungswelt heraus. Durch solche freiwillig gewählte Absonderung wird man mit der Zeit überempfindlich und unsicher in der Beurteilung der Mit- und Umwelt, was nur noch zu verstärkter Absonderung geneigt macht, um sich keinen Unannehmlichkeiten durch andere auszusetzen. Schließlich wird man, ohne es so eigentlich zu merken, zu einem Wesen, das glaubt, nur die eigene Auffassung und gemachten Erfahrungen seien das ausschlaggebende und richtige Moment auf der Welt. Wenn solche Personen sich vor ihrem irdischen Ableben nicht ändern, haben sie im Jenseits oft für lange Zeit nichts als ihre abgesonderte und abgesperrte Eigenwelt um sich, die sich hier entsprechungsmäßig als Öde ausdrückt. Dabei sind solche Menschen manchmal sehr wertvolle Persönlichkeiten. Sie können freigebig und hilfsbereit sein, doch wenn dann diejenigen, denen sie geholfen haben, nicht genauso handeln, wie es sich ein solcher Freigebiger in seiner Eigenwelt gedacht hat, so fühlt sich dieser innerlich verletzt und nur noch bestärkt in seiner Annahme, dass seine entwickelte Eigenwelt des Sichabschließens eben doch einzig und allein nur die beste ist."

„Du sagtest, Aristos, dass sich unter solchen Menschen auch Persönlichkeiten befinden mögen, die freigebig und hilfsbereit sind, also doch ein gutes Herz haben. Wo bleibt denn da bei solchen die jenseitige Belohnung für die erwähnten guten Eigenschaften, wenn sie in derartig öden Gegenden wie hier herumwandern müssen. Sie verdienten doch wirklich nicht, in solche höllischen Verhältnisse versetzt zu werden!"

„Sie haben sich doch aber selbst hineinversetzt und sind nicht versetzt worden", bemerkte hierzu Aristos. „Sie werden ja auch von keinerlei anderen Leiden der hiesigen höllischen Umgebung betroffen, als eben nur von der von ihnen selbst verschuldeten Isolierung. Sobald sie auch nur leise beginnen, ihre irrige Auffassung zu begreifen und zugänglich werden für Ratschläge irgendeines der vielen Helfer, denen sie hier dauernd begegnen, ändert sich auch das Zustandsmäßige und sie kommen in andere Regionen, wo sie den Segen ihrer geleisteten Hilfe und Freigebigkeit ernten werden."

„Danach verwischen sich eigentlich die Zustände an den Grenzen zwischen Höllischem und Himmlischem?"

„Ja und Nein! Ja, aber nur insofern, als in den höllischen Verhältnissen auch Seelen verstorbener Menschen für bestimmte Zeit verweilen mögen, die gemäß den in ihnen vorhandenen guten Eigenschaften eigentlich in eine zustandsmäßige Umgebung gehören, die als himmlisch angesprochen werden kann."

Nach einer Weile des Weiterwanderns änderte sich die Gegend auf einmal wieder. Sie wurde geradezu furchterregend durch die tiefen Erdspalten, die sich überall zeigten. Auch war fernes Donnerrollen zu vernehmen. Der Himmel wurde fahlhell erleuchtet und war mit unheimlich aussehenden Unwetterwolken bedeckt, aus denen Blitze zuckten wie bei irdischem Wetterleuchten. Der Horizont bestand aus schroffen vegetationslosen Felsgeraden, von denen von Zeit zu Zeit große Felsen abbröckelten und in die tiefen Spalten donnerten. Nach einer Weile hörte man sie wie auf dem Grund der Erdspalte aufschlagen, wobei gleichzeitig eine helle Glutflamme emporzüngelte und aus der Tiefe herzzerreißende Schreie vernehmbar wurden.

Geigele wurde furchtsam. Auch Fred fühlte sich nicht so recht wohl. Aristos merkte es, ging aber doch noch ein Stückchen weiter, bis er vor einer breiten Erdspalte stand, aus der rote Flammen hochschlugen. Er winkte Geigele und Fred zu sich und wies stumm mit dem Finger nach unten.

Was sich dort zeigte, war furchtbar anzusehen und kaum zu beschreiben. Geigele schrie auf und zuckte zurück. Fred fing sie in seinen Armen auf und hielt sie fest.

Plötzlich wurden das Blitzezucken, das Donnerrollen und die entsetzlichen Schreie aus der Tiefe immer lauter und lauter, während gleichzeitig grellrote Flammen aus der Tiefe fast bis zu den Füßen der drei Beobachtenden heraufzüngelten.

„Öffnet nur ruhig eure Augen und werft einen Blick in die Tiefe eines – und noch durchaus nicht so sehr schlimmen – Teiles der wirklichen Hölle. Tut das – besonders du, Geigele, damit du darüber in deinem somnambulen irdischen Körperschlaf berichten kannst, was ja zum Besten der noch lebenden Menschen aufgezeichnet wird! Was siehst du, Geigele?"

„O nein, o nein, bitte, ich kann nicht mehr hinabsehen. Es ist zu furchtbar, zu entsetzlich!"

„Und doch, Geigele, du musst es tun! Es ist deine Aufgabe. Deswegen führe ich dich mit deinem Fred hier herum. Nun beschreibe, damit alles durch das Sprechen deines im somnambulen Schlaf befindlichen Körpers dem Aufzeichner neben deinem Krankenlager auf Erden vernehmbar werden kann."

Nach einer Weile öffnete Geigele ihre Augen und, obgleich noch immer mit dem Ausdruck des Entsetzens, begann sie zu beschreiben: „Was ich wahrnehme, ist ein riesiges Meer von Flammen, in dem sich Gestalten in furchtbaren Qualen wälzen. Ihre Körper sind voll eiternder Brandwunden. Sie versuchen zu entfliehen, können aber nirgends heraus aus der Erdspalte, da die aus nacktem Fels bestehenden Seitenwände der Erdspalte keine Möglichkeit zum Hochklettern bieten. Ab und zu sehe ich, wie von oben her ein Blitz durch das Flammenmeer züngelt, der den einen oder anderen trifft, der aufschreiend zusammenbricht, sich noch wie in den entsetzlichsten Qualen herumwälzt und dann wie tot liegen bleibt; merkwürdigerweise verbrennt der Körper aber nicht. Andere wieder scheinen geistesgestört zu sein und keine Schmerzen mehr zu empfinden. Ihre Körper zeigen auch keine Brandspuren. Sie schreiten ruhig durch die Flammen und schweben aufwärts bis zur Kante der Erdspalte. Manche werden darüber hinausgeworfen und eilen davon – wohin, weiß ich nicht. Aber die Schreie von unten her sind ja entsetzlich. Bitte, bitte lasst uns von der Erdspalte zurücktreten."

Aristos kam nun dem Wunsch nach und alle drei setzten sich auf einige Felsblöcke, die vom Abgrund der Erdspalte schon weit genug entfernt waren, um die Schmerzensschreie und Hilferufe von unten herauf nur noch wie aus weiter Ferne zu vernehmen.

Geigele schien ganz erschöpft zu sein und das Bewusstsein zu verlieren. Fred sah Aristos fragend an. Dieser winkte beruhigend zurück und bald erholte sich Geigele auch wieder, wurde kräftiger und schien gesammelt zu sein.

„Nun habt ihr einen Einblick in das eigentliche Höllische der Hölle tun können. Glaubst du jetzt noch, Fred, dass es in der Hölle eigentlich gar nicht so furchtbar ist?", fragte Aristos lächelnd.

„Was ich nun zu sehen bekommen habe, genügt mir vollkommen, um zu wünschen, nie in die Hölle hinabsteigen zu müssen. Doch, lieber Aristos, sag mal, war das wirkliches Feuer, was wir da unten sahen? Wohl fühlte ich manchmal eine heiße Luft um mich wehen, wenn die Flammen hochschlugen, doch die Menschenseelen mitten drinnen in den Flammen verbrannten doch nicht?"

„Eine solche oder ähnliche Frage hatte ich erwartet. Nun, hört zu: Was ihr jetzt als Abschluss eures Besuches im Bereiche des Höllischen zu sehen bekommen habt, war wie so manches andere hier im Jenseits für euch als Besucher aus anderen Sphären lediglich Entsprechungsmäßiges. Es handelt sich also um eine euch wahrnehmbare

Erscheinung von Seelen Verstorbener, die gemäß ihren durch ihr Leben und ihre Taten auf Erden gestalteten Eigenwelten hier ihr örtlich Zustandsmäßiges in ihrem Erlebnisbewusstsein durchmachen. Für diese sind das, was ihr saht, leider aber nicht nur Erscheinungswahrnehmungen – wie bei euch – sondern allerbitterste Wirklichkeiten mit tatsächlichem Schmerz der Seele. Ihr wisst ja auch, wie manchmal auf Erden ein Schuldbewusstsein wie ein inneres Feuer auf eure Seele wirken kann. Nun seht, dieses innere Feuer der Eigenwelt plagt die, deren Leiden ihr gesehen habt. Die Flammen, die hochzüngelten, waren für euch als aus anderen Sphären Kommende lediglich Entsprechungserscheinungen der furchtbaren inneren Qualen der Verdammten, die ihr gesehen habt. Doch sie wurden nicht etwa von Gott verdammt, sondern haben sich ganz allein selbst verdammt in die Verhältnisse hinein, die naturgemäß gegeben und seelisch vorhanden sind für alle, die auf Erden so gelebt haben, dass derartige Verhältnisse der Eigenerkenntnis ihrer Eigenwelten entsprechen. Daher ist in Wirklichkeit jeder sein eigener Richter nach seinem jeweiligen Leben. Gott hat freilich die jeweiligen Bedingungen für die Wirkungen von Handlungsweisen für die gegenwärtige Schöpfung durch Seine Macht festgelegt, doch Gott selbst wirft keine Seele in irgendeine solche Bedingung hinein; das besorgen die schlechten Menschen von selbst. Gott selbst ist und bleibt aber auch für die Allerbedauernswertesten immer weiter lediglich die ewige Liebe, die keinen, aber auch wirklich keinen einzigen Menschen verloren gehen lässt, wenn immer sich ein solcher an Ihn um Gnade wendet."

Es trat eine längere Pause ein, die schließlich von Geigele unterbrochen wurde mit dem Ausruf: „O Du guter Gott, wie liebevoll bist Du doch zu jedem Deiner Geschöpfe! Solcher allumfassenden Liebe ist nur Gott allein fähig!"

„Nun lasst uns zurückgehen", forderte Aristos die beiden auf.

Damit erhoben sich alle drei, und da Fred und Geigele noch immer unter dem Eindruck des Erlebten standen, so achteten sie nicht, wohin sie eigentlich gingen. Sie setzten wie automatisch einfach ein Bein vor das andere, folgten Aristos nach und gingen und gingen, bis ihnen auf einmal die Umgebung auffiel. Es war hell um sie geworden, und statt Felsen, Sand und Vegetationslosigkeit schritten sie über einen Grasteppich, der voller lieblicher Blumen war. Das bot so einen Kontrast zu der bisherigen Gegend, dass Geigele vor Überraschung stehen blieb und wie fragend zu Aristos blickte, als wollte sie näheren Aufschluss haben. Und der wurde ihr auch zuteil.

„Du wunderst dich, liebes Geigele, wo du auf einmal bist. Nun, wir haben die Örtlichkeiten der höllischen Zustandsmäßigkeit verlassen und befinden uns augenblicklich auf einer Art von neutralem Gebiet zwischen den örtlichen Zustandsmäßigkeiten des Höllischen und Himmlischen."

„Danach wären wir also im ‚Fegefeuer'?", warf Fred, wie fragend, ein.

„Das Fegefeuer ist insofern kein direkt Zustandsmäßiges, dass es klar dargelegte örtliche Zustandsmäßigkeiten ausdrücken würde. Aber das hier vorhandene und von euch wahrgenommene Charakteristische mag eurem Verständnis vielleicht am leichtesten eben als das Fegefeuer begreiflich sein. Hier gibt es für Seelen, die sich aufhalten, keine Leidenschaften irgendwelcher Art, also weder Hass noch Neid, aber auch keine hervorstechenden Anwandlungen von selbstloser Nächstenliebe. Man lebt hier einfach dahin ohne Leiden, aber auch ohne besondere Freuden, wenn auch innerlich neutral zufrieden. Hier ist es auch, wo die meisten Seelen hinkommen, wenn sie aus irgendeinem zustandsmäßigen Örtlichkeitsverhältnis durch dortiges ‚scheinbares' Sterben heraus sind, wie bei den Gefallenen in der Geisterschlacht und bei allen den anderen, deren scheinbares ‚Sterben' ihr bei euren Erlebnissen in den höllischen Gebieten beobachten konntet. Hier erleben solche anscheinend ‚Toten', das heißt Seelen, deren Erlebnisbewusstsein aus ihrer bisherigen Umgebung herausgehoben ist, jene Ruhe, die sie schließlich wieder ‚erwachen' lässt, um langsam zu der örtlichen Zustandsmäßigkeit hinabzugleiten, wo sie die nächstfällige unharmonische Eigenschaft ihres Charakters überwinden lernen müssen. Manchmal kommt es auch vor, dass eine solche Seele eine Art von Ferien im Reinigen von Schlacken der Leidenschaft erhält und vorübergehend in bessere örtliche Zustandsmöglichkeiten hinaufgleitet; erst später braucht sie dann den Rest der unharmonischen Eigenschaft ihres Charakters in wieder mehr höllisch anmutenden örtlichen Zustandsmäßigkeiten auszuleben. Vergesst nicht, ihr Menschen auf Erden könnt ein vollkommenes Bild von hiesigen Verhältnissen und Gesetzmäßigkeiten nie erhalten, da hier Faktoren in Wirksamkeit treten, die euch auf Erden gänzlich unbekannt sind! Daher kommt es auch, dass jeder Seher, jedes echte Medium das Jenseits immer wieder anders schildern wird. Dieses ist einmal auf die verschiedenartigen Lebensauffassungen der Seher und Medien zurückzuführen und dann auch auf den jeweiligen Stärkegrad der medialen Kraft. Aber es ist ja auch gar nicht nötig, dass ihr auf Erden alles voll zu verstehen braucht. Die Hauptsache ist, ihr erhaltet durch die Schilderungen von Erlebnissen von Sehern und Medien im Jenseits einen Einblick in das Zustandsmäßige eures niemals vergehenden Erlebnisbewusstseins nach dem irdischen Ableben."

Nach einer Weile fortfahrend, erläuterte Aristos auch die sich ständig verbessernde und liebreizender werdende örtliche Zustandsmäßigkeit der nun durchschrittenen Umgebung.

„Nun, liebes Geigele und Fred haben wir unsere Wanderung durch das höllisch Zustandsmäßige der Seelen von nicht einwandfrei gelebten Menschen beendet. Geigele mag jetzt wieder in ihren Körper zurückkehren. Sie soll erst wieder etwas mehr irdische Lebenskraft gewinnen. Daher werden wir für eine Weile keine weiteren Wanderungen unternehmen, sondern diese, wenn sie auch von jetzt an in bessere örtliche, nämlich in himmlische Zustandsverhältnisse führen werden, auf einige Monate unterbrechen. Und du, Geigele, wirst während dieser Zeit in deinem irdischen Körper so kräftig werden, dass alle glauben mögen, du wärst irdisch vollkommen gesundet, denn man hält ja deinen somnambulen Zustand im Allgemeinen für etwas Krankhaftes. Darum lasst uns vorläufig scheiden, bis wir uns wieder begegnen, um hübschere und angenehmere Wanderungen zu unternehmen."

Damit schwand Geigele plötzlich das Erlebnisbewusstsein und Aristos wie Fred lösten sich vor ihr scheinbar in Nichts auf.

16. Vorübergehend wieder in dieser Welt

Als Geigele diesmal zum irdischen Bewusstsein erwachte, war sie ganz anders als sonst, wenn sie sich aus ihrem somnambulen Schlaf erholte.

> Man vergesse nicht, dass sich alles, was Aristos, Fred und Geigele auf ihren oben beschriebenen Wanderungen

durch das höllische Zustandsmäßige erlebten, nicht so einfach hintereinander abspielte. Für alle diese Erlebnisse war es viele Male notwendig gewesen, dass Geigele in somnambulen Schlaf verfiel und daraus wieder erwachte. Und während manchem somnambulen Schlaf sah und berichtete Geigele auch immer nur Teile von einem hier in sich zusammenhängend beschriebenen Erlebnis. Wie schon vor Beginn der Berichterstattung über Geigeles Erlebnisse redaktionell bemerkt wurde, sind hier alle Erlebnisse als wie hintereinander durchgemacht geschildert, da es die Leser sonst gelangweilt hätte, immer wieder zu lesen: „Geigele fällt wieder in somnambulen Schlaf!" usw.
Anmerkung von Felix Schmidt.

Beim diesmaligen Erwachen war Geigele nun ganz frisch, verlangte sofort etwas zu essen und zu trinken, richtete sich schnell in ihrem Bett hoch und machte den Eindruck einer von schwerer Krankheit gänzlich genesenen Person. Sie sprach kräftig und versuchte sogar, mit den um ihr Bett sitzenden Personen, nämlich Dr. Lehmann, der alles aufzeichnete, mit ihrer Mutter und mit Herrn McCook zu scherzen.

Geigele begann sich auffallend schnell zu erholen. Zwei Tage nach ihrem diesmaligen Erwachen konnte sie schon den ganzen Tag auf sein. Sie war so frisch, dass sie ihrer Mutter in allem zur Hand ging.

Diese freute sich natürlich darüber und auch McCook nahm Anteil an Geigeles schneller Genesung.

Ab und zu sprach Dr. Lehmann vor. Er vermied es aber, über die während Geigeles somnambulen Schlaf gemachten Aufzeichnungen zu sprechen, und Geigele selbst zeigte merkwürdigerweise auch keinerlei Interesse für das, was alles aufgezeichnet worden war. Sie schien voller irdischem Lebensinteresse zu sein, machte jetzt häufig erst kürzere, später längere Spaziergänge durch die Stadt und auch in die unmittelbare Umgebung, wo unter anderem von den deutschen Einwanderern, als sie noch einen vorherrschenden Einfluss in Waterville hatten, eine Art von Sommerlokal mit anschließendem Parkgelände geschaffen worden war. Das alles war aber mit dem Nachlassen des deutschen Vereinslebens stark vernachlässigt worden, zumal niemand angestellt wurde, das Gelände zu verwalten und in Ordnung zu halten. Das Waldgelände wies nur noch Spuren von Wegen auf, die in hügeliges Gelände übergingen. Dorthin wurde Geigele manchmal auch von ihrer Mutter begleitet, der die frische Luft ebenfalls gut tat. Herr McCook drängte beide Frauen sogar zu den Spaziergängen, weil sie seiner Ansicht nach gesundheitsfördernd für beide waren.

Von ihren Geschwistern hatte Geigele nicht viel gehört. Nur ihre Schwester Margarete, die glücklich verheiratet war, sprach ab und zu mal vor, um sie und Mutter zu besuchen. Ihr ältester Bruder Georg war Schaffner auf dem Küstenexpress zwischen Chicago und Seattle und hatte seine Dienstroute schon mehrmals geändert bekommen, so dass er nicht bloß die Strecke von Chicago bis zu den Zwillingsstädten Minneapolis und St. Paul befuhr, sondern manchmal auch zwischen diesen Städten und weiter westlich, ja einige Male sogar bis nach Seattle, Washington, hin. Zur Zeit war seine Dienstroute aber wieder zwischen Chicago und St. Paul, und so konnte er manchmal nach Waterville kommen, um sich zu erkundigen, wie es Geigele und seiner Mutter ging, und ob sie etwa irgendwelche finanzielle Unterstützung benötigten, was jedoch nicht nötig war, da Herr McCook für beide Frauen sorgte, die seinen Haushalt führten. Von Joseph, der mit seinem Freund Rudi nach Chicago durchgebrannt, und von Magdalena, die ebenfalls in der ‚Windigen Stadt am Michigansee' verschwunden war, hörte man nichts mehr. Nur Philipp war noch immer in Waterville und hatte sich vom Streckenarbeiter bis zum Vormann bei der Bahn hochgearbeitet, bei der sein Bruder Georg als Schaffner angestellt war.

So vergingen einige Wochen völlig ereignislos. Eines Tages sprach jedoch Georg in Waterville vor und teilte seiner Mutter und Geigele mit, dass er sich verheiraten würde und schon ein Heim in Minneapolis eingerichtet hätte, das er mit seiner Braut beziehen würde, sobald sie getraut wären. Die Hochzeit sei auf Samstag in zwei Wochen festgesetzt. Herr McCook stellte Georg sein großes Haus zur Abhaltung der Hochzeit zur Verfügung, doch Georg erklärte, dass die Eltern seiner Braut, die schwedischer Herkunft sei, wenn auch in Amerika geboren, die Hochzeit arrangieren würden. Er, Georg, wollte nur Mutter, Geigele, seinen Bruder Philipp und auch Herrn McCook zur Hochzeit einladen. Herr McCook lehnte jedoch dankend ab, da er seit dem Tode seines Sohnes und seiner Frau kein Interesse mehr für weltliche Feiern hatte. Und seine Mutter bat ebenfalls, von der Teilnahme entschuldigt zu werden, da sie ja für Herrn McCook sorgen müsse; dieser aber wehrte mit dem Bemerken ab, dass er doch kein Kind wäre und schon mal einige Tage ohne Geigeles Mutter würde auskommen können. Aber sowohl diese wie auch Herr McCook drängten darauf, dass Geigele nach Minneapolis zur Hochzeit fahren sollte. Ihr Bruder Philipp, der sowieso einen Freifahrtschein von der Bahnlinie, an der er angestellt war, erhielt, würde sie gewiss begleiten.

Geigele wehrte sich anfangs gegen die Reise nach Minneapolis, gab aber schließlich dem Drängen ihrer Mutter und Herrn McCooks nach und fuhr mit ihrem Bruder Philipp zusammen dorthin.

Es war das erste Mal, dass Geigele seit ihrer frühesten Kindheit – als die ganze Familie von Dakota nach Waterville übersiedelte – wieder mal mit der Bahn fuhr. Sie fand Gefallen daran, zumal ihr Philipp die verschiedenen Gegenden am oberen Mississippi erklärte.

Die Braut Georgs war eine hübsche Blondine von bescheidenem Wesen und großer Herzlichkeit, so dass sich Geigele recht heimisch im Heim ihrer Eltern fühlen konnte, wo sie eingeladen war, als Gast zu bleiben, während Philipp in ein billiges Hotel ging.

Man war am Donnerstagnachmittag von Waterville abgefahren und am Abend in Minneapolis eingetroffen. Am nächsten Tag lud Sonja – so war der Name von Georgs Braut – und ihr Bruder Friedjof Geigele zu einer Spazierfahrt im Auto durch die Außenbezirke von Minneapolis, durch den Minnehahapark und in das Gelände um Fort Snelling herum ein, von wo sich ein entzückender Blick über das breite, hügelige Mississippital nach Süden hin bot.

Das war Geigeles erste Fahrt in einem Auto. Da es Frühsommer war und die große Wärme noch nicht eingesetzt hatte – in dieser nördlichen Gegend variiert zwischen Winter und Sommer die Temperatur manchmal zwischen 30 bis 35 Grad Kälte und 30 Grad Hitze und mehr – boten die Außenbezirke von Minneapolis, die sogenannten Wohndistrikte, einen entzückenden Anblick mit ihren wohlgepflegten Rasenflächen vor den Häusern und ihren vielen Blumen um die Hausveranden herum. Außerdem waren die Straßen geradezu peinlich sauber gehalten, eine Erscheinung, die im Nordwesten überall zu finden ist, wo entweder deutsche oder skandinavische, besonders aber schwedische Aussiedler sich niedergelassen haben.

Während der weltlichen Hochzeitsfeier im Heim der Eltern von Sonja fühlte sich Geigele ein wenig verlassen, obgleich die Gastgeber und deren geladene Gäste es wirklich nicht an Herzlichkeit fehlen ließen. Auch Friedjof, Sonjas Bruder, bemühte sich um Geigele, an der er großes Gefallen gefunden zu haben schien. Doch in Geigeles Natur lag es nicht, sich in großer Gesellschaft heimisch zu fühlen, was wohl einerseits auf ihre tiefe seelische Veranlagung, andererseits aber vielleicht auch auf das ständige Alleinsein mit ihrer Mutter und nur wenigen Bekannten zurückzuführen war.

Geigele war daher froh, als alles vorüber war und sie wieder nach Waterville zurückreisen konnte. Sie fuhr ohne Philipp zurück, denn dieser hatte unter den schwedischen Hochzeitsteilnehmern mehrere Freunde gefunden, und außerdem hatte er noch einige Tage Urlaub. Doch da Georg und Sonja ihre Flitterwochen in Chicago verleben wollten, brauchte Geigele bis Waterville trotzdem nicht allein zu fahren. Dort wurde sie von ihrer Mutter und Herrn McCook abgeholt. Während des kurzen Aufenthalts auf dem dortigen Bahnhof stellte Georg noch schnell den beiden seine junge Frau vor. Seine Mutter fand sofort Gefallen an Sonja, die auch wirklich von unwiderstehlicher Herzlichkeit war.

Zwei ruhige Wochen waren seit Geigeles Rückkehr aus Minneapolis verflossen, als zur Überraschung aller plötzlich ein Auto vor Herrn McCooks Haus vorfuhr und zwei stattliche Männer an der Haustür klingelten.

Mutter Schreiber war gerade nahe der Tür und öffnete. Sie sah die beiden Besucher befremdet an. Doch da sie ihre Brille nicht auf hatte, war sie nicht sicher. Der eine junge Mann streckte ihr jedoch lächelnd mit den Worten die Hände entgegen: „Na, Mutter, du willst doch nicht etwa deinen Sohn Joseph von der Tür fortweisen."

„Ja, freilich, du bist ja der Joseph!", kam es da über Mutter Schreibers Lippen. „Komm nur rein. Ich meine natürlich, kommt nur rein!", verbesserte sie sich schnell, als Josephs Begleiter draußen bleiben wollte.

Beide Besucher wurden ins Wohnzimmer gebeten, wo Herr McCook gerade die Zeitung las. Geigele war in der Küche beschäftigt, kam aber auf das Rufen ihrer Mutter hin ins Zimmer. Sie erkannte Joseph sofort, und sie war es auch, die dessen Begleiter ebenfalls erkannte, den Joseph im allgemeinen Durcheinander des Willkommens bis jetzt vorzustellen vergessen hatte.

„Und Sie sind Josephs Freund Rudi!" Mit diesen Worten streckte sie Josephs Begleiter ebenfalls die Hand entgegen.

Dieser verneigte sich schweigend als Bestätigung von Geigeles Vermutung.

Die beiden Besucher brauchten sich über die Herzlichkeit des Empfanges und die dabei erwiesene Gastlichkeit im Heim von Herrn McCook nicht zu beklagen. Während Rudi zurückhaltend war, tauschten Joseph, seine Mutter und Geigele Erinnerungen über Erinnerungen aus. —

Man vermied zu fragen, was die beiden unerwarteten Besucher eigentlich so plötzlich nach Waterville gebracht hatte und was überhaupt ihre Beschäftigung war. Herr McCook, Geigele und ihre Mutter wollten taktvoll warten, bis diese selbst darüber sprechen würden.

„Bist du schon bei Vaters Grab gewesen?", fragte schließlich Josephs Mutter ihren Sohn.

„Nein, noch nicht, doch wir wollen das noch tun! Ebenso Rudi! Es ist ja schließlich recht lange her, dass wir in Waterville waren. Besonders Rudi empfindet etwas Gewissensbisse darüber, dass er sich nie um seines Vaters Grab gekümmert hat, zumal es uns doch seit einigen Jahren finanziell gut geht."

„Ja, die Zeiten sind für das Geschäftsleben eigentlich ganz gut geblieben, obgleich man gleich nach Kriegsschluss eine Art von Depression befürchtet hatte", warf Herr McCook ein — so nebenbei nur, um etwas mitzusprechen.

„Ganz gut, sagen Sie, Herr McCook", antwortete darauf Rudi lachend und Joseph zublinzelnd. „Ich möchte fast sagen: Sie sind einfach glänzend. Für uns beide wenigstens!"

„Dann müssen Sie allerdings in einer besonders gut prosperierenden Geschäftsbranche tätig sein", warf McCook ein.

„Sind wir auch, nicht wahr, Joseph?", erwiderte Rudi, Joseph abermals zublinzelnd.

Dieses kurze Erwähnen der Beschäftigung von Rudi und Joseph legte sich wie eine leichte Ernüchterung auf die Herzlichkeit des Besuchs. Die Gastgeber hatten das Gefühl, dass es bei den beiden Besuchern eine eigene Bewandtnis mit ihrem Berufsleben haben müsste. Natürlich vermieden sie es im weiteren Verlauf der Unterhaltung, noch irgendwie dieses Thema zu berühren. Und da sowohl Rudi wie Joseph überraschende Gewandtheit im Führen einer Unterhaltung zeigten, so verwischte sich der unangenehme Eindruck auch bald wieder.

Nur Geigele hatte das Gefühl, dass beide Besucher einen Beruf ausübten, bei dem es etwas für die Allgemeinheit zu verschweigen gab. Sie wusste nicht, was das sein konnte, zumal sie ja weltfremd war.

Im Verlauf der Unterhaltung – beide Besucher mussten zum Abendessen bleiben und waren auch zum Übernachten eingeladen worden, was sie aber ablehnten, da sie angeblich noch jemanden sehen mussten und sich dann ein Zimmer im Hotel nehmen würden – kam man auch auf die Zeitverhältnisse im Allgemeinen und auf die Missstände der Prohibition zu sprechen, die sich damals zu einem nationalen Skandal auszuwachsen schienen und jenes Gangstertum schuf, das in Großstädten richtige Konkurrenzschlachten mit Gewehren, Revolvern und Maschinengewehren führte, bis schließlich die Bundesbehörde einschritt und zur Bekämpfung des Gangstertums das „Federal Bureau of Investigation" – „FBI" – schuf, das dann nach jahrelangen schweren Kämpfen endlich dem Gangstertum der Prohibitionszeit für immer ein Ende bereitete.

Bei der Unterhaltung über die in den Großstädten – namentlich auch in Chicago – diesbezüglich herrschenden Zustände waren Rudi und Joseph geradezu auffallend gut orientiert, so dass es sich Herr McCook nicht versagen konnte zu bemerken: „Meine Herren, Sie sind ja über die Chicagoer Verhältnisse fast besser orientiert als die Chicagoer Polizei selbst nach den in den Chicagoer Zeitungen veröffentlichten Berichten."

„Vergessen Sie nicht, Herr McCook", bemerkte hierzu Rudi, „dass die Polizei in Chicago zahlenmäßig zu gering ist, um das ganze gewaltige Stadtgebiet so zu schützen, wie es unter den bestehenden Umständen geschützt werden müsste. Doch, was können wir dagegen machen? Nichts! Darum lasst uns das Thema wechseln."

Das tat man auch, und so verlief der weitere Verlauf des Besuches harmonisch und zufriedenstellend.

Als sich die Besucher entfernt hatten, bemerkte beim Abräumen des Geschirrs Mutter Schreiber: „Ich weiß nicht, da stimmt etwas nicht bei den beiden. Ich weiß aber nicht, was es ist. Was denkst du, Geigele?"

„Ich denke wie du, liebe Mutter, sehe aber nicht klar, was es sein könnte."

Als Geigele mit dem Geschirr in die Küche gegangen war – sie hatte ihre Mutter gebeten, ihr das Abwaschen zu überlassen – und Mutter Schreiber mit einer Stickarbeit neben Herrn McCook Platz genommen hatte, stellte sie an ihn, als er gerade mit Durchlesen eines Teiles der Zeitung fertig war, die Frage: „Was denken Sie, Herr McCook, was mit den beiden jungen Männern los ist und was vor allem ihre Beschäftigung sein mag?"

„Das ist schwer zu sagen", antwortete Herr McCook zögernd. „Wir können ja nichts beweisen und nachweisen. Ihre umfassenden Kenntnisse der gegenwärtigen Verhältnisse in Chicago erscheinen mir aber dafür zu sprechen, dass beide im Schwarzhandel mit Alkohol tätig sind."

Mutter Schreiber senkte ihre Arbeit; sie war tödlich erschrocken.

„Na, na!", beruhigte Herr McCook, „da ist nichts zu erschrecken. Hunderte von Menschen sind infolge des unsinnigen Prohibitionsgesetzes zur Zeit mit dem Bierschwarzhandel beschäftigt, ohne deswegen Verbrecher und Gangster zu sein. Bisher ist den beiden ja anscheinend auch noch nichts geschehen. Daher werden sie sich wohl gerade nicht die gefährlichste Seite des Schwarzhandels ausgesucht haben."

Mutter Schreiber sagte ihrer Tochter nichts von diesem Gespräch mit Herrn McCook, doch Geigele wurde wieder mehr in sich gekehrt und grübelte anscheinend dauernd über etwas, was sie nicht verstehen und begreifen konnte.

Einige Wochen später – es war gerade sehr heiß draußen – klagte sie abends wieder mal über große Müdigkeit und Schwäche. Mutter Schreiber wurde besorgt und rief auf Anraten von Herrn McCook Dr. Lehmann, der nach längerer Untersuchung ein Nervenberuhigungsmittel verschrieb und am nächsten Tage wiederzukommen versprach.

Herr McCook begleitete Dr. Lehmann zur Tür und fragte ihn: „Ist es etwas Ernsthaftes mit Geigele, Herr Doktor?"

„Nein, das gerade nicht", antwortete Dr. Lehmann gedehnt, wie überlegend. „Fast scheint es mir so, als ob die somnambulen Anfälle sich so langsam wieder einstellen würden, die wohl nur unterbrochen wurden, um Geigeles Konstitution zu kräftigen. Doch etwas ganz Bestimmtes kann ich noch nicht darüber sagen."

In den nächsten drei Wochen wechselte das Befinden Geigeles dauernd zwischen Tagen, an denen sie sich besser und leichter fühlte, und solchen, an denen sie recht kraftlos erschien. Aber ihr Schlafbedürfnis nahm ständig zu.

Eines Abends, als Geigele schon eingeschlafen zu sein schien, sprach sie plötzlich laut vernehmbar vor sich hin. Mutter Schreiber eilte sofort an ihr Bett. Geigele saß dort aufgerichtet mit geschlossenen Augen und schien sich, wie früher, wieder mit jemandem zu unterhalten. Sie lauschte anscheinend auf das, was ihr irgendjemand sagte. Dann sank sie erschöpft auf ihr Lager zurück, wachte aber bald auf, ergriff, als sie ihre Mutter neben sich sah, deren Hand und bat sie: „Liebe Mutter, kannst du vielleicht Dr. Lehmann fragen, ob er wieder ab und zu an mein Bett kommen und Aufzeichnungen machen könnte? Ich habe eben mit meinem Führer gesprochen, der mir sagte, dass ich mich genügend erholt hätte, um die Wanderung durchs Jenseits fortsetzen zu können."

„Ich werde Dr. Lehmann benachrichtigen", versicherte Mutter Schreiber. „Hoffentlich hat er genügend Zeit."

„Sorge dich darum nicht. Mein Führer sagte mir, dass meine Wanderungen nur vor sich gehen würden, wenn Dr. Lehmann Zeit hätte, an mein Bett zu kommen. Wie mir der Führer sagte, hätte Dr. Lehmann zur Zeit sowieso nicht viel zu tun und könnte alle seine Patienten den Tag über besuchen. Die Führungen würden wiederum meistens in den Abendstunden bis in die Nacht hinein erfolgen."

Als Mutter Schreiber Dr. Lehmann nach seinem nächsten Krankenbesuch – Geigele lag nun meistens fast immer im tiefen Schlaf – mitteilte, was Geigele sie zu fragen beauftragt hatte, war dieser sofort bereit, wieder Aufzeichnungen zu machen.

„Ich hatte ein nochmaliges Auftreten der somnambulen Erscheinungen Geigeles sowieso längst erwartet."

Dr. Lehmann kam nun fast jeden Abend zu Herrn McCook zu Besuch. Man wartete auf die ersten Anzeichen von neuen Mitteilungen über somnambule Wanderungen von Geigele. Doch es kam zu solchen durchaus nicht gleich. Dr. Lehmann hatte aber Bleistift und genügend Schreibpapier nebst Unterlage zum Schreiben stets neben sich bereit, wenn er im Haus von McCook war.

Endlich, an einem Samstagabend, hörten die drei Wartenden aus Geigeles Schlafzimmer laut vernehmlich: „Mein Führer und auch Fred sind bei mir und bitten dich, lieber Doktor, wenn du Zeit hast, herzukommen und aufzuzeichnen, was ich dir im Schlafe mitteile."

17. Auf dem Vorplatz zum Himmel

> Auch die nun folgenden somnambulen Wanderungen sind ebenfalls wieder, genau wie die vorangegangenen, so berichtet, also als ob sie nicht unterbrochen worden wären. In Wirklichkeit konnten ja die Aufzeichnungen nur in Intervallen gemacht werden, da Geigele dazwischen immer wieder in ihren irdischen Körper zurückkehrte. Jedes Mal, wenn sie dann wieder in den somnambulen Schlaf versank, setzte sie aber genau an derselben Stelle ihre Berichte fort, wo sie vorher abgebrochen hatte. Die Unterbrechungen mit Bemerkungen, wie: „Geigele erwacht und unterbricht den Bericht" würde die somnambulen Wanderungen jedoch zu schleppend in der Wiedergabe erscheinen lassen.
>
> Anmerkung von Felix Schmidt

Als Geigele erneut in ihren somnambulen Tiefschlaf verfiel und sie sich neben ihrem Fred und dem Leitführer Aristos stehen sah, kam es ihr so vor, als ob sie endlich wieder daheim wäre, das heißt dort, wohin ihr Herz inniglichst verlangte und wo sie eigentlich nur glücklich sein konnte.

Als sie sich das erste Mal in dem somnambulen Zustand ihrer Existenz bewusst wurde und sowohl Fred wie auch Aristos sah, befand man sich auf einer entzückenden taufrischen Wiese, die hell erleuchtet war. Die Blumen prangten in allen Farben und strömten einen betäubenden Duft aus. Darunter waren Blumen, die Geigele noch nie vorher gesehen hatte, obschon es nur einfache, schlichte Feldblumen waren.

Die Beleuchtung war eigenartig und hob alles überaus plastisch klar und deutlich von den Umgrenzungen ab, die durch die Entfernungen neben und zueinander gegeben waren. Woher die Beleuchtung kam, war Geigele nicht klar; sie sah sich fragend um. Fred lächelte, doch Aristos bemerkte: „Du wirst hier noch ganz andere Lichteffekte zu sehen bekommen, die du dir nicht zu erklären vermagst, da du ja gewöhnt bist, Beleuchtung nur durch die Sonne, den Mond, die Gestirne und durch künstliches Licht feststellen zu können. Nun, hier ist es anders, hier kommt die Beleuchtung von innen heraus. Wie das geschieht, kann ich dir nur so ungefähr verständlich machen. Wenn du zum Beispiel einmal über irgendetwas lange nachgegrübelt hast und es wird dir auf einmal klar, ist es dir dann nicht gewesen, als ob du alles, was mit dem Problem zusammenhängt, wie von Helligkeit durchdrungen wahrnimmst? Nun, so ähnlich ist es mit der Helligkeit hier. Sie strahlt vom inneren Bewusstseinsempfinden aller aus, die im Schein solcher Helligkeit existieren, oder anders, und damit vielleicht klarer ausgedrückt, jede Örtlichkeit von etwas Sündenlosem besitzt eine eigene innere Erlebnisleuchtkraft, die durch diejenigen bedingt ist, deren seelische Zustandsmäßigkeit eben in der entsprechend erleuchteten Örtlichkeit zum Ausdruck kommt. Hast du das verstanden?"

Geigele schüttelte verneinend den Kopf; diese Erklärung war über ihr Begriffsvermögen hinausgegangen. Aristos lächelte über ihr ehrliches Eingeständnis und tröstete: „Sei unbesorgt! Je länger wir nun wieder zusammensein und in je herrlichere Gegenden wir eindringen werden, desto verständlicher wird dir allmählich das werden, was ich dir eben begreiflich machen wollte. Doch selbst Fred, der nun schon längere Zeit hier weilt, ist manchmal ganz verwirrt über den hellen Schein und die herrlichen Farben, ohne die Lichtquelle irgendwo am Firmament zu finden. Nimm deswegen vorläufig nur mal das, was du an Helligkeit wahrnimmst, eben als einfach bestehend hin. Doch nun lasst uns unsere Wanderungen durch bessere Gefilde als während deiner letzten somnambulen Erlebnisse antreten, damit Dr. Lehmann, der wieder neben deinem Bett sitzt und Aufzeichnungen von all dem macht, was du berichtest, ebenfalls die Erfahrungen, die wir jetzt erleben werden, zum Besten für die Nachwelt aufzeichnen kann. Lasst uns gehen!"

Alle drei schritten nun vorwärts! Es war so eigentlich kein Gehen, sondern, wie es Geigele vorkam, mehr ein Schweben irgendwelcher Art, doch man kam dabei vorwärts. Es war eine allerliebliche Hügellandschaft, durch die man schritt oder schwebte. Das Vorwärtskommen musste jedoch wohl eine Form von Gehen sein; denn beim Zurückblicken sah Geigele die sechs Fußspuren im niedergetretenen Gras, aber auch, wie sich weiter nach hinten zu das niedergetretene Gras und die dabei mit umgeknickten Stengel der Blumen schon wieder erhoben hatten.

Da neigte sich die Wiese vor ihnen in eine Talmulde hinab, wo sich zwischen Bäumen mit frischem Gras und neben einem sprudelnden Bach mit kristallklarem Wasser ein merkwürdiger Platz befand. Er bestand aus einer großen, weiten Unterkunftshalle mit einer breiten offenen Veranda, auf der Liegestühle herumstanden. Außerdem waren auf dem frischen Rasen Tische und Stühle aufgestellt, die zum Ruhen und Rasten einluden. Überall sah man Menschen entweder auf den Liegestühlen herumliegen oder an den Tischen sitzen oder in Gruppen zusammenstehen. Alle schienen in sehr zufriedener Stimmung zu sein. Ein älterer, vornehm aussehender Mann bewegte sich unter ihnen und tauschte mit den Besuchern Grüße und Bemerkungen aus.

Aristos, Fred und Geigele gingen auf den Platz zu und setzten sich an einen leeren Tisch. Auf einmal spürte Geigele Durst nach einem erfrischenden Getränk.

Kaum hatten sie Platz genommen, als sich ihnen der ältere, freundliche Mann näherte, jedem Einzelnen seine Hand zur Begrüßung reichte und fragte: „Nun, meine Lieben, was kann ich für euch tun?"

„Gib uns bitte etwas zum Trinken", antwortete im Namen aller drei Aristos.

Der anscheinende Besitzer des Platzes sah sich um, wie scheinbar zu einer Küche hin, und im selben Augenblick stand auch schon ein Glas mit einem sprudelnden, kristallklaren Getränk vor ihnen, das, wie Geigele herausfand, ganz großartig schmeckte, obgleich sie aus dem Geschmack nicht anders klug werden konnte, als dass das Getränk eben sehr gut und erfrischend war. Sie fühlte sich gestärkt und wandte sich im Flüsterton an Aristos: „Glaubst du, dass es unbescheiden wäre, wenn ich um noch ein Glas des herrlich erfrischenden Getränkes bitten würde?"

Doch anstatt des gefragten Aristos antwortete lächelnd der nette Besitzer: „Keineswegs! Trinke nur so viel du willst und Verlangen hast. Hier ist alles frei und steht allen zur Verfügung. Doch bitte, entschuldigt mich. Ich sehe, da kommen Neuankömmlinge, die noch nicht Bescheid zu wissen scheinen."

Damit verneigte er sich und ging den Neuankömmlingen entgegen.

Geigele sah Aristos mit einem Blick an, der die Frage nach einer Erklärung enthielt. Aristos verstand und kam dem Verlangen nach: „Ihr seid hier an einer Stätte, die lediglich durch den Herzenswunsch des Besitzers geschaffen worden ist – des älteren, vornehmen und freundlichen Mannes. Dieser war auf Erden ein ganz einfacher Mann, besaß aber eine sehr anständige Gesinnung und war stets von tiefstem Mitleid für diejenigen durchdrungen, die keine Angehörigen und Freunde hatten und eigentlich so recht auch kein Heim ihr Eigen nennen konnten. Er gelobte sich immer, wenn er einmal reich sein würde, ein Heim für solche Menschen zu schaffen. Nun, im Erdenleben wurde er nie reich und nahm seinen auf Erden unerfüllt gebliebenen Wunsch nach seinem irdischen Ableben mit ins große Jenseits. Und hier konnte er zu seiner Freude alles das verwirklichen, was sein Herzenswunsch auf Erden gewesen war. Diese seine Herberge steht allen zur Verfügung, die sie finden."

„Wird sie von vielen gefunden?", fragte interessiert Geigele.

„Von sehr vielen, die sich auf dem Entwicklungsweg nach oben befinden. Fast niemals bleibt aber jemand lange hier. Es ist also nur eine Art von Durchgangsstation für bessere Seelen Verstorbener."

„Stellen sich nicht manchmal auch Störenfriede ein? Was tut der nette, freundliche Herr dann?"

„Nein, das kommt hier nicht vor, denn in dieser Seinsherrlichkeit kann kein Störenfried existieren, ja, er würde sogar dieser Örtlichkeit nicht einmal ansichtig werden."

„Und was ist die Zukunft des lieben, freundlichen Herrn, der das alles zum Besten anderer geschaffen hat?"

„Er wird, wenn ihm einmal das, was er jetzt so voller Lust und Liebe tut, über wird – und das geschieht auch in den himmlischen Regionen, sonst gäbe es ja keine Weiterentwicklung – direkt in die höchsten Regionen des Himmels eingehen, welche die Bezeichnung: ‚Liebehimmel' führen. Er ist ganz dafür geeignet. Ihm liegt nichts an Anerkennung oder Glanz. Er will nur aus Herzensbedürfnis helfen, und das ist das Fundament des allerhöchsten Teils des Himmels, des sogenannten ‚Liebehimmels'."

„Wie lange wird er diese – nennen wir es – Herberge noch fortsetzen, ehe er in den Liebehimmel eingehen wird?", fragte Geigele weiter.

„Das hängt ganz von der Stärke seines Herzenswunsches in dieser Beziehung ab. Doch er verliert ja nichts in der Ewigkeit. Im Gegenteil, er sammelt auch hier immer noch höhere Seligkeitswerte für seinen späteren Aufenthalt im Liebehimmel, je länger er hier seinem irdischen Herzenswunsch Spielraum gibt", klärte Aristos auf.

Da Geigele nach dem zweiten Glas nun keinen weiteren Durst

mehr verspürte, standen alle drei auf und verließen den Platz, wobei sie dem freundlichen Gastgeber mit der Hand ein Lebewohl zuwinkten.

Man schritt weiter. Die Gegend wurde immer heller und heiterer. Doch im Hintergrund erhob sich eine hohe Gebirgswand, deren Gipfel tief unter Schnee vergraben lagen. Es ging jetzt bergauf, bis man auf eine Art von Alm kam. Dort befand sich ein ähnlicher Platz wie der war, den man eben verlassen hatte, aber in einem viel größeren Ausmaß.

Er war wie ein Sommer-Vergnügungsplatz, wo jeder nur Erholung suchte. Unter einem dichten Dach von Laubbäumen befand sich eine große geräumige Halle mit Tischen, an denen Besucher saßen, erfrischende Getränke zu sich nahmen, Gebäck aßen und sich unterhielten. An einer anderen Stelle wieder befand sich unter den Bäumen ein Tummelplatz für Kinder mit Schaukeln, ein Platz zum Buddeln im Sand und ein Platz zum Reigenspiel; überall herrschte Frohsinn und Heiterkeit. Jeder versuchte den anderen an Freundlichkeit und Rücksicht zu überbieten. Doch das Allerüberraschendste und Interessanteste war eine Kleinbahn, die jedermann frei benutzen durfte und die ihn hinauf in die Alpenwelt der unter dem Schnee vergrabenen Gipfel brachte.

Nachdem Aristos, Fred und Geigele das ganze Gelände durchschritten hatten und von der Heiterkeit, Freundlichkeit und gegenseitigen Rücksichtnahme tief beeindruckt waren, forderte Aristos Fred und Geigele auf, mit ihm die Kleinbahn zu besteigen und eine Fahrt in die Hochgebirgswelt zu unternehmen. Zwei sich gegenüber befindende Sitzreihen waren noch frei, und so stieg man ein. Es waren lange, vierachsige Eisenbahnwagen mit offenen Seiten. Gegen das Hinausfallen war man durch eine niedrige Tür und zwei Ketten, die übereinander gelegt waren, gesichert.

Gleich nachdem Aristos, Fred und Geigele eingestiegen waren, fuhr der Zug ab. Zunächst ging es an einem steilen Abhang entlang, aus dem das Bahnbett herausgehauen war. Es ging höher und höher. Überall war eine Flut von Licht. Manchmal kamen Wolken, durch die der Zug hindurch fuhr, so dass es sich ausnahm, als ob er einfach auf den Wolkenbänken dahinschwebte. Es war ein ruhiges Fahren mit angenehmem leichten Schaukeln. Außerdem hörte man eine sanfte, einschmeichelnde Musik, die von irgendwoher zu kommen schien. Ab und zu brach die Wolkenbank auf, und man sah vor sich im hellsten, aber nicht unangenehm scharfen Licht die Berggipfel vor sich liegen, auf die der Zug zustrebte. Da immer wieder Wolkenbänke durchfahren werden mussten, merkte man gar nicht, wie der Zug über abgrundtiefe Schluchten auf Brückengestellen hinwegfuhr. Endlich schien man am Ziel angelangt zu sein. Der Zug hielt neben einer Plattform auf einem Hochplateau, das tief unter dem Schnee begraben war. Merkwürdigerweise war es aber nicht kalt, sondern angenehm mild, und doch schmolz der Schnee nicht. Rechts von der Plattform, die man beim Aussteigen aus dem Zug betrat, befand sich eine Art von Fahrstuhl zum Gipfel des höchsten Berges. Geräuschlos ging es aufwärts. Oben war wieder eine Plattform, umrahmt von einem starken Geländer. Von dort bot sich ein unbeschreiblich herrlicher Blick in das Tal unter ihnen.

Überall lag heller Glanz auf der Landschaft. Der reine Schnee schimmerte wohl, tat aber dem Auge nicht weh, trotz allem Lichterglanz. Und weiter unten im Tal sah man das Gelände des Sommer-Vergnügungsplatzes, von dem die Eisenbahnfahrt ausgegangen war. Und noch weiter unten in einer Talmulde befand sich die Herberge, bei der man zuerst eingekehrt war. Und merkwürdigerweise war immer alles, was einem in der Landschaft auffiel, sofort so nahegerückt, dass man es – auch aus dieser weiten Entfernung – deutlich wie durch ein scharfes Fernglas erkennen konnte.

Es war hier oben nicht kalt, obgleich sich ein Gletscher abwärts senkte. Die Luft schien voller Balsam zu sein, und man hatte das Gefühl, als ob man auf eine wunderbare Weise gestärkt und gekräftigt würde. Die Landschaft unter ihnen war so entzückend und einzigartig, dass sich Geigele kaum davon losreißen konnte.

Endlich hatte sie aber doch genug und bat, dass man wieder talabwärts fahren möge. Man sah unten, am Fuß des eigentlichen Gipfels, den Zug zur Rückfahrt bereitstehen, mit dem man von unten, vom Park her, heraufgefahren war.

Aristos bemerkte jedoch auf Geigeles Wunsch: „Eine Rückfahrt ist nicht nötig. Sieh dich um!"

Und zur größten Überraschung befand man sich wieder auf der blumendurchwirkten Wiese, auf der man war, ehe man die erste Herberge erreicht hatte. Geigele war verwirrt.

Aristos klärte über alles folgendermaßen auf: „Ich hatte dich ganz und gar in die Wesenheiten und somit auch Zustandsmäßigkeiten und Örtlichkeiten von zwei edlen Menschenseelen hineinversetzt, damit du deren Glückseligkeit über das, was durch ihre Herzenswünsche hier geschaffen wurde, miterleben konntest. Doch das ist sozusagen nur die Einführung zu dem, was du noch zu sehen und zu beobachten bekommen wirst."

Geigele schwieg eine Weile, um das eben Gehörte erst richtig zu erfassen. Dann fragte sie wie nachdenklich: „Sag mal, Aristos, wie kommt es, dass wir auch hier im Jenseits unsere modernen irdischen Erfindungen haben, wie beispielsweise die Eisenbahn?"

„Das ist doch nichts so Überraschendes, liebes Geigele", klärte Aristos freundlichst auf. „Alles, was auf Erden erfunden und entdeckt wird, geht in das Erlebnisempfinden jedes irdischen Menschen als Erfahrung ein. Eisenbahnen gibt es bei euch doch schon lange genug, so dass jedermann ganz selbstverständlich damit vertraut ist. Wenn er nun hier in seine Eigenwelt eingeht, so ist darin natürlich auch das vorhanden, woran er bei irdischen Lebzeiten gewöhnt war, wie im vorliegendem Fall die Eisenbahn."

Geigele schwieg. Sie schien noch über etwas anderes zu grübeln.

Aristos beobachtete sie lächelnd und half ihr mit den Worten: „Nun, Geigele, was quält dich jetzt wieder?"

„Oh, so mancherlei", seufzte sie.

„Was zum Beispiel", ermunterte Aristos.

„Sieh, Aristos", begann Geigele ihren Führer nun eingehender zu befragen, „wie ist es denn dann um Erfindungen und Entdeckungen früherer Zeiten bestellt? Sind diese auch hier im Jenseits irgendwo noch vorhanden?"

„Natürlich", wurde die Fragestellerin beruhigt.

„Doch wo sind sie denn?", fragte Geigele weiter.

„Dort, wo sie hingehören", antwortete Aristos, „nämlich in die Zustandswelten derer, die lange vor euch da waren, die euch jetzt aber nicht verstehen würden und ihr sie nicht, weil ihr eben in ganz verschiedenen Zeitepochen gelebt habt."

„Wäre es nicht möglich, hier im großen Jenseits mit einer Seele eines früheren Zeitabschnittes derart in Verbindung zu treten, dass man Auskunft über solche frühere Epochen erhalten könnte?"

„Das ginge schon", versicherte Aristos, „doch die Bewohner früherer Epochen, die in ihrer Entfaltung hier im großen Jenseits immer weiter fortschreiten – von ihrem damaligen irdischen Erlebnisstandpunkt aus – werden kaum Verlangen haben, euch als Angehörige einer späteren Generation der irdischen Entwicklung zu empfangen und euch in all das einzuweihen, was diese ehemaligen Wesenheiten eines früheren irdischen Entwicklungsabschnittes alles dachten, sich vorstellten und erlebten. Ihr könntet sie auch wohl kaum richtig verstehen, weil euer Denken heute eben mit anderen Aufgaben beschäftigt ist, als es diejenigen waren, die in früheren Epochen die Aufmerksamkeit der damaligen Menschheit völlig in Anspruch nahmen. Das Denken und Forschen der Menschheit früherer Zeitabschnitte galt anderen Gebieten als wie es bei euch heute der Fall ist. Doch das Beste ist, ich versetze euch einmal in die Seinswelt von Menschen – sagen wir – der Zeitepoche der Pharaonen im alten Ägypten."

Und schon änderte sich auch die ganze Umgebung und nahm das Aussehen einer Art von Wüstenlandschaft an mit einstöckigen, hausartigen Bauten und einer Bevölkerung, die orientalisch anmutete. Es schien aber überall Zufriedenheit zu herrschen. Man begegnete sich freundlich. Die Trachten waren seltsam und drückten anscheinend verschiedene Stände und soziale Stellungen aus. Im Hintergrund sah man eine halb vollendete Pyramide. Man nahm wahr, wie es dort von Menschen wimmelte, die aber durchaus nicht vergrämt und verbittert aussahen. Jeder war beschäftigt, hatte Werkzeuge beziehungsweise Baugeräte in der Hand und schien zu wissen, was er zu tun hatte. Abseits stand eine Gruppe von Männern über große Papyrusrollen gebeugt, die auf einem flachen Tisch ausgebreitet lagen. Sie studierten die Rollen und sahen dann immer wieder zu der Pyramide hin, wo merkwürdige Hebebäume und Flaschenzüge von Menschen bedient wurden. Es war nicht möglich festzustellen, welcher Kräfte man sich zum Betrieb der Hebebäume und Flaschenzüge bediente, doch hoben diese, von Menschen durch Hebelwerke in Tätigkeit gesetzt, ungeheure Steinlasten hoch, die sie dann oben auf der zur Hälfte fertigen Pyramide absetzten, wo sie von dort befindlichen Arbeitskräften mit Mörtel befestigt wurden.

Nachdem Aristos, Geigele und Fred diesen Arbeiten eine Weile zugeschaut hatten, mischte sich diesmal Fred mit der Frage ins Gespräch: „Das soll doch nicht etwa heißen, dass die Bewohner Ägyptens seit der Zeit, als die Pyramiden gebaut wurden, noch immer nicht damit fertig sind."

„Das hast du gut gesagt, lieber Fred", lächelte Aristos. „Was hier zu sehen ist, stellt die Erscheinlichkeit der Ebene einer der Hauptepochen des alten Ägyptens dar, so wie sie eurem Verständnis am nächsten kommt. Wir wollen uns nicht dabei aufhalten, ob und wann die Menschen hier die Pyramide fertigstellten, sondern wir wollen sehen, wie sich die geistigen Errungenschaften der damaligen Zeit in den Zustandsmäßigkeiten der Erscheinlichkeit jener Epoche bei weiterer Entwicklung und fernerem Fortschritt auswirken."

Damit änderte sich das Bild vor ihnen. Man sah plötzlich Riesenbauten von phantastischen Ausmaßen in einem gänzlich unbekannten Baustil. Dazwischen zogen sich Straßenzüge hin, in denen sich zufrieden aussehende Menschen tummelten. Überall war Helle und reiche Farbenpracht feststellbar.

Fred und Geigele sahen sich diese Erscheinlichkeit überrascht an, sagten aber nichts weiter, sondern warteten, bis Aristos die Erklärung gab, die folgendermaßen lautete: „Ich kann euch hier nur ein Beispiel vom jenseitigen Fortschreiten einer starken menschlichen Entwicklungsepoche vorführen. Doch jede solche Epoche hat ihren eigenen Fortbestand, je stärker sie wirkte, je länger sie ihren Stempel aufdrückte und je mehr Menschen sie in ihren Bann ziehen konnte. Was ihr jetzt hier seht, ist das Zustandsmäßige der Pyramidenepoche der alten Ägypter, in jenseitiger Weiterentwicklung begriffen, womit gleichzeitig ein wirkliches Örtlichkeitsverhältnis geschaffen wurde, das sich in hiesig-jenseitigen Raum- und Zeitverhältnissen nach logischen Empfindungsoktaven der Menschenseelen jener Epochen weiter auswirkt."

„Ich kann das nicht so recht verstehen", gestand Geigele ehrlich ein.

„Das glaube ich gern", beruhigte Aristos. „Doch vergiss nicht, Geigele, dass du alles, was du hier erlebst, nicht zu deinem Vergnügen erlebst, sondern um Dr. Lehmann, der neben deinem im somnambulen Schlaf befindlichen irdischen Körper sitzt und schreibt, eine Gelegenheit zu geben, das aufzuzeichnen, was du hier wahrnimmst und in deinem somnambulen Schlaf erzählst. Was ist dir denn in dem von mir Gesagten besonders schwer verständlich?"

„Im Grund genommen, eigentlich alles ein bisschen, besonders aber deine Mitteilung, dass es auch im Jenseits einen Zeitbegriff geben soll. Das ist mir am unverständlichsten. Wir auf Erden haben doch nur den Zeitbegriff durch den Lauf von Sonne, Mond und Erde durch das Weltall, aber hier sehe ich keine Gestirne, sondern nur einen hellen Lichtschein, der alles klar abhebt, von dem aber nirgends feststellbar ist, wo er herkommt. Wodurch wird dann die Zeit im Jenseits bestimmt?"

„Nun, Geigele, das ist eine sehr richtige und vernünftige Frage von dir. Doch um dir das Problem wenigstens einigermaßen klarzumachen, muss ich etwas ausholen. Höre deswegen genau zu! Du sagtest ganz richtig, dass euer irdischer Zeitbegriff durch den Umlauf der Gestirne um die Sonne verursacht wird, also letzten Endes durch Bewegung; jede Handlung ist aber Bewegung. Wenn wir also im Jenseits – im Zustandsmäßigen unseres Erlebnisbewusstseins nach dem Scheiden aus dem Irdischen – noch ‚erleben' wollen, so setzt solches ‚Erleben' Bewegung voraus. Je nach dem Impuls unseres Erlebens ist das Maß der Bewegung festgelegt, das unseren jenseitigen Zeitbegriff bestimmt, der demnach im Jenseits durchaus nicht der gleiche für alle Menschen ist, sondern immer nur für im Tempo des Erlebens gleichgerichtete Massen oder Gruppen, ja manchmal sogar nur für Einzelindividuen. Zum Erleben, was Bewegung erfordert, gehört auch noch Raumvorstellung. Solche ist jedem Erlebnisbewusstsein eines Menschen ewig eigen. Da Raum an sich unendlich ist, aber begrenzt werden kann – nämlich durch Vorstellungsverhältnisse – so besitzt im Jenseits jedes individuelle Erlebnisbewusstsein nicht nur seinen eigenen Zeit-, sondern auch seinen eigenen Raumbegriff, womit gleichzeitig jedem Individuum die Macht verliehen ist, im großen Jenseits, wenn das Leidenschaftliche seiner Seele abgeklungen ist, Eigenschöpfungen mit seinem eigenen ‚zustandsmäßigen' Zeit- und Raumbegriff vorzunehmen. Konntest du folgen, liebes Geigele?"

„Nicht ganz", gestand die Gefragte ehrlich ein.

„Das tut nichts", fuhr Aristos unbeirrt fort. „Dr. Lehmann zeichnet ja alles auf, und so mag das hier Mitgeteilte noch einmal vielen Hunderten von Lesern zu Gesicht kommen, die darüber nachdenken werden, wodurch möglicherweise mancher Leser, der kurz vor seinem geistigen Erwachen steht, eine große innere Erweckung und Offenbarung erfahren mag. Doch ich will euch hier nicht so lange aufhalten, da wir noch ungeheuer viel kennen lernen wollen. Also zurück zu der euch augenblicklich wahrnehmbaren Erscheinlichkeit einer Zeitepoche aus der Pharaonenzeit des alten Ägyptens im dauernden Entwicklungsfortschritt des Erlebnismäßigen der Menschen jener Epoche, die äußerst kräftig war und sehr viele Menschen in ihren Bann schlug. Was ihr jetzt in scheinbar so phantastischen Ausmaßen seht, stellt – wie schon erwähnt – ein wirkliches Ortsverhältnis für die Menschen jener im Jenseits sich weiter entwickelten

Epoche dar. Und hier muss ich euch eine weitere Eröffnung machen, die euch ganz neu sein wird. Alles, was auf Erden gedacht, erfunden und entdeckt wird, ist irgendwo in der unendlichen Schöpfung als Wirklichkeit, als Örtlichkeit, schon vorhanden. Kein Mensch kann überhaupt etwas denken, erfinden und entdecken, was nicht schon da ist. Tief im Inneren des Erlebnisbewusstseins eines jeden Menschen liegt ein genaues Bild von allem verborgen, was in der Schöpfung vorhanden ist. Jeder Ton in der Musik, jeder in Stein gemeißelte Gedanke, jede Erfindung, jede phantastische Beschreibung ist also in Wirklichkeit nichts Neues, sondern irgendwo im großen Jenseits – oder besser – in Gottes endloser Schöpfung bereits vorhanden. Jeder Künstler, Erfinder und Entdecker ist daher eigentlich nichts weiter als jemand, in dessen innerst verborgenem kosmischem Erlebnisbewusstsein plötzlich auf dem Gebiet, dem er sich nun gerade widmet, eine schon im Kosmos vorhandene Wirklichkeit ins irdische Tagesbewusstsein tritt. Jenseitige, fortgeschrittene Menschenseelen sind es oftmals, die das Eintreten von latent im Erlebnisbewusstsein ruhenden kosmischen Verhältnissen in das Tagesbewusstsein ermöglichen und dazu verhelfen. Daher ist das, was ihr hier als dauernden jenseitigen Entwicklungsfortschritt einer Epoche aus der Pharaonenzeit seht, auch in der Schöpfung als Örtlichkeit, und nicht bloß als Erscheinlichkeit vorhanden. Mit der Zeit gehen anfängliche, lediglich zustandsmäßige Erscheinlichkeiten, in die dementsprechend im Kosmos vorhandenen Verhältnisse als Örtlichkeit ein und beginnen damit in gewisser Beziehung zu verkrusten, das heißt, Teil der betreffenden Örtlichkeit selbst zu werden und verändern, beziehungsweise ‚verbessern' sie."

„Und was wird aus den Menschenseelen solcher Epochen? Bleiben sie ewig gerade nur in der Entwicklungsfortschrittsoktave einer solchen Epoche und können niemals mehr wahrnehmen, dass es auch noch andere Entwicklungen und Entfaltungen gibt, gegeben hat und immer noch weiter geben wird?", fragte Fred.

„Auch dieser Einwurf ist sehr gut! Die Menschenseele jeder Entwicklungsepoche, auch wenn schon im Fortschritt so weit begriffen, dass sie in das dementsprechend im Kosmos vorhandene Örtliche eingegangen ist, hat jederzeit Gelegenheit, sich aus irgendeiner Epoche heraus zu befreien. Gelegenheit dafür gibt es im großen Jenseits genug. Dauernd wechseln Helfer von Erscheinungsebenen zu Erscheinungsebenen über. Wer will, kann aus seiner Epochenerscheinungswelt heraus. Erst dann ist es für eine Menschenseele möglich, auch andere Epochen zu übersehen und sich bewusst zu werden, dass Fortschritt und Entwicklung nichts weiter sind als Erlebnisse des Seins im Erlebnisbewusstsein menschlicher Seelen und des darinnen befindlichen menschlichen individuellen Geistes. Das alles ist für euch beide, Fred und Geigele, so schwer verständlich, weil ihr in euren Erlebnisbewusstseinszuständen noch dimensional beschränkt seid. Jedes ewig fortlebende menschliche Individualbewusstsein – nebst Seele als jenseitigem Körper – denkt, empfindet und nimmt aber wahr – erlebt also – alles in vielseitiger Dimensionalität, was euch vielleicht am klarsten damit gemacht werden kann, dass hier jeder fortgeschrittene Geist alles vieldimensional, gleichzeitig aber auch als Einheit, erlebt. Wenn er beispielsweise eine Blume vor sich sieht, kann er sie jeden Augenblick als Samen, als kleines Pflänzchen, als voll erblühte Blume und als verwelkten Stengel in sich erfahren. Er erfasst also alles Erlebte gleichzeitig in Vergangenheit, Gegenwart und Zukunft, das heißt in einem Zeitbegriff zusammen, der seinem Vorstellungsrhythmus entspricht und von ihm als Blume Erlebtes in seinem Raumbegriffverhältnis begrenzt wahrnimmt. Doch, lasst uns weitergehen! Ich denke, wir haben uns hier lange genug aufgehalten."

„Halt, noch eine Frage, lieber Aristos", warf Fred ein. „Ehe wir weiterwandern – wenn man den Ausdruck ‚Wandern' für unser Erleben hier anwenden darf –, könntest du uns vielleicht sagen, wo der hier wahrgenommene Entwicklungsfortschritt aus der Pharaonenzeit als Örtlichkeit im All der Schöpfung anzutreffen sein mag?"

„Das mag irgendwo im All sein", antwortete Aristos aufklärend. „Doch zerbrecht euch über solche Einzelheiten nicht den Kopf. Das ist unwichtig und ändert auch nichts an der Tatsache, dass es nun einmal so ist, dass alles, was die Menschen je dachten, erfanden und wussten, schon irgendwo im Kosmos als verwirklichte Örtlichkeit vorhanden ist. Nun lasst uns weitergehen."

„Wo geht es jetzt hin?", fragte Geigele neugierig.

„Wir werden uns zuerst hier, wo wir jetzt sind, ein wenig aufhalten und dabei manches Interessante wahrnehmen. Dann besuchen wir den sogenannten Kinderhimmel, den Himmel von Erfindern und Entdeckern, dann den Weisheitshimmel und abschließend den allerhöchsten Himmel, den Liebehimmel. Es ist also eine ziemliche Aufgabe, die wir vor uns haben. Dabei vergesst aber niemals, dass ich euch von all dem, was ich euch erleben lassen werde, immer nur ein paar Beispiele vorführen, das heißt, euch hineinversetzen kann. Jeder der erwähnten Himmel – und noch unzählige andere, von denen auch ich noch keine Ahnung habe, sind in sich und an sich unendlich, also endlos, wie die Schöpfung selbst, obgleich in sich begrenzt."

Damit schritt man vorwärts über eine üppige Wiese voller Blumen, die herrliche Düfte ausströmten. Ab und zu gab es Büsche, die in voller Blüte standen. Die Farben der Blüten waren einfach unbeschreiblich. Jede nur denkbare Farbe war vertreten, doch in solcher Weichheit, dass alle Farben zu einer wahren Farbensymphonie verschmolzen. Dieser Anblick nebst den Düften, die den Blumen und Blüten entströmten, machten die Seele leicht und beschwingt. Man war sich einfach dessen nicht bewusst, dass man vorwärtsschritt. Man schien zu schweben. Manchmal wieder nahm es sich so aus, als ob man einfach still stünde und alles an einem nur vorbeizöge. Doch über allem lag eine in Worten nicht auszudrückende friedliche Ruhe. Dazu kamen noch leise, entzückende Melodien, wie von einem verborgenen Orchester herrührend. Die Melodien waren manchmal so zart, dass man sie wie ein leises Wehen empfand, dann aber wieder lauter. Es kam einem so vor, als ob die Musik und die lieblichen Melodien einfach über die Landschaft hingehaucht würden.

Geigele blieb entzückt stehen. Man fühlte, man war in einer anderen Seinssphäre, die mit nichts auf Erden hinsichtlich Feinheit, Zartheit und Emporschwingen vergleichbar war. Es war, als ob der ganze Mensch, das heißt, die Seele mit dem Geist zusammen, in einem Ozean von Glückseligkeit dahinwoge.

Fred und Aristos waren auch stehen geblieben. Als man sich zum Weitergehen entschloss, kam eine geschmackvoll gekleidete Dame auf sie zu. Sie nickte ernst, aber freundlich.

Gerade, als man vorbeigehen wollte, besann sie sich und sprach die drei Wanderer an, sich dabei besonders an Geigele wendend: „Entschuldigen Sie bitte meine scheinbare Aufdringlichkeit, doch mir kommt es so vor, als ob Sie, Fräulein, gerade erst von der Erde kämen. Vielleicht könnten Sie mir Auskunft geben."

„Gern, wenn ich dazu in der Lage bin", erklärte sich Geigele bereit.

„Aus welcher Gegend kommen Sie von der Erde?"

„Aus dem Grenzgebiet der Staaten Minnesota und Wisconsin in den Vereinigten Staaten von Nordamerika."

„O wie glücklich bin ich, jemanden gerade aus diesen Staaten hier zu treffen. Ich habe mit meinem lieben Mann die letzten Jahre in New Ulm in Minnesota gelebt. Dort ging ich dann infolge einer schweren Krankheit von der Erde. Haben Sie vielleicht zufällig einmal etwas von meinem lieben Mann gehört – natürlich, es müsste ein Zufall sein – oder etwas von ihm in den Zeitungen gelesen?"

„Wie ist denn der Name Ihres Mannes?"

„Ripley."

„Nein", entgegnete Geigele nachdenklich. „Ich habe niemals etwas von einem Herrn Ripley gesehen oder gehört."

„Das ist doch merkwürdig, warum ich niemals etwas über oder von ihm hören kann. Nun treffe ich erfreulicherweise jemanden aus derselben Gegend meines irdischen Lebenswandels, und auch jetzt wird mir nicht geholfen. Doch ich danke Ihnen herzlich, Fräulein, und bitte, sind Sie mir nicht böse wegen meiner Aufdringlichkeit."

Damit verneigte sie sich vor Geigele und auch vor deren Begleitern und entfernte sich gedankenvoll.

Geigele und Fred sahen Aristos an und warteten auf eine Erklärung.

„Die Frau hat während ihres Lebens sehr an ihrem Mann gehangen. Er war ihre Jugendliebe gewesen, und beide passten auch in jeder Beziehung sehr gut zueinander. Nur in einem stimmte man nicht überein, was jedoch kein Hindernis für ihr irdisches, glückliches Eheleben bildete. Sie war von Natur aus fromm veranlagt und empfand Religion mit ihrem Herzen, während ihr Mann kein Verständnis für Religion hatte, sonst aber ein feiner Charakter und voller Mitleid und Mitgefühl für jedermann war. Sie sorgt sich um ihn, weil sie glaubt, ihr Mann wird jetzt ganz in den Unglauben verfallen, seit sie nicht mehr um ihn ist."

„Somit gibt es also auch im Himmel nicht völlig ungetrübtes Glück."

„Ja und nein! Ja, insofern als manche Seele, die reif für den Himmel ist, es vorzieht, sozusagen auf dem Vorplatz zum Himmel, wie hier auf dieser herrlichen Wiese, zu bleiben, um auf jemanden zu warten, den die Seele sehr liebte und nicht im Stich lassen möchte. Sie will warten, bis dieser Jemand nach dem irdischen Tode dann auf diesem Vorplatz zum Himmel auftaucht. Dann will die Seele diesen Jemand empfangen und zusammen mit ihm für immer in die ewige Glückseligkeit eingehen."

„Ist der Mann von der Frau, die uns ansprach, noch nicht gestorben?", fragte interessiert Geigele.

„O ja, doch infolge seines Unglaubens – nicht im bösen Sinne, sondern im Sinne seiner Unfähigkeit, ein Fortexistieren nach dem Tode für wahrscheinlich annehmen zu können – befindet er sich noch wie im Nebel auf jener Ebene, die wir früher durchwanderten und die ihr als ‚Fegefeuer' bezeichnet habt."

„Kann die Frau ihrem Mann nicht helfen?"

„Ja, aber es würde dem Mann nicht viel nützen! Während ihres Erdenlebens sprach die Frau immer und immer wieder auf ihren Mann ein, um ihn zu überzeugen, doch vermochte sie es nicht. Sie würde das jetzt auch nicht fertig bekommen. Der Mann muss von jemand anderem aufgeklärt werden, aber derart, dass er es von sich aus erkennt, dass es einen Fortbestand nach dem irdischen Tode gibt, sonst kommt er aus dem Nebelzustand seiner Verwirrung nicht heraus."

„Kann die Frau absolut nichts tun, um ihrem Mann zu helfen?"

„O ja, und sie tut es auch; sie betet viel für ihn. Das wird zur Folge haben, dass er sich bald seines Zustandes bewusst werden wird, und dann wird er seiner Frau hier begegnen, denn auch er hat innerlich große Sehnsucht nach ihr."

„Klärt denn niemand die Frau auf, dass ihr Mann gestorben ist?"

„Warum sollte sie aufgeklärt werden? Sie würde dadurch nur noch beunruhigter werden, und sie würde alles aufbieten, den Tag schneller herbeizuwünschen, an dem er zu ihr eilen kann, als wie es vielleicht zum Besten des Mannes gut wäre. Die Frau leidet hier nicht, und es wird auch nicht mehr lange dauern, und sie ist mit ihm vereint."

Beim Umherschauen sahen Geigele und Fred über die Wiesenhänge verschiedene einzelne Menschen dahinschlendern. Niemand von diesen sah unglücklich aus, doch jeder schien auf irgendetwas zu warten.

„Gibt es denn so viele Seelen im Jenseits, die nicht weiter fortschreiten können oder wollen, weil sie auf andere warten?", fragte erstaunt Geigele.

„O ja", belehrte Aristos. „Doch in den meisten Fällen handelt es sich ja nur um eine Wartezeit, und niemand leidet hier. Es gibt aber auch Fälle, in denen hier Wartende aus schon viel weiter fortgeschrittenen Seinsebenen freiwillig herabgekommen sind, um denen, auf die sie warten, besser helfen zu können. Seht dort, die einsame, überaus hübsche Frau, die in ihrer Erwartung geradezu tragisch anmutet. Sie hat eine ganz eigenartige Geschichte."

„Was ist mit ihr", fragte Geigele neugierig.

„Sie ist eine von jenen Seelen, die weiß, wer ihr ‚zweites Ich' ist, das sich aber noch im irdischen Körper befindet und ein schweres Lebensschicksal auszuleben hat, wobei immer die Gefahr besteht, dass ihr ‚zweites Ich' noch weiter seelisch herabsinken kann, was den Tag ihrer himmlischen Vereinigung noch für unvorstellbare Zeiten in die Zukunft verschieben mag. Da diese Seele hier von der weit, weit fortgeschrittenen Sphäre aus, wo sie zu Recht seelisch beheimatet ist, nicht stark genug die grobmateriellen Dinge beeindrucken kann, ist sie freiwillig hier auf diese Ebene zurückgekommen, die im Vergleich zu ihrer eigentlichen Ebene als noch sehr grob anzusehen ist. Von hier aus wurde ihr einmal auf ihr flehentliches Gebet hin gestattet, auf ihr im irdischen Körper noch lebendes ‚zweites Ich' in dessen Schlaf derart stark einzuwirken, dass das ‚zweite Ich' morgens schweißgebadet und bis ins Innerste erschüttert aufwachte. Die Seele hier war ihrem ‚zweiten Ich' in aller ihrer jetzigen strahlenden Schönheit erschienen und hatte es unter Tränen inniglichst angefleht, sich doch bloß zu ändern, da sie sonst lange, lange nicht vereint werden könnten und sie doch ihn – das ‚zweite Ich' – allein liebe. Das ‚zweite Ich' hatte den hinterlassenen Eindruck für Wochen nicht von sich abschütteln können. Das Erlebnis hatte es nachdenklich gestimmt und erschüttert. Ob dieses höchst eindrucksvolle Erlebnis aber nachhaltende Wirkung haben wird, muss sich erst noch zeigen."

Man schwieg nach dem Gehörten, weil man darüber nachdachte.

Plötzlich nahm man wahr, wie sich die Gegend stärker belebte. Man sah nicht mehr nur Einzelpersonen, sondern auch Gruppen von Männern und Frauen, jede für sich, aber auch Gruppen von Männern und Frauen zusammen herumstehen, sich unterhalten oder durch die entzückende Gegend spazieren gehen.

„Was sind das für Gruppen?", fragte Fred.

„Solche von Gleichgesinnten, die, da sie hier noch auf liebe Angehörige oder Freunde warten, die noch im irdischen Körper weilen, sich durch ihre gleichgerichteten geistigen Bestrebungen zusammengefunden haben."

„Was machen die denn so eigentlich den ganzen Tag über?", fragte Geigele neugierig. „Die müssen die Unterhaltungen doch mal satt bekommen. Essen sie nicht? Schlafen sie nicht? Welche Abwechslung haben sie hier?"

„Na, das waren ja gleich eine Menge Fragen auf einmal, die du da hervorgesprudelt hast. Doch ich will sie dir beantworten", entgegnete Aristos. „Hier in dieser Gegend, das heißt Ebene, gibt es unzählige besonders eigene Erscheinungswelten, ähnlich wie wir sie in der Herberge und beim Ausflug zu dem Berggipfel wahrnahmen. Mit der Zeit lernen die, die du hier siehst, sich mit Leichtigkeit in irgendeine solche Erscheinungswelt erlebnismäßig hineinzuversetzen, und da haben sie Abwechslung und Ablenkung ohne Grenzen. Das Bedürfnis nach Essen und Trinken ist manchmal da; das macht hier aber keine Sorgen. Sobald man sich etwas wünscht, hat man es hier auch. Es ist ja mit solchen Wünschen meistens nur subjektiv Erlebnismäßiges verknüpft. Auch Schlafbedürfnis stellt sich von Zeit zu Zeit ein. Das geschieht dann, wenn es sich um ein Übergehen in eine höhere Ebene handelt. Aber auch sonst kann man dem Schlafbedürfnis nachgeben. Man hat ja hier seine eigenen ‚erlebnismäßig' geschaffenen Heime, die man sich ‚erlebnismäßig' so angenehm wie möglich ausstatten und in die man auch Freunde und Bekannte einladen kann, genau wie es in dem Park war, den wir an der Herberge besuchten. Und wenn du, liebes Geigele, vorher bemerktest, was die hier den ‚ganzen Tag' machen, so siehst du aus meiner Erklärung, dass der ‚Tag' jedes Einzelnen vollauf ausgefüllt ist. Doch vergiss bitte nicht das, was ich euch früher erläuterte. Jeder Zeitbegriff – also auch der eines Tages – ist hier individuell bemessen und begrenzt. Nur beim gemeinschaftlichen Zusammensein verschmilzt dieser Zeitbegriff oftmals zu einer gewissen gemeinschaftlichen Einheitlichkeit, bedingt von der geistig am lebhaftesten tätigen Seele irgendeiner Gruppe, bei der man sich befindet."

„Über was unterhält man sich hier? Geht denn nicht schließlich mal der Unterhaltungsstoff aus?", fragte Fred.

„Lasst uns das selbst herausfinden", ermunterte Aristos, womit er sich einer Gruppe sehr freundlich aussehender Herren näherte und diese mit den Worten ansprach: „Verzeihen Sie, meine Herren, doch meine Freunde hier" – auf Geigele und Fred deutend – „möchten gern wissen, über was Sie sich unterhalten."

„Gern sind wir zur Auskunft bereit, doch glauben wir nicht, dass die beiden Besucher unser Thema interessieren wird. Wir sprechen nämlich hier über neue Ausdrucksrichtungen in künstlerischer Betätigung, so dass jedes irdische Kunstprodukt packender das wiederzugeben vermag, was ein Künstler gern der irdischen Welt darbieten möchte. Meine Freunde hier sind nämlich Künstler – entweder Bildhauer, Maler, Dichter, Komponisten oder Schriftsteller – also wirklich kompetent, über das erwähnte Thema fachmännisch urteilen zu können. Wenn Sie sich an der Unterhaltung beteiligen wollen, so steht dem nichts im Wege; wir hören gern Ihre Ansicht."

„Nein, danke", wehrte Aristos ab. „Meine Begleiter wunderten sich nur, über was man sich alles unterhalten kann."

Damit verneigte man sich voreinander und trennte sich.

Aristos erläuterte, als er wieder mit Geigele und Fred allein war: „Ihr seht, an Gesprächsstoff mangelt es hier also nicht. Und so hat jede Gruppe hier ihre eigenen Interessengemeinschaften. Doch wir wollen uns nicht zu sehr in Einzelheiten verlieren, denn wir haben noch viel kennen zu lernen."

„Nur noch eine Frage, Aristos", schaltete sich Fred ein. „Wäre es zum Beispiel möglich, große Geister hier zu treffen wie Homer, Virgil, Shakespeare oder Goethe und Schiller?"

„Wenn du mit ‚hier' das große Jenseits meinst, dann kann ich deine Frage mit Ja beantworten, doch wenn du mit ‚hier' die jetzige Ebene meinst, dann ist meine Antwort: Nein. Ich glaube, du kannst es dir wohl allein denken, warum das so ist." Fred nickte.

Aristos machte Anstalten, sich zu entfernen, und – wie es diesmal schien – aus dieser ganzen gegenwärtigen Daseinsebene hinaus. Deswegen warf Geigele noch schnell eine Frage ein: „Aristos, wie kommt es, dass niemand hier den Wunsch hegt, nochmals auf die Erde zurückzukehren, wenn manche so sehnsüchtig auf liebe Angehörige warten. Ist es nicht möglich für Seelen, sich nochmals auf Erden zu verkörpern?"

Aristos blieb stehen und antwortete langsam und bedächtig: „Mit dieser Frage hast du ein Gebiet angeschnitten, das allergründlichst zu erklären zu lange dauern würde. Ich will deswegen nur hier beobachtete Fälle behandeln. Bei der Frau, die ihr vorhin traft und die auf ihren Mann so sehnsüchtig wartet, ist von der Vorsehung vorgesehen, dass bei ihr der Wunsch nicht auftaucht, nochmals auf die Erde zurückzukehren, weil ihr Mann sich bereits – allerdings noch woanders – im Jenseits befindet. Die Frauenseele, die um ihr ‚zweites Ich' so schwer trauert, weiß infolge ihres Fortgeschrittenseins, dass sie ihrem ‚zweiten Ich' auf Erden nicht helfen könnte, wenn sie ihm zuliebe nochmals wiederverkörpert würde. Infolge ihres Fortgeschrittenseins würde sie nur einen irdischen Körper von solcher Zartheit erhalten können, dass dieser den irdischen Beschwerden, Hemmungen und Begrenzungen nicht lange standhalten könnte und irdisch bald dahinsiechen würde. Im Großen und Ganzen findet man aber sowieso kein großes Verlangen hier auf dieser Ebene, nochmals als Mensch auf die Erde zurückzukehren. Schon der Gedanke daran lässt manchen erschauern; man weiß ja, dass auf Erden alle zu sterben haben. Die Angehörigen, Freunde und Bekannten müssen also doch alle mal ins Jenseits kommen. Warum sich daher nochmals verkörpern, um ihnen entgegenzukommen. Man kann außerdem von dieser Ebene aus den Lieben, die noch im Fleisch auf Erden wandeln, viel besser helfen durch Beten, durch gedankliches Beeinflussen und auch mit ihnen in deren Träumen zusammensein."

„Dann ist die Lehre von der Wiederverkörperung demnach falsch?", schaltete sich Fred hier ein.

„Durchaus nicht", entgegnete Aristos, „nur macht ihr auf Erden aus allem Möglichen immer gleich feststehende Regeln, und zwar so, wie ihr es euch im irdischen Körper nun einmal nur vorzustellen vermögt, während die Wiederverkörperung durch Bedingungen und Gesetze verursacht ist, von denen ihr nichts ahnen könnt und auch nichts ahnt. Es gibt Reinkarnationen, freiwillige, aber auch unfreiwillige, das heißt solche nur mit Widerwillen, doch von der Erkenntnis bedingt, dass nur das noch der einzige Weg ist, welcher der Seele bleibt, um aus Verhältnissen herauszukommen, in die sie sich im vergangenen Leben aus eigener Schuld tief hineingearbeitet hatte. Wirklich freudig-freiwillige Wiederverkörperungen kommen eigentlich nur bei Seelen vor, die im allerhöchsten, im ‚Liebehimmel', existieren. Dort ist man Gott am nächsten und daher stets ohne Zögern zur Wiederverkörperung bereit, wenn man einsieht, dass man Gott damit direkt dienen kann. Dort im ‚Liebehimmel' sind die wahren ‚Diener Gottes', für die es aus freien Stücken nur einen Wunsch gibt, nämlich den, den Gott gerade hegt. Doch all das hier Mitgeteilte muss mehrmals genau durchdacht werden, um es wirklich innerlich erfassen, verstehen und begreifen zu können. Man denke daher über jeden Satz immer wieder nach, und dann wird man langsam merken, wie einem – gleich als ob aus jenseitiger Welt kommend (was auch vielfach geschieht) – dabei helfende Erkenntnis zuteil wird."

„Nun wollen wir uns hier, ehe wir uns dem ‚Kinderhimmel' zuwenden, noch in einige zustandsmäßige Himmelverhältnisse hineinversetzen, das heißt, sie besuchen. Aus ihnen könnt ihr ersehen, dass es tatsächlich nichts auf Erden gibt, was nicht auch hier im Jenseits im Zustandsmäßigen als Beglückungsumgebung anzutreffen wäre, weil eben alles rein Zustandsmäßige dem innigsten Verlangen, dem Herzenswunsch nach innerlicher Beglückung und Befriedigung, entspricht. Dieses wird allen zuteil, die nicht gerade durch zu leidenschaftliches Leben andere geschädigt oder irgendeine Schuld gegen andere auf sich geladen haben. Nun gebt mal Obacht!"

18. In den individuellen und kollektiven himmlischen Eigenwelten

Auf einmal veränderte sich die Landschaft wieder. Es wurde hügelig, ja sogar stark gebirgig. Obgleich die drei Wanderer nichts von Kälte spürten, fing es an zu schneien und bald wateten sie durch fußtiefen Schnee. An einem Abhang sahen sie eine erleuchtete Schutzhütte, auf deren schrägem Dach eine mehrere Fuß starke Schneedecke ruhte. Doch um die Schutzhütte herum waren gepflasterte Wege, die vollkommen frei von Schnee waren. Der weggeschaufelte Schnee war auf die Böschung geworfen, die daher überall als hohe Schneewand emporragte. Der eventuell noch verbliebene Weg war mit dem Besen gekehrt. Als man sich der Schutzhütte näherte, wurde die Tür geöffnet, und ein großer Bernhardinerhund sprang den Besuchern bellend und wedelnd entgegen. Fred und Geigele, die beide Tiere liebten, streichelten das große Tier, das seiner Freude durch das Lecken ihrer Hände Ausdruck verlieh.

Da kam der Bewohner der Schutzhütte mit vor Freude strahlendem Gesicht und ausgebreiteten Armen den Besuchern entgegen und begrüßte sie mit den Worten: „Willkommen, willkommen! Es ereignet sich nicht oft, dass sich Besucher in meine Region verirren. Die Menschheit auf Erden scheint sehr verweichlicht zu sein, dass sie nicht ein bisschen Kälte und Schnee vertragen kann. Kommen Sie nur herein in die Stube, wenn Sie frieren sollten; ich friere nicht."

„Wir auch nicht", versicherte Aristos.

„Trotzdem, kommen Sie nur herein! Dem jungen Mädchen wird vielleicht kalt sein."

„Nein, ich friere gar nicht", versicherte Geigele, die sich mit Fred zusammen noch mit dem Hund beschäftigte.

Man trat in die Behausung ein. Sie war sehr sauber gehalten und hübsch ausgestattet. Sie sah aus wie eine wohlgepflegte Schutzhütte irgendwo im Hochgebirge.

Man nahm auf Ersuchen des Gastgebers an einem runden Tisch in der Mitte des Hauptraumes Platz.

„Darf ich Sie alle zu einem Gläschen wärmenden Trankes einladen? Das wird Ihnen allen wohltun", fragte der Gastgeber, der – sich vorstellend – fortfuhr: „Übrigens nennt mich einfach nur Arnold. So nannte man mich auf Erden, als ich eine beliebte Berghütte im Hochgebirge verwaltete."

Fred und Geigele hatten interessiert und gespannt zugehört. Danach wusste Arnold also, dass er tot war. Doch was hatte es für eine Bewandtnis mit dem wärmenden Trank? Gab es denn in himmlischen Regionen auch wärmende Getränke?

Aristos sah Fred und Geigele lachend an. Er erriet ihre Gedanken und beruhigte sie, leise sprechend, damit der Gastgeber es nicht hörte, der sich gerade entfernt hatte, um eine Flasche zu holen, aus der er etwas in das warme Getränk goss.

„Es ist kein alkoholisches Getränk, das ihr hier als wärmendes Getränk angeboten bekommt. Für die Zustandswelt Arnolds ist es freilich etwas anderes. Für uns ist es jedoch, was es auch in Wirklichkeit ist, nämlich ein harmloses, angenehm schmeckendes Getränk. Deswegen beleidigt auch nicht den Gastgeber, indem ihr das Getränk etwa zurückweist."

Arnold war mit einer großen Flasche und einer großen Kanne heißem Wasser sowie mit einer Zuckerdose zurückgekommen und bereitete für jeden den wärmenden Trank vor. Dabei erzählte er: „Glaubt mir, liebe Gäste, ich freue mich immer, wenn ich Besuch bekomme. Es ist nur schade, dass das so selten geschieht. Wenn die Menschen – oder besser Seelen der Verstorbenen – nur wüssten, wie unbeschreiblich herrlich eine Schneelandschaft im Hochgebirge sein kann! Ich werde euch nachher mal auf verschiedene Schönheiten aufmerksam machen. Doch kommt, lasst uns erst mal trinken." Man stieß an. Der Trunk schmeckte gut, doch für Arnold schien er noch etwas ganz Besonderes zu sein, denn er strich sich mit Behagen über den Mund.

„Doch woher kommt ihr und wohin wollt ihr von hier aus? Kann ich euch vielleicht führen? Ich kenne diese Gegend wie meine eigene Hosentasche."

„Danke, doch wir gehen von hier aus in eine andere Zustandssphäre, wo wir deine Führung nicht benötigen; aber herzlichen Dank für dein Angebot."

„Warum bleibt ihr nicht bei mir ein wenig zu Gast? Ich habe Gastzimmer, und die beiden jungen Leute haben den Hund gern und können mit ihm einige Ausflüge machen. Vielleicht machen wir alle zusammen eine Schlittenfahrt."

„Dazu haben wir leider keine Zeit", wehrte Aristos ab.

„Zu schade", bemerkte enttäuscht der Gastgeber. Doch er war schnell wieder gut aufgelegt, besonders als er ein weiteres volles Glas des wärmenden Getränkes zu sich genommen hatte.

„Gut, wenn ihr wieder fort müsst, so lässt es sich eben nicht ändern. Doch ihr sollt von hier nicht eher fort, ehe ihr nicht die Pracht dieser Gegend genossen habt. Kommt, lasst uns mal vor die Tür treten. Ich habe es inzwischen wieder schneien lassen."

Als man vor die Tür trat, bot sich ein Anblick von geradezu bezaubernder Schönheit. Es schneite noch stark; aber das Gewölk war dünn, aus dem es schneite, und der am Abendhimmel stehende Mond warf einen silbernen Schein auf die Berglandschaft und den fallenden Schnee, der alles wie von Diamanten besät erglitzern ließ. Diese Pracht überwältigte besonders Fred und Geigele.

„Friert jemand von euch?", fragte besorgt der Gastgeber, „denn ich habe es kalt werden lassen. Wir haben jetzt 25 Grad Kälte."

Man spürte jedoch nichts von Kälte. Aber jetzt, als man darauf aufmerksam gemacht worden war, sah man, wie einem der Hauch vor dem Mund stand, obgleich man selbst keine Kälte fühlte.

„Soll ich den Pferdeschlitten kommen lassen?", fragte Arnold erneut.

„Nein, bitte nicht unseretwegen. Wir müssen jetzt weiter", wehrte Aristos ab.

„Zu schade, zu schade", murmelte Arnold vor sich hin.

Aber er schickte sich in das Unvermeidliche, schüttelte jedem die Hand und bat: „Wenn ihr wieder hier vorbeikommt, bitte, besucht mich noch mal. Ich habe mich sehr, sehr gefreut. Doch wenn ihr weiter müsst, so werde ich mich eben ans Schneeschaufeln machen. Ihr glaubt ja gar nicht, wie jung das einen erhält."

Damit waren Aristos, Geigele und Fred wieder auf der blühenden Wiese. Von Arnold, von seiner Hütte und dem Schneefall war nichts mehr zu spüren. Alles war verschwunden – gleich wie ein Traum beim Erwachen.

„Nun kommt, lasst uns ein bisschen hinsetzen, denn ich habe diesmal etwas ausführlicher zu erklären, da ihr sonst das eben Erlebte nicht so leicht verstehen könntet", forderte Aristos auf. „Also, unser lieber Gastgeber Arnold war bei Lebzeiten, wie er selbst sagte, Verwalter einer Hochgebirgsschutzhütte gewesen. Er liebte seinen Posten, obgleich er während der Wintermonate fast ganz von der Welt durch den tiefen Schnee abgeschnitten war; nur seinen Hund hatte er bei sich. Die Liebe Arnolds für den Posten als Hüttenwirt war nicht so sehr verursacht durch seine Verwalteraufgabe, sondern vielmehr durch eine unerklärliche Freude an Schnee, Eis und Winter. Schon bei Lebzeiten hatte er bei Schneefall stundenlang am Fenster sitzen und dem Fall der Schneeflocken zusehen können. Nach seinem Ableben konnte sich bald sein Herzenswunsch nach Winterlandschaften, Schneefall und Kälte als zustandsmäßige Erlebnisebene für ihn formen, da er ein ruhiges, bescheidenes und hilfsbereites Leben geführt hatte und außer seiner Vorliebe für ein warmes Getränk von Zeit zu Zeit weiter keine Leidenschaft gehabt hatte. Er ist sich zwar jetzt bewusst, dass er nicht mehr auf Erden lebt, doch ist sein Herzenswunsch nach Schnee, Schneeschaufeln, Kälte und Schneefall so groß, dass er noch nicht dazu gekommen ist, darüber nachzudenken, wie es wohl kommt, dass es immer gleich schneit, wenn er es will, dass es sehr kalt wird, wenn er es will und dass er im Handumdrehen beim Schneeschaufeln mit seiner großen Schneeschippe alle Wege ums Haus herum schneefrei hat. Er lebt in einem Zustand des Traumhaften und Wirklichen, im Zustandsmäßigen seines Herzenswunsches nach Schnee, Eis und Kälte und der Pracht einer Schneelandschaft. Er ist glücklich, restlos glücklich. Die einzige Schwäche, die ihm noch anhaftet, ist seine Vorliebe für das warme Getränk, das aber als Ding an sich nicht vorhanden ist."

Wie lange wird er in diesem seinem für ihn so glücklichen Zustand bleiben?", fragte Geigele.

„So lange er will. Wie du weißt, gibt es ja hier keine objektive Zeit durch Gestirnumdrehungen wie auf Erden. Hier wird auch nie jemand aus der Zustandsmäßigkeit seiner projizierten Herzenswunsch-Seinsebene hinausgedrängt oder gar hinausgetrieben. Aber einmal wird auch bei ihm die Sehnsucht nach etwas anderem erwachen – vielleicht durch Besuche bei ihm von Führern aus anderen Seinsebenen. Und dann ist auch seine jetzige zustandsmäßige Seinswelt für immer für ihn verschwunden, genau wie es bei uns geschah, als wir uns aus Arnolds Zustandsmäßigkeitsebene entfernten."

„Wie weit reicht wohl Arnolds Winterlandschaft zustandsmäßig örtlich – örtlich für ihn?", fragte Fred.

„Sie ist begrenzt nur durch seine Vorstellung und seinen Herzenswunsch. Wenn er glaubt, dass hinter den Bergen, die wir von seinem Hause aus sahen, Hochgebirge ist, das bis zum Südpol hinführt, so ist seine Welt so weitreichend. Die Begrenzung seiner Welt erfolgt durch ihn selbst, denn vergesst nicht: Ein Herzenswunsch an sich ist unendlich, aber begrenzbar durch den Geist – zunächst Gottes, Der die Begrenzungen in Seiner Schöpfung durchgeführt hat und dann noch durch jeden menschlichen Geist als Funken aus Gott. Nun wollen wir noch kurz in die Eigenwelten von einigen anderen Menschenseelen hineinschauen und dann weiterschreiten in andere Zustandsebenen, die nicht mehr durch Einzelindividuen mit ihrem Denken be- und abgegrenzt sind, sondern durch Verhältnisbedingungen, die für viele gemeinsam in Betracht kommen. Nun, was seht ihr jetzt?"

„Ist das aber hübsch und niedlich hier!" Mit diesen Worten schaute sich Geigele um. „Ich sehe ein schönes Bauernhaus, um das herum Hunde und Katzen in schönster Eintracht spielen. Nun sehe ich eine einzelne Frau herauskommen und die Tiere füttern. O wie nett sich die Tiere füttern lassen! O wie hübsch sich die Tiere benehmen! Jedes Tier scheint zu wissen, welcher Bissen ihm gehört. Und er wird ihm auch nicht von anderen streitig gemacht."

„Gut", schaltete sich Aristos ein, „mehr brauchen wir hiervon nicht zu wissen. Wir wollen uns nicht ganz in diese zustandsmäßige Seinssphäre hineinversetzen, weil uns sonst die Tiere wahrnehmen würden und beunruhigt wären. Hier handelt es sich um eine unverheiratete Frau, die sich unter den Menschen nie zurechtfinden konnte und daher all ihr Verständnis bei den Haustieren suchte. Sie wandelte ihren kleinen Grundbesitz in eine Hunde- und Katzenfarm um und fühlt sich nun hier im Jenseits unter der Gesellschaft dieser Tiere immer noch restlos glücklich."

„Sag mal, Aristos", fragte Fred, „sind das eigentlich Seelen von Tieren oder nur eingebildete Gestalten der Frau in ihrer hiesigen zustandsmäßigen Seinssphäre?"

„Beides ist der Fall", klärte Aristos auf.

„Danach leben also Tiere auch fort?"

„Das weißt du aber doch, Fred, warum fragst du denn?"

„Mir ist soeben ein Problem gekommen, mit dem ich nicht so recht fertig werde. Tiere haben doch keinen Verstand, können nichts Abstraktes fassen und können sich somit doch auch nichts Zustandsmäßiges in ihrem Jenseits erschaffen."

„Tiere", so klärte Aristos auf, „haben wohl keinen Verstand, wenn man darunter ‚Verständnis' meint, dass das von der Vernunft erfasste zergliedert, zerlegt, daraus logische Folgerungen zieht und dann abstrakte Begriffe formt wie Ethik, Moral, Kultur usw. Doch Tiere haben so weit Vernunft, dass sie damit Erlebtes für sich selbst projizieren, was auch das Träumen der Tiere anzeigt. Wenn sie träumen können, besitzen sie auch ein persönliches Erlebnisgefühl und können daher nach ihrem irdischen Tode ebenfalls Umwelten für sich projizieren, die jedoch nicht sehr reichhaltig sein werden, außer das Tier stand im engen Kontakt mit Menschen und hat dadurch sein Vernunftsbild durch Erfahrung erweitern können. Von den Tieren, die ihr eben gesehen habt, waren nicht alles nur Tierseelen, sondern manche waren lediglich zustandsmäßig bedingte Wesenheiten, die in das Zufriedenheitserlebnisbild der einsamen Frau gehörten, weil es ihre Lieblingstiere gewesen waren, von denen manche noch auf Erden leben. Die Erscheinungsbilder der Tiere hier sind nur durch den Herzenswunsch der Frau in ihre zustandsmäßige Seinsumgebung hineinprojiziert, weil sie gerne auch diese Tiere um sich hatte.

„Nun wollen wir uns das zustandsmäßige Sein eines anderen menschlichen Charakters anschauen".

Sich umdrehend, befanden sich alle drei auf einmal in einem großen Saal mit Bücherregalen bis hinauf zur Decke. Darin saß auf einer Leiter ein älterer Herr, völlig in das Lesen eines vor ihm auf einer Leiterstufe aufgeschlagen liegenden Buches vertieft; es war ein philosophisches Werk. Das Gesicht des Lesenden verriet den geistigen Genuss, den ihm das Buch bereiten musste. Der große Bibliotheksraum machte einen etwas durcheinander gewürfelten Eindruck. Überall lagen aufgeschlagene Bücher herum.

Die drei betrachteten die vor ihnen sich geöffnete Erscheinungswelt für eine Weile, dann wandte sich Aristos ab und Geigele sowie Fred folgten ihm. „Ich glaube, ich habe euch hier nichts weiter zu erklären. Ihr saht ja selbst, wie glücklich der Mann beim Lesen des Buches gewesen war."

„Ja, noch eins, Aristos", warf Geigele ein. „Machen denn die Menschen – oder besser Menschenseelen –, deren zustandsmäßige Erscheinungswelten wir nicht nur sahen, sondern auch in manche uns völlig hineinversetzten, dauernd immer nur ein und dasselbe, haben sie sonst keine andere Abwechslung und wird ihnen das nicht doch schließlich einmal gründlich langweilig?"

„Selbstverständlich wird es ihnen einmal langweilig werden, doch das kann manchmal für irdische Zeitbegriffe sehr lange dauern. Hast du nicht auf Erden auch ab und zu schon Menschen getroffen, die Tag für Tag dasselbe verrichten, ja manchmal sogar zu genau derselben Zeit ihre Einkäufe besorgen usw.? Zwingt euch allen auf Erden – wenn auch meistens nicht in so starrer Form, wie ihr es hier sehen könnt – nicht zum Beispiel der gewöhnliche Alltag auch eine gewisse Monotonie auf? Und dabei gibt es um euch herum auf Erden Vorträge, Theater- und Konzertdarbietungen, interessante Menschen und Vergnügungen aller Art. Doch viele Menschen kümmern sich schon auf Erden um all das nicht und ihr Alltagstrott wird nicht unterbrochen, außer es kommt mal Besuch von außerhalb, dem man etwas zeigen will, oder Verhältnisse ändern sich, die einen zu einer anderen Lebensart zwingen. Viel nachhaltiger wirkt sich das nun hier aus, wo die Seele mit ihren Wünschen und Gewohnheiten sich die Eigenwelt formt, in die sich nur gelegentlich von außerhalb her irgendein Führer oder Lehrer hineinversetzen mag. Und wie selten wird diesen wirklich geglaubt, wenn sie den in ihren Eigenwelten – gemäß deren Herzenswunsch – eingewobenen Seelen von anderen Ebenen berichten."

„Nun noch eine Frage, Aristos", warf Fred ein. „Mir kommt es so vor, als ob das, was wir bis jetzt hier sahen, im Prinzip genau dasselbe ist, was wir im Höllischen sahen, nur ist hier alles freundlicher, angenehmer und schöner. Aber das Prinzip, dass jeder Mensch in seiner Eigenwelt nur so leben, denken und empfinden kann, wie auch schon auf Erden seine Wesenheit war, ist scheinbar das gleiche, ob nun im höllischen oder himmlischen Zustandsmäßigen."

„Damit hast du recht. Darum sollte das hier Mitgeteilte von Tausenden und aber Tausenden von Menschen auf Erden immer wieder gelesen werden, denn während des Erdenlebens ist es, wo wir uns unseren jeweiligen Himmel oder unsere Hölle, das heißt, unsere Herzenswünsche entwickeln, die dann nach dem irdischen Leben für längere oder kürzere Zeit unsere zustandsmäßig bedingte Umwelt formen. Das Himmlische beziehungsweise Höllische unseres Herzenswunsches ist von den Motiven und durch unsere Charaktereigenschaften bedingt geprägt."

Für eine Weile schritt man schweigend weiter, Geigele und Fred in Gedanken über das letztgeführte Gespräch vertieft. So merkte man kaum, dass sich die Umgebung erneut veränderte. Erst als man hübsche Gesänge wie Hymnen und einen Lichtglanz, der von Kerzen auszugehen schien, um sich wahrnahm, wurde man aufmerksam. Es bot sich ein seltsames Bild: Man befand sich in einem Tempel mit riesigen Säulen und einem Marmorfußboden, auf dem Männer und Frauen knieten und zu beten schienen. Es herrschte eine äußerst ernste und feierliche Stimmung. Im Vordergrund befand sich eine Art Altar, vor dem ein Priester in goldenem Gewand betete. Plötzlich stand dieser auf, wobei sich der Gesang der Hymnen noch verstärkte, und schritt mit hoch erhobenen Händen und verzücktem Gesichtsausdruck ganz nahe an den Altar heran. Die kniende Menge sah mit ebenfalls verzückten Mienen nach vorn, als ob sie dort ein Wunder erwartete – und es schien auch so zu sein! Auf dem Altar wurde nämlich eine herrliche, von Strahlen umflossene Gestalt sichtbar, die allen eine Art Segen zu erteilen schien. Sofort warfen sich die Knienden lang auf den Fußboden und sangen gemeinsam eine andere entzückende Hymne. Es schwebte eine Art durchgeistigte Stimmung über allem, die auch Geigele und Fred spürten.

Doch ehe sich beide völlig klar über das wurden, was sie eben sahen, befanden sie sich auch schon wieder auf einem prächtigen Grasteppich, an einem Abhang sitzend, umflossen von herrlichen Wohlgerüchen und umflattert von zahmen Singvögeln, die sich auf Schulter und Haupt setzten und liebkosen ließen.

Aristos ergötzte sich eine Zeitlang an der Überraschung, die diese liebliche Umgebung, besonders auf Geigele, ausübte. Dann begann er: „Was ihr beide soeben erlebt habt, war die zustandsmäßig bedingte Umwelt einer Religionsgemeinschaft, die heute nicht mehr auf Erden anzutreffen ist, die sich aber im großen Jenseits noch erhalten hat, und zwar in einer Art von himmlischer Reinheit und Erhabenheit. Es handelt sich um eine zahlenmäßig kleine, religiöse Gemeinde, deren Religion in einer Art von mystischer Versenkung bestand. Die Bedingungen zur Aufnahme waren sehr streng, und die vorher abgelegten Gelübde der Reinheit wurden strikt eingehalten. Ihr Glaube war kurz der, dass man durch eine edle Lebensführung und durch Nächstenliebe infolge Versenkung mit Gott verbunden werden könnte, Der ihnen nach dem irdischen Ableben auch persönlich erscheinen würde. Ihr habt eben einen Gottesdienst dieser Gemeinde in deren Zustandsmäßigkeit im großen Jenseits beigewohnt."

Aristos schwieg und schien auf Fragen vonseiten Geigeles und Freds zu warten; zu seiner Überraschung wurden jedoch keine gestellt. Beide – Geigele sowohl wie auch Fred – saßen in scheinbar tiefes Nachdenken versunken da.

„Das ist ja seltsam, dass ihr diesmal keine Fragen stellt", wunderte sich schließlich Aristos. „Ist euch denn bei dem eben Erlebten sofort alles in seinen inneren Zusammenhängen klar geworden?"

„Das gerade nicht", begann darauf langsam und zögernd Fred, während Geigele noch immer über irgendetwas Besonderes intensiv nachgrübelte. „Im Gegenteil hätte ich hier sogar sehr viel zu fragen, doch weiß ich nicht recht, wo ich damit anfangen soll."

„Frage nur immer darauflos", ermunterte Aristos.

„Gut", und Fred schien damit wieder frischen Mut zu bekommen. „Du sagtest, dass es sich bei dem eben Erlebten um das Zustandsmäßige im großen Jenseits einer Religionsgemeinschaft handelt, die nun schon seit langem auf Erden verschwunden ist. Das muss dann wohl schon lange her sein, nicht wahr?"

„Jawohl, so gegen vier- bis fünftausend Jahre."

„Und sie besteht im großen Jenseits immer noch in der Zustandsmäßigkeit derselben Form fort, von der sie einst auf Erden gewesen war?"

„Jawohl"

„Wie ist denn das möglich? Dann hätten ja die Mitglieder dieser Gemeinde trotz der Jahrtausende, die seit ihrem Bestehen auf Erden verflossen sind, noch überhaupt keine Fortschritte gemacht."

„Halt, lieber Fred, hier ist es, wo du zu falschen Schlussfolgerungen kommst. Diese Religionsgemeinschaft stand auf so hoher ethischer Basis, dass sie mit der Zeit in die höchsten Seligkeiten der himmlischen Regionen eingehen wird. Sie hat sich auch hier im großen Jenseits schon stark vergeistigt, was du nur nicht bemerken konntest. Die Mitglieder dieser Religionsgemeinschaft leben in ihrer Zustandsmäßigkeit in einem innerlich sehr beglückenden Zustand, der sich für sie nach außen hin in geradezu unglaublich schöner Umgebung auswirkt, die ihr nicht zu sehen bekommen konntet, weil ihr nur den Gottesdienst wahrnehmen solltet, da dieser für sie alle schon wirklich himmlisch ist. Diese Beglückung erweitert und vergrößert sich für sie immer mehr und mehr, denn jedes Zustandsmäßige hat in seiner Entfaltung nach oben zu keine Grenzen."

„Wer war die herrliche Erscheinung auf dem Altar?", fragte Fred weiter.

„Das war die Vorstellung dieser Religionsgesellschaft, die sie von Gott hat, oder – verständlicher ausgedrückt – Gott war für diese Gemeindemitglieder in der Form sichtbar geworden, in der sie Gott von ihrem Standpunkt aus begreifen und erfassen können."

„Soll das heißen", mischte sich jetzt Geigele ein, „dass jede Religionsgemeinschaft so ihren Himmel im großen Jenseits vorfindet, wie sie sich ihn vorstellt?"

„Genau", nickte Aristos.

„Danach fänden die Heiden also in ihrem Zustandsmäßigen im großen Jenseits eventuell auch ihre grausamen Götzen vor, denen sie einst Menschenopfer darbrachten?"

„Richtig", nickte erneut Aristos.

„Wo sind denn aber deren Götzen im großen Jenseits?"

Aristos musste lachen. „Aber, Geigele, das solltest du dir doch eigentlich jetzt schon von selbst denken können. Diese Götzen befinden sich im Zustandsmäßigkeitsbereich derer, die an solche grausamen Götter glauben. Da solche Religionsanschauungen aber der göttlichen Harmonie entgegengesetzt sind, so wirst du deren Bereichszustandsmäßigkeiten wohl kaum in diesen Regionen finden, wo wir uns jetzt aufhalten."

„Sag mal, Aristos", griff Fred die Fragestellung wieder auf, „warum hast du uns denn eigentlich die himmlischen Regionen einer Religionsgemeinschaft gezeigt, die auf Erden nicht mehr existiert und nicht diejenige irgendeiner der christlichen Gemeinschaften, wie sie jetzt auf Erden bestehen?"

„Die Frage ist sehr, sehr berechtigt und ich hatte sie eigentlich schon eher erwartet", stellte Aristos mit Genugtuung fest. „Würde ich euch solche Religionen zeigen und euch sagen, welche Religionsgemeinschaft dabei in Betracht kommt, so würde sich unter denen, die das hier Erlebte lesen und vielleicht gerade einer der Kirchen-

oder Sektengemeinschaften angehören, großer Protest erheben, und man würde sich vielleicht angegriffen fühlen und nicht mehr weiterlesen, was wir noch alles bei unserem Weiterwandern im großen Jenseits erleben werden und sollen. Darum ließ ich euch nur die himmlischen Zustandsmäßigkeiten einer reinen, ethisch und moralisch hochstehenden Religionsgemeinschaft erleben, die heute auf Erden nicht mehr existiert. So sind wir allen Missverständnissen aus dem Wege gegangen, und jeder kann aus dem hier Gezeigten und Erklärten seine eigenen Folgerungen auf sich und sein religiöses Verlangen und Erwarten ziehen."

Da weiter keine andere Frage mehr gestellt wurde, fuhr Aristos allgemein unterweisend fort: „Was ihr eben erlebtet, stellte das erste Eindringen in Bereiche dar, die durch gleichgerichtetes Denken vieler menschlicher Seelen geschaffen wurden, und somit aus dem rein Zustandsmäßigen bereits in das Zustandsmäßigörtliche des großen Jenseits übergegangen sind. Bei unserem weiteren Wandern werden wir jetzt in solche Bereiche eingehen, deren Zustandsmäßigörtliches meistens durch gleichgerichtete geistige Bestrebungen geschaffen werden. Manche davon, die wir nur – sozusagen berührend – streifen, mögen euch lediglich als ein einheitlicher Begriff erscheinen und in der Zusammensetzung durch zahlreiche geistig gleichgerichtete Individualitäten erst wahrnehmbar werden, wenn wir in solche Zustandsmäßigörtlichkeiten wirklich eindringen. Versteht ihr das?"

Aristos stellte diese Frage an Geigele und Fred mehr scherzhaft, da es ihm sehr wohl klar war, dass sie ihn nicht gleich verstanden haben konnten. Beide Gefragten schüttelten auch verneinend ihre Köpfe.

Aristos fuhr daher fort: „Nun hört mal gut zu. Wenn ihr auf Erden von der Armee sprecht, so stellt ihr euch darunter das Instrument der Verteidigung eines Landes vor und seid euch in diesem Zusammenhang gar nicht bewusst, dass diese Armee – als Begriff – aus vielen Tausenden von Einzelwesen besteht. Doch wenn ihr sagt, er ist zur Armee eingezogen worden, so dämmert es euch schon, dass die Armee eine Einrichtung ist, die eben Tausende und aber Tausende von Einzelwesen umfasst. Nun, so werden euch jetzt ganze Gemeinschaften geistig gleichgerichteter Individualitäten nur als eine Einheit – als ein Begriff – wie der Begriff Armee erscheinen, ohne dass ihr euch der Einzelindividualitäten der geistig gleichgerichteten Wesenheiten irgendwie besonders bewusst werdet. – Wenn wir nun zuerst jetzt das Kinderreich im großen Jenseits besuchen, so könnt ihr euch darunter noch nichts Rechtes vorstellen. Darum werden wir uns in das Zustandsmäßigörtliche desselben hineinbegeben und uns darin umherbewegen, wobei allerdings nicht zu vergessen ist, dass wir uns nicht ganz darin verlieren wollen. Dadurch wird es uns freilich auch nicht möglich werden, das Kinderreich in allen Einzelheiten zu erleben, das heißt, zu durchwandern, denn es ist in Wirklichkeit ungeheuer ausgedehnt. Es muss nämlich allen Anforderungen nach rechter Entwicklung der zu früh ins große Jenseits eingegangenen Seelen gerecht werden bezüglich deren seelischer Vorentwicklung und festgesetzt gewesener Weiterentwicklung, aus der sie durch einen zu frühen Tod herausgerissen wurden. Ist euch beiden das nun Gesagte etwas verständlicher?"

„Ich denke, ja", antwortete Fred, wobei er Geigele anblickte, die ihm bestätigend zunickte. „Doch ich glaube, wir werden mehr als durch vorausgegangene Erklärung aus dem lernen, was wir erlebend wahrnehmen dürfen."

„Da hast du vollkommen recht", stimmt Aristos voll und ganz zu. „Nun, so lasst uns mit unserer Wanderung durch das Kinderreich beginnen!"

19. Das Kinderreich

Die Landschaft, in der sich alle drei bewegt hatten, verschwand und man befand sich in einem großen Saal, der lichtdurchflutet war, ohne dass man eine Lichtquelle wahrzunehmen vermochte. Überall waren Kinder im Alter von etwa anderthalb bis nahe an sechs Jahre mit Spielzeugen aller Art und mit Kinderspielen untereinander und miteinander beschäftigt, während weißgekleidete Aufseherinnen überall nach dem Rechten sahen. Es herrschte allgemeine Fröhlichkeit, und es gab keinen Zank unter den Kindern, der in Kinderheimen auf Erden ja stets zu hören ist. Die Kinder schienen die Besucher – Aristos, Geigele und Fred – genauso wahrzunehmen wie die vielen Aufseherinnen. Man nahm an den Besuchern aber nirgends Anstoß, sondern schien solche Besucher als etwas Natürliches zu betrachten. Man überließ es einfach ihnen selbst, sich ordentlich umzusehen, und wenn sich irgendwo Geigele zu Kindern niederbeugte, ganz gleich wie alt sie waren, so lächelten diese ihr beglückt zu, waren aber auch nicht böse, wenn sich Geigele umdrehte und zu anderen, nahebei befindlichen Kindern sprach.

Die Aufseherinnen, von denen jede immer nur eins, höchstens zwei Kinder zu überwachen hatte, schienen den Kindern völlig freie Hand zu lassen in allem, was sie taten, doch beim näheren Hinschauen nahm man wahr, dass in den Kindern doch auch der Drang wie auf Erden vorhanden war, anders zu handeln oder ungeduldig zu werden. Aber gleich widmete sich die Aufseherin dem Kind ganz persönlich, indem sie es nicht aus den Augen ließ, bis es sich beruhigt und in die anscheinend dort geltende Ordnung von allein wieder eingefügt hatte. Es schien dem alles beobachtenden Geigele und auch Fred so, als ob eine seelische Gefühlslenkung durch die Aufseherin wie durch eine Art von Fernlenkung erfolgte – aber ohne Zwang – sondern mehr dadurch, dass das Kindchen – oder Seelchen – einfach in eine glückliche, fröhlich-zufriedene Stimmung zurückversetzt wurde.

„Um eine Übersicht über all das zu bekommen, was ihr hier seht, lasst uns einmal hinaus in den blumendurchwirkten Garten gehen, uns dort hinsetzen und uns mit der Aufseherin unterhalten, die eben dort auf uns zukommt."

Man begab sich durch eine Tür in den Garten, wo sich eine schier endlose blumenübersäte Wiese ausbreitete, auf der Kinder unter Jauchzen und Lachen herumtollten. Überall herrschte Licht, Wärme und ein herrlicher Duft, der fast hypnotisch beruhigend wirkte und beseligend friedlich stimmte. Aristos, Geigele und Fred setzten sich auf eine Bank. Auf einer seitlich fast gegenüber befindlichen Bank nahm die Aufseherin Platz, auf die Aristos aufmerksam gemacht hatte. Es war eine schöne, engelgleiche Erscheinung.

Aristos ergriff das Wort, sich an die Aufseherin wendend: „Hier, Schwester, habe ich zwei Seelen bei mir, von denen eine schon im großen Jenseits weilt, hier aber in anderer Zustandsmäßigkeit beheimatet ist. Diese Seele, die Fred heißt, darf unter meiner Führung dieses Mädchen begleiten, das noch auf Erden lebt, dort aber im somnambulen Schlaf ruht und über alles, was es hier erlebt, im somnambulen Zustand für die auf Erden um ihr Bett Herumsitzenden berichtet. Es wird dort aufgezeichnet, damit all das Erlebte und Gesehene andere Menschen einst nachlesen können. Eigentlich bräuchte ich dir, liebe Schwester, das alles wohl kaum zu erklären, doch tue ich es der irdischen Aufzeichnung wegen. Nun, liebe Schwester, kläre meine Begleiter über das Kinderreich ein wenig auf und beantworte dann die Fragen, die sie stellen mögen."

„Aber nur zu gern folge ich deinem Rat, lieber Bruder", entgegnete bereitwilligst die Angeredete.

„Zunächst, ihr lieben Besuchergeschwister", begann nun die Aufseherin ihre Ausführungen, „wollen wir uns mit dem Platz beschäftigen, wo wir uns gerade befinden. Wie ihr seht, sind es Kinderseelen im frühesten – allerdings nicht allerfrühesten – Alter. Diese Seelen – eine unendlich kleine Zahl von denen, die tatsächlich in diesem Altersklassenbereich von der Erde stündlich hierher kommen – bleiben hier und wachsen langsam bis etwa zum siebenten Lebensjahr heran – nach irdischen Zeitbegriffen –, was nach hiesiger Zeitvorstellung nur kurz, eventuell aber auch lang sein mag, da die hiesige Zeitvorstellung diesbezüglich vom Wachstumsfortschritt der Kinder abhängt. Sobald die Kinderseelen die für sie hier festgesetzte Entwicklungszeitspanne erreicht haben, wollen sie selbst fort, und es wird für die Weiterentwicklung durch Überführung zu einer höheren Erziehungsstufenörtlichkeit gesorgt. Ihr habt vielleicht auf Erden schon manchmal gehört, dass etwa bis zum siebenten Lebensjahr ein Kind für die Beeinflussung von jenseitiger Stelle her ‚offen' ist. Das ist auch der Fall, und neben dem Schutzengel ist bis zu diesem Zeitalter immer noch ein anderer Engel als Spielgefährte vorhanden. In früher Jugend kann man kleine Kinder auf Erden in ihren Wiegen oftmals wie mit jemand Unsichtbarem spielen sehen. Dem ist auch so; es ist der Engel, der als Spielgefährte fungiert. Nach dem siebenten irdischen Lebensjahr tritt der Spielgefährtenengel zurück, und der eigentliche Schutzengel übernimmt von nun ab die Gesamtleitung für das Kind. Könnt ihr meinen Ausführungen folgen?"

Geigele und Fred nickten bejahend.

„Doch wie ist es nun wohl", so fuhr die Aufseherin fort, „mit den Kindern, die gleich nach der Geburt oder auch schon kurz vor ihrer Geburt sterben? Dann zieht sich die Menschenseele entweder in den wartenden Zustand zurück, in dem sie war, ehe sie in den nun verstorbenen Körper eintrat, oder sie geht gleich in einen anderen – sich entwickelnden Kinderkörper – über, oder aber die Menschenseele kommt sozusagen im Zustand eines Embryo in das große Jenseits herüber und entwickelt sich hier schließlich zu einer vollen jenseitigen

Menschenseele. Die Fälle anzugeben, in denen das eine oder andere Angeführte zutrifft, würde zu weit führen und für euch kaum verständlich sein. So viel dürft ihr jedenfalls sicher sein, dass für jede menschliche Seele vom großen Jenseits aus auf die eine oder andere Art stets Sorge getragen wird."

„Das mag eine große Erleichterung für manche Eltern sein, deren Kinder im allerfrühesten Alter durch irgendein Versehen ihr junges Leben gleich wieder aufgeben mussten", warf Geigele ein.

„Ein Schuldbewusstsein brauchen Eltern, die keine direkte Ursache zum frühen Sterben ihres Kindes gaben, deswegen nicht zu haben", klärte die Aufseherin weiter auf. „Anders ist das freilich in den Fällen, in denen die Eltern das Kind nicht wünschten und sich leichtsinnig oder ablehnend ihm gegenüber verhielten."

„Was ist dann wohl die Strafe?", fragte Fred.

„Das richtet sich immer nach dem vorliegenden Fall. Doch wir wollen nicht tiefer in dieses Thema eindringen, da wir da leicht zu Fehlurteilen kommen mögen. Die Eltern sind es allein, welche die Verantwortung in allen solchen Fällen zu tragen haben. Und da sie Erwachsene sind, werden sie je nach Umständen, Verhältnissen und Motiven selbst ein Urteil in solchen und ähnlichen Fällen abgeben können. Doch hier diene als Trost, dass Gott jede Sünde vergibt, wenn man einsieht, unrecht gehandelt zu haben, und sich gelobt, nicht mehr in denselben Fehler zu verfallen."

„Worin werden die Kinderseelen denn hier unterrichtet?", war Geigeles weitere Frage.

„Der Unterricht ist hier etwas anders als auf Erden, bedingt dadurch, dass sich im großen Jenseits Kinderchen nicht an Ecken und Kanten stoßen können. Der Unterricht ist stets individuell und gemäß den in der Seele gerade vorhandenen Anlagen genau angepasst. Manche davon werden langsam ausgerottet; die guten aber gefördert und gestärkt. Daher ist das frühe Ableben von Kindern – selbst vor der Geburt oder gleich nach dieser – durchaus nicht immer ein Nachteil für die Kinderseele. So manche Kinderseele, die früh starb, ist dann durch die geschickte Unterweisung bei der jenseitigen Entwicklung für die nächste irdische Geburt und das nachfolgende Erdenleben – wenn solches notwendig sein oder werden sollte – bedeutend besser vorbereitet."

Es trat eine Pause in der Unterhaltung ein, während der alle interessiert die sich herumtummelnden Kinder beobachteten.

„Sag mal", nahm schließlich Fred die Fragestellung wieder auf, „ich sehe hier Kinderseelen, die kommen mir trotz ihrer Erscheinung in Kinderform als das vor, was wir auf Erden mit ‚altklug' bezeichnen. Dann sehe ich wieder Kinderformen, die sehr weit körperlich-seelisch entwickelt sind, aber sich wie ein- bis zweijährige Kinder benehmen; wie kommt das?"

„Das hängt davon ab, wie weit die geistige Entfaltung fortgeschritten ist. Vergiss nicht, ein Menschengeist kann sich nicht entwickeln, weil er an sich vollkommen ist. Er kann sich nur entfalten, das heißt, mehr oder weniger eine Seele durchdringen und beleben. Bei den hiesigen Kinderseelen, die du als ‚altklug' bezeichnet hast, handelt es sich in Wirklichkeit um Menschenseelen, die entweder schon auf anderen Weltkörpern gelebt oder gewirkt haben, oder schon mehrmals auf Erden verkörpert waren, wobei sich der darin wohnende Menschengeist bereits so entfaltet hat, dass er selbst im Kindheitszustand einer neuen Verkörperung – oder versucht gewesenen Verkörperung – stark zum Durchbruch kommen konnte. Ein solcher Menschengeist beherrscht bereits die Menschenseele, in der er zur Entfaltung kommt. Dann sind vielleicht nur noch ein bis zwei weitere Verkörperungen nötig, oder aber hier im großen Jenseits mag es bei weiterer jenseitiger Entwicklung – für menschliche Begriffe oftmals recht bald – zur geistigen ‚Wiedergeburt' kommen, das heißt, die Seele ganz in den Menschengeist aufgehen oder von diesem gänzlich absorbiert werden, womit die ‚Kindschaft Gottes' ja erreicht ist."

Man stand auf, um sich weiter umzusehen.

Überall sah man das gleiche muntere Leben und Spielen!

„Wenn Kinder sterben, die bereits älter waren und sich an ihre Eltern erinnern können, haben diese dann nicht gelegentlich noch Sehnsucht nach diesen?", fragte Geigele nach einer Weile.

„O, gewiss!"

„Weinen sie dann nicht und verlangen nach den Eltern?"

„Natürlich, aber gewöhnlich nicht lange! Nicht etwa deswegen, weil sie gezwungen würden, ihre Eltern zu vergessen, sondern deswegen, weil die Aufseherin, die einem Kind zugewiesen ist, anfänglich der Kinderseele in der Form der Mutter erscheint und ferner die Kinderseelen oft auch tatsächlich mit ihrer Mutter zusammen sein können, während diese auf Erden schläft und träumt. Die Art der hiesigen Erziehung und des Heranwachsens bringt es aber mit sich, dass sich die Kinderseele bald an die neuen Verhältnisse gewöhnt und einlebt."

„Bleiben die sich heranentwickelnden Kinderseelen immer im großen Jenseits oder verkörpern sie sich manchmal wieder auf Erden?"

„Eine Regel im Sinne irdischer Gesetzmäßigkeiten lässt sich dafür nicht aufstellen. Meistens verkörpern sich die Kinder aber im Laufe der Zeiten wieder. Dann entweder als reife und geniale Seelen und Geister – in solchen Fällen erlebt ihr auf Erden das Erscheinen eines Wunderkindes, das schon als Kind ein Künstler oder sonstiges Genie ist – oder auch als normale irdische Kinder, die aber infolge ihrer hiesigen Entwicklung im Laufe ihres irdischen Lebens dann oftmals als phänomenale Erfinder oder sonst als außergewöhnliche Talente in Erscheinung treten. Manche verkörpern sich überhaupt nicht mehr auf Erden, sondern auf irgendeinem anderen Planeten und kehren erst von dort zur nochmaligen Verkörperung auf die Erde zurück. Dann gibt es wieder Kinderseelen, in deren Entwicklungslinie es liegt, bald wieder – also noch als Kinderseele – erneut zum irdischen Kind auf Erden zu werden. Vergesst nicht, hier im großen Jenseits gibt es wohl eherne Gesetzmäßigkeiten, die niemals übertreten werden können, aber keine Normen nach zeitlich, sozial oder gewohnheitsmäßig bedingten Klassifizierungen. Hier im großen Jenseits sind die Gesetzmäßigkeiten sozusagen durchgeistigt, so dass deren ergebnismäßige Auswirkungen euch ganz verwirrend erscheinen müssen."

„Habt ihr hier im Jenseits auch Schulen, wie wir auf Erden?"

„Aber natürlich. Lasst uns einmal eine besuchen!"

Damit standen alle auf, und die Aufseherin lenkte ihre Schritte, gefolgt von ihren Gästen, einer Baumgruppe zu, hinter der sich ein herrliches Bauwerk auf einer kleinen Anhöhe erhob, die sich als saftige Rasenfläche zu einem See hinabneigte, hinter dem bewaldete Hügel sichtbar waren. Alles lag in Licht gebadet. Doch auch hier, wie sonst nirgends im großen Jenseits, war keine Lichtquelle von der Art einer Sonne zu entdecken. Im großen Jenseits ist eben die Lichtquelle einzig und allein nur das geistige Streben, das erhellt. Der Glanz des Lichtes ist umso entzückender, je selbstloser die Durchgeistigung ist.

Die Aufseherin führte die ihr Folgenden durch verschiedene Klassenzimmer, wo von anderen Aufseherinnen Unterricht erteilt wurde.

„In den unteren Graden wird statt Lesen, Schreiben und Rechnen zunächst das Auskommen miteinander und die Grundregel für ein harmonisches Zusammenleben erläutert, und zwar an Beispielen, die als lebende Bilder an den Kindern in einer nur sehr schwer zu beschreibenden Form vorüberziehen. Es erscheinen nicht etwa sich bewegende Bilder auf irgendeinem Vorhang, sondern die Szenen werden wie lebendige Wesen von der Lehrerin einfach projiziert. Es sind sozusagen verkörperte Gedankenformen und Gedankenwesen der Lehrerin und Aufseherin."

„Ihr seht", so fuhr die Aufseherin mit ihren Erläuterungen fort, „dass hier das Unterrichten viel anschaulicher ist als bei euch auf Erden. Hier werden abstrakte Begriffe durch Gedankenformen sofort wahrnehmbar, was dazu führt, dass die zu erziehenden Kinderseelen es als ganz natürlich empfinden, dass auch sie Gedankenformen bilden können. Da das an und für sich eine der Hauptvermittlungsformen zwischen Verstorbenen hier im großen Jenseits ist, so stellt die hiesige Unterrichtsart dasselbe dar, was bei euch auf Erden dem Lesen und Schreiben gleichkommt. Und die Mathematik, das heißt das Rechnen in irgendeiner Art und Form, wird den heranreifenden Seelen durch ein Einfühlen in all das, was mit Harmonie zusammenhängt, verständlich gemacht. Kurz, der Unterricht für heranreifende Seelen hier im großen Jenseits ist durchgeistigter Art, was ja schließlich auch verständlich ist."

„Gibt es, wenn die Kinderseelen herangewachsen sind, hier auch Hochschulen und Universitäten oder unseren irdischen Instituten ähnliche Anstalten?"

„Ja, lasst uns einmal eine solche jenseitige Universität besuchen!"

Augenblicklich befand man sich in einem einzigartigen Gebäude von riesigen Ausmaßen; endlos schienen die von hohen Säulen gebildeten Gänge, an deren Seiten sich Türen zu Hörsälen befanden.

Die Aufseherin blieb stehen und fragte: „Welches Unterrichtsfach würde euch am meisten fesseln?"

Aristos und Geigele überließen Fred die Auswahl.

„Ich würde gern den Hörsaal besuchen, in dem Naturwissenschaften gelehrt werden."

Man trat in diesen Hörsaal ein. Es herrschte scheinbar absolutes Schweigen, obgleich man einen Dozenten sich mitten unter den überall zwanglos herumsitzenden Hörern bewegen sah. Die Hörer selbst befanden sich meistens – für irdische Begriffe – im Alter zwischen achtzehn und zwanzig Jahren.

Fred sah verständnislos die Aufseherin an, da er durchaus nichts hörte, obgleich von dem Dozenten eine Unterweisung ausgehen musste, da alle Zuhörer gespannt auf ihn sahen.

Als die Aufseherin Freds erstaunten Blick wahrnahm, schien ihr etwas einzufallen. Mit dem Ausruf: „Ach so, entschuldigt bitte, ich hatte es vergessen!", wurde den Gästen plötzlich sowohl in Worten wie auch in Bildern das wahrnehmbar, was der Dozent lehrte. Es war, als ob die Aufseherin irgendwie eine Ein- und Umschaltung vorgenommen hätte, die auf einmal die Besucher in die Aurasphäre des Hörsaals hineinversetzte.

So angestrengt Fred zuhörte und zusah, konnte er doch nicht aus dem recht klug werden, was der Dozent lehrte. Es war ein für irdische Begriffe astro-physikalisch-mathematisches Problem, das behandelt wurde. Doch wurden dabei Gesetzmäßigkeiten vorausgesetzt, die Fred absolut unbekannt waren. Nach einer Weile schüttelte er seinen Kopf zum Zeichen, dass ihm alles unverständlich sei.

Darauf winkte die Aufseherin ihren Gästen, ihr zu folgen, und man verließ den Hörsaal, um sich auf einer der hübsch verzierten Bänke in dem von Säulen umrahmten Vorsaal niederzusetzen.

„Das dachte ich mir sehr wohl", begann die Aufseherin zu erläutern, „dass ihr der Unterweisung nicht würdet folgen können. Doch ihr hattet das Verlangen, den höchsten Grad der Unterweisung kennenzulernen, der hier im großen Jenseits Kinderseelen zuteil wird. Die Unterweisung war für euch so unverständlich, weil hier mit Naturgesetzen gerechnet wird, die euch auf Erden unbekannt sind, denn auch wenn sich durch den ganzen Kosmos die Schöpfungsgestaltung an sich ziemlich einheitlich auswirkt, so sind doch die überall herrschenden Gesetzmäßigkeiten oft ganz verschiedener Art. Es gibt beispielsweise Weltkörper, wo alles sich noch wie im ewigen Fluss befindet und sich ein menschliches Sein nach Normen abwickelt, die euch einfach unfassbar anmuten, wenn ihr keinen Einblick in die Regeln gewonnen habt, die auf solchen Weltkörpern bestimmend sind. In dem Hörsaal, den ihr eben betreten hattet, erläuterte der Dozent gerade interplanetarische Beziehungsverhältnisse zwischen verschiedenartig wirksamen Gesetzmäßigkeiten auf benachbarten Sonnensystemen."

„Ich wünschte, ich könnte auch in solchen Kursus aufgenommen werden", äußerte sich Fred begeistert.

„Das kann sehr leicht geschehen, wenn du es wünschest. Aber dafür ist es notwendig, erst noch eine längere Zeit im großen Jenseits zu weilen und fester in die hier geltenden Verhältnisse hineingewachsen zu sein."

„Du meinst, erst dann könnte ich in eine solche Unterrichtsanstalt aufgenommen werden?"

„Die wirst du gar nicht durchzumachen brauchen, sondern du wirst gleich in einen Kreis von Wissenschaftlern aufgenommen werden, von denen es hier im großen Jenseits genügend gibt."

„Aber ich kenne doch alle die grundsätzlichen Gesetzmäßigkeiten nicht, mit denen die heranwachsenden Kinderseelen hier vertraut gemacht werden."

„Die wirst du auch nicht zu lernen brauchen, denn sie werden dir mit deinem Hineinwachsen in die allgemeine Aura des großen Jenseits intuitiv erkenntnismäßig zuteil werden, da du auf Erden bereits fundamentale Gesetzmäßigkeiten – wenn auch nur die irdischer Natur – studiert hast."

„Eine eigentümliche Welt, dieses große Jenseits", bemerkte Fred nachdenklich.

Die Aufseherin und Aristos mussten darüber lächeln.

„Nun, Geigele und Fred", nahm Aristos die Unterhaltung wieder auf, „wollt ihr noch mehr vom Kinderreich sehen, oder habt ihr noch irgendwelche Fragen zu stellen?"

Es trat eine Pause ein, die sowohl von Fred wie von Geigele dazu benutzt zu werden schien, über weitere Fragen nachzudenken.

Schließlich bemerkte Fred: „Seltsam, in meinem Unterbewusstsein ist es, als ob ich noch viel fragen sollte und auch zu fragen hätte, doch jetzt fällt mir nichts so deutlich und klar ein, dass ich es in direkte Fragen formulieren könnte; wie kommt das bloß?"

„Mache dir deswegen keine Sorgen! Das, was du jetzt als Frage in deinem Unterbewusstsein hast, wird dir mit der Zeit von allein klar werden, wenn du in deiner eigenen Sphäre weiter fortgeschritten sein wirst. Dass du keine Fragen stellen kannst, beruht darauf, dass du in dieser Sphäre hier fremd bist, die dich geistig fast erdrückt durch das viele Unverständliche, was du hier wahrgenommen hast."

Fred gab sich schließlich mit dieser Erklärung zufrieden.

Da ergriff Geigele nochmals das Wort: „Wie kommt es wohl, dass auf Erden manche Familien so viele Kinder haben, und manches Ehepaar, das sich Kinder wünscht, hat keine?"

„Das kann die allerverschiedensten Ursachen haben", nahm Aristos das Beantworten dieser Frage auf, während die Aufseherin sich auf das Zuhören beschränkte. „Vom irdischen Standpunkt aus erscheint so vieles deswegen unverständlich und unbegreiflich, weil das irdische Sein nur ein kleiner Ausschnitt aus dem ewigen Sein des menschlichen Geistes darstellt. Man weiß auch während des irdischen Seins nicht, aus welchen Vorbedingungen die nun gerade vorherrschenden irdischen Verhältnisse sich herausentwickelt haben und welche Nachwirkungen sie im Sein nach dem irdischen Ableben haben mögen. Meistens hängt die Größe einer Familie mit karmischen Bedingungen des Elternpaares zusammen. Das Wort ‚karmisch' ist hier nicht nur gemeint als ‚schuldig' oder ‚schuldbewusst', sondern auch als ‚entwicklungsnotwendig'. Ebenso kann das frühe Sterben von Kindern manchmal damit zusammenhängen."

Aristos stand nun auf und gab so das Zeichen, dass er damit die Wanderung durch das Kinderreich für beendet erachtete. Man verabschiedete sich von der freundlichen Aufseherin. Doch gerade als man fortgehen wollte und die Aufseherin schon zu verschwinden anfing, weil man sich zu einem anderen zustandsmäßigen Sein hin entfernte, wünschte Geigele noch eine Frage zu stellen. Man gab diesem Wunsch nach und setzte sich sogar nochmals auf die Bank.

„Was ich fragen wollte", begann Geigele, „ist das: Sind alle die Aufseherinnen, die wir hier im Kinderreich sahen, Engel, also ‚jenseitige' Wesenheiten?"

„Das ist eine ganz natürliche Frage, liebes Geigele", entgegnete die Aufseherin. „Die Antwort auf deine Frage lautet: Nein! Es befinden sich darunter wohl viele Engel, besonders für die Kinderseelen, die ganz jung und beinahe noch unentwickelt herüber ins große Jenseits kommen, doch die Zahl der Helfer – oder wie ihr es im irdischen Leben auch nennt: Kindergärtnerinnen – ist so groß, dass jede Seele, die herüberkommt und helfen will, höchst willkommen ist. So befinden sich unter den Helfern viele Verstorbene von eurer Erde. Doch niemand wird als Helfer zugelassen, der nicht kinderlieb ist. Denn die Erziehung der Kinderseelen erfolgt fast ausschließlich nur durch Liebe und Sympathie. Wir haben hier unzählige Kinderheime, von denen manche völlig unter der Leitung von Seelen Verstorbener von eurer Erde stehen. Solche Kindergärtnerinnen können Kinderheime einrichten und ausbauen, wie sie wollen und wie sie es sich erträumen, nur muss der Unterrichtsplan im Grundton einheitlich bleiben, was auch ohne Weiteres geschieht, da jede Verstorbene, die Kindergärtnerin werden will, in der hiesigen Methode der Seelenerziehung unterrichtet wird."

„Sind nur Seelen von Kindern unserer Erde hier?"

„In der Region, die ihr besucht habt, meistenteils nur von eurer Erde. Doch es gibt auch Seelen von Kindern von Weltkörpern, auf denen Verhältnisse wie bei euch auf Erden herrschen. Dagegen sind die Kinderheime von Bewohnern anderer Weltkörper entsprechend anders eingerichtet und aufgebaut. Sie sind in anderen Regionen zu suchen, die ihr nie finden würdet, da ihr ja nicht wisst, wie auf anderen Weltkörpern die Verhältnisse sind, und ihr euch deswegen allein niemals dort hineinversetzen könntet, weil sie für euch unsichtbar und unwahrnehmbar bleiben – zustandsmäßig."

„Wäre das möglich unter jenseitiger Führung?"

„Gewiss", antwortete jetzt Aristos: „Einige könnte ich euch zeigen und in solche hineinversetzen, doch was würde es euch wohl nützen? Die dortigen Erziehungsmethoden und Verhältnisse wären euch so fremd und unverständlich, dass ihr euch nur langweilen würdet. Lasst es deswegen genug sein mit dem Besuch des Kinderreiches von Seelen, die von der Erde kommen."

Damit stand Aristos auf, um anzudeuten, dass er den Besuch im Kinderreich nun wirklich für beendet erachtete.

20. Im Weisheitshimmel

Gleich befand man sich auf einer anderen Anhöhe in einer lieblichen Frühlingslandschaft. Man schwebte förmlich über einen weichen, blumengeschmückten Wiesenteppich dahin. Die Luft war würzig und erfrischend. Man konnte scheinbar in unendliche Fernen sehen. Ohne dass irgendwie oder irgendwo eine Sonne sichtbar war, erschien alles lichtdurchflutet und hob sich klar und scharf ab. Das Sehen war geradezu eine Wohltat fürs Auge. Fred und Geigele waren darüber erstaunt.

Aristos klärte auf: „Ihr seid hier in der zustandsmäßigen Aura des unermesslich ausgedehnten Weisheitshimmels. Hier besteht die größte Seligkeit darin, in allem im allerhöchsten Maße geistig zu schwelgen, was als Ergebnis von verstandesmäßigem Forschen dann durch Erkenntnis zur Weisheit geworden ist. In diesen Bereich gehören auch alle Begriffs- und Vorstellungswelten der Kunst, einschließlich

Musik. Es ist ein vom rein irdischen Standpunkt aus betrachtet geradezu phantastisches Reich. Jeder der ernstlich Forschenden begreift hier entwicklungsmäßig das Ziel, das er sich einst auf Erden gesteckt hatte, in allerumfassendster Form. Doch zu seiner Überraschung erweitert es sich hier endlos, so dass immer neue Ziele auftauchen. Hier im Bereich des Weisheitshimmels ist es auch, wo neue Richtungen für Kunst und Wissenschaften auf Erden erstehen. Als Träger dieser neuen Richtungen werden dann diesbezügliche Genies auf Erden geboren, damit diese dort zur Verwirklichung gelangen. Hier ist es ferner, wo geistig zuerst die neuesten Entdeckungen und Erfindungen gemacht werden, die dann auf Erden durch geniale Erfinder und Entdecker, die auf Erden geboren werden, in Erscheinung treten. Diese Erfinder und Entdecker opfern sich manchmal direkt, indem sie sich zur Wiederverkörperung auf Erden freiwillig bereitfinden, um den Erdenbewohnern – also ihren Mitmenschen – zu helfen. Solche geistigen Wesen bewegen sich schon zwischen den Bereichen des Weisheits- und des allerhöchsten Himmels, nämlich des Liebehimmels. Ich kann euch natürlich auch vom Weisheitshimmel nur kleine Teile zeigen, denn niemals könnten wir ihn ganz durchforschen. Er kann nur als reiner Geist erfasst werden, dessen Vorstellungsvermögen durch nichts mehr beschränkt ist, und der daher mit einem Begriff alles zu umfassen vermag, was mit solchem Begriff irgendwie verbunden sein kann."

„Geht jeder Künstler und jedes Genie, das auf Erden stirbt, gleich nach seinem irdischen Ableben in seine Gefilde des Weisheitshimmels ein?"

„Durchaus nicht. Jeder, der auf Erden gelebt hat, muss erst das Irdische abklingen lassen, das heißt das Irdische, das sich während des irdischen Lebens an ihn anheftete, muss zunächst abfallen und von ihm abgeschüttelt werden. So muss das Leidenschaftliche bezüglich Wünschen und Verlangen, die nur auf Erden und in irdischen Körpern erfüllt werden können, von der Seele weichen oder auf eine höhere Basis transformiert werden, die mit der geistigen Aura der rein geistigen Sphäre des Weisheitshimmels verschmelzen kann. Lasst uns zunächst einmal eine Halle der Weisheit betreten, wo gerade ein Konzert stattfindet."

Man schritt auf ein eigenartiges Gebäude zu, so eigenartig im Baustil, wie es weder Fred noch Geigele auf Erden je gesehen hatten – weder in Wirklichkeit noch in Bildern. Das wuchtige Bauwerk, das trotz seiner Ausmaße aber nicht erdrückend, sondern freundlich einladend wirkte, schien aus einer Art von Marmor gebaut zu sein, dessen Glanz ausstrahlte, aber nicht blendete. Je mehr man sich dem Bauwerk, das von stattlichen Baumgruppen umgeben war, näherte, desto erhebender wurde einem zumute. Von allen Seiten strömten Männer und Frauen herbei, die in Gewänder und Kleider der verschiedensten Zeitalter gekleidet waren, und gingen durch ein breites Tor.

Aristos, Fred und Geigele mischten sich unter die Besucher und betraten das Innere, das – amphietheaterartig angeordnet – äußerst bequeme Sitze aufwies, die man ganz zurücklehnen konnte, so dass man wie auf einem Diwan ruhte. Viele Musikfreunde genossen auf solche Weise ruhend mit geschlossenen Augen die musikalischen Darbietungen. Auf der Bühne war ein zahlenmäßig starkes Symphonieorchester platziert, das nur noch auf den Dirigenten zu warten schien.

Der Konzertsaal war bald bis auf den letzten Platz gefüllt. Man unterhielt sich miteinander, bis das Konzert begann; doch man nahm nur das Sprechen durch Bewegen der Lippen wahr; man hörte keine Worte. Geigele und Fred sahen sich erstaunt gegenseitig an.

„Kannst du mich verstehen, Geigele", wandte sich Fred ihr zu. „Ja, und du mich?", fragte Geigele zurück. Fred nickte bejahend mit dem Kopf.

Da mischte sich Aristos erklärend ein: „Das ist hier anders als bei euch auf Erden. Wenn sich hier Theater- oder Konzertbesucher während einer Aufführung oder eines Konzerts unterhalten wollen, können sie das tun. Sie stören die anderen nicht, da diese sie gar nicht hören. Auch was ihr beide eben miteinander gesprochen habt, hat niemand um euch herum gehört. Das erhöht hier an und für sich schon ganz bedeutend den Genuss einer Theateraufführung oder eines Konzerts. Ebenso hören Besucher, die kein besonderes Musikverständnis besitzen, kein hier gespieltes Konzertstück, das sie nicht interessiert. Sie fühlen dann lediglich die harmonischen Vibrationen der Musik als seelisch und geistig heilend und fördernd. Sie können sich in ihrem Sitz zurücklehnen und ausruhen, fühlen dabei aber die im Konzertspiel zum Ausdruck gebrachten Harmonien um sich herum wie sanfte, balsamische Lüfte wehen."

„Was für Werke werden denn hier hauptsächlich aufgeführt?", fragte Fred interessiert.

„Alle bereits auf Erden vorhandenen Musikstücke aller Komponisten sämtlicher Nationen, manchmal auch Kompositionen von

Künstlern anderer Planeten, deren Feinheiten jedoch nur von den Seelen verstorbener Bewohner solcher Planeten verstanden werden. Manchmal aber werden hier auch Kompositionen gespielt, die noch auf keinem Planeten – auch nicht auf Erden – von einem Komponisten inspiriert vernommen und in Musik auf ihrem jeweiligen Planeten umgesetzt wurden. So haben wir hier abwechselnd Konzerte irdischer Komponisten, Konzerte von Komponisten anderer Planeten und Konzerte von jenseitigen Komponisten, die noch auf keinem Planeten gehört wurden. Eingeteilt sind die Konzerte in solche mit leicht populären Musikstücken, in rein klassische Konzerte und in Konzerte für weit fortgeschrittene Musikliebhaber und Künstler. Der Besuch aller Konzerte steht jedermann frei. Wer Kompositionen nicht versteht oder manche nicht liebt, kann während deren Darbietungen ruhen. Nichts stört ihn, denn er hört nicht die ihm unverständliche und ungewünschte Musik, fühlt aber deren Wirkung auf das seelische und geistige Wohlbefinden."

Jetzt erschien auf der Bühne der Dirigent – ein schlanker Mann in mittleren gereiften Jahren – mit völlig durchgeistigten Gesichtszügen. Er verneigte sich, und das Orchester begann zu spielen.

Fred und Geigele hörten aufmerksam zu. Sie wussten nicht, was gespielt wurde, doch sobald das Orchester angefangen hatte, überkam sie ein überaus wonniges Gefühl, das sich ihrem ganzen Wesen mitteilte. Gleichzeitig mit dem Spiel wechselten die Farben des Lichts und die exotischsten Düfte wehten durch den Raum. Die Wirkung war so einzigartig, dass das Konzert sowohl Geigele wie Fred geradezu wunderbar vorkam. Manchmal, wenn die Klänge des Orchesters weich wie ein Hauch durch den Konzertsaal zu wehen schienen, öffneten sich Ausblicke in so phantastische, einzigartige Landschaften, wie weder Geigele noch Fred sie sich bis jetzt je vorgestellt hatten. Wie lange das erste Konzertstück dauerte, hätten weder Fred noch Geigele sagen können. Zum Schluss gab es starken Beifall, wobei man merkwürdigerweise aber niemanden mit den Händen klatschen sah. Der Applaus schien lediglich durch die Begeisterung der Zuhörer hervorgerufen zu werden und äußerte sich als ein Begeisterungsausdruck, der die Seele förmlich hochhob, als ob sie schwebe.

„Ich denke, wir können wieder gehen", bemerkte Aristos. „Heute werden hier neue Kompositionen von hohen Geistern gespielt, von denen ihr doch noch nicht den vollen Genuss haben würdet, da die Kompositionen über euer irdisches Musikverständnis hinausgehen.

Aber ich glaube, ihr werdet nach dem eben Gehörten verschiedene Fragen zu stellen haben. Lasst uns diese zusammen erörtern, was euch dann noch manche Klarheit bringen wird. Vergesst nicht, ihr macht auch hier nur eine Wanderung durch diese Zonen, damit diejenigen, die dann diese Wanderungsbeschreibung lesen, auch für sich ihre eigenen Folgerungen daraus ziehen können. Ihr mögt noch solange hier im Bereich des künstlerischen Musikausdrucks verweilen, profitieren würdet ihr nur, wenn ihr selbst durch und durch musikalisch veranlagt wäret, und Musik euer Lieblingsgebiet sein würde, weil ihr euch bereits in euren Vorleben mit Musik beschäftigt hättet."

Man stand auf; obgleich der Dirigent bereits ein anderes Musikstück mit dem Orchester spielte, verursachte der Fortgang der drei Besucher keinerlei Unruhe. Man schien ihr Gehen durch die Reihen zum Ausgang hin gar nicht einmal zu bemerken. Es war, als ob man durch sie hindurchsah.

Vor dem mächtigen Musikhallengebäude gab es gemütliche Gartennischen mit Ruhebänken. Man ließ sich auf einer solchen Bank nieder, und Aristos nahm seine Erklärungen wieder auf.

„Ich glaube, auf allen unseren Wanderungen durch das große Jenseits wird euch bis jetzt noch niemals eine solche erhabene Seinsebene vorgekommen sein, wie ihr sie eben erlebt habt. Ich will sie euch ein wenig näher erläutern. Das Publikum, das ihr saht, bestand fast ausschließlich nur aus Musikbeflissenen der verschiedenen Planeten unseres Sonnensystems. Da in ihrem Dasein Musik für sie alles war, so leben sie jetzt hier gemäß ihrer Herzenswünsche und sind restlos glücklich in ihrem eigenen Musikhimmel."

„Werden sie nicht auch einmal dieses Glücks über?", fragte Fred.

„Diese Frage kann nicht so einfach mit ‚Ja' oder ‚Nein' beantwortet werden", antwortete Aristos, „aus dem einfachen Grund, weil – wie ich euch früher schon erläuterte – Gottes Wunderschöpfung durch uns denkende Wesen wohl abgegrenzt und begrenzt werden kann, trotzdem aber in der Tiefenwirkung der Erweiterung endlos ist. Daher kann irgend jemand, dessen ganzer Herzenswunsch nur in der Ausübung und Vervollkommnung einer Kunstrichtung besteht, für – nach euren Begriffen – einfach endlose Zeitmaße immer und immer wieder neue Formenmöglichkeiten für sein künstlerisches Bemühen, Forschen und Arbeiten finden und entdecken, was für ihn ja Herzenswunsch ist. Theoretisch freilich wird auch jeder künstlerische Herzenswunsch einmal umgewandelt werden in etwas anderes, noch Höheres, von dem wir jetzt aber noch keinerlei Vorstellung haben können, da das Geistige in seiner Ausdehnung eben endlos ist. Doch lasst uns bei dem bleiben, was wir eben erlebten, denn sonst verlieren wir uns ebenfalls noch ins Endlose, und uns mag es dann passieren, dass wir nicht mehr zurückfinden, zumal ja Geigele noch auf Erden lebt und Fred noch nicht sehr weit fortgeschritten ist und auch ich noch viele, viele Begrenzungen habe."

„Sag mal", fragte da der immer etwas praktisch veranlagte Fred, „wie erfolgt denn von hier aus die musikalische Eingebung auf die Menschen, zum Beispiel unserer Erde; du sagtest, dass das stattfindet."

„Es findet nicht nur gelegentlich statt, sondern ist beinahe überhaupt der einzige Weg, wie Künstler auf Erden schaffen. Die Beeinflussung von hier aus ist nur möglich auf solche, die in einer Kunstrichtung sozusagen aufgehen, weil sie ihr Künstlerberuf ganz erfüllt. Solche künstlerisch veranlagten Menschen werden auf verschiedene Weise von hier aus beeinflusst. Vielfach geschieht es im Traum, öfters auch, wenn der Künstler meditiert. Dann öffnet sich für ihn die ‚Innere Sehe' oder das ‚Innere Gehör' oder ‚Innere Gefühl', und es werden ihm plötzlich Melodien bewusst, die hier schon komponiert und vorhanden sind. Besonders künstlerisch veranlagte Naturen haben sogar hier im Jenseits ein künstlerisches Genie als eine Art von künstlerischem Schutzengel, der es versteht, die Stimmungen eines Künstlers auf Erden für Eingebungen von Melodien auszunutzen. Doch nicht nur Melodien – wie zum Beispiel in der Musik – werden auf solche Weise übermittelt, sondern auch neue Formgebungen werden dem irdischen Künstler innerlich eingegeben. Es ist ein Vorgang, der einem erst so richtig klar wird, wenn man sich selbst hier im Weisheitshimmel des großen Jenseits befindet."

„Danach gäbe es also überhaupt so eigentlich keine Originalkomponisten auf Erden, sondern alles ist nur Eingebung?"

„Das ist falsch! Du musst mich nicht ganz richtig verstanden haben, oder ich habe mich undeutlich und unklar ausgedrückt. Es gibt Originalkomponisten auf Erden, doch werden solche meistens intuitiv auch innerlich so geöffnet sein, dass ihnen bei ihrer Kompositionsarbeit intuitiv der hiesige unerschöpfliche Vorrat an musikalischen Ideen in Ton und Theorie zur Verfügung steht, so dass ein solcher irdischer Komponist ungehindert daraus schöpfen kann. Geschieht das allerdings zu selbstbewusst, indem man Jenseitsweisungen nicht annehmen will, so mag es geschehen, dass Künstler mit der Zeit so verwirrt werden, dass sie entweder in geistige Umnachtung fallen oder Kunstwerke schaffen, die wahre, wirklich echte Kunst verzerrt und entstellt wiedergeben. Das kommt hauptsächlich daher, weil Künstler, die glauben, alles allein meistern zu können, dann vielfach durch irdische seelische und geistige Strömungen zu sehr beeinflusst werden mit dem Ergebnis, dass ihre Kunstschöpfungen schließlich nicht mehr reine Kunst, sondern verwirrte Strömungen ihrer Zeitepoche festhalten und als wahre Kunst präsentieren."

„Wie eng hängt doch alles im Kosmos Vorhandene zusammen", kommentierte, wie zu sich selbst redend, Geigele das eben Gehörte.

„Doch wir wollen uns nicht zu lange bei einer Kunstrichtung aufhalten, sondern uns im Weisheitshimmel noch etwas mehr umschauen, da hier nämlich nicht nur die Kunst ihre höchste Vollendung findet, sondern auch jede andere geistige Bestrebung, wie beispielsweise die von Erfindern und Entdeckern. Dann gibt es wieder Schulen, die sich ausschließlich der Förderung der seelischen Entwicklung der Menschen widmen. Und endlich seien die Denker und Philosophen nicht vergessen. Ihr seht, hier nimmt man erst so recht die Vielseitigkeit der Ausdrucksmöglichkeiten denkender Wesen wahr. Auf Erden erscheint alles das so einfach und man geht darüber hinweg. Hier im Weisheitshimmel dagegen wird jedes Streben denkender Wesen zu einer Art besonderem Himmel mit dementsprechender beseelender Beglückung."

„Nach deiner Erklärung, lieber Aristos", fuhr Fred im Fragen fort, „wäre dann eigentlich nichts, was auf dem Gebiet der Kunst auf Erden zu verzeichnen ist, direkt irdischer Abstammung, sondern alles auf Beeinflussung vom Jenseits zurückzuführen."

„Das ist aber nicht so, wie du es dir vorstellst. Die Anregungen und Beeinflussungen vom großen Jenseits aus auf irgendeinem geistigen Gebiet bestehen mehr in Impulsen, die sich bei denen, die für solche Impulse aufgrund ihrer Veranlagung zugänglich sind, als Bestrebungen auswirken, die einen irdischen Charakter tragen, da sie ja unter irdischen Bedingungen in Wirksamkeit treten. So ist also bei jeder künstlerischen und erfinderischen Schöpfung auf Erden sehr wohl der Künstler und Erfinder der Verwirklicher des Neuen. Andererseits wird aber durch die Hilfe vom großen Jenseits auch alles geistige Streben auf Erden bestärkt, unterstützt und gefördert. Es sei daher immer und immer wieder darauf aufmerksam gemacht, dass ohne die Anregung von oben her alles geistige Streben auf Erden ungeheuer erschwert wäre, während manche Anregungen für Verbesserungen auf allen geistigen Gebieten vielfach von verstorbenen Künstlern ins Jenseits mitgenommen werden, deren Seelen in den Weisheitshimmel eingehen. Die Verbesserungsideen verstorbener Künstler sind bei diesen während ihres Erdenwirkens durch die Widerstände geweckt worden, die auf Erden an und für sich allen geistigen Bestrebungen entgegentreten. Kurz, das Wechselspiel zwischen dem Diesseits und dem großen Jenseits ist unbedingt nötig, um die Gesamtheit des Kosmos entwicklungsmäßig durch die Mitwirkung denkender Wesen vorwärtszubringen, deren Aufgabe es ja schließlich ist, die Schöpfung in allen ihren Ideen und Anregungsmöglichkeiten selbst fortzuführen, nachdem Gott alles Potential dafür in sie hineingelegt hat, und Er sozusagen alles nur noch – wenn auch sehr genau – überwacht, selbst jedoch nicht mehr direkt eingreift, was ja auch nicht nötig ist: Alles ist in der Schöpfung als göttlicher Wille vorhanden, was zum Erhalt der Schöpfung im Sein notwendig ist. Doch kommt, wir wollen uns jetzt noch ein wenig mehr umsehen."

Man schritt weiter; es war aber eine Art von Schweben und kein Gehen mehr. Je weiter man anscheinend in die Regionen des Weisheitshimmels eindrang, desto glückseliger wurde das Gefühl und Empfinden, desto klarer der Blick, desto geweiteter der Horizont. Man begegnete Gruppen von Menschen von ganz außerordentlicher Schönheit. Es war eine Art von strahlender Schönheit, die auf einen wie Balsam wirkte. Die meisten der vorbeiziehenden Gruppen beachteten Aristos, Fred und Geigele nicht. Andere wieder nickten ihnen im Vorübergehen freundlich zu.

„Lasst euch durch die scheinbare Gleichgültigkeit und Teilnahmslosigkeit mancher vorüberziehender Gruppen nicht täuschen", bemerkte Aristos, der wahrgenommen hatte, dass Fred und Geigele sich darüber zu wundern schienen. „Solche scheinbar gleichgültig wirkenden Gruppen sind in Gespräche und in Gedankenaustausch über Gebiete vertieft, die ihr Wesen ausmachen, bei euch aber kaum irgendein Verständnis erwecken würden. Wir wollen uns nun einmal in ein Konferenzzimmer von jenseitigen Erfindern begeben."

Damit deutete Aristos auf einen Saumpfad, der nach rechts auf dem Rücken eines Höhenzuges dahinführte. Bald tauchte über den Wipfeln von Pinien ein wieder in einem ganz phantastischen Baustil gehaltenes Prachtgebäude auf. Die Tore standen offen, und Menschen gingen emsig aus und ein.

„Hier", erläuterte Aristos, „findet ihr unter anderen auch alle diejenigen wieder, die auf Erden ständig grübelten und so manche kleine Erfindung und Verbesserung machten, die aber keinerlei Anerkennung fanden oder deren Ideen von Fabrikanten aufgekauft und dann vom Markt ferngehalten wurden, weil sie bestehende Handelsartikel schädigen und deren Verkauf hemmen würden."

Man trat in eine Art Ausstellungshalle. Bei manchen der Modelle, die da auslagen, konnte man nicht feststellen, zu was sie eigentlich dienen sollten. Dann gab es wieder verschiedene Zahnradkonstruktionen – Antriebsvorrichtungen, die, wie verzeichnet war, erst später einmal auf Erden von großem Vorteil sein würden. In einer Abteilung waren Modelle von Flugzeugen, wie man sie auf Erden noch nicht kannte. Fred war besonders daran interessiert, da er auf den Schlachtfeldern Frankreichs und Flanderns viele Fliegerkämpfe beobachtet hatte. Dann gab es ein merkwürdiges Schiff, das fast wie ein großer Walfisch geformt, aber anscheinend aus Stahl hergestellt und im Inneren erstklassig mit allen Bequemlichkeiten ausgestattet war. Darunter stand: ‚Modell für das erste Raumschiff, das je auf Erden erfunden werden wird'. Fred sah sich die Erfindung von allen Seiten an, konnte aber nicht feststellen, wie es wohl fortbewegt werden würde. Ein Mann, der nahebei stand und die Besucher seit langem beobachtete, kam freundlich auf Aristos, Fred und Geigele zu und bemerkte: „Kann ich euch lieben Gästen – denn ich glaube mich nicht zu irren, in euch Gäste zu erkennen – vielleicht mit irgendeiner Erklärung dienen?"

„O ja", ging Fred sofort auf das Angebot ein. „Ich werde aus dem Modell, wenn es das eines künftigen irdischen Raumschiffes sein soll, nicht recht klug."

„Das glaube ich gern", antwortete lächelnd der Erläuternde. „Also dieses Raumschiff, wenn es einmal auf Erden erfunden worden ist, wird durch eine Kraft angetrieben werden, von der ihr heute noch nicht die geringste Ahnung habt, obgleich deren Entdeckung ziemlich unmittelbar bevorsteht. Doch auch dann wird es noch mehrere Jahre dauern, ehe die Erdenbewohner diese Kraft voll auswerten können. Du siehst, mein Freund, um das Raumschiff äußerlich eine Art von Aura herum, durch die angedeutet werden soll, dass das Raumschiff durch die euch zur Zeit noch unbekannte Antriebskraft auch ein Medium gefunden haben wird, alle Widerstände zu überwinden.

Fred war die Vorstellung einer Weltraumfahrt so unfassbar, dass er beim weiteren Betrachten des Modells nur immer den Kopf schüttelte, was bei dem Erklärer ein Lächeln auslöste.

„Du ahnst ja gar nicht, mein Freund", nahm der Erfinder seine Erklärung wieder auf, „wie nahe die Erdenbewohner vor euch noch einfach als höchst wunderbar anmutenden Erfindungen und Entdeckungen stehen; die nächsten Jahrzehnte auf Erden werden einzigartige Kenntnisse bringen."

Fred wurde nachdenklich und etwas traurig gestimmt, traurig deswegen, weil er nicht mehr auf Erden weilte, um an diesen allerneuesten, wunderbaren Erfindungen und Entdeckungen Anteil nehmen zu können.

Der Erläuternde schien ganz richtig zu fühlen, was Fred bedrückte, denn er bemerkte: „Du brauchst darüber nicht traurig zu sein, dass du nicht mehr auf Erden lebst und direkten Anteil an all dem wirst nehmen können, was ich andeutete. Siehe, ich bin schon viel länger im Jenseits als du und bin doch nicht im Geringsten enttäuscht. Und warum nicht? Weil ich von hier aus alles überblicken und verfolgen kann, was auf Erden vorgeht. Ich kann aber auch helfend und fördernd auf irdische Geschicke einwirken, wie ich das nie fertig bringen würde, wenn ich noch auf Erden weilte. Darum, Kopf hoch! Hier ist das Leben viel reicher, wenn du es dir reicher gestaltest, das heißt, immer noch Anteil am irdischen Geschehen nimmst. Das mag allerdings vielleicht nicht immer der Fall sein, da mit der Länge des Verweilens im großen Jenseits unser Interesse am irdischen Geschehen ganz natürlicherweise abflaut. Doch darf ich vielleicht dich, mein Freund, und deine Begleiter zu einer Demonstration nebst Vortrag einladen."

Fred sah Aristos und Geigele an, die ihm zustimmend zunickten.

Der Erfinder führte alle in einen großen Vorführsaal, der, ähnlich der Musikhalle vorher, ebenfalls amphietheaterartig gebaut war. Auch hier waren sehr bequeme, weiche, zurücklehnbare Sitze, die im Augenblick durch einen Griff zum Ruhebett umgewandelt werden konnten.

Gerade als man Platz genommen hatte, begann ein Dozent: „Liebe Forscher- und Erfinderfreunde! Ihr alle wisst es hier im sogenannten großen Jenseits – ihr wisst es infolge von Vorträgen, die ihr gehört habt, und zum Teil auch aus eigener innerer Erkenntnis –, dass die Erde in den nächsten Jahren einem großen Wandel unterworfen werden wird, wie es in einer Zeit, an die sich Menschen auf Erden zurückerinnern können, bisher noch niemals der Fall gewesen ist. Es ist daher auch eine besondere Gelegenheit, unseren Brüdern und Schwestern auf Erden hilfreich unter die Arme zu greifen. Was denkt ihr, was wir zunächst den irdischen Erfindern und Entdeckern besonders eingeben sollten, damit die Vervollkommnungen stattfinden können?"

Auf die Frage meldete sich ein ernst, aber sehr freundlich und durchgeistigt aussehender Zuhörer und bat um das Wort, das ihm auch gewährt wurde.

„Wir hier haben, wie ihr alle wisst, einen viel größeren Weitblick, als wir es je haben konnten, solange wir noch auf Erden lebten. Dank dieser Tatsache wissen wir, dass der Menschheit nicht immer mit dem gedient ist, was wir hier erfinden und entdecken. Manches davon wird von den Menschen, wenn zum Beispiel jemand aufgrund unserer Eingebung aus dem großen Jenseits eine hier entworfene Erfindung dann auf Erden macht, sofort missbraucht. Wir haben uns daher, wie ihr alle wisst, selbst einen Zwang auferlegt und lassen nur die Erfindungs- und Entdeckungsideen in geeignete Menschen auf Erden als Eingebungen eindringen, von denen wir glauben, dass sie in ihrer Gesamtheit dann von den Menschen zu ihrem wirklichen Segen verwendet werden. Euch allen ist aber auch bekannt, wie wir uns diesbezüglich trotz genauester Durchsprechung nur zu oft schon getäuscht haben. Immer und immer wieder wurde auf Erden jede neue Erfindung und Entdeckung sofort für Kriegszwecke verwendet – unter dem Vorwand der ‚Selbstverteidigung'. Darum möchte ich diesmal vorschlagen, dass wir von den vielen Erfindungen und Entdeckungen, die demnächst auf Erden sowieso gemacht werden dürften, vorläufig nur solche durch Eingebungen zulassen, mit denen die Menschen keine zu großen Selbstzerstörungen anrichten können. Lasst uns nicht vorschnell bei unseren diesmaligen Entschlüssen handeln, sondern das ganze Problem zusammen mit den Ratschlägen behandeln, die unsere hiesigen Philosophen und weisen Männer uns geben mögen. Wir hier können zwar Entdeckungen und Erfindungen machen, weil das unser ‚Herzenswunsch' ist, doch ist uns damit noch lange nicht alle Weisheit eigen geworden, die uns allein helfen könnte, richtig und zum Besten der gesamten Menschheit zu handeln."

Der Vorsitzende und erste Redner beim Beginn der Sitzung bemerkte zu diesen Ausführungen: „Ich stimme dem Vorredner völlig zu, und darum denke ich, es ist das Beste, dass wir Erfinder und Entdecker ein besonderes ständiges Komitee ernennen, das mit einem ähnlichen Komitee der Philosophen und weisen Männer zusammenarbeitet und einen Plan ausarbeitet, nach dem wir handeln können, wenn wir unsere Entdeckungs- und Erfindungsideen den Menschen auf Erden zugehen lassen."

Obgleich damit die Verhandlungen noch nicht abgeschlossen waren, stand Aristos doch auf und gab dadurch für Fred und Geigele das Zeichen, dass er glaube, er habe beiden einen genügenden Einblick in das Sein, Tun und Lassen von Künstlern, Genies und Philosophen in ihren dementsprechenden Bereichen im Weisheitshimmel gezeigt.

„Machen Künstler, Erfinder, Entdecker und Genies", fragte Geigele hier, „den ganzen Tag nichts anderes, als sich damit zu beschäftigen, wie sie ihre eigenen Ideen am gefahrlosesten der Menschheit übermitteln könnten? Schlafen denn die Bewohner des Weisheitshimmels nicht mehr? Haben Sie kein Heim?"

Aristos sah Geigele überrascht an, als wollte er damit sagen: Ja, hast du denn noch nicht das Fundamentale der jenseitigen Welt begriffen?

Geigele fühlte, dass Aristos über ihre Frage nicht nur erstaunt, sondern sozusagen betrübt war. Deswegen ergänzte sie ihre Frage: „Du musst mich bitte nicht falsch verstehen. Aber mir kommt das Dasein hier im Weisheitshimmel so hoch entwickelt und vergeistigt vor, dass ich angenommen habe, dass hier bei dem hohen Entwicklungsstand, den die Bewohner dieser Region erreicht haben, das Schlafbedürfnis völlig überwunden sein müsste."

Aristos schwieg eine Weile, nachdem Geigele geendet hatte, gleich als überlege er, wie er Geigeles Frage am besten, klarsten und deutlichsten beantworten könnte.

„Liebes Geigele", begann er schließlich. „Es gibt Fundamentalgesetze, die sich durch den ganzen Kosmos als eine Vorbedingung des Vorhandenseins ziehen. Ein solches ist das der Gegensätzlichkeit, ohne die es für uns keinen Fortschritt und keine Anregungen gäbe. Das Gegenstück zur höchsten Aktivität ist die Passivität, zur Bewegung die Ruhe. Da die Bewohner gerade des Weisheitshimmels sehr rege sind, so müssen auch sie gelegentlich ruhen, und so haben auch sie ihre eigenen Heime – wie die Bewohner aller anderen Reiche."

„Dann muss es hier doch auch so etwas wie Dörfer und Städte geben!", fragte Geigele weiter, „denn wenn sich Menschen Wohnungen errichten oder einrichten, so tun sie das doch gewöhnlich immer so, dass sie Nachbarn in der Nähe haben."

„Dein Gedankengang ist ganz richtig", bestätigte Aristos, „und doch liegen hier im Jenseits die Verhältnisse diesbezüglich ein wenig anders, was dir noch nicht recht fassbar sein wird, solange du eben noch auf Erden lebst und du mit deiner Seele und deinem Geist sozusagen hier lediglich nur auf Urlaub weilst – die Trennung von irdischen Verhältnissen für dich also noch nicht vollzogen ist. Wohnungen und Heime errichtet man sich in allen Himmelszonen des großen Jenseits stets durchaus wunschgemäß, das heißt, man braucht dazu keine besonderen Handwerker, sondern ein Heim, das man sich wünscht, ist hier dann einfach nach Wunsch sofort vorhanden. Auch die Innenausstattung ist so, wie man es sich ersehnt und darin glücklich und zufrieden fühlen kann. Die Umgebung hängt ebenfalls ganz und gar von den eigenen Wünschen ab. Die meisten der Heime sind also mental geschaffen, oder besser ausgedrückt durch den eigenen Geist gemäß dem bestehenden Herzenswunsch vorhanden. Sie stellen daher anfänglich auch so etwas wie rein Zustandsmäßiges dar, sind aber nichtsdestoweniger absolut wirklich für den, der sie geschaffen hat und auch für alle, die in seine Seinssphäre eintreten. Nun ist aber hier im Weisheitshimmel freilich viel stärker als sonst in irgendeiner Zone der Wunsch vorhanden, mit Gleichgesinnten eng zusammen zu sein, um seine eigenen Philosophien stets durchzusprechen oder seine Erfindungen darlegen zu können. So kommt es, dass wir im Weisheitshimmel auch ganze Gegenden in Dorf-, Stadt- oder sonstiger Gemeinschaftsgruppierung als geistige Wirklichkeiten vorfinden. Wir werden uns einmal zu einer solchen ganz eigener Art begeben, wobei ich aber bemerken möchte, dass wir nicht lange werden bleiben können."

„Warum das?", fragte Fred erstaunt.

„Mit Rücksicht auf Geigele!"

„O ich verspreche, keinerlei Anlass zu einer Störung zu geben", warf Geigele schnell ein.

„Das wissen wir, liebes Geigele, dass du das nicht tun wirst, doch es sind andere Gründe, die ein längeres Verweilen dort, wohin wir uns nun begeben wollen, mit Rücksicht auf dich nicht angezeigt erscheinen lassen. Frage jetzt nicht weiter, du wirst es selbst herausfinden können."

Man gab sich zufrieden.

Was jetzt geschah, kann nicht richtig beschrieben werden. Es war kein direktes Schreiten, es war auch kein Fliegen, es war eine Art von Fortbewegung, die Geigele und Fred zum ersten Male erlebten. Der

Vorgang glich etwa einem automatisch vor sich gehenden, langsamen Szenenwechsel der Umgebung durch allmähliches Erblassen und Hervortreten von etwas ganz Neuem.

Das Neue war auch eigenartig genug. Es war eine äußerst liebliche Landschaft, in der alles eine eigene Beleuchtung auszustrahlen schien. Alles war geradezu durchsättigt von einer Flut von Licht, durch die Farbennuancierungen von solcher Pracht und Feinheit hervorgezaubert wurden, dass man sich genötigt fühlte, das, was sich bot, nicht bloß mit dem Gesichtssinn, sondern mit allen fünf Sinnen zu gleicher Zeit zu „erleben". Am besten ließ sich diese ganz seltsame und eigenartige Auffassung von allem um einem herum beschreiben als ein Schwimmen in Vibrationen des Lichts, des Schalls, des Gefühls, des Geschmacks und Geruchs zur gleichen Zeit. Es war etwas, was man sich auf Erden überhaupt nicht vorzustellen vermochte; man war in des Wortes vollster Bedeutung wie „verzaubert".

Und wie sah die Umgebung aus?

Aristos, Geigele und Fred befanden sich auf der Hauptverkehrsstraße einer eigentümlichen, orientalisch anmutenden Stadt mit großen, offenen Kaufhäusern, wo emsig eingekauft wurde; doch man gab kein Geld. Man sah den Käufer nur prüfend an, und darauf bekam er die Waren. Manche kauften auf solche Weise viel, manche wenig. Aber alle Menschen hatten eine strahlende Erscheinung und schienen innerlich befriedigt und beglückt. Alle Begegnenden lächelten grüßend Aristos, Fred und Geigele zu. Von der Hauptstraße aus, in der sich die Warenhäuser befanden, sah man nach beiden Richtungen – die Hauptstraße sozusagen abschließend – herrliche, mit blühenden Bäumen bewachsene Berghänge ansteigen, die auf ihren höchsten Höhen Schnee trugen, der einen wohltuenden Schein herunterwarf und dabei den Eindruck einer erfrischenden, leise wehenden Briese hervorrief.

Aristos, der Geigele sorgfältig beobachtete, begab sich schließlich mit seinen Begleitern von der Hauptstraße aus zu einem Platz, auf den mehrere Marmorstufen hinaufführten. Der Fußboden des Platzes bestand ebenfalls aus farbenprächtigem Marmor. An den Seiten befanden sich Säulengänge, in denen Bänke zum Rasten einluden.

Plötzlich fing Geigele an zu wanken, Aristos stützte sie schnell und führte sie, begleitet von Fred, zu einer der Bänke in der offenen Säulenhalle. Dort erholte sie sich langsam, doch fiel es bald wieder auf, dass sie scheinbar erneut allmählich kraftlos zu werden schien.

Da näherte sich den dreien eine hübsche Erscheinung, ein stattlicher Mann mit dunklem Vollbart und leuchtenden Augen, der die drei auf der Bank ausruhenden begrüßte: „Ihr seid neu hier, glaube ich."

Als Aristos das nickend bestätigte, bemerkte der Fremde, auf das ganz in sich zusammengesunkene, wie kraftlos dasitzende Geigele deutend: „Sie gehört überhaupt noch nicht ins Jenseits!"

Aristos nickte.

Da blickte der Fremde Geigele scharf an; sofort fühlte diese sich gekräftigt.

Der stattliche Fremde fuhr fort: „Ihr seid selbstredend allerherzlichst willkommen hier in unserer himmlischen Heimat, doch dehnt den Besuch in Anbetracht eurer Begleiterin" – dabei auf Geigele deutend, die wieder schwächer zu werden schien – „nur nicht zu lange aus, denn das Dasein ist hier ganz besonders für solche, die noch nicht hierher gehören, sehr teuer."

„Was ist das hier wohl für eine Gegend?", fragte, ihre Kräfte zusammennehmend, neugierig Geigele.

„Lasst uns sie einfach als eine sehr ‚teure' Gegend bezeichnen", entgegnete freundlich lächelnd der Fremde.

„Wieso?", fuhr Geigele zu fragen fort.

„Hier erhält nämlich jeder nur, was er sich wirklich erworben hat, und das ist oft nicht leicht; denn hier werden an jedermann sehr hohe Ansprüche gestellt."

„Welche eigentümliche Gegend und was für eine seltsame Gemeinde im Weisheitshimmel", warf hier Fred erstaunt ein.

„O durchaus nicht so eigentümlich als wie du, lieber Gast, glaubst. Wir haben uns zusammengefunden aus Prinzip und aus freien Stücken, um ein Beispiel und Vorbild für viele andere Gruppen im Weisheitshimmel dafür zu sein, dass eine Gemeinschaft wie die unsrige – aufgebaut auf den höchsten Idealen der Selbstlosigkeit, die ein edles Ziel verfolgt – sehr wohl bestehen kann."

„Wodurch ist diese Gegend denn so teuer?", fragte Fred interessiert.

„Dadurch, dass an jeden, der hier wohnt, hohe Ansprüche an seinen tätigen Beitrag für die Gemeinschaft, das heißt diese Niederlassung, gestellt werden. Wer diesen nicht leisten kann oder will, kann daher hier nicht bestehen."

Fred schüttelte nachdenklich und ungläubig den Kopf.

„Nanu, was hat denn mein Freund?", fragte interessiert der Fremde.

„Ich kann", so bemerkte Fred, „nicht verstehen und begreifen, wie im Himmel – und wenn es auch der Weisheitshimmel ist, Existenzbedingungen vorhanden sein können. Hier kann man sich doch durch bloßes Denken Heime und Wohnstätten schaffen und herstellen."

„Sehr richtig", erwiderte der Fremde. „Doch um ausgesucht hier an unserer Stätte – nennen wir sie vielleicht eine Kolonie von Idealisten, die ihre Prinzipien beim geistigen Aufbau dieser Stätte als eine Bedingung für ihr Bestehen hineingelegt haben – existieren zu können und damit zu dieser Gemeinschaft zu gehören, müssen von jedermann – aus freien Stücken natürlich – die einmal für die Existenz dieser Stätte niedergelegten Bedingungen erfüllt werden, sonst kann sich hier niemand behaupten und wohnen, das heißt, man würde einfach allmählich so schwach werden, dass man einschlafen und erst in einer anderen Gegend des Weisheitshimmels wieder erwachen würde, ohne dann je den Weg hierher wieder zurückzufinden."

„Wie würde man denn, wenn man körperlich hier eingeschlafen ist, in eine andere Gegend kommen?", fragte neugierig Fred.

„Ganz einfach", klärte der Fremdling weiter auf, „ein hiesiger Körper würde, da seine Seele und sein Geist es hier nicht auszuhalten vermögen, aufgelöst werden und ein neuer Körper für Seele und Geist sich in irgendeiner anderen Gegend des Weisheitshimmels formen, in dem man dann sein Bewusstsein wiederfinden würde."

Doch plötzlich auf Geigele deutend, die Aristos und Fred für eine Weile aus den Augen gelassen hatten, mahnte der Fremdling: „Beeilen Sie sich, von hier fortzukommen. Ihre Begleiterin, die ja noch nicht irdisch gestorben ist, könnte durch die verschwindende Vitalität, hervorgerufen durch die enorm starke geistige Aura dieses Platzes, leicht schweren Schaden erleiden, der sich auch auf ihren irdischen Körper auswirken müsste, in den sie immer noch hineingehört."

Aristos stand sofort auf; ebenso erhob sich Fred, der nichts von schwindender Lebenskraft fühlte, da er ja schon dem großen Jenseits angehörte. Beide fingen die halb ohnmächtige Geigele in ihren Armen auf und schleppten sie fort. Der Fremde berührte aber Geigele, und diese bekam dadurch wieder größere Vitalität und konnte sich selbst fortbewegen, klagte dabei aber über eine lähmende Schwäche.

Auf einmal befanden sich Geigele, Fred und Aristos wieder auf einer der vielen blumengeschmückten Wiesen – von denen es unzählige im Weisheitshimmel zu geben schien – ohne eigentlich zu wissen, wie sie dahin gekommen waren. Sie legten sich ins Gras und ruhten, denn auch Fred, ja selbst Aristos, fühlten eine gewisse Schwäche.

Nach kurzer Zeit der Rast jedoch waren Aristos und Fred bald wieder frisch, nur dauerte es bei Geigele noch eine Weile, ehe sie völlig zu sich kam und wieder kräftig war.

Nach einer Pause des allgemeinen Schweigens nahm Aristos das Gespräch auf und bemerkte: „Ich denke, wir brechen jeden weiteren Besuch von einzelnen Sphärenabteilungen des Weisheitshimmels ab. Ihr habt gesehen, dass manche Gegenden im Weisheitshimmel durchaus nicht so ungefährlich für Besucher sein können. Und da habt ihr noch eine verhältnismäßig harmlose Sphäre kennen gelernt, die von einem ideellen Eingeweihten geleitet wird. Es gibt aber im Weisheitshimmel auch Sphären, in denen ganz abstrakte Gedanken verwirklicht sind, die so stark auf gelegentliche Besucher einwirken können – da solche manchmal nicht in der Lage sind, sich in deren Verhältnisse einzufinden –, dass sie direkt gefährlich für sie sein können. – Nun, Geigele, hast du bald deine Wanderung durch das ‚Jenseits' zum Berichten auf Erden beendet. Wollt ihr" – sich sowohl an Geigele wie auch an Fred wendend – „noch irgendetwas Besonderes hier sehen, ehe wir den Weisheitshimmel gänzlich verlassen und einen Einblick in den allerhöchsten Himmel, den Liebehimmel, tun?"

„Ja, aber Aristos", ersuchte Fred, „ist es von hier aus vielleicht mal möglich, auf andere Gestirne zu gelangen und einen Einblick in dortige Verhältnisse zu gewinnen?"

„Ja", antwortete Aristos zögernd, „doch ein solcher Besuch hat sein großes ‚Aber', über das ihr euch erst gründlich klar werden müsst."

„Wenn du uns alles erklärst", beruhigte Fred, „so werden wir uns wie immer in allem nach deinen Weisungen richten, die du uns für einen solchen Besuch geben solltest."

„Leider ist das Erklären nicht so einfach. Du, Fred, wirst das schneller begreifen können als Geigele."

„Dann, lieber Fred", schaltete sich Geigele ein, „mache du mit Aristos den Ausflug zu einem anderen Gestirn allein, und ich werde hier auf eure Rückkehr warten."

„Nein, liebes Geigele, das werden wir beide nicht tun", bemerkte hier ziemlich bestimmt Aristos. „Wenn solcher Ausflug unternommen wird, geschieht das nur deinetwegen oder – deutlicher – der Aufzeichnungen wegen, die darüber von Dr. Lehmann an deinem Krankenbett gemacht werden. Also hört mal beide zu! Wärst du, liebes Geigele, schon irdisch gestorben, also hier im großen Jenseits wie Fred und ich beheimatet, so könnten wir den Ausflug auf folgende

Weise machen. Ich würde jemanden aus dem Weisheitshimmel, der solche Ausflüge schon unternommen hat, bitten, uns zu begleiten. Da er infolge früherer solcher Besuche auf anderen Gestirnen weiß, wie dort alles ist, könnten wir – wären wir, wie erwähnt, alle drei schon Bewohner des großen Jenseits – im Augenblick auf solch einem Gestirn sein. Wir brauchten uns nur in die Seinssphäre unseres Begleiters von hier hineinzuversetzen. Dieser hätte es nämlich nur nötig, an die Verhältnisse auf einem anderen Planeten zu denken und wäre damit schon dort, auch örtlich. Das ist im Grunde eigentlich nichts so besonders Wunderbares. Auf Erden können wir das seelisch und geistig ja ebenfalls beim Sicherinnern an irgendeine fern gelegene Gegend fertig bringen, womit wir uns geistig dorthin versetzen und damit in unseren Gedanken auch schon dort sind. Hier im großen Jenseits sind wir in solchen Fällen aber nicht bloß gedanklich, sondern auch sogleich örtlich wirklich dort, weil der Stoff, aus dem das große Jenseits besteht, von ganz anderer Beschaffenheit als die irdische grobstoffliche Materie ist. Geigeles Seele und Geist sind mit ihrem kranken irdischen Körper auf Erden jedoch noch verbunden; deswegen kann ein Ausflug durch bloßes Hineinversetzen in die Seinssphäre von jemandem, der schon auf anderen Planeten gewesen ist, leider nicht erfolgen. Das könnte nämlich einen solchen Schock auf den kranken irdischen Körper Geigeles ausüben, dass möglicherweise das dünne Band, das Geigeles Seele und Geist mit ihrem schwachen irdischen Körper noch verbindet, zerreißen würde, das heißt, dass ihr irdischer Tod einträte."

Fred erschrak. "Wenn solche Gefahr für Geigele mit dem Ausflug verbunden ist, dann verzichte ich gern darauf."

"Das braucht nicht zu sein", erläuterte Aristos weiter "Es gibt nämlich noch einen anderen Weg; kommt!"

Damit führte Aristos seine beiden Begleiter zu einem ganz eigenartigen Gebäude, von dessen Dach aus himmelwärts, das heißt nach oben, vier scheinbare Stahlgerippe weit hinaufragten. Es schien so, als ob das Stahlgerippe eine Art Schienenweg für etwas darstellte, das innerhalb desselben emporzuleiten hatte. Und so war es auch; durch dieses Stahlgerippe stieg eine Art von Raumschiff hoch, das unten in dem Gebäude, in das man eintrat, wie auf Betonstützen aufrecht stand.

Aristos, Geigele und Fred wurden beim Betreten des Gebäudes freundlichst willkommen geheißen und zu dem Raumschiff gewiesen, dessen Tür offen stand. Drinnen waren noch andere Personen,

Männer und Frauen, die gleichfalls einen „Ausflug" machen wollten. Es kam Geigele und Fred so vor, als ob man in eine Art Fahrstuhl einstiege, dessen Abfahrt nur verzögert wurde, weil man wartete, bis so viele Mitfahrer drinnen waren, wie das Raumschiff fassen konnte.

Nachdem noch drei Personen hinzugekommen waren, wurde die Tür von außen verschlossen; im Raumschiff herrschte ein freundliches Dämmerlicht. Plötzlich wurde eine Stimme vernehmbar – ohne dass man wusste, woher sie kam – die ankündigte: „Wir treten jetzt eine Reise zu einem Planeten an, der noch zu eurem Sonnensystem gehört, von eurer Erde aus aber nicht gesehen werden kann. Doch dieser Planet ist nicht tot, wie ihr sehen werdet. Auf der nun beginnenden Reise zu diesem Planeten wird sich euer Wahrnehmungsvermögen automatisch den – euren irdischen Augen unsichtbar gebliebenen – Lichtschwingungen des Planeten anpassen, und ihr werdet daher den Planeten in genau der gleichen Lichtfülle eingehüllt finden, wie ihr es hier im Weisheitshimmel gefunden habt. Doch bitte ich, eins zu beachten. Ihr habt, ehe wir abfahren, auf den gepolsterten Sitzen in der Mitte des Raumschiffes Platz zu nehmen und dürft nur dann ans Fenster treten, wenn euch das durch die Stimme, die hier zu euch spricht, gestattet wird. Diese Vorsichtsmaßregel ist zu eurem Besten getroffen worden. Nun, viel Freude auf eurer Reise!"

Durch das Raumschiff ging jetzt ein Vibrieren, das anzukünden schien, dass es gestartet sei. Darauf spürte man aber nicht mehr das Geringste von irgendeiner Fortbewegung, außer dass es ab und zu ein wenig schwankte.

Der Insassen des Raumschiffes bemächtigte sich allmählich eine Art von Unruhe. Jeder wollte gern einmal ans Fenster treten und hinausblicken, denn von den Sitzen aus erschien draußen alles nur schwarz. Endlich ließ sich die Stimme wieder vernehmen: „Nun mögt ihr an das Fenster treten."

Die Insassen taten das sofort. Es war ein eigenartig interessanter Anblick, der sich bot. Man sah unten einen halbhell erleuchteten Planeten – unsere Erde? Aus den deutlich sich abhebenden Konturen sah man, dass die gesamte Ostküste Amerikas und Teile der Westküste Afrikas in den Lichtschein hineinzuragen schienen, der aber um die Krümmung der Kugel herum verschwand.

Nun ließ sich die Stimme wieder hören: „Was ihr hier seht, ist die irdische Erde! Die diese umgebenden feineren Sphären, in denen sich die unteren Gebiete des großen Jenseits befinden, nehmt ihr nur deswegen nicht wahr, weil ihr sonst völlig verwirrt von dem werden würdet, was ihr zu sehen bekämt. Auf der Erde seht ihr, wie durch die Erdumdrehung allmählich der amerikanische Kontinent in seiner ganzen Länge den Sonnenaufgang erlebt, das heißt, sich der Sonne zudreht. Wenn ihr genau hinseht, könnt ihr oben im Norden der Erdkugel Wolkenmassen sehen und an der Äquatorgegend ebenfalls, ferner nehmt ihr dort aufblitzende Punkte wahr. Das sind Blitze aus den dort auftretenden tropischen Gewitterwolken. Nun seht mal nach rechts; dorthin geht unsere Reise."

Da bemerkte man einen anderen Planeten – einen in ein wunderbares, leicht weißbläuliches Licht getauchten Weltkörper. „Es wird nicht mehr allzu lange dauern", fuhr die Stimme fort, „bis wir eintreffen. Nun begebt euch bitte wieder auf eure Sitze zurück. Ihr werdet euch wundern, warum ihr nicht ständig zum Fenster hinausblicken dürft; das hat seine Gründe. Wir durcheilen interplanetarische Jenseitssphären, wobei ihr Wesenheiten sehen würdet, die – sehr weit fortgeschritten – zwar immer nur hilfreich sind, die euch aber durch ihre Form, Größe und ihren Glanz einen seelischen Schrecken einjagen würden. Darum, geht bitte wieder auf eure Sitze zurück."

„Wie werden wir aber denn merken, dass wir an unserem Ziel sind, wenn wir nicht zum Fenster hinausblicken dürfen", bemerkte eine Mitfahrerin.

„Ihr werdet das schon merken", beschwichtigte die Stimme.

Es dauerte auch nicht mehr allzu lange, als abermals ein leichtes Vibrieren stattfand. Dann ging auf einmal die breite Tür des Raumschiffes auf, und herein flutete ein Strom von einem unbeschreiblich herrlichem Licht.

Alles drängte sofort zur Tür. Es entstand aber kein Gedränge, da jeder wie unsichtbar gelenkt wurde.

Neugierig blickten sich alle um. Man trat wie auf einen Teppich, der aus etwas Ähnlichem wie unserem Gras zu bestehen schien. Dann gab es überall herrlich blühende Sträucher und Bäume, die einen betäubenden Duft verbreiteten. Empfangen wurden die Besucher von einigen – für irdische Begriffe phantastisch gekleideten Damen und Herren, die sich der eingetroffenen Besucher gruppenweise annahmen und mit ihnen wie auf eine Besichtigungsrundreise gingen.

Aristos, Geigele und Fred waren übriggeblieben und kamen sich schon etwas vereinsamt vor, als hinter dem Raumschiff der freundliche Führer aus der „teuren Stadt", die sie besucht hatten, hervortrat und sie begrüßte: „Willkommen auf dieser Welt! Ihr seid erstaunt, mich hier zu treffen, nicht wahr?" Dabei lachte er die drei freundlichst an. Dann fuhr er fort: „Ihr seid deswegen nicht mit den anderen Gruppen mitgenommen worden, weil es für das junge Mädchen" – auf Geigele deutend – „gefährlich sein würde, sich zu weit vom Raumschiff zu entfernen. Wenn ihr auf meinen Rat hören wollt, möchte ich euch nahelegen, es bei dieser Reise hierher und zurück bewenden zu lassen. Ihr habt selbst schon einmal erlebt, was es für eure Begleiterin bedeuten kann, wenn ihre Lebenskraft zu weichen scheint. Nun, von hier aus ist es sogar recht schwer, sie ihre Lebenskraft auf Erden wieder gewinnen zu lassen; seid so gut und folgt meinem Rat."

Aristos sah Fred und Geigele an, die schon wieder schwach zu werden schien. Alle drei waren sich, ohne miteinander gesprochen zu haben, sofort einig, den Rat des freundlichen Gönners aus der „teuren Gegend" zu befolgen, und so antwortete Aristos: „Lieber Freund, wir folgen deinem Rat. Wann geht das Raumschiff wieder zurück in den jenseitigen Bereich unseres irdischen Planeten."

„In ganz kurzem! Lasst uns schon in das Raumschiff hineingehen und uns dort hinsetzen. Dort kann ich das junge Mädchen auch besser durch meine Vitalität stärken."

Man begab sich ins Raumschiff und nahm Platz. Nach einer Weile des Schweigens bemerkte Fred: „Nun sind wir schon auf einem anderen Planeten und wissen nicht mal so recht, wie er aussieht, welche Tiere er hat, welche Pflanzen und welche Menschenrassen ihn bewohnen. Diejenigen, die uns beim Landen begrüßten, waren allerdings sehr sympathische Menschen, doch man weiß nicht, ob alle so sind. Kannst du uns nicht etwas Näheres darüber berichten?"

„Gern, soweit ich das vermag, denn auf diesem Planeten bin ich selbst noch nicht gewesen. Ich habe aber andere besucht."

„Wenn du noch niemals hier warst, wie bist du denn dann hierher gekommen, da wir dich in dem Raumschiff nicht sahen, und wie überhaupt wusstest du, dass wir uns hierher begeben würden?", fragte Geigele neugierig.

„Wenn du erst für immer in unsere Sphären eingegangen sein wirst, wirst du auch wissen, wie das geschieht. Man braucht nur seine Gedanken auf jemand zu richten und ‚erlebt' dann solchen Jemand vollständig mit allen seinen Plänen und Absichten. Ich habe, nachdem ihr meine Gegend verlasst habt, oft an euch gedacht, weil ich ein wenig um dich, mein Kind, besorgt gewesen bin. Und so wurde mir eure Absicht bekannt, einen anderen Planeten zu besuchen. Ich kam mit einem anderen Raumschiff vor euch hierher. Doch nun zu Freds Frage, wie es hier aussehen mag. Nicht allzuviel anders als bei euch auf der Erde und in eurem irdischen großen Jenseits. Ganz veränderte Verhältnisse, wie sie auf anderen Gestirnen herrschen, könntet ihr noch gar nicht ‚erleben‘, weil euch das Verständnis und Begreifen dafür fehlte. Aber doch ist hier auf diesem Planeten manches anders. Hier sind beispielsweise alle die Wesenheiten, sich bildend und auch wieder vergehend wie sie wollen, wahrnehmbar vorhanden, von denen ihr auf Erden in Märchen gelesen habt, wie Elfen, Gnome und sonstige Luftgeister aller Art. Sie haben keine Angst vor den Menschen und helfen diesen, wie bei euch eure Haustiere. Die hiesigen Menschen können ihre Tierwelt verstehen, ohne mit ihr direkt zu sprechen – durch einfaches Wünsche- und Gedankenübermitteln. Die Flora, das heißt die Vegetation, ist hier so üppig, wie ihr es euch kaum vorzustellen vermögt, und dabei ohne jede giftige Blume oder Pflanze. Ebenso gibt es keine giftigen Spinnen, Skorpione oder Schlangen. Die Tierwelt hat keine Scheu vor den Menschen und gehorcht diesen willig. Und was Menschenrassen anbetrifft, so gibt es hier keine verschiedenen, sondern nur eine einheitliche Menschheit, die keine Kriege kennt. An Naturkräften dienen den Menschen so viele Kräfte, dass man sich ihrer für alles zu bedienen vermag. Dabei kann durch mechanische Vorrichtungen, durch die manche dieser Kräfte wirken, niemals ein Unglück geschehen, da auch die Naturkräfte gegenüber den Menschen freundlich eingestellt sind. Und das alles, weil die Menschheit liebevoll, freundlich und hilfsbereit ist. Fliegen geschieht hier auf die Art, wie es euch in der Fabel vom Ikarus auf Erden berichtet wird. Nur braucht man hierzulande dafür keine Flügel wie Ikarus, sondern man erhebt sich einfach vom Erdboden und lässt sich von den freundlichen Kräften durch die Luft tragen, wohin man will; dieses Fliegen ist ein einfaches Schweben durch den Raum."

„Das muss ja entzückend sein, hier zu leben", warf Geigele begeistert ein. „Warum kann es nicht auch auf Erden so sein?"

„Das hat seinen guten Grund", entgegnete ernst der freundliche Erklärer. „Seht, ihr auf Erden habt dort ein Probeleben durchzumachen in einer, wie ihr es ganz richtig sagt, ‚Lebensschule‘, wo ihr lernen müsst, wahre ‚Kinder Gottes‘ zu werden. Ihr seid, wenn ihr euer Probeleben besteht, mehr als geschaffene Engel, die immerhin auch als Engel gerichtet sind, weil sie einfach nur alles das zu tun haben, wofür sie nun einmal geschaffen sind, ohne dabei irgendwelche freie Auswahl für ihr Handeln zu haben. Auch Engel, obgleich das ‚personifizierte Gute', müssen erst einmal ein irdisches Probeleben durchmachen, ehe sie wirkliche ‚freie' Helfer Gottes werden können und nicht nur ‚muss-gehorchende' ausführende Organe Gottes sind. Nur ein ‚freier' Helfer ist ein wirklicher Helfer Gottes, alle anderen sind sozusagen lediglich ‚Angestellte', aber nicht ‚Kinder Gottes'. Ich weiß nicht, ob euch das klar sein kann, aber nichtsdestoweniger ist es doch so."

„Nun geht die Rückfahrt los", bemerkte Fred.

Die große Tür schloss sich, wieder ein leises Vibrieren, ein wenig Schaukeln und man bewegte sich anscheinend mit dem Raumschiff durch den Raum. Diesmal wurde nicht zum Hinaussehen eingeladen, zumal die Rückfahrt auch nur wenige Augenblicke dauerte. Man stieg dort aus, wo man vom Weisheitshimmel aus abgefahren war.

Der freundliche Begleiter aus der ‚teuren Gegend' verabschiedete sich herzlichst. Als er Geigele die Hand reichte, fühlte diese, wie neue Lebenskraft durch ihre Adern zu strömen schien. Der abschiednehmende Begleiter richtete dabei folgende Worte an Geigele: „Nun noch ein paar besondere Worte an dich! Euer freundlicher Führer wird euch noch einen Blick in den Liebehimmel werfen lassen, von dem du und Fred wahrscheinlich etwas enttäuscht sein werdet, obgleich es der höchste Himmel ist. Dann, Geigele, ist deine Mission als Somnambule auf Erden erfüllt. Du hast deine Aufgabe gut gelöst. Doch ehe du von der Erde endgültig durch den irdischen Tod scheiden wirst, hast du noch einmal Schweres durchzumachen. Deine Reisen durch das hiesige große Jenseits werden in dir aber eine stets vorhandene schwache Erinnerung an herrlich Erlebtes zurücklassen. Diese Erinnerung wird es sein, die dich auch bei dem bevorstehenden Schweren, das du noch durchzumachen haben wirst, stützen und stärken wird. Deine letzte irdische Prüfung wird, wenn auch schwer und schmerzhaft, doch von nur kurzer Dauer sein. Dann kommst du für immer zu uns ins große Jenseits, wo du dich nicht als Fremdling fühlen wirst. Denke zuweilen auch an deinen Freund in der ‚teuren Gegend', wie er auch an dich denken wird."

Damit drückte der „Freund aus der teuren Gegend" nochmals Geigeles Hand, nickte Fred und Aristos freundlich zu und war dann verschwunden.

21. Der Liebeshimmel

Erst nach einer Pause nahm Aristos des Gespräch wieder auf: „Wie dir, liebes Geigele, schon gesagt wurde, wirst du jetzt nur noch einen Einblick in den höchsten aller Himmel, in den Liebehimmel, tun. Aber du erhältst von ihm nicht mehr als eben nur einen Einblick, denn du wirst von ihm enttäuscht sein, weil du die alle dabei wirksamen inneren Zusammenhänge noch nicht zu erfassen vermagst, deren Kenntnis erst das Liebevolle des Liebehimmels ausmacht."

Geigele und Fred schwiegen nach diesen Worten Aristos', hauptsächlich deswegen, weil sie so eigentlich nichts darauf zu erwidern wussten. Es war keinem von beiden so recht einleuchtend, warum nun gerade der höchste aller Himmel – enttäuschen sollte! Ein Himmel müsste doch an sich etwas Wunderbares sein, ganz gleich, wie sich der Himmel nun auch nennen mag.

Aristos schien die Gedanken der beiden zu erraten, denn er nahm schließlich das Gespräch wieder auf, indem er erklärte: „Ich weiß, es kommt euch beiden sehr, sehr seltsam vor, was ihr gerade über den höchsten der Himmel vernommen habt. Zur näheren Erklärung möchte ich euch daher ein paar Vergleiche aus dem irdischen Leben anführen. Ihr alle werdet in eurem irdischen Leben wohl schon Menschen begegnet sein, die so gar nichts für sich begehren, sich in alles schicken und das Leben dankbar annehmen, wie es sich ihnen darbietet. Dabei sind sie immer hilfsbereit, beachten Beleidigungen nicht und gehen still und ruhig ihren Geschäften nach. Seht, solche Menschen sind reif für den Liebehimmel. Aber damit ihr euch kein falsches Bild macht, sei ein anderes Beispiel erwähnt: Jemand ist ein hitziger und feuriger Charakter, gesund und sehr stark und kräftig. Er ist voll übersprudelnder Lebensfreude, macht jeden Sport mit, ist der Fröhlichste unter allen Fröhlichen, verurteilt niemanden, sucht jeden immer zu verstehen, ist nach irgendeinem Missverständnis stets gleich zur Entschuldigung und Versöhnung bereit, trägt niemandem etwas nach, und ist immer bereit, jemandem zu helfen, dem es schlechter als ihm selbst ergeht oder dem von anderen Unrecht zugefügt wird. Seht, das ist ein weiterer Kandidat für den Liebehimmel, in den er allerdings auch nicht gleich sofort eingehen wird, sondern erst nach einer Anpassungszeit im großen Jenseits, aber in einer paradiesisch anmutenden Umgebung und unter paradiesischen Verhältnissen. Oder noch ein Beispiel! Da ist eine Mutter von sechs Kindern; ihr ganzes Leben war nichts als Arbeit und Sorgen. Und doch verzweifelte sie nie, kümmerte sich um jedes Kind und ihren Mann, erzog ihre Kinder zu ordentlichen Menschen fürs Leben und verlebte nach dem Tode ihres Mannes den Rest ihres irdischen Lebens allein für sich, da alle ihre Kinder verheiratet waren und woanders wohnten. Deren Angebote, zu ihnen zu ziehen, lehnte sie stets ab, da sie der Ansicht war, dass jedes der Kinder seinen eigenen Lebensweg selbst zu vollenden hätte und sie durch ihre Anwesenheit nicht, wenn auch ungewollt, irgendwie stören wollte. Sie hatte sich eine kleine Wohnung gemietet und verbrachte den Rest ihrer Tage hier und dort mit Gelegenheitsarbeiten und mit Hilfsleistungen, welche auch immer in Betracht kamen; diese Frau ist ebenfalls für den Liebehimmel herangereift. Und so könnte ich noch so manche anderen Beispiele anführen, doch ich denke, ihr habt verstanden, was ich andeuten wollte."

Beide, Geigele und Fred nickten bejahend mit dem Kopf, verharrten aber weiter in Schweigen, wie in tiefes Nachdenken versunken. Nach einer Weile wandte sich Fred an Aristos: „Ich kann deine Ausführungen sehr gut verstehen, doch ist dieser höchste Himmel dann eigentlich wirklich das, was der Vorstellung der meisten Menschen entspricht? Nehmen wir zum Beispiel einen Gelehrten an, dessen Herzenswunsch nur darin besteht, immer tiefer und tiefer wissenschaftlich in die Geheimnisse des Seins einzudringen. Wie könnte der wohl im höchsten – im Liebehimmel – glücklich sein, wenn er dort nicht weiterforschen kann?"

„Du hast die Bedeutung des Liebehimmels doch noch nicht richtig erfasst", antwortete darauf Aristos. „Der Gelehrte, den du als Beispiel anführst, ist eben noch nicht reif für diesen höchsten aller Himmel. Wäre er es, so würde es ihm klar sein, dass er dort ebenfalls forschen kann. Das ganze Sein im höchsten aller Himmel ist jedoch auf innigste Zuneigung zum höchsten Wesen, zu Gott, eingestellt. Man hat dort nur noch einen einzigen Wunsch, der einen beseelt, und das ist Gott gefällig zu sein und Ihm zu dienen, etwa so, wie die Höflinge eines Herrschers, den sie verehren, für nichts weiter leben und streben, als dienende Helfer ihres Herrschers zu sein. Und wie bei jedem Auftrag, den sie im Namen des Herrschers durchführen, seine

Gefolgsleute gleichzeitig mit der vollen Ausführungsgewalt des Herrschers ausgestattet sind, so ist jeder im Liebehimmel bei jedem Auftrag, den er für Gott ausführen kann, bei dieser Ausführung mit voller göttlicher Gewalt ausgestattet. Darum sagen die höchsten Engel und Geister auch immer, ihnen stehen wohl alle göttlichen Kräfte zur Verfügung, doch nur durch Gott und nicht durch sie selbst. Das Geheimnis der allerhöchsten Stärke und Gewalt, die einem Wesen zuteil werden kann, besteht also in einer hemmungslosen Liebe zu Gott, die durch nichts erschüttert werden kann. Um das wenigstens ahnend zu begreifen, will ich noch ein irdisches Beispiel anführen: Angenommen, jemand hat auf Erden einen Lehrmeister, der gerecht, freundlich und liebevoll ist und der freudig und gern jede Frage beantwortet, die ein Lernender stellt. Der Lehrmeister ist deswegen allgemein beliebt. Mit welcher Leichtigkeit lernen da die Schüler! Sie begreifen einfach alles schon deswegen, weil der Lehrmeister durch seine Anteilnahme am Studium jedes einzigen Schülers sozusagen dessen Seele öffnet, mit welcher der Schüler alles lernend begreift. Es ist für den Schüler dann wie bei einem Kind, das nach dem Auswandern mit den Eltern in ein anderes Land die Sprache des neuen Landes mit Leichtigkeit im Spiel mit gleichaltrigen Spielgefährten erlernt, die sich untereinander gewöhnlich bald lieb gewinnen und mit dem Herzen ihr Wissen austauschen. Nun zu deinem Beispiel des Gelehrten, lieber Fred. Wenn er erfassen könnte, was es heißt, Gott wirklich zu lieben, er würde erstaunt sein, mit welcher Klarheit alle Probleme seines Studiums für ihn sofort verständlich werden würden. Mit dem bloßen Verstand kann der Liebehimmel jedoch nie erfasst und begriffen werden, genauso wenig wie ein Gelehrter durch sein Studium nicht die Freude begreifen kann, die damit verbunden ist, wenn man einem anderen selbstlos mit irgendeiner Unterstützung hilft. Der Liebehimmel kann nur begriffen und die darin vorhandenen allerhöchsten Seligkeiten können nur wirklich erlebt werden – mit und durch Liebe sowohl im Wort wie in der Tat und im Handeln. Daher wird der Liebehimmel auch von vielen, vielen nie verstanden werden, wenigstens so lange nicht, wie die Seelen nicht mitzuschwingen verstehen, wenn wir etwas aus Liebe tun, um einem anderen zu helfen, ihn zu stützen und zu erfreuen."

Wiederum trat tiefes Schweigen ein.

Es wurde diesmal von Geigele mit der Bemerkung unterbrochen: „Dann ist der Liebehimmel so eigentlich die richtige Heimat für uns weibliche Wesen, denn wir leben viel, viel mehr mit dem Herzen als die Männer. Es muss dann recht schwer für die Männerwelt sein, in den Liebehimmel zu kommen."

Aristos musste über diese Folgerung Geigeles lächeln.

Geigele sah das und war ein wenig enttäuscht darüber, da ihre Worte ehrlich gemeint und auf Überzeugungen und Mitempfinden zurückzuführen waren.

„Ja, du hast recht – von deinem Standpunkt aus –", beschwichtigte Aristos, „doch du hast bei deiner Beurteilung ganz vergessen, dass der Grundakkord des Charakters einer Frau von dem eines Mannes verschieden ist. Wohl lebt und existiert ihr weiblichen Wesen mehr mit eurem Gefühl und demnach auch Mitgefühl, doch das kann auch sehr schnell umschlagen und wirkt dann alles andere als liebevoll. Ein Mann dagegen handelt mehr gemessen, mehr logisch und wird in seinem Gefühlsleben nicht so schwanken. Ein Mann ist beispielsweise von Natur aus großzügiger und nicht so kleinlich und nachtragend wie ein weibliches Wesen es sein kann. Du siehst also, dass es sehr wohl möglich ist, dass ebenso viele Männer in den Liebehimmel eingehen können wie Frauen. In diesem höchsten aller Himmel, im Liebehimmel, spielt das Geschlecht sowieso überhaupt keine Rolle mehr. Dortige Wesen können, wenn sie Sterblichen bei irgendeiner Mission im Auftrag Gottes sichtbar werden, sowohl als männliche wie auch als weibliche Wesenheiten erscheinen. Der geschlechtlichen Differenzierung der Menschheit fällt im höchsten Himmel eine ganz andere Bedeutung zu, als wie ihr von eurem irdischen Standpunkt aus beurteilen mögt. Doch nach all diesen Einführungs- und Aufklärungsgesprächen über den Liebehimmel lasst uns in ihn hineinsteigen, was uns nur durch Gottes Gnade vergönnt ist, damit durch Geigele darüber den noch lebenden Menschen berichtet werden kann. Es ist das eine große Gnade, die uns zuteil wird. Wir werden dabei von einem höheren und unsichtbar bleibenden Wesen geleitet und überwacht werden, welches uns das erleben lassen wird, was uns und der irdischen Welt vom Liebehimmel zu begreifen nur möglich sein kann."

Damit änderte sich langsam die Umgebung. Die Änderung bestand aber nicht so sehr in einer Umwandlung der Landschaft als vielmehr in einer geistigen Durchdringung, was sich am besten etwa folgendermaßen beschreiben lässt: Die Hügel im Hintergrund kamen einem so vor, als ob man ihre ganze Entwicklungsgeschichte wie in einem Augenblick umfassend zu begreifen vermochte. Die Gräser und Blumen zu Füßen schienen sprechen oder sich mindestens einem verständlich machen zu wollen, so dass es einem vorkam, als ob man von verstehenden und friedlich beeinflussenden Elfen umgeben wäre. Der Himmel schien voller Musik zu sein, und die Farben des Himmelsgewölbes waren von einem unbeschreibbaren Glanz und – wie es einen anmutete – voll friedlicher Harmonien.

In solcher Umgebung – die Sterblichen nicht recht erklärlich gemacht werden kann – bewegten sich Aristos, Geigele und Fred dahin. Anscheinend waren sie allein, doch keiner hatte dabei das Gefühl, es wirklich zu sein. Von jedem Baum, von jeder Blume, von jedem Grashälmchen strömte auf irgendeine Weise in irgendeiner Form eine Botschaft aus, die das Gefühl auslöste, ihr seid hier unsere Gäste, ihr seid hier geborgen, denn wir lieben, beschützen und behüten euch.

Die Eigentümlichkeit aller dieser Strömungen – in einer von Harmonien durchtränkten Umgebung – übte auf die drei Dahinschreitenden ihre Wirkung aus. Es überkam sie eine so gehobene, durchgeistigte Stimmung, dass sie die ganze Welt zu umarmen und Gott zu bitten wünschten, ihnen doch nur eine Gelegenheit zu geben, ebenfalls solche Harmonie, Zutrauen und Liebe überallhin ausströmen lassen zu können. Es war eine absolut durchgeistigt gehobene Stimmung, die durch die Aura der Umgebung verursacht wurde.

Plötzlich standen alle drei vor einer bescheidenen sauberen Hütte, aus der ein Mann heraustrat, der einer biblischen Prophetengestalt ähnelte. Er streckte den Besuchern seine Hände zum Willkommen entgegen. Vor seiner Hütte befand sich eine bescheidene Veranda mit einem Tisch und mehreren Stühlen. Er lud ein, Platz zu nehmen.

Es trat eine Art Verlegenheitspause ein, weil von den drei Besuchern niemand etwas zu sagen wusste, diesmal auch Aristos nicht, der sich hier gleichfalls in einem ihm fremden Gelände befand.

Der ehrwürdige Besitzer der Hütte nahm den dreien gegenüber Platz und lächelte ihnen verstehend zu, wobei er bemerkte: „Es geht euch Lieben anscheinend genauso wie allen, die zum ersten Male in den äußeren Bereich des Liebehimmels eintreten. Ihr erwartet wunder etwas und seid nun im Grunde ein wenig enttäuscht, dass dieser höchste aller Himmel so schlicht und so einfach ist."

„So ganz überrascht sind wir nun allerdings nicht", bemerkte Aristos, „denn wir sind darauf schon vorbereitet worden."

„Das freut mich", antwortete schlicht und freundlich lächelnd der

Gastgeber, denn inzwischen war – woher konnte man nicht feststellen – ein äußerst erfrischend mundendes Getränk vor jedem der drei Besucher auf dem Tisch aufgetaucht. „Trinkt von dem Getränk. Es mag euch etwas mehr mit der hiesigen Aura vertraut machen."

Alle drei nippten von dem Getränk, das sich von allein in die Gläser eingefüllt hatte. Sofort nach dem ersten Schluck aus dem Glas überkam alle drei ein nicht zu beschreibendes Gefühl der höchsten Beglückung; alles erschien doppelt verklärt um sie herum.

„Nun, liebe Freunde", nahm der Gastgeber das Gespräch wieder auf, „ist es wohl Zeit, dass ich mich euch vorstelle. Mein Name ist einfach Gottlob; jetzt wisst ihr, wie ihr mich anreden könnt. Nun fragt gerade heraus, was ihr wissen wollt und worüber ich euch belehren soll."

Nach einer Pause bemerkte Aristos: „Siehe Gottlob! Meine Wenigkeit und der junge Mann neben mir sind schon im großen Jenseits, doch dieses junge Mädchen ..."

„Ich weiß, ich weiß schon", wehrte Gottlob lächelnd ab. „Hier bedarf es keinerlei Einführungen. Hier wissen wir von allem im Voraus, was sich ereignen wird und was geschehen mag. Darum fragt lieber direkt, wie es im Liebehimmel wohl zugeht, und ich will euch jede Frage gern beantworten."

Es trat wieder eine Pause ein. Keiner der drei Besucher wusste auf einmal, was er nun so eigentlich fragen sollte. Doch da ermannte sich Geigele als Erste: „Lieber Bruder Gottlob, worin besteht nun so eigentlich die Glückseligkeit aller Himmel?"

„Das ist wenigstens eine Frage, an die sich anknüpfen lässt", antwortete lächelnd Gottlob. „Siehe, liebe Besucherin! Die höchste Glückseligkeit hier besteht darin, dass man wunschlos ist und nichts mehr für sich selbst begehrt. Hier ist kein Verlangen nach irgendetwas vorhanden, weil man weiß, dass einem alles, was man braucht, sozusagen von allein zuteil wird. Hier gibt es keinen Hunger, keinen Durst, keinen Wohnungsmangel, kein Verlangen nach Geld, um sich Bekleidung und sonstige notwendige Bedarfsartikel kaufen zu müssen. Alles, was unserem Gefühl nach für uns wünschenswert ist, wird uns einfach zuteil. Woher? Aus der Fülle des himmlischen Füllhorns Gottes. Vergesst nicht, Gott ist das allerhöchste und allerreichste Wesen, das es gibt! Wir sind in Seiner unmittelbaren Umgebung, und was uns als notwendig erscheint, steht uns immer sofort zur Verfügung. Es ist ein glückliches, zufriedenes und friedliches Sein, das wir hier

217

führen. **Nur ein Wunsch beseelt uns: Gott zu dienen!** O welche Seligkeit durchdringt uns, wenn jemand von uns dazu ausersehen wird, eine Aufgabe im Auftrag Gottes durchzuführen! Gott könnte ja das, was Er durchgeführt wissen will, augenblicklich selbst durch Seinen allmächtigen Willen geschehen lassen. Doch um unsere Seligkeit zu erhöhen, lässt Er uns solche Aufgaben selbst ausführen und gibt sie uns als ‚Missionen', wobei uns dann stets alle göttliche Macht im Kosmos zur Verfügung steht."

„O wie wunderbar!", rief Geigele begeistert.

„Ja, das ist wirklich wunderbar in der vollsten Bedeutung des Wortes", nickte Gottlob zu dieser Bemerkung.

„Man kann sich das so eigentlich gar nicht recht vorstellen. Könntest du uns ein Beispiel dafür anführen?"

„Gern, liebe Gäste. Hoffentlich könnt ihr mich dabei aber auch richtig verstehen."

„Wir wollen es versuchen", versicherten alle drei.

„Nun wohl", begann Gottlob. „Vor einiger Zeit wurde mir zum Beispiel von Gott der Auftrag zuteil, in einer politischen Streitfrage auf eurer Erde Gottes Wünsche durchzusetzen. Doch, bitte, stellt euch das nicht zu einfach vor! **Bei solchen Aufträgen Gottes ist Grundbedingung, niemals den freien Willen der Entscheidung der dabei in Betracht kommenden Parteien einzuschränken.** Andererseits steht uns bei solcher oder ähnlicher Mission aber alle Macht Gottes zur Verfügung. Wir können Unwetter und Erdbeben verursachen, wir können Menschen zusammenbrechen lassen, wir können irgendwelche Wunder verrichten. Gott würde uns dabei nicht stören. Er hat uns ja für die ‚Mission' alle Seine Macht anvertraut."

„Wenn jemand von euch nun aber auf irgendeine Weise oder in irgendeiner Form – vielleicht ganz ohne euer Wissen und Zutun – diese Macht missbrauchen würde, was würde dann mit so einem wohl geschehen?", fragte Fred neugierig.

„Nichts", entgegnete ruhig Gottlob. „Der angerichtete Schaden würde durch andere Bewohner des Liebehimmels mit größerer Einsicht wieder gut gemacht werden, und Gott selbst würde alles verzeihen, uns aber sobald nicht wieder mit einer ähnlichen Mission betrauen. Wir würden unseres Fehlschlages wegen nicht aus dem Liebehimmel hinausgetrieben werden, doch das Gefühl, ‚gefehlt' zu haben, würde uns tief niederdrücken und unsere Freude im Liebehimmel würde durch unsere Reue stark getrübt sein."

„Danach wäre also auch im höchsten aller Himmel, im Liebehimmel, öfters solch ein kleiner Fehlschlag, wie du ihn eben erwähntest, möglich?"

„O doch, aber bedenkt, ‚leben', das heißt, empfinden, dass ‚man ist', fordert stets ein gewisses Auf und Nieder! Selbst im aller-allerhöchsten Teil des Liebehimmels sind leichte Nuancierungen vorhanden, die für menschliche Begriffe geradezu lächerlich klein anmuten mögen, hier im Liebehimmel, als höchstem aller Himmel, aber gar schwerwiegend in die Waagschale fallen können, weil hier die Anforderungen, die an Seelen gestellt werden, die allergrößten und allerhöchsten sind."

„Gibt es bei Missionen von Gott für euch Bewohner des Liebehimmels öfter solch kleinen Fehlschlag, wie du ihn eben erwähnt hast?", fragte diesmal Aristos.

„Gewiss! Unfehlbar ist ja doch nur Gott allein!"

„Hast du Gott schon gesehen?", fragte Fred neugierig.

„Sicher, aber nur so, wie ich Ihn begreifen kann. Gott kann nämlich zu gleicher Zeit an den allerverschiedensten Stellen sein, was uns hier im Liebehimmel verständlich, euch aus anderen Sphären und gar von der Erde aber gänzlich unverständlich sein und bleiben muss. Gott an sich als allerhöchstes Wesen, das alle Macht des Kosmos in sich vereint, kann freilich in keiner Form von einem geschaffenen Geist gesehen und begriffen werden. Das wissen wir hier und sind schon hochbeglückt, wenn wir Gott nur einmal so sehen können, wie wir Ihn gerade zu begreifen vermögen." Es trat eine nachdenkliche Pause ein.

Wiederum war es Geigele, die dann die Pause mit der Frage unterbrach: „Lieber Gottlob, könntest du es vielleicht möglich machen, dass wir einmal wahrnehmen können, wie eine von Gott aufgetragene Mission durchgeführt wird?"

„Aber herzlich gern! Wartet mal!"

Gottlob erschien für eine Weile wie geistesabwesend. Dann bemerkte er: „Wie mir soeben bewusst wird, hat ein Bewohner des Liebehimmels gerade den Auftrag erhalten, auf inständiges Beten einer tiefbetrübten Mutter ein junges Mädchen auf den rechten Weg zurückzubringen. Lasst uns sehen, wie dieser Bote des Herrn aus dem Liebehimmel seine Mission durchführt!"

Alle waren wie in eine wartende Haltung versetzt, wobei es für sie gar nichts ausmachte, ob sie standen oder saßen. Das Folgende spielte sich für sie wie ein Vorgang auf einer Bühne ab.

Man sah zunächst, wie ein herrlich aussehender – ja, was war es eigentlich: Mensch, Engel oder sonstige Wesenheit – sich sozusagen vorbereitete, auf die Erde hinabzusteigen – wenn man vom Liebehimmel aus das Eingehen in irdische Verhältnisse als ein Herabgehen oder Herabsteigen bezeichnen kann – und sich veränderte zu dem Wesen, das er in irdischen Verhältnissen für seine Aufgabe sein wollte.

Plötzlich änderte sich die Bühne und man sah ein Haus, vor dem sich ein hübsches, etwa neunzehnjähriges Mädchen von einem Mann küssend verabschiedete, den sie sehr zu verehren schien, während der Mann selbst die Küsse ziemlich gleichgültig hinnahm. Man hörte das Gespräch zwischen beiden. Der Mann redete auf das Mädchen ein, ja nicht das zu vergessen, um was er bitte – oder besser, was er forderte; und gleich sah man auch, was es war. Das junge Mädchen betrat eine bescheidene Wohnung, wo eine ältere, aber wie es schien, religiös eingestellte Frau ihre Tochter erwartete. Als die Tochter eintrat, ging ihr die Mutter entgegen, doch die Tochter schien nicht viel darauf zu geben. Sie setzte sich zur Abendmahlzeit mit der Mutter an den Tisch, das die Mutter bereitet hatte, und begann gleich, die Mutter zu bedrängen, dass sie ihr einige hundert Dollar gebe, weil Philipp, ihr „Freund", diese benötige und sie versprochen habe, ihm das Geld zu verschaffen. Vergeblich versuchte die Mutter, das Mädchen zu veranlassen, Philipp nicht das Geld zu geben, weil dieser ihrer nicht würdig sei und sie nur ins Verderben stürzen würde. Doch die Tochter achtete nicht auf diese Mahnung und bestand darauf, das Geld zu erhalten oder „sie würde es sich selbst nehmen." Die Mutter wurde still und gab der Tochter das gewünschte Geld. Es blieb ihr nun nicht mehr viel von dem von ihrem Mann hinterlassenen Sparpfennig übrig. Die Mutter bemerkte das auch und erwähnte es, doch das machte nicht den geringsten Eindruck auf das Mädchen, das sich, kaum dass es das Essen hinuntergeschlungen hatte, sofort aufmachte, um Philipp zu treffen und ihm das geforderte Geld aushändigen zu können. Als das Mädchen das Haus verließ, sahen die vom Liebehimmel aus Zuschauenden, wie sich dem Mädchen ein anderes junges Mädchen zugesellte – es war die Beauftragte aus dem Liebehimmel – und das Mädchen bat, ihr doch zu helfen, da sie in großer Not sei. Die so Angeredete war von Natur aus mitleidig, blieb stehen, nahm ihre Börse heraus, um nach einem Geldstück zu suchen. Die ärmlich gekleidete Abgesandte zog das junge Mädchen auf eine so gewinnende Art und Weise in ein Gespräch, dass es ruhig zuhörte und auch, gefesselt von dem Gehörten, antwortete. Die Abgesandte aus dem Liebehimmel verstand es, so freundlich weiter zu sprechen und so herzlich zu danken, dass das Gespräch viel länger dauerte als dem Mädchen Zeit verblieb, sich mit Philipp an dem verabredeten Ort zu treffen. Endlich fiel dem Mädchen ein, dass es Philipp das Geld geben wollte. Schnell verabschiedete es sich und eilte davon, ohne zu merken, dass die Abgeordnete aus dem Liebehimmel nachfolgte. Als das Mädchen an die Ecke kam, sah es dort Philipp im Gespräch mit einer sehr gut gekleideten Dame stehen, die ihrem „Freund" mehrere Geldscheine überreichte, die dieser gleichgültig zählte und in die Tasche steckte. Als sich die Dame bei Philipp einhakte und beide gerade fortgehen wollten, sah Philipp seine Freundin – das Mädchen. Schnell ließ er die Dame stehen und kam auf das Mädchen zu, sie barsch anfahrend, wo es sich so lange herumgetrieben hätte. Es möge ihm schnell das Geld geben, da er nicht lange Zeit hätte. Das junge Mädchen war wie aus allen Wolken gefallen; so hatte es ihren Philipp ja noch niemals vorher gesehen. Als es mit dem Geld zögerte, entriss Philipp ihm einfach die Geldbörse, öffnete sie, nahm das zusammengefaltete Geld an sich, warf die geleerte Börse hin und ging auf die andere Straßenseite, wo er sich mit der Dame entfernte. Das junge Mädchen stand immer noch vor Überraschung wie entgeistert da, als sich ihm die Abgesandte aus dem Liebehimmel wieder näherte, es unter den Arm nahm und nach Hause zur Mutter führte.

Damit entschwanden alle beteiligt gewesenen Personen, und die Zuschauer im Liebehimmel befanden sich wieder unter sich.

Fred und Geigele wussten nicht, was sie sagen sollten: Das war doch eigentlich alles so ein banaler Vorgang gewesen, wie er sich oft auf Erden ereignen mag. Warum musste nun dafür gar eine Abgesandte aus dem höchsten aller Himmel einschreiten?

Gottlob merkte und fühlte die Enttäuschung und begann zu erklären: „Ihr wolltet ein Beispiel von himmlischer Hilfe wahrnehmen; und ihr habt es gesehen, so wie sich der Vorgang abspielte. Die Vorgeschichte und die Vorgänge – sozusagen hinter der Bühne im Leben des jungen Mädchens, das ihr saht – sind folgende: Die Mutter betete seit langem innigst zu Gott, ihre Tochter doch vor ihrem Freund Philipp zu retten, von dem sie spürte, dass er nicht gut und nicht der rechte Lebensgefährte für ihre Tochter war, die jedoch nicht von dem Mann lassen wollte und fest davon überzeugt war, dass sich die

Mutter irrte, wozu noch ein gewisser jugendlicher Trotz kam, weil die Mutter Vorschriften machen wollte. Gott erbarmte Sich schließlich der Mutter infolge ihres Betens und beauftragte einen Bewohner des Liebehimmels, das junge Mädchen zu schützen und zur Mutter zurückzubringen; das war der Auftrag. Die Ausführung lag – ohne jede besondere Anweisung – ganz in den Händen des (oder der) Beauftragten des Liebehimmels, wofür ihm (beziehungsweise ihr) jede höchste Gewalt zur Verfügung stand, wohlverstanden aber nur für diese Aufgabe. Der Beauftragte studierte nun die Sachlage, was ihm als Beauftragten Gottes nicht schwerfiel, da ihm ja alle Macht zur Verfügung stand und konnte so im Augenblick die Lebensgeschichte und auch Charakteristik des jungen Mädchens und des sogenannten Philipp überblicken. Er wusste nun, dass das junge Mädchen von Natur aus und dem Charakter nach mitleidig war. Der Mann Philipp dagegen war herrisch und ungemein egoistisch. Der Beauftragte des Liebehimmels sah sofort, wie er den Auftrag Gottes im Sinne und Geiste des Liebehimmels durchführen konnte, nämlich durch den Appell an das gute Herz des Mädchens. Und so nahte er sich als Bettlerin und hatte auch Erfolg, wie ihr alle wahrgenommen habt."

„Und was wird aus dem jungen Mädchen?", fragte Geigele.

„Da sie ihren Philipp wirklich lieb hatte und Liebe, wenn ehrlich und aufrichtig, tief in das Wesen eines Menschen eindringt, so stellt Enttäuschung in der Liebe oftmals ein inneres Leiden dar, das als Krankheit genauso ausgeheilt werden muss wie ein körperliches Leiden durch Behandlung und durch die Zeit. Was ihr nicht gesehen habt, ist, dass der Beauftragte des Liebehimmels als Mädchen verstand, eine wirkliche Freundin des jungen Mädchens zu werden, das somit einen Halt und schließlich wieder zur Mutter und ins normale Leben zurückgefunden hat. Mit der Zeit wird der Beauftragte des Liebehimmels alles so arrangieren, dass das Mädchen einen ordentlichen Mann kennen und erneut lieben lernen wird. Dann hat der Beauftragte des Liebehimmels seine Aufgabe erfüllt und verschwindet unter dem Vorwand, dass er auf lange Zeit verreisen muss."

Geigele grübelte über das Gehörte nach. Fred schien etwas zu plagen, worüber ihm nicht Klarheit wurde. Gottlob nahm das wahr und bat Fred, ihn doch ruhig zu fragen.

„Ich muss dir offen sagen, dass das uns vorgeführte Beispiel vom Wirken aus dem Liebehimmel eigentlich ... –"

„Na, sprich es schon aus!", ermunterte Gottlob lächelnd.

„Nun wohl, also es kam mir alles ein wenig banal vor, so etwa wie ein Geschichtchen, das man auf Erden in einem billigen Erzählbuch lesen kann. Das hätte doch auch von irgendeinem Bewohner der unteren Himmel ausgeführt werden können. Warum muss dafür die himmlische Ruhe eines Bewohners des Liebehimmels gestört werden? Und dann: Ist das Schauspielern und Verstellen, um eine andere Person darzustellen, nicht eigentlich etwas – na sagen wir – Irreführendes? Beinahe scheint es mir so, als ob ein wenig nach dem Grundsatz: ‚Der Zweck heiligt die Mittel' gehandelt worden wäre."

„Gut, lieber Freund, dass du deinen irdischen Bedenken hier Ausdruck verliehen hast. Siehe, etwas ist dem Liebehimmel eigen, was ihr so leicht nirgendwo anders in der ganzen großen Schöpfung finden könnt. Hier kann erstens niemand jemanden beleidigen, und für alle Anschauungen und Auffassungen wird hier das allergrößte Verständnis gezeigt, weil man sich eben aus wahrer, aufrichtiger Anteilnahme in die Anschauungen anderer wirklich hineinzuversetzen versteht. Ich will versuchen, euch die Sachlage in dem von euch eben Erlebten klarzulegen, doch ihr dürft nie vergessen, dass dem Beauftragten des Liebehimmels bei seinem Handeln alle Macht Gottes zur Verfügung stand. Er konnte also sowohl alle Zusammenhänge in der Vergangenheit von den beteiligten Personen übersehen als auch den Weg des geringsten Widerstandes in der Zukunft erblicken. Die Hauptsache bei einem Auftrag aus dem Liebehimmel ist stets: Wirkliche Liebe auszuüben, das Gute zu erwecken und das Ziel zu erreichen, worum Gott im Gebet ersucht worden ist. Was sich später durch neu eintretende Verhältnisse noch gestaltet, hat für die gegenwärtige Mission des Gesandten aus dem Liebehimmel keine Bedeutung. Da greifen Wesenheiten aus dem Liebehimmel ein mit viel weitreichender praktischer Erfahrung …"

„Danach gibt es also auch im Liebehimmel noch Unterschiede durch Erfahrung."

„Aber selbstredend doch! Jeder, der in den Liebehimmel eingegangen ist, hat sich doch diesen Zustand durch Ringen und Handeln gemäß seiner Veranlagung verdient. Das Glücksgefühl im Liebehimmel ist überall unbegrenzt erhaben, doch die unterschiedlichen Fähigkeiten bleiben etwas von jeder Seele Eigenerworbenes, das jedem völlig gehört. Und im Liebehimmel wird niemandem etwas versagt, so dass er seine Glückseligkeit bis zum Allerhöchsten steigern kann. Darum sind Unterschiedlichkeiten auch im Liebehimmel vorhanden, aber nicht Unterschiedlichkeiten im Glückseligkeitsempfinden an sich. Das kann bis zum allerhöchsten Empfinden bei uns gesteigert und von jedermann erlebt werden; dafür ist er ja im Liebehimmel. Doch Beispiele aus eurem Erdenleben mögen euch das hier Gesagte deutlicher werden lassen. Habt ihr auf Erden einmal das Glücksempfinden eines Kindes gesehen, wenn die Eltern mit ihm spielen? Habt ihr das Glücksgefühl einer Mutter beobachtet, wenn sie ihr Kindchen auf dem Arm wiegt? Habt ihr die Freude der Eltern gesehen, wenn deren Kind einen Erfolg zu verzeichnen hat? Oder stellt euch die innere Freude vor, wenn eine geliebte Person aus Lebensgefahr gerettet werden konnte! Würde in solchen Fällen jede der dabei in Betracht gekommenen Personen vielleicht mit einer anderen tauschen? Und sie braucht es auch nicht; das Glückseligkeitsgefühl an sich ist stets das gleiche. Ist dir das klar, Fred?"

Fred nickte nachdenklich mit dem Kopf. Er schien aber doch noch nicht voll befriedigt zu sein.

„Frage nur ruhig, Fred, denn ich fühle, du hast noch mehr auf dem Herzen", regte Gottlob zu weiterem Fragestellen an.

„Ja, du hast recht! Es sind noch Fragen vorhanden, die ich gerne stellen und auf die ich eine Antwort haben möchte. Das Beispiel für die Hilfeleistung aus dem Liebehimmel hat mich nicht so stark beeindruckt, wie du vielleicht angenommen hast. Das mag freilich daran liegen, dass ich das wahre Wesen dieses Himmels noch nicht richtig zu erfassen imstande bin."

„Du hast da vollkommen recht", meinte Gottlob, „denn das gesamte Betätigungsgebiet dieses unseres Himmels auch nur einigermaßen überblicken zu können, ist selbst uns, die wir schon längere Zeit (nach euren Zeitbegriffen) hier weilen, manchmal noch nicht möglich. Wenn ich deinen Einwand richtig verstehe, so hieltest du es geradezu – na sagen wir – für eine Art von Kraftvergeudung, für einen Hilfsfall, wie für den euch vorgeführten, jemanden aus dem Liebehimmel zu belästigen. Deiner Ansicht nach hätte so auch irgendein gewöhnlicher Schutzengel handeln können. Diese Auffassung ist von deinem Standpunkt aus verständlich, obgleich in dem euch gezeigten Fall viel mehr Komplikationen vorhanden waren als euch wahrnehmbar werden konnten – Komplikationen, deren Ursprung weit in der Vergangenheit zurückliegen und mit früherem Existieren auf eurer Erde und auf anderen Gestirnen zu tun hatte, und mit Komplikationen, die aus dem wahrgenommenen Hilfswerk sich in der Zukunft entwickeln können. Gerade dadurch, dass ein Helfer aus dem Liebehimmel diese dir scheinbar so banal vorgekommene Hilfsaktion durchführte, ist vieles, vieles für die Zukunft an Verwicklungen vermieden worden. Das konnte aber nur geschehen, weil der Helfer aus dem Liebehimmel für dieses Hilfswerk die Kraft Gottes zur Verfügung hatte, die allein ihn befähigte, die Komplikationen in der Vergangenheit und etwaige Komplikationen für die Zukunft augenblicklich zu erfassen, was einem Schutzengel – als Helfer aus einem tiefer stehenden Himmel – unmöglich gewesen wäre."

„Das leuchtet mir nach dieser Erklärung, die du mir eben gegeben hast, ein", gestand Fred zu, „doch könntest du uns nicht mal noch einen anderen Fall – sozusagen als Zuschauer – miterleben lassen, wo uns das Hilfswerk aus dem Liebehimmel dabei deutlicher und verständlicher werden würde?"

„Gut, auch das sollt ihr erfahren", willigte Gottlob bereitwilligst ein. „Ihr werdet jetzt etwas beobachten können, wobei euch die Erklärung dafür von allein kommen wird."

Damit änderte sich die Umgebung, und Fred, Geigele und Aristos wurden Zeugen des folgenden Vorfalls:

Ein Ozeandampfer war im Untergehen begriffen. Die Passagiere hatten sich an die Rettungsboote gedrängt, doch dort standen Matrosen mit geladenen Revolvern, um nur die in die Boote zu lassen, die zuerst gerettet werden sollten, und das waren Frauen und Kinder. Herzzerreißend waren die Szenen der Trennungen von Familienvätern von ihren Frauen und Kindern. Es herrschte ein entsetzliches Durcheinander. Unter denen, die sich zu den Rettungsbooten drängten, sahen Fred, Geigele und Aristos viele unsichtbare Helfer, und zwar nicht bloß solche aus dem Liebehimmel, sondern auch sogenannte Schutzgeister, die sich derer anzunehmen suchten, für die sie Schutzengel waren. Die Helfer aus dem Liebehimmel hielten sich aus dem herrschenden Chaos fern. Doch ab und zu griffen sie scheinbar wegweisend ein, und in solchen Fällen zogen sich die Schutzgeister zurück.

„Warum ziehen sich denn die Schutzgeister zurück, sobald ein Helfer aus dem Liebehimmel eingreift?", fragte Geigele neugierig.

„Deine Frage ist berechtigt", bemerkte Gottlob. „Siehe, die ersten, die bei einer Katastrophe wie dieser zur Stelle sind, sind natürlich die Schutzgeister. Doch viele von diesen sind noch nicht sehr weit entwickelt und können nicht den ganzen Komplex von Aufgaben und Verantwortungen übersehen. Darum wachen Helfer aus dem Liebehimmel bei Katastrophen wie dieser über den Hilfsaktionen, die automatisch von den Schutzgeistern in Szene gesetzt werden. Siehe zum Beispiel hier: Eine Frau mit ihren zwei Kindern wird in einem Rettungsboot in Sicherheit gebracht. Doch die Schutzengel der Frau wissen nicht, dass eines der beiden Kinder bereits weit fortgeschritten und reif für den Liebehimmel ist. Sie sind entsetzt, weil eine Welle dieses Kind davonträgt und fühlen sich schuldig, nicht genügend über dieses Kind gewacht zu haben, und doch ist das nicht deren Schuld. Dieses Kind, dessen sich die Helfer aus dem Liebehimmel sofort annehmen, ist reif für eine Weiterentwicklung in Regionen, die der Mutter und dem anderen Kind noch verschlossen sind, weil sie noch nicht dementsprechend fortgeschritten sind."

„Mit anderen Worten", warf Fred ein, „die Boten aus dem Liebehimmel überwachen die Rettungsaktion der Schutzengel, die noch nicht alle Konsequenzen überblicken können."

„So ist es, Fred", bemerkte Gottlob. „Und dann vergiss bitte nicht, dass wir hier im Liebehimmel ganz andere Ein- und Fernblicke in irdische Verhältnisse haben als eure Schutzengel auf Erden. Es ist mir leider unmöglich, euch mit all den unzähligen Möglichkeiten vertraut zu machen, die den Helfern aus dem Liebehimmel zur Verfügung stehen. Könntet ihr das begreifen, euch würde eine ganz andere Anschauung zuteil werden. Doch ihr würdet auch manches nicht völlig verstehen und unrichtige Schlüsse daraus ziehen. Darum, lieber Fred und ihr anderen, die ihr Fred begleitet, glaubt mir nur: Wir hier im Liebehimmel wissen ganz genau, was wir tun, wenn uns Gott mit einer bestimmten Aufgabe betraut. Und ein solches Betrauen mit einer bestimmten Aufgabe stellt eine der größten Seligkeiten für uns hier im Liebehimmel dar. Stellt euch doch nur einmal vor, falls ihr auf Erden in einem Königreich oder gar Kaiserreich zu Hause wäret, euer König oder gar Kaiser würde euch sagen, verrichtet in meinem Namen dies und das! Wie würdet ihr euch wohl geehrt fühlen! Nun stellt euch mal unsere Gefühle vor, wenn Gott uns mit einer Aufgabe betraut und damit uns Seine ganze göttliche Gewalt zur Verfügung stellt. Wie würde euch wohl dabei zumute sein?"

„Genug", schaltete sich Fred ein. „Ich verstehe jetzt die Sachlage. Ich muss sagen, ich begreife, was du uns klarmachen willst. Doch, noch eins! Was wird im Liebehimmel aus allen denen, die in der Unendlichkeit des Weltenraums wirkliche Klarheit zu gewinnen suchen?

Ist solchen keine Möglichkeit im Liebehimmel gegeben, wirklichen Einblick in die Verhältnisse des Weltenraumes zu gewinnen, wenn doch die Wissenschaftler in dem unter euch befindlichen Weisheitshimmel wer weiß wie weit glauben, in den Weltenraum eingedrungen zu sein."

„Lieber Fred", bemerkte dazu Gottlob, „ich kann deine Fragestellung sehr wohl verstehen. Darum wollen wir einmal den Erlebnissen eines Astronomen folgen, der sich durch seinen einwandfreien irdischen Lebenswandel das Eingehen in den Liebehimmel verdient hat. Siehe nun Folgendes:"

Damit öffnete sich eine wunderbare Schau für Fred, Geigele und Aristos. Ein Astronom, der aufgrund seines absolut einwandfreien Lebenswandels auf Erden in den Liebehimmel eingegangen war, sah auf einmal den unermesslichen Weltenraum vor sich ausgebreitet – mit allen den Myriaden von Sonnensystemen und den dazugehörigen Planeten, die um solche Sonnen kreisen. Er war überwältigt, besonders als er erblickte, wie Sonnensysteme in sein Blickfeld rückten, deren Licht auch sein geistiges Auge kaum auszuhalten vermochte. Doch immer wurde ihm in solchem Falle klargemacht, dass er sich an solche Lichtfülle selbst zu gewöhnen hätte. Und tatsächlich gewöhnte sich das geistige Auge des Astronomen auch immer schnell an solche Lichtfülle. Und so nahm der Astronom im Liebehimmel Sonnen- und Planetensysteme wahr, die ihm auf Erden niemals hätten bewusst werden können. Der betreffende Astronom wurde sich damit völlig darüber klar, was es heißt, dass die Schöpfung „unendlich" in ihren Ausmaßen ist. Stets wieder neue, immer weitere Sonnensysteme wurden wahrnehmbar, und manchmal dauerte es sogar eine längere Zeit, ehe sich sein geistiges Auge an den Glanz der fernen Sonnensysteme gewöhnt hatte. Nirgends jedoch fand der Astronom irgendeine Grenze der Welten und Weltensysteme.

„Hast du nun einen zumindest kleinen Begriff von den Ausmaßen und Möglichkeiten des Liebehimmels erhalten?", fragte Gottlob.

„O ja", gab Fred ehrlich zu. „Doch noch eins ist mir unfassbar, nämlich wie die Bewohner des Liebehimmels gewahr werden, dass ein Gott existiert."

„Nun auch das, lieber Fred, soll dir und deinen Begleitern bewusst werden, doch erschreckt nicht darüber!"

Plötzlich änderte sich die ganze Umgebung; alles schien nur noch ein Lichtmeer zu sein. Und inmitten dieses Glanzes war plötzlich

Jesus sichtbar, so wie Fred, Geigele und Aristos sich Jesus vorgestellt hatten. Der Glanz des Lichtes, der von dieser Erscheinung ausging, blendete beinahe jeden, und man war froh, als der Glanz nachließ und die Erscheinung Gottes, wie man sie sich vorstellte, vorüber war.

„War das wirklich Gott, Der uns in Seinem Lichterglanz erschien?", fragte Fred weiter.

„Ja und nein, lieber Fred! Gott kann von keinem Sterblichen so erblickt werden, wie Er wirklich ist. Doch jeder sieht Gott so, wie er sich Ihn vorstellt. Ihr habt die Vorstellung gehabt, dass Gott in einem Meer von Licht erscheint. Nun, so habt ihr Ihn auch gesehen. Andere, die sich Gott anders vorstellen, werden Ihn nur so sehen, wie sie glauben, dass Gott ihrer Auffassung nach ist. Gott in Seiner wirklichen Form und Gestalt wahrzunehmen, ist keinem geschaffenen Geist möglich."

Fred war verstummt; er wusste nicht mehr, was er fragen sollte. Auch Geigele und Aristos waren schweigsam geworden.

Da nahm Gottlob noch einmal das Gespräch auf und bemerkte: „Da ihr nun einmal im Liebehimmel seid, den es gibt, so sei euch als eine bleibende Erinnerung auch noch selbst ein Einblick in Gottes unendliche Schöpfung gewährt. Bitte, folgt mir!"

Damit begab sich Gottlob zu einer Art von Galerie, wohin ihm Fred, Geigele und Aristos willig folgten.

„Nun seht", begann Gottlob auf den Blick von der Galerie in die Unendlichkeit des Raumes deutend. „Hier habt ihr einen Teil der unendlichen kosmischen Schöpfung vor euch, nämlich den Teil, den ihr zu fassen vermögt. Es gibt dann auch noch andere Schöpfungen in dem von euch wahrnehmbaren Raum, doch diese bleiben euch so lange verschlossen, als ihr nicht fähig seid, sie zu begreifen, obgleich sie manchmal in eure Schöpfung hineinwirken und Verhältnisse und Umstände herbeiführen, die ihr nicht erklären könnt und sie darum einfach als ‚Zufall' bezeichnet."

Fred, Geigele und Aristos blickten nun von einer Art von Galerie in eine Unendlichkeit hinein, die ihnen zunächst völlig schwarz und Schrecken einjagend anmutete. Je länger sie jedoch in diesen Weltenraum hineinblickten, desto lichter wurde alles. Sie sahen auf einmal Sonnensysteme, um die sich Planeten drehten, und zwar so, dass sie deren Drehungen wahrzunehmen vermochten. Dann sahen sie Sonnen, deren Licht sie völlig zu blenden schien. Sie wandten daher ihren Blick weg.

Doch da hörten sie die Stimme Gottes: „Blickt auch ihr – wie vorhin der Astronom – nur ruhig hinein; eure Augen werden sich allmählich daran gewöhnen!"

Fred, Geigele und Aristos taten das auch. Sie empfanden zwar Schmerzen von der Lichtfülle, hielten aber aus, und auf einmal hatte sich auch ihr geistiges Auge an die Lichtfülle gewöhnt. Was sich ihnen nun bot, war von unbeschreiblicher Pracht: Sie sahen auf den Planeten ferner Sonnensysteme Menschen leben wie auf unserer Erde, nur schienen diese glücklicher und zufriedener als die Erdenmenschen zu sein. Auf einigen Planeten sahen sie Menschen von unbeschreiblicher Schönheit und prächtiger Gestalt, auf anderen aber wieder Menschen, die von einer gewaltigen Sehnsucht nach etwas beseelt waren, wovon sie nur eine dumpfe Vorstellung hatten; doch überall sahen sie Leben, Streben, Forschen und Drang nach Glückseligkeit. So viel Aufschluss und Einblick wurde ihnen zuteil, dass sie wie gelähmt von allem waren, was ihnen geboten wurde. Gottlob freute sich über den Genuss, den er seinen Besuchern bereitet hatte. Als diese sich von all dem, was sie sahen und erfahren hatten, abwandten und wieder Gottlob erblickten, fragte dieser: „Nun, liebe Freunde, was mehr wollt ihr nun noch sehen und erfahren?"

Da mischte sich Geigele mit der Frage ein: „Lieber Gottlob! Da wir nun im Liebehimmel sind, wäre es nicht möglich, wenigstens einen Abglanz von Gott zu gewinnen?"

„O ja, das ist schon möglich", erwiderte lächelnd Gottlob, „doch erschreckt nicht."

Auf einmal hatten Geigele, Fred und Aristos das Gefühl, als ob sie in ein Meer von unbeschreiblichster Wonne untergetaucht wären, eine Wonne, die sich nicht beschreiben lässt, sondern selbst erlebt werden muss. Dabei hatten alle drei das Empfinden, dass sie alles, was ihnen gerade als Gedanke durch den Kopf ging, zu gleicher Zeit von Anfang bis zum Ende umfassend begreifen konnten. Das war so etwas vollkommen Neues für alle, dass sie verwirrt wurden. Außerdem kam es ihnen so vor, als ob sie sich langsam aufzulösen begännen, ohne aber ihr Bewusstsein als Individuum zu verlieren. Es war ein Zustand, der sie jedoch immer mehr und mehr zu ängstigen und zu quälen begann, zumal das Meer der Wonne, in dem sie schwammen, immer heller und heller wurde und sie fast zu verbrennen schien. Immer stärker wurde der Wunsch, aus diesem Abglanz Gottes wieder herausgezogen zu werden, denn sie spürten, sie waren noch lange nicht reif dafür.

Auf einmal befanden sie sich wieder vor der bescheiden gehaltenen Hütte, in der Gottlob seine himmlische Heimstätte hatte. Aristos, Geigele und Fred durchdrang immer noch ein Gefühl unbeschreiblicher Wonne.

„Nun, habt ihr noch eine Frage?", ermunterte Gottlob zu weiterem Fragestellen.

Aristos und Fred verneinten das, doch Geigele warf als, wie sie sagte, letzte Frage noch ein: „Spürten wir den Abglanz Gottes, weil Gott tatsächlich neben uns stand?"

„Gott ist, wie du weißt, überall gegenwärtig. Er ist ja allgegenwärtig. Euer Wunsch, einen Abglanz von Gott zu empfinden, machte euch die stete Gegenwart Gottes nur plötzlich wirklich fühlbar, doch auch nur so weit, wie ihr fähig seid, sie ertragen zu können. Gott selbst kann – ich wiederhole es – von keinem geschaffenen Wesen wahrgenommen werden, denn es würde sich sofort in nichts auflösen, selbst sein individuelles Erlebnisbewusstsein – freilich ohne dabei zu vergehen. Nur erschreckt darüber nicht! Unter diesem Sichauflösen ist zu verstehen, dass jedes Individualbewusstsein in einen Zustand übergehen würde, der für keinen von euch verständlich und begreiflich erklärt werden könnte, weil euch etwas Ähnliches absolut unbekannt ist. Der Zustand könnte nur indirekt beschrieben werden – etwa so, wie die Inder ihr Nirwana zu erklären versuchen, indem sie alles uns irgendwie Bekanntes anführen und hinter jedem betonen, dass es das nicht ist, so dass vom Nirwana scheinbar nur das ‚Nichts' übrig bleibt, was aber nicht der Fall ist, denn dieses ‚Nichts' ist die allergrößte Fülle. Mehr kann euch leider nicht gesagt werden, zumal auch wir im Liebehimmel nicht mehr darüber wissen. Aber beim tiefen Meditieren über das hier Angedeutete kann einem hier im Liebehimmel freilich doch manches noch verständlicher werden. Aber dieses zu erläutern, dafür fehlen jeder Sprache die rechten Wortbegriffe."

Es trat eine Pause ein, die diesmal auch Gottlob nicht unterbrach.

Nach einer Weile schienen sich die drei Besucher wie zu sammeln und darauf zu warten, aus dem Liebehimmel irgendwie hinausgeleitet zu werden. Weil das aber nicht geschah, bemächtigte sich ihrer eine gewisse Unruhe, der Aristos mit den Worten Ausdruck verlieh: „Wir danken dir aufrichtig, lieber Bruder Gottlob, für deine Erläuterungen und Erklärungen. Obgleich wir eigentlich nur – sozusagen – Stichproben von den Verhältnissen im Liebehimmel erhielten, so habe ich – und ich glaube wohl auch Geigele und Fred – doch das innere Empfinden, dass wir gar nicht in der Lage sein würden, mehr zu begreifen."

„Da hast du recht", stimmte Gottlob zu, „zumal ihr drei in den Liebehimmel erst gekommen seid – und es war die rechte Art der Einführung – nachdem ihr durch die unteren Himmel, vor allem durch den Weisheitshimmel geführt worden seid. Die wahre Natur des höchsten – des Liebehimmels – ist für euch und jeden noch auf Erden lebenden Menschen so schwer verständlich, weil die meisten von euch nicht begreifen können, welche ungeahnte Wonnen darin ruhen, dass man nichts mehr wünscht und sogar immer glücklicher wird, je weniger man begehrt. So geht man ganz allmählich vollkommen in Gottes Willen auf und wird zum rechten Helfer Gottes."

„Habt ihr Bewohner des Liebehimmels gar keine Wünsche und kein Begehren mehr?"

„O doch, aber solche Wünsche können immer gleich erfüllt werden, da bei uns hier im Liebehimmel niemals etwas als Wunsch auftauchen könnte, dem irgendwelche sündige Schwäche anhaftete, wie beispielsweise sich an jemandem zu rächen, jemanden benachteiligen oder ihm etwas Ähnliches antun zu wollen. Alle solche Wünsche treten an niemanden hier im Liebehimmel mehr heran. Darum kann jeder Wunsch, der hier im Liebehimmel bei jemandem auftaucht, stets sofort erfüllt werden. Doch wir merken bald, dass das unsere Seligkeit nicht vergrößern kann. Die Seligkeit, die hier im Liebehimmel für niemanden von uns auch nur die geringste Begrenzung hat, kann für uns immer nur vergrößert werden, je weniger wir an uns denken, je mehr wir uns um andere bemühen können. Da diese Kenntnis und diese Einstellung bei jedem Bewohner des Liebehimmels vorherrschend ist, so wird die Seligkeitsaura hier im Liebehimmel dauernd dadurch vergrößert, dass jeder sich immer nur um den anderen bemüht und der andere das ja auch für einen selbst tut. Dadurch, dass hier kein Bewohner des Liebehimmels etwas für sich, sondern immer nur für die anderen will, wird jener unbegreiflich herrliche Zustand der Glückseligkeit hervorgerufen, der sich nur vergrößern, jedoch niemals mehr verringern kann. Wenn die Menschen auf Erden diesbezüglich erzogen würden und danach auch handelten, sich immer nur helfend um die Mitmenschen zu bemühen, die Erde könnte wieder zum Paradies werden, selbst wenn auch nicht solche beseligenden Zustände geschaffen werden könnten, wie sie nur hier im Liebehimmel erreicht werden. Aber wirklich schön könnte eure Erde doch werden."

„Da wir alle drei fühlen", nahm darauf Aristos das Gespräch wieder auf, „dass uns doch nicht mehr verständlich werden könnte als was wir von unserem bisherigen Aufenthalt im Liebehimmel erfahren haben, so denken wir, dass es vielleicht an der Zeit für uns ist, den Liebehimmel zu verlassen. Wir danken dir, lieber Gottlob, für deine Hilfe im Erklären der Zustände in diesem höchsten Himmel. Nur gewundert hat es mich zum Beispiel, dass wir von den Bewohnern des Liebehimmels eigentlich nur dich so richtig kennen lernten. Warum halten sich alle anderen Bewohner von uns fern?"

„Sie tun es doch aber gar nicht!", antwortete lächelnd Gottlob. „Ihr seid von ihnen umgeben, doch sie mischen sich nur nicht in unser Gespräch ein, weil sie fühlen, dass ich euch ganz richtig belehre und dass sie euch auch nichts anderes sagen oder zeigen könnten. Ihr seid durchaus nicht von den anderen Bewohnern des Liebehimmels isoliert oder abgeschlossen."

„Nochmals vielen Dank, lieber Bruder Gottlob. Vielleicht geleitest du uns fort von hier."

„Das ist nicht nötig. Ihr werdet von allein gleich wieder in eine andere Sphäre zurückversetzt. Doch lasst mich euch noch folgende Geleitworte mit auf den Weg geben: Ihr habt euch nun bereits einmal im Liebehimmel aufgehalten. Die hier empfangenen Eindrücke haben sich in eure Seele viel tiefer eingeprägt und euer geistiges Verständnis viel stärker geweitet, als ihr ahnt. Ihr werdet alle einst auch hierher kommen, und da wird euch das, was ihr bei eurem jetzigen Besuch schon ahnend zu empfinden bekommen habt, von großem Nutzen sein. Und auf eurem Weg von dort, wo ihr noch hingehört – wie du, Aristos, in die höheren Sphären des Mittelreiches als Schutzgeist, und du, Fred, als fortschreitender Geist ebenfalls, und du Geigele, als eine Botin aus den irdischen Sphären – herauf zu uns, wird euch stets ein unklares, aber doch deutlich wahrnehmbares beglückendes Gefühl überkommen, sobald ihr über eure Zukunft meditiert. Der Besuch hier im Liebehimmel hat etwas bei euch hinterlassen, das nicht mehr ausgelöscht werden kann."

Nach einer Pause fuhr Gottlob fort: „Und nun zum Abschied einige Aufklärungen über euch: Du, Aristos, wirst zuerst in den Liebehimmel eingehen. Fred wird im Mittelreich auf Geigele noch warten, und Geigele selbst wird auf Erden noch etwas durchzumachen haben, was sie tief erschüttern dürfte. Es ist das, sozusagen, die völlige Ablösung von irdischen Gebundenheiten, was durch die bösen

Erfahrungen, die sie noch durchzumachen haben wird, erfolgt. Geigele hat eine große Mission mit ihrem somnambulen Wandern durch die endlosen Weiten des Jenseits erfüllt. Denn all das, was sie erlebte, ist ja aufgezeichnet worden und wird einmal von Tausenden gelesen werden können; unter denen wird es dann viele geben, die den inneren Frieden finden und den Tod nicht mehr fürchten werden; nun lebt wohl!"

Und damit ging plötzlich eine allgemeine Änderung vor sich. Alles schien sich zu drehen und durcheinanderzuwirbeln. Geigele besonders hatte das Gefühl zu fallen, immer schneller und schneller. Auf einmal schien das Fallen aber aufzuhören und es war ihr, als ob sie Stimmen um sich hörte, doch konnte sie sich noch nicht bewegen. Sie hörte aber deutlich die Stimme ihrer Mutter: „Herr Doktor, was ist denn bloß los? Geigele atmet ja gar nicht mehr!"

Geigele fühlte, dass sich Dr. Lehmann über sie beugte und den Herzschlag abhörte. Dann schien sich der Arzt aber wieder aufzurichten und erklärte der besorgten Mutter in ruhigem Ton: „Ängstigen Sie sich nur nicht. Ihrer Tochter ist nichts geschehen. Doch diesmal erwacht sie anders als sonst aus ihrem somnambulen Schlaf. Ich denke, sie wird bald die Augen öffnen."

Und so war es auch. Geigele wachte auf, sah ihre Mutter, Dr. Lehmann und Herrn McCook mit besorgten Mienen vor ihrem Bett stehen. Da musste sie unwillkürlich lächeln. Ihre Mutter beugte sich über sie und küsste sie; nun wurde Geigele ganz wach. Sie richtete sich auf, sah jeden um ihr Bett Stehenden freundlich an, streckte sich, als ob sie aus einem tiefen gesunden Schlaf erwacht wäre und bemerkte: „Ich fühle mich so frisch, habe keinerlei Schmerzen und möchte sofort aufstehen."

Ihre Mutter wollte sie davon abhalten, doch Dr. Lehmann ermutigte Geigele dazu. Dr. Lehmann und Herr McCook verließen das Zimmer, in dem die Mutter ihrer Tochter beim Ankleiden half.

„Was halten Sie von Geigeles heutigem Benehmen?", fragte Herr McCook den Arzt.

„Es scheint mir so, als ob sich Geigeles somnambuler Zustand gänzlich behoben hätte. Es dürfte mich nicht überraschen, wenn Geigele von jetzt ab ein ganz normales junges Mädchen werden würde. Sie scheint die Aufgabe, die sie zu lösen hatte, durchgeführt zu haben."

Und so war es auch. Geigele gesundete vollständig, hatte anfänglich keinerlei somnambule Anfälle mehr und half ihrer Mutter rüstig im

Haushalt. Nur wenn sie sich zum Verrichten von Handarbeiten niedersetzte, kam sie in eine Art von traumhaftem Zustand, in dem sie manchmal völlig entrückt zu sein schien. Aber was sie dabei entweder wachträumend oder meditierend empfand, behielt sie für sich; taktvoll fragte sie auch niemand danach. Man wollte sie völlig gesunden lassen – und das geschah. Geigele wurde ganz frisch und lebhaft. Nur manchmal lag ein Schimmer von Verträumtheit über ihrem Wesen, der sie in ihrem Ernst oft wie eine Art von Verklärte erscheinen ließ. Allmählich stellte sich wieder die Gabe des Hellsehens und Hellfühlens ein, so dass sie oft hinter Besuchern deren Schutzengel stehen sah und auch fühlte, wenn solchen eine Gefahr in naher Zukunft bevorstand.

III. Teil

Geigeles letzte Lebensjahre

In diesem dritten Teil des Lebensbildes einer medial Veranlagten werden die letzten Lebensjahre Geigeles geschildert, die voll bitterer Enttäuschungen und trauriger Erlebnisse war. Sie werden im Nachfolgenden eingehender beschrieben, um erstens das Lebensbild Geigeles vollständig zu schildern, und zweitens, um allen daran Interessierten zu zeigen, dass das irdische Leben von gottbegnadeten Menschen wie Somnambulen, Sehern usw. meistens nicht leicht ist, und zwar hauptsächlich deswegen, weil sie von Natur aus sensitiver und daher seelisch geöffneter für Einflüsse sind, die robuste Naturen überhaupt nicht spüren mögen.

Felix Schmidt

22. Herrn McCooks und Mutter Schreibers Heimgang

So floss das Leben für die drei Bewohner des hübschen Wohnhauses von McCook, nämlich für diesen selbst, für Geigeles Mutter, Frau Schreiber, und für Geigele ruhig dahin. Sie lebten alle sehr zurückgezogen und hielten sich im Sommer viel im schönen Garten des Grundstücks auf, so dass Geigele frisch und gesund wurde. Der einzige Gast, der die drei Genannten öfter besuchte, war Dr. Lehmann, der, wenn immer er Zeit in seinem Beruf fand, eingehendst die von ihm während Geigeles somnambulen Erlebnissen gemachten Aufzeichnungen durcharbeitete und ordnete. Er brachte bei seinen Besuchen die so durchgearbeiteten Aufzeichnungen mit und las sie zur Beurteilung vor. Nur selten brauchte er etwas hinzuzufügen oder zu verbessern. Geigele hörte beim Vorlesen meistens aufmerksam zu und saß manchmal wie geistesabwesend da, gleich als ob sie das Vorgelesene nochmals miterlebte.

„Kannst du dich auf all das hier Niedergeschriebene beim Vorlesen noch erinnern, Geigele?", fragte einst Dr. Lehmann neugierig. Seit Geigele im somnambulen Zustand Dr. Lehmann mit Du angeredet hatte, gebrauchte dieser in der Anrede ebenfalls das Du.

„O ja", erwiderte die Gefragte. „So genau kann ich mich beim Zuhören an die Zustände im Jenseits noch erinnern, dass ich jedes Erlebnis fast deutlich spüre und ich mich nochmals in alles hineinversetzt glaube."

„Möchtest du nicht lieber wieder dort sein, wo es so schön war?"

„Selbstverständlich, doch ich spüre es, ich könnte in manchen der herrlichen Gegenden noch nicht bleiben, da ich noch nicht ‚reif' dafür bin."

„Wie fühlst du das?"

„Es ist, als ob mich etwas mit unsichtbaren Armen hier noch zurückhält, weil ich noch nicht alles erledigt habe, was ich in diesem irdischen Leben zu erledigen habe."

„Ja, aber was kann denn das sein, was du noch nicht erledigt hast, Geigele?", mischte sich Frau Schreiber ein.

„Fred wartet doch im Jenseits auf dich, wie du weißt", fügte Herr McCook noch hinzu.

„Ich weiß, ich weiß das alles", antwortete Geigele hastig wie abwehrend, „und doch ist irgendwo und irgendwie etwas vorhanden, was mich – und ich spüre es – noch hier auf der Welt zurückhält. Es hängt an mir wie eine Kette, mit der ich noch für eine Weile an diese Erde gefesselt bin."

Inzwischen war der Herbst gekommen, der gerade im Nordwesten des Landes von einer unbeschreiblichen Pracht und Herrlichkeit ist. Es herrscht dann meistens Sonnenschein, und die Herbststürme, wie man sie in Europa hat, setzen gewöhnlich erst mit dem Frühwinter ein. Dieser bezaubernd schöne Herbst, der alles wie mit einer Verklärung übergießt, dauert oft sechs bis sieben Wochen, wobei es freilich vorkommen mag, dass morgens manchmal die Temperatur schon bis unter den Gefrierpunkt absinkt, gegen Mittag aber wieder zu sommerlicher Wärme ansteigt.

Während dieser herrlichen Herbsttage machten Dr. Lehmann und Geigele, wenn es des Ersteren Zeit erlaubte, nachmittags manchmal Spaziergänge in die liebliche Hügellandschaft der Umgebung, die infolge des in herbstlichen Farbentönen leuchtenden Laubes der Wälder einen entzückenden Anblick boten.

Dem Auge von Geigeles Mutter war es nicht entgangen, dass sich Dr. Lehmann stark für ihre Tochter zu interessieren schien. Geigele merkte das wohl nicht, denn sie blieb ihrem Begleiter gegenüber stets die Gleiche. Einmal spielte Dr. Lehmann indirekt auf seine Gefühle für Geigele an und machte bei einem der Spaziergänge zu ihr die Bemerkung: „Sag mal, Geigele, du hast zwar deinen Lebensgefährten im Jenseits, wie ich sehr wohl weiß, doch willst du, solange du noch auf Erden weilst, nicht heiraten?"

Geigele sah Dr. Lehmann so erstaunt an, dass dieser sich fast schämte, diese Frage gestellt zu haben.

Nach langem Zögern antwortete Geigele: „Sieh mal, Dr. Lehmann, mit zwei Menschen, die zueinander gehören – wie zum Beispiel Fred und ich – hat es eine ganz eigene Bewandtnis. Es ist, als ob wir eine geschlossene Einheit darstellten. Für mich war es schon bei Freds Lebzeiten so, dass er für mich alles bedeutete – geradezu ein Stück meines eigenen Lebens war. Niemals haben wir Streit gehabt. Ich kann mir gar nicht vorstellen, wie ein solcher überhaupt hätte entstehen können. Alles, was Fred mir sagte, war für mich einfach so, dass es gar nicht anders hätte sein können. Für mich hatte Fred immer recht, und Fred gestand mir – kurz ehe er ins Feld zog – dass er, sobald er mit mir zusammen war, niemals etwas Unwahres hätte sagen können. Es war, als ob jeder von uns den anderen genauso kannte wie sich selbst; unsere Liebe war eine einfache Selbstverständlichkeit. Es konnte für uns gar nicht anders sein; und dabei war unsere Liebe nicht leidenschaftlich. Dafür war es aber eine Liebe von solch unvorstellbarer Tiefe, Harmonie und einem solchen ineinander Verschmolzensein, dass nichts, aber auch einfach gar nichts, uns je hätte auseinanderbringen können. Unsere Liebe trug einen beinahe überirdischen Charakter."

Als Geigele daraufhin schwieg, schritten beide für eine Weile schweigend nebeneinander her, wobei Geigeles Züge wie verklärt erschienen.

Endlich raffte sich Dr. Lehmann wieder zusammen und ließ die Bemerkung fallen: „Wie denkst du über mich, Geigele?"

Geigele blieb, wie aus einem schönen Traum herausgerissen, erschrocken stehen. Zum ersten Mal schien ihr zu dämmern, dass sich Dr. Lehmann für sie auch als weibliches Wesen und nicht nur als Somnambule interessierte. Nach einer Pause antwortete sie langsam: „Dr. Lehmann, du bist mir sehr, sehr sympathisch und ich fühle mich bei dir absolut geborgen. Doch dieses Gefühl ist ein ganz anderes als das, was ich für Fred empfinde. Ich schätze dich, bewundere dein Wissen und bin stolz darauf, dich als einen Freund zu besitzen, auf den ich mich verlassen kann – doch das ist alles!"

Damit wurde das Gespräch abgebrochen, und man unterhielt sich während des Restes des Spazierganges meistens nur noch über das hübsche Herbstwetter.

Die Motive für die Abweisung, die Dr. Lehmann von Geigele erhalten hatte, schien dieser zu verstehen und würdigte sie auch, denn er besaß einen durchaus vornehmen Charakter. Es trat daher auch keine Abkühlung in den freundschaftlichen Gefühlen zwischen Dr. Lehmann für Geigele, ihre Mutter und für Herrn McCook ein.

Der Winter war diesmal streng; schon frühzeitig hatte sich der Mississippi mit Eis bedeckt. Etwa drei Wochen vor Weihnachten setzte jedoch auf einmal für mehrere Tage Tauwetter ein. Der Schnee begann sogar unter den warmen Sonnenstrahlen wegzuschmelzen. Es war, als ob mitten im Winter der Frühling ins Land gezogen wäre.

Dieses Wetter veranlasste Herrn McCook, der behauptete, solche seltsame Witterung hier oben im Norden noch nie erlebt zu haben, einen Spaziergang in die Hügel zu unternehmen, um – wie er sagte – zu sehen, wie die Natur auf diesen scheinbaren Frühling im Winter reagierte.

Frau Schreiber warnte Herrn McCook, der ja nicht mehr der Jüngste war, sich vor einer Erkältung zu hüten, zumal er gerade erst eine solche glücklich überstanden hatte.

„Unsinn", wehrte Herr McCook ab, „ich bin doch kein Kind mehr und weiß, wie weit ich gehen kann. Ich werde schon nichts übertreiben, auch wenn heute früh die Sonne noch so warm schien, bis sich der Himmel mit dicken Wolken bedeckt hat. Jetzt ist es ja auch ganz windstill, und so sehe ich weiter keine Gefahr."

Als er vor die Haustür trat, machte er einen tiefen Atemzug, als ob er die herrliche Luft voll in seine Lungen aufnehmen wollte und bemerkte zu Frau Schreiber, wobei er sich nochmals zu ihr umwandte: „Ich weiß nicht, mir ist heute so unbeschreiblich leicht zu Mute. Mir ist, als ob ich fliegen könnte und als ob alle Himmel sich für mich geöffnet hätten."

Geradezu leichtbeschwingt trat McCook seinen geplanten Spaziergang an, während ihm Frau Schreiber nachdenklich nachblickte. Plötzlich überkam sie das Gefühl, dass Herr McCook vielleicht ihre Hilfe benötigen könnte. Sie zog schnell ihren Mantel an und folgte ihm unauffällig. Sie wusste ohnehin, welche Gegend der Hügelkette Herr McCook mit Vorliebe aufzusuchen pflegte. Geigele wollte ihre Mutter begleiten, doch wehrte diese ab, da Geigele gerade eine leichte Halsentzündung hinter sich hatte.

Als Herr McCook die Hügelkette erreicht hatte und sich auf dem Fußweg befand, der den Hügel hinaufführte, fing es an zu regnen. Der Regen wurde immer stärker, so dass Herr McCook beschloss umzukehren. Auf dem Rückweg begegnete er Frau Schreiber, die ihm gestand, ihm nachgegangen zu sein, weil sie das Gefühl gehabt hätte, dass ihm Gefahr drohte.

Währenddessen hatte sich ein Nordwind erhoben, der zum Sturm wurde, ehe beide Wanderer die ersten Häuser des Städtchens erreichten. Gleichzeitig war der Regen in Schnee übergegangen, und es wurde plötzlich kalt. Herr McCook und Frau Schreiber hatten stark gegen den Sturm und das Schneetreiben anzukämpfen. Die Straßen waren wie verlassen, und die Nässe auf dem Straßenpflaster war durch den

Nordwind zu gefährlichem Glatteis geworden, das nun bereits mit einer dünnen Schneeschicht überzogen war. Beim Überqueren der Straße glitt Herr McCook auf einmal auf dem eisigen Pflaster aus und fiel, wobei er stark auf das Pflaster aufschlug. Als Frau Schreiber ihm wieder aufhelfen wollte, konnte sich der Gefallene nicht erheben.

Frau Schreiber wusste im Augenblick nicht, was sie tun sollte. Der Schnee wirbelte um sie herum, der Nordwind heulte und ihre Hände fingen vor Frost an zu erstarren. Da sah sie durch den Schneesturm eine Gestalt auf sich zukommen. Es war Dr. Lehmann, der gerade wieder einen Besuch bei McCook abstatten wollte.

Er merkte sofort, dass sich der Hingefallene beim Sturz die Hüfte gebrochen hatte und bat Frau Schreiber, in ein nahes Geschäft zu gehen und das Hospital anzurufen.

Die Polizei war schnell zur Stelle und transportierte Herrn McCook, nachdem sie ihn sorgfältig aufgehoben hatte, auf Dr. Lehmanns Rat hin zunächst zu seinem nicht mehr weit entfernten Heim.

Wie sich bei der Untersuchung herausstellte, war der Bruch nicht so gefährlich, als wie man anfangs vermutet hatte. Dr. Lehmann veranlasste das Anlegen eines Gipsverbandes vom Hospital aus, hielt aber die Überführung des Verunglückten zum Hospital selbst nicht für nötig.

„Ist Herr McCook schwer verletzt?", fragte Frau Schreiber besorgt Dr. Lehmann, den sie bei dem inzwischen zu einem schweren Blizzard angewachsenen Schneesturm nicht fortgehen lassen wollte, sondern für den sie das Gastzimmer zum Übernachten herrichtete.

„Das glaube ich nicht, doch der Bruch ist in McCooks Alter nicht das Gefährliche, sondern die Komplikationen, die einsetzen können, wie beispielsweise Lungenentzündung!"

Und so war es auch. Herr McCook erkrankte schwer an einer Lungenentzündung, die schließlich nach achttägigem Krankenlager zu seinem Ableben führte.

Inzwischen hatte aber eine starke Kältewelle eingesetzt, und das Thermometer war bis auf 45 Grad Kälte gesunken. So konnte die Leiche McCooks nicht gleich beigesetzt werden, sondern musste vorläufig in der Leichenhalle auf dem Friedhof bleiben, bis wieder wärmeres Wetter einsetzte, so dass dann ein Grab neben der Grabstätte seiner Frau geschaufelt werden konnte, da der Boden zur Zeit zu tief gefroren war.

McCook hatte sein Haus Mutter Schreiber und deren Tochter Geigele hinterlassen und ebenso eine Rente für beide ausgesetzt. Auf Wunsch von McCook während dessen letzten Lebenstagen war Dr. Lehmann in McCooks Haus übergesiedelt und führte von dort aus seine Praxis. McCook hatte das so gewünscht, damit die beiden Frauen nicht allein und verlassen wären.

Schließlich ging aber auch dieser Winter – der als einer der kältesten und schneereichsten in der Geschichte von Waterville galt – vorüber.

Dr. Lehmann hielt jetzt in einem dafür hergerichteten besonderen Zimmer des Frau Schreiber und ihrer Tochter Geigele vermachten Hauses seine Sprechstunden ab, während der lange Korridor als Wartezimmer hergerichtet worden war. Um sich zu betätigen, hatte Geigele Dr. Lehmann gebeten, ihm mit Handreichungen bei seiner Arbeit helfen zu können, worüber dieser sich sehr freute. Frau Schreiber widmete sich dagegen ganz der Pflege des Gartens und verrichtete im Übrigen – dabei ebenfalls von Geigele unterstützt – die Hausarbeit.

So vergingen die nächsten drei Jahre nach McCooks Tod ziemlich ereignislos mit der geschilderten Routinearbeit. Wenn Dr. Lehmann über Land gerufen wurde, begleitete Geigele ihn öfter bei seinen Krankenbesuchen bei den Farmern in der Umgebung. Das brachte etwas Abwechslung in den Alltag, der aber von allen dreien durchaus nicht als langweilig oder geisttötend empfunden wurde, da jeder verstand, sich mit irgendetwas zu beschäftigen. Und hatte man Zeit, so holte Dr. Lehmann seine Aufzeichnungen über Geigeles somnambule Erlebnisse hervor und man las diese immer wieder mal zusammen durch und besprach sie.

Da, abermals zum Winterbeginn des vierten Jahres, nachdem Geigeles somnambules Erleben aufgehört hatte, erkrankte plötzlich Frau Schreiber. Dr. Lehmann konnte nicht recht feststellen, was ihr fehlte, doch sie wurde immer schwächer und schwächer und schien allmählich hinzusiechen.

Eines Tages bat sie Geigele: „Weißt du, ich habe das Gefühl, dass ich nicht mehr lange lebe. Schreibe doch an Joseph und Magdalena in Chicago, dass ich sie gern noch einmal sehen möchte."

„Ich will das sofort tun, doch du weißt ja, liebe Mutter, dass bisher alle unsere Briefe an sie immer unbeantwortet blieben."

„Das weiß ich, doch schreib noch einmal."

Geigele tat es, aber der Brief blieb unbeantwortet.

Es wurde erneut geschrieben, doch wieder traf keine Antwort ein.

Frau Schreiber wurde unruhig. Da erklärte sich Dr. Lehmann bereit, wenn er nächste Woche nach Chicago zu einer Ärztekonferenz fahren würde, entweder Joseph oder Magdalena aufzusuchen und ihnen den Wunsch der Mutter zu überbringen.

Und so geschah es auch, doch gleichfalls ohne allzu großen Erfolg. Dr. Lehmann konnte nur feststellen, dass beide Geschwister Geigeles – sowohl Joseph wie auch Magdalena – nicht mehr unter der Adresse wohnten, die Frau Schreiber hatte. Dort jedoch, wo Magdalena angeblich wohnen sollte, erfuhr er die Arbeitsstelle Josephs. Als er sich dorthin begab, fand er das Lokal – es schien irgendein Klub zu sein – geschlossen. Wie er in der Nachbarschaft erfuhr, wurde das Lokal immer erst so gegen acht Uhr abends geöffnet, da es ein Nachtlokal war. Dr. Lehmann hatte jedoch nicht die Zeit, bis zum Abend zu bleiben, notierte sich aber die Adresse.

Dorthin schrieb nun Geigele auf Mutters ausdrücklichen Wunsch nochmals, und diesmal erhielt man Antwort. Sie war zwar recht kurz, aber doch wenigstens eine Antwort. Es hieß einfach, dass er – Joseph – und Magdalena, nächste Woche mit Rudi in dessen Auto nach Waterville kommen würden, da sie in St. Paul sowieso etwas geschäftlich zu erledigen hätten.

Am Donnerstag der darauf folgenden Woche fuhr vor dem Haus in Waterville ein elegantes Auto vor, dem zwei Männer und eine sehr vornehm gekleidete Dame, alle drei in Pelzen, entstiegen. Es waren Joseph, Magdalena und Josephs Freund Rudi.

Joseph begrüßte seine Mutter herzlich. Magdalena dagegen verhielt sich sehr reserviert. Die Gäste erklärten, dass sie sich nur kurze Zeit aufhalten könnten, da sie abends noch in St. Paul sein müssten.

Das Gespräch kam nur langsam in Gang. Man wusste nicht recht, über was man sich unterhalten sollte, hatte man sich doch schon seit langem nicht mehr gesehen.

Eine gewisse Scheu hielten Frau Schreiber und Geigele davon ab, direkte Fragen an die Besucher zu stellen. Es war eine Scheu, die mehr einer Angst glich, vielleicht etwas Unerfreuliches hören zu müssen.

Geigele servierte Kaffee und Kuchen – zum Abendessen zu bleiben wurde entschieden abgelehnt – und man unterhielt sich so zwanglos wie möglich weiter. Dr. Lehmanns Sprechstunden waren abgelaufen, und er kam, um ebenfalls die Besucher zu begrüßen.

„Sie haben hier eine hübsche Praxis", bemerkte der von jeher vorlaut gewesene Rudi.

„Ja, dank dem liebenswürdigen Herrn McCook, der mich bedachte, konnte ich mir hier meine Praxis einrichten."

„Ich nehme an", mischte sich da in hochnäsigem Ton Magdalena ins Gespräch, „dass Ihre Unterstützung Mutter und Josephine" – es war seit vielen, vielen Jahren das erste Mal, dass Geigele wieder mit ihrem eigentlichen Taufnamen genannt wurde – „über Wasser hält, denn von was sollten die beiden sonst wohl leben außer vom Waschen der schmutzigen Wäsche anderer Leute."

Dr. Lehmann war erstaunt über diese Bemerkung und wollte gerade scharf etwas erwidern, als sich Geigele einmischte: „Nein, Magdalena, das braucht Mutter nicht mehr. Herr McCook hat uns außer diesem Haus eine Rente hinterlassen."

„Na, da habt ihr beide es ja gut verstanden, euch hier einzunisten", warf Magdalena schnippisch-frech ein.

„Sie täuschen sich, Fräulein Schreiber", entgegnete nun ziemlich ernst Dr. Lehmann. „Vom Einnisten kann hier keine Rede sein. Frau Schreiber hatte Herrn McCook auf dessen Wunsch hin nach dem Tode seiner eigenen Frau die Wirtschaft geführt und für ihn sehr gut gesorgt, und Geigele hat bis auf die Jahre ihrer Krankheit ihrer Mutter stets geholfen."

„Krankheit?", fragte Magdalena gedehnt. „Was kann den Josephine anderes gefehlt haben als Faulheit! Wenn sie sich wie ich hätte durchs Leben schlagen müssen, dann hätte sie keine Zeit zum Kranksein gefunden. Na, ich habe es wenigstens aus eigener Kraft zu etwas gebracht und nicht durch Erbschleicherei!"

Während Mutter Schreiber und Geigele ruhig blieben, war Dr. Lehmann erregt aufgesprungen. Doch die peinliche Situation wurde durch die Gewandtheit Rudis gemildert, der bemerkte: „Bitte, meine Damen und Herren, nehmen Sie Fräulein Magdalena nicht zu ernst. Sie meint es nicht so schlecht, denn sie hat in Wirklichkeit ein sehr gutes Herz. Sie hat in Chicago ein Heim für einsame Mädchen und Frauen aufgemacht und tut ein gutes Werk dabei."

Alle schwiegen vor Staunen, wobei es Dr. Lehmann allerdings so vorkam, als ob Joseph und auch Rudi ein heimliches Hohnlachen unterdrücken mussten, während Magdalena beiden einen wütenden Blick zuwarf.

„O, ist das aber lieb von dir, Magdalena. Ich wusste ja immer, dass du im Grunde ein gutes Herz hast und niemandem absichtlich weh tun würdest", streckte Frau Schreiber freudevoll von ihrem Krankenlager aus ihrer ältesten Tochter die Hände entgegen.

Doch anstatt die Hände der Mutter zu ergreifen, stand Magdalena trotzig auf und herrschte Rudi an: „Lass uns weiterfahren! Ich fühle mich nicht recht wohl hier in dem Erbschleicherheim."

Und ohne weder ihre Mutter noch Geigele oder Dr. Lehmann eines weiteren Blickes zu würdigen, schritt sie zur Haustür hinaus und setzte sich ins Auto, wobei sie ungeduldig die Hupe ertönen ließ.

Joseph beugte sich zum Abschied über seine Mutter und wünschte ihr baldige Gesundung. Auch von Geigele und Dr. Lehmann verabschiedeten sich Joseph und Rudi freundlichst. Geigele flüsterte beim Hinausgehen Joseph noch zu: „Schreibe du doch wenigstens ab und zu mal an Mutter. Sie freut sich doch über jede Zeile von dir und auch von Magdalena."

„Ich denke, ich werde es schon tun. Und wenn Magdalena nicht schreiben will, so werde ich euch wenigstens ab und zu eine Nachricht zugehen lassen; verlasse dich darauf!"

Als das Auto abgefahren war, setzten sich Dr. Lehmann und Geigele an Frau Schreibers Krankenbett, die das Benehmen und Verhalten ihrer ältesten Tochter Magdalena mehr mitgenommen zu haben schien, als sie zugab. Sie war müde und sehnte sich nach Schlaf; man ließ sie daher allein.

Dr. Lehmann fragte Geigele nicht weiter über ihren Bruder und ihre Schwester aus, doch Geigele hielt es für angebracht, ihn aufzuklären, so weit sie das selbst vermochte, denn sie konnte sich das Benehmen ihrer Schwester an Mutters Krankenlager eigentlich selbst auch nicht so recht erklären.

Geigele berichtete nun Dr. Lehmann, dass Magdalena anfangs im Haushalt von McCooks – als Frau McCook noch lebte – angestellt war und sehr anständig behandelt wurde. Trotzdem wäre sie eines Tages verschwunden und, wie sie später mal schrieb, nach Chicago gegangen, wohin auch Joseph gereist war. Bis auf einen einmaligen Besuch habe man nie mehr etwas von den beiden gehört.

„Es scheint ja aber beiden recht gut zu gehen – wenigstens ihrem Äußern nach zu urteilen", bemerkte Dr. Lehmann.

„Ja, doch scheint das nur so", antwortete Geigele nachdenklich. „Konntest du bei deinem Suchen nach Josephs Arbeitsstätte in Chicago nicht herausfinden, was das für ein Platz ist, wo Joseph arbeitet?"

„Leider hatte ich nicht die Zeit dazu, doch es schien mir eines jener

Nachtlokale zu sein, die ja jetzt während der Prohibition wie Pilze überall in den Großstädten hochgeschossen sind."

Damit war die Angelegenheit für beide erledigt.

Joseph hielt sein Wort und schrieb ab und zu einmal, allerdings niemals ausführlich, aber es waren eben wenigstens Lebenszeichen.

Die beiden anderen Geschwister Geigeles, der Eisenbahnschaffner Georg, der nun eine eigene Familie hatte, schrieb dagegen regelmäßig und erkundigte sich immer nach Mutters Befinden, während ihr Bruder Philipp, der den Posten eines Vormannes einer Arbeiterabteilung zur Streckenreparatur bei derselben Bahn hatte, bei der Georg als Schaffner tätig war, ab und zu sogar persönlich bei seiner Mutter und Lieblingsschwester Geigele vorbeikam. Die am Ort selbst verheiratete Tochter Margareta kam während Frau Schreibers Erkrankung mehrmals die Woche zu Besuch.

Ungefähr um Weihnachten herum verschlimmerte sich der Zustand von Frau Schreiber so stark, dass Dr. Lehmann befürchtete, es würde mit ihr nun wohl bald zu Ende gehen.

Und so war es auch. Noch einmal feierte man zusammen Weihnachten, und dann wurde Frau Schreiber schwächer und schwächer, bis sie Mitte Januar die Augen zur ewigen Ruhe schloss.

Zur Beisetzung fanden sich alle Kinder bis auf Magdalena ein, die vorschützte, eine schwere Erkältung zu haben. Frau Schreiber wurde auf demselben Friedhof beigesetzt, wo auch die Leiche ihres verunglückten Mannes ruhte.

23. Das Medium von Chicago

Joseph war auf Geigeles Wunsch noch einen Tag länger geblieben. Er war diesmal mit der Eisenbahn gekommen und machte einen weniger zuversichtlichen Eindruck. Es schien so, als ob ihn etwas bedrückte. Er äußerte sich aber nicht näher zu seinem Kummer, nur gab er auf Befragen zu, dass er Hilfsmanager in einem der Klubs war, wie sie während der Prohibitionszeit bestanden; jener Klubs, in denen alkoholische Getränke wie in normalen Zeiten verkauft wurden, was nach dem Prohibitionsgesetz ja verboten war. In letzter Zeit ginge das Geschäft aber schlecht und er würde sich wohl nach etwas anderem umsehen müssen; wonach wisse er zur Zeit noch nicht. Geigeles Angebot, doch nach Waterville zu ziehen und bei ihr zu wohnen, lehnte er jedoch entschieden ab.

Die nächsten Wochen vergingen, wie es immer der Fall ist, wenn der Tod irgendwo eine Lücke gerissen hat; die Mutter fehlte anfänglich überall. Allmählich gewöhnte sich Geigele aber doch daran, dass sie nun den Haushalt allein zu führen hatte. Wäre sie allein gewesen, so hätte sie nicht mehr viel auf ihr irdisches Dasein gegeben, doch sie hatte ja jemanden in dem großen Haus – das nach der Bauweise der Neunziger Jahre des vorigen Jahrhunderts viele Zimmer und in diesen zahlreiche schwere Möbel enthielt – wohnen, für den sie mit zu sorgen hatte, nämlich Dr. Lehmann, der dort nun auch immer seine Sprechstunden abhielt.

Dr. Lehmann versuchte, Geigele so viel wie möglich für sein Arbeitsgebiet zu interessieren, das ihr ja schon durch ihre Hilfeleistung etwas vertraut geworden war. Es gelang ihm dadurch auch, sie von dem Kummer über den Verlust ihrer Mutter abzulenken und sie wieder Anteil am irdischen Leben nehmen zu lassen.

Doch Geigele war ruhelos; sie wusste so eigentlich nicht, warum sie es war! Sie war dank der Fürsorge von Herrn McCook versorgt, und Dr. Lehmann gewährte ihr einen sicheren Schutz, den sie ohne ihn nicht gehabt hätte. Trotzdem bemächtigte sich ihrer zeitweise ein merkwürdiges Gefühl, das sie sich nicht näher zu erklären vermochte – ein Gefühl, als ob das Schicksal darauf wartete, dass sie noch eine Aufgabe erfüllen müsse, die ihr das Leben aufgetragen habe.

Das beunruhigte sie, weil sie nicht wusste, um was es sich dabei eigentlich handelte.

In dieser Zeit der inneren Ungewissheit traf ein Brief von ihrem Bruder Joseph aus Chicago ein, der sie einlud, doch einmal für ein paar Wochen zu Besuch zu kommen. Er hätte Sehnsucht nach ihr, und außerdem könnte sie mit ihrer Gabe des Hellsehens dort vielleicht viel Gutes stiften – Magdalena hätte eine Unterkunft für sie. Sie könne dort wohnen, so lange sie wolle, und wenn Magdalena etwas von ihr für die Wohnung und Beköstigung fordern sollte, so würde er die Kosten tragen.

Geigele war beim Empfang dieses Briefes eigentümlich zumute. Sie wusste nicht, was es war, doch die Zeilen ihres Bruders berührten sie so seltsam. Es lag etwas in den Zeilen, was irgendeine Bedeutung für sie zu haben schien. Sie wusste aber nicht, was das sein konnte.

Sie zeigte den Brief Dr. Lehmann und fragte ihn, ob er für einige Wochen ohne ihre Fürsorge für ihn auskommen könnte.

Dr. Lehmann beruhigte sie. Seine Mahlzeiten würde er in dem benachbarten Lokal einnehmen, so dass sich Geigele keinerlei Sorgen um ihn zu machen bräuchte.

„Doch, Geigele", so setzte er bei dieser Zusicherung hinzu, „wenn du wiederkommen willst, weil dir irgendetwas in Chicago nicht zusagt, so schreibe mir einfach oder sende ein Telegramm, und ich komme sofort, dich in Chicago abzuholen."

Geigele antwortete schließlich ihrem Bruder Joseph, dass sie für einige Zeit nach Chicago kommen würde und dass er ein Zimmer für sie bei Magdalena reservieren solle. Sie könne die Zimmermiete allein bezahlen.

So traf Ende März Geigele in Chicago ein und wurde auf dem Bahnhof nicht nur von ihrem Bruder Joseph, sondern auch von ihrer Schwester Magdalena und Josephs Freund Rudi abgeholt, in deren Begleitung sich aber noch zwei Herren befanden, die Geigele als Mack und Professor Susan vorgestellt wurden. Beide, Mack und Prof. Susan gaben sich sichtlich Mühe, auf Geigele einen günstigen Eindruck zu machen, doch war an diesen beiden irgendetwas, das Geigele abstieß – was es war, wusste sie nicht. Ihre Schwester Magdalena zeigte sich diesmal von einer sehr liebenswürdigen, verwandtschaftlichen Seite. Sie war recht zugänglich und schien sich tatsächlich um Geigele zu sorgen.

„Es ist nett von dir, Geigele, dass du gekommen bist. Du entschuldigst wohl, dass auch ich dich jetzt mit Geigele anrede, denn der Name gefällt mir wirklich."

„Nenne mich nur, wie du willst, liebe Magdalena", erwiderte Geigele. „Ich freue mich, dass du mit meinem Besuch einverstanden bist und mich bei dir aufnehmen willst."

„Aber, das ist doch ganz selbstverständlich", versicherte Magdalena, dabei Geigele herzlich die Hand drückend.

Geigele war erstaunt über Magdalenas Verwandlung seit ihrem Besuch in Waterville vor dem Ableben ihrer Mutter. Doch sie grübelte nicht weiter darüber nach, sondern dachte, Magdalena wäre damals vielleicht gerade verstimmt oder verärgert gewesen, als sie mit Joseph und Rudi den Besuch abstattete.

Rudi erbot sich sofort, Geigele und Magdalena in seinem Auto zu Magdalenas Heim zu fahren. Joseph schloss sich den dreien an.

Die beiden anderen Herren, die Geigele als Mack und Prof. Susan vorgestellt worden waren, hielten sich sehr bescheiden im Hintergrund. Nur wünschten beide, als man sich verabschiedete, dass es Josephs „berühmter" Schwester in Chicago recht gut gefallen möge.

Geigele stutzte bei dieser Schmeichelei. „Berühmte Schwester?", fragte sie erstaunt zurück.

„Na, waren Sie das nicht, Fräulein Geigele, und in Ihrer Gegend als solche auch allgemein bekannt durch Ihre hellseherische Gabe?", versuchte Prof. Susan in äußerst verbindlich lächelnder Weise zu erklären.

„Aber damit war ich doch noch lange keine Berühmtheit", beharrte Geigele bescheiden bei ihrer Auffassung.

„Sie müssen das nicht alles so ernst nehmen, was Ihnen da der Professor sagt", vermittelte Rudi in seiner verbindlichen Art. „Hier in der Großstadt legt man solches Gerede nicht auf die Waagschale und weiß genau, wie es aufzufassen ist, nämlich als einen Versuch von Schmeichelei, die dem braven Professor bei Ihnen, Fräulein Geigele, eben danebengelungen zu sein scheint."

Alle lächelten, und damit war der Zwischenfall erledigt.

„Bitte, kommt jetzt alle", mahnte Rudi, „sonst erwischt mich die Polizei, da ich mein Auto an einer Stelle zu stehen habe, wo man nicht stehen darf."

Rudi fuhr nicht gleich zu Magdalenas Haus, sondern bot sich an, Geigele ein wenig von Chicago zu zeigen. Man fuhr durch den Lincoln Park und am Seeufer entlang und darauf noch ein Stück durch Süd-Chicago. Dann ging es wieder zu dem Geschäftszentrum – dem „Loop" – zurück, und von dort bog Rudi nach Nordwesten hin ab. Nach etwa einer halben Stunde hielt er vor einem großen Wohnhaus.

„So, da wären wir." Man stieg einige Steinstufen hinauf bis zum Haupteingang. Im Hintergrund eines langen, mit schweren Teppichen ausgelegten Korridors führte eine mit festem Geländer versehene, ebenfalls dick mit Teppichen belegte Treppe zum ersten Stockwerk, wo sich zahlreiche Zimmer befanden. Magdalena öffnete die Tür zu einem sehr vornehm eingerichteten Zimmer mit den Worten: „Hier, Geigele, das ist dein Zimmer während deines Aufenthalts in Chicago."

Geigele blieb erstaunt stehen. Das Zimmer war äußerst elegant eingerichtet.

„Kannst du mir nicht ein einfacheres Zimmer geben?", bat sie Magdalena.

„Sie sind alle ähnlich eingerichtet. Sieh, ich vermiete die Zimmer, und in dieser Gegend müssen solche Zimmer elegant eingerichtet sein, sonst bekommt man niemanden."

Geigele schwieg und fügte sich in die Verhältnisse. Joseph brachte ihren Handkoffer herauf und verabschiedete sich dann mit den Worten: „Nun, Geigele, schlaf recht gut. Du wirst bestimmt müde sein. Morgen gegen Mittag holen Rudi und ich dich ab, um dir noch mehr von Chicago zu zeigen. Morgen abend sind wir alle zu Mack eingeladen.

„Ist Mack ein Freund von dir?"

„Ja und nein! Wir sind Freunde in den Jahren des Zusammenarbeitens geworden, denn wir waren Geschäftspartner."

„Was für ein Geschäft hattet ihr denn?"

„Ach, lass das bis morgen, wenn wir zusammen sind. Dann erzähle ich dir mehr und werde auch alle deine Fragen beantworten, die du stellen willst."

Am anderen Mittag stellten sich Rudi und Joseph pünktlich ein, um Geigele abzuholen. Diese war schon zur Ausfahrt fertig und hatte gerade ihr Frühstück beendet, das ihr von Magdalena selbst ins Zimmer gebracht worden war.

Man fuhr durch verschiedene Gegenden Chicagos und stellte dann das Auto im „Loop"-Distrikt unter, wo man ein Restaurant besuchte und zu Mittag aß. Rudi und Joseph schienen dort sehr bekannt zu sein, denn sie wurden überall begrüßt.

Als Joseph wahrnahm, dass das Geigele auffiel, bemerkte er erläuternd: „Wenn man lange in einer Stadt lebt und arbeitet, wird man halt bekannt. Doch du wolltest ja wissen, was meine Beschäftigung war. Nun, Rudi und ich waren beide von Mack, den ich dir gestern vorstellte und zu dem wir heute abend eingeladen sind, in dessen Nachtklub als Gästeanweiser angestellt. Natürlich verkaufte auch dieser Nachtklub wie alle anderen alkoholische Getränke, was zwar nach dem Gesetz verboten ist, worum man sich aber hier in Chicago nur wenig oder gar nicht kümmert. Man wird auch nicht weiter von der Polizei belästigt, wenn man eine gewisse Form wahrt – das heißt, das Nachtlokal als „geschlossenen Klub" nur für Klubmitglieder betreibt; das geschieht auch. So ist Mack fast niemals mit den Behörden in Konflikt gekommen. Natürlich ist das Unternehmen eigentlich ungesetzlich, aber hätte Mack eben nicht so einen Nachtklub betrieben, so hätte es irgendjemand anderer getan, da in einer Großstadt wie Chicago die Nachfrage nach solchen Klubs besteht."

Geigele schwieg; ihr war das eben Gehörte nicht gerade angenehm. Der gewandte Rudi merkte die Verstimmung und fuhr daher ergänzend fort: „Und nun möchtest du gewiss genau wissen, warum Mack schließlich das Nachtlokal aufgegeben hat. Das geschah aus zweierlei Gründen. Erstens hatte er ‚genug Geld gemacht', um sich zur Ruhe setzen zu können, und zweitens hat er für Prof. Susan, den du ja auch kennen gelernt hast, ein Privatstudio für dessen psychologische Studien eingerichtet."

Geigele dachte über das Gehörte nach. Etwas schien ihr dabei nicht zu stimmen, doch sie wusste nicht, was das war.

Rudi merkte, dass Geigele nicht alles verstanden zu haben schien und fuhr von allein ergänzend fort: „Viel macht Prof. Susan nicht mit seinen Studien, doch Mack hat genug Geld verdient, um es sich leisten zu können, Prof. Susan zu unterstützen."

Darauf trat eine Pause in der Unterhaltung ein, die erst nach geraumer Zeit von Geigele unterbrochen wurde mit der Frage: „Was macht ihr beide denn jetzt? Ihr habt doch nun auch eure Stellungen verloren?"

„Ich habe schon wieder eine als Abteilungsleiter in einem hiesigen Warenhaus in Aussicht", erwiderte Rudi. „In etwa einem Monat werde ich Joseph dort auch unterbringen können. Und bis dahin können wir beide schon existieren, nicht wahr, Joseph?", antwortete Rudi, „zumal wir ja Mack auch noch weiter helfen."

Man brach bald darauf auf und fuhr Geigele zu Magdalenas Heim zurück.

Dort versprach Geigele auf Drängen von Joseph und Rudi, am Abend um acht Uhr bereit zu sein, wenn man sie zum Besuch bei Mack abholen werde.

In ihrem Zimmer angekommen, setzte sich Geigele nachdenklich in den Lehnsessel. Sie hatte das Gefühl, dass irgendetwas hier in Chicago sowohl mit Magdalena wie mit Joseph und Rudi nicht so recht stimmte, doch wusste sie nicht, was das wohl sein könnte. Sie hatte ein unangenehmes Gefühl, wenn sie an deren Verhältnisse dachte, und es war ihr manchmal, als ob ihr innerlich geraten würde, wieder abzureisen. Dann aber wieder war es, als ob irgendeine Macht sie zu überzeugen versuchte, dass sie hier irgendeine Mission zu erfüllen hätte. Sie wusste nicht recht ein noch aus. Schließlich beschloss sie, noch eine Weile auszuharren und zu sehen, wie sich alles gestalten würde. Sie hoffte, so schließlich eine bessere Übersicht zu erhalten. Dann wäre es schließlich immer noch Zeit genug, wieder abzureisen.

Abends, pünktlich gegen dreiviertelacht, stellten sich Joseph und Rudi wieder ein, um Geigele abzuholen; auch Magdalena hatte beschlossen, mitzufahren.

Geigele fühlte sich wieder besser, zumal sowohl Magdalena wie Joseph und Rudi sehr gut aufgelegt waren.

Mack wohnte in einem dreistöckigen, palastartigen Gebäude, das zwölf Zimmer enthielt. Es lag mitten in einem parkartigen, von einem eisernen Gitter eingefassten Garten. Als man durch die breite, gusseiserne Einfahrpforte die asphaltierte Autostraße zum Haus hinauffuhr – das Haus selbst lag auf einer kleinen Anhöhe –, kamen zwei livrierte Diener die Steintreppe herunter, um die Türen des Autos zu öffnen und die Gäste ins Haus zu führen. Im langgestreckten Korridor nahmen andere Hausangestellte die Garderobe ab. Dann wurde man rechts in ein großes saalartiges Zimmer geleitet, das mit dicken Teppichen ausgelegt und eleganten schweren Möbeln ausgestattet war. Beim Betreten des Zimmers erhoben sich aus tiefen Polsterstühlen Mack, Professor Susan und noch mehrere andere Damen und Herren, die die eingetroffenen neuen Gäste herzlichst begrüßten und zum Platznehmen aufforderten.

Geigele war von der Pracht der Zimmerausstattung überwältigt.

Mack stellte die schon anwesenden Damen und Herren und die eben eingetroffenen Gäste einander vor, wobei man wie gewöhnlich beim Vorstellen die genannten Namen kaum verstand, sich aber höflich voreinander verbeugte und so tat, als ob man sich freue, sich gegenseitig kennen zu lernen.

Nur ein Name war Geigele beim Vorstellen haften geblieben, nämlich der einer Gräfin von Roszinsky. Geigele war von Mack allgemein vorgestellt worden als „Fräulein Geigele"!

Mack führte, nachdem man Platz genommen hatte, sofort die Unterhaltung weiter: „Ich hoffe, Fräulein Geigele hat es mir nicht übel genommen, dass ich sie unter diesem Namen vorstellte?"

Dabei lächelte er die Angeredete verbindlichst an, die freundlich erwiderte: „Warum sollte ich Ihnen das wohl übelnehmen, da ich von meiner lieben, verstorbenen Mutter ja nur mit Geigele angeredet worden bin."

„Sie haben wohl sehr an Ihrer lieben Mutter gehangen", wandte sich mit liebenswürdigem Lächeln die als Gräfin Roszinsky vorgestellte Dame an Geigele, wobei sie ihren Arm um sie legte.

„Ja, wir beide waren unzertrennlich", antwortete Geigele zutraulich.

„Das dachte ich mir und fühle ich auch", bemerkte dazu die Gräfin. „Ich bin nämlich sehr medial veranlagt und empfinde, dass der Geist Ihrer lieben Mutter jetzt neben Ihnen steht."

Geigele wusste nicht, was sie darauf erwidern sollte. Sie selbst fühlte nichts von der Gegenwart Ihrer verstorbenen Mutter. Eigentlich hatte sie sich auch niemals vorgestellt, dass ihre verstorbene Mutter als Geist nun ständig um sie sein würde.

Die eingetretene Gesprächspause wurde von dem gewandten Mack überbrückt: „Alles das hier, Fräulein Geigele, mag Ihnen überraschend und seltsam vorkommen. Deswegen erlauben Sie mir gütigst, es Ihnen näher zu erläutern. Als ich durch Zufall mit Professor Susan – dieser verbeugte sich wie verschämt bei Nennung seines Namens – bekannt wurde, kam es mir auf einmal zum Bewusstsein, dass es noch etwas anderes als nur dieses irdische Leben geben mag. Professor Susan betreibt nun hier in meinem Heim – das ich ihm dafür zur Verfügung gestellt habe – metaphysische Experimente und hat einen Kreis von Interessierten um sich gesammelt, mit denen er seine Experimente durchführt, die zum Teil so phänomenal und überraschend sind, dass ich es für meine Menschenpflicht halte, einige davon in meinem vornehm gehaltenen Abendrestaurant als ‚Floor-Show' vorzuführen – scheinbar in Form einer Unterhaltung, der aber in Wirklichkeit ein tiefer und erzieherischer Sinn innewohnt. Hoffentlich kommen Sie, wertes Fräulein Geigele auch einmal in mein Restaurant, selbstverständlich als mein Ehrengast."

Ehe noch jemand etwas erwidern konnte, fuhr Mack fort: „Doch wie ungezogen von mir, Sie alle hier hungern zu lassen, während im Nebenzimmer doch schon das Abendessen bereit steht. Wollen Sie mir bitte folgen?"

Mit einer höflichen Verbeugung bot er Geigele seinen Arm und eröffnete somit den Reigen der Besucher zur überreichlich gedeckten Tafel im Nebenzimmer, das ebenfalls groß und geräumig wie das Zimmer war, in dem die Gäste zuerst empfangen worden waren.

Das Abendessen wurde von vier Hausangestellten serviert; als Getränke wurden nur alkoholfreie Limonaden und Kaffee serviert.

Geigele war zwischen Mack auf der einen und der Gräfin Roszinsky auf der anderen Seite an der Tafel platziert worden. Beide unterhielten Geigele auf die verbindlichste und freundlichste Weise. Nach dem Kaffee bat Mack die Anwesenden, ihm nach oben zu folgen, wo Professor Susan sich seinen Experimentierraum eingerichtet hätte.

Alle folgten der Aufforderung. Der Experimentierraum von Professor Susan unterschied sich eigentlich kaum von den Zimmern, die Geigele im unteren Stockwerk gesehen hatte. Hier oben im Zimmer waren die Polsterstühle jedoch im Halbkreis aufgestellt. Das war der einzige Unterschied zwischen unten und oben.

Man nahm Platz. Professor Susan hatte einen besonderen Sessel, und er war es, der dem jetzigen Zusammensein eine Art von feierlich-offiziellem Anstrich gab mit den Worten: „Meine Damen und Herren! Seien Sie versichert, ich freue mich wirklich aufrichtig, Sie hier als Vertreter hiesiger okkulter Studiengruppen begrüßen zu können. Wir alle wissen es sehr zu schätzen, dass wir heute hier als Gast noch jemanden bei uns haben, nämlich Fräulein Geigele, die in ihrer Heimat allgemein als eine Seherin geschätzt und verehrt wird."

Bei diesen Worten klatschte man Beifall und alle Blicke richteten sich auf Geigele, die sich verwirrt und hilflos umsah.

„Aber, Fräulein Geigele, nur keine falsche Bescheidenheit", beruhigte und ermunterte Gräfin Roszinsky lächelnd die verwirrt Dasitzende. „Ich kann Sie sehr wohl verstehen, erging es mir doch ebenso, als man meine mediale Begabung festgestellt hatte."

„Gräfin Roszinsky", mischte sich da Aufklärung gebend Mack ins Gespräch, „ist nämlich nicht nur hellsehend, sondern auch ein Sprechmedium, wovon sie uns nachher noch eine Probe geben wird. Doch vorher lasst uns hören, was uns heute Abend Professor Susan von seinen Studien zu berichten weiß."

Professor Susan, beim Aufstehen von den Anwesenden mit Händeklatschen begrüßt, hielt nun einen Vortrag über Metaphysik und okkultes Forschen. Auf Geigele machten seine Ausführungen keinen Eindruck, obgleich sie sorgfältig zuhörte, da sie geglaubt hatte, etwas ganz Neues zu hören. Doch der Vortrag bestand meistens nur in allgemeinen Phrasen.

Nach Professor Susan erhob sich die Gräfin Roszinsky, die ebenfalls mit Applaus begrüßt wurde. Sie hatte, als sie sich erhob, die Augen geschlossen, als ob sie sich in tiefem Trancezustand befände und sprach theatralisch mit verzücktem Gesichtsausdruck.

"Liebe Freunde! Ach, ihr glaubt ja gar nicht, wie sich unsere jenseitigen Freunde freuen, euch alle hier versammelt zu sehen und in unserem Kreis heute auch noch ein gottbegnadetes Wesen zu haben, das allgemein Geigele genannt wird. Ihr alle solltet jubeln darüber, sie bei euch zu haben. Nun, eure Freunde in der Geisterwelt begrüßen euch, und alle eure Lieben, die im Tode schon vorangegangen sind, freuen sich, mit euch zusammen sein zu können."

Mit solchen und ähnlichen Redensarten fuhr die Gräfin mit verzückter Miene wohl gut zwanzig Minuten zu reden fort.

Geigele schüttelte es dabei, als ob sie von einem inneren Gruseln erfasst würde, doch sie schwieg und ließ alles Gerede genauso ruhig über sich ergehen, wie es bei den anderen der Fall war – nur mit dem Unterschied, dass Geigele das Empfinden hatte, bei alledem wäre etwas nicht in Ordnung.

Geigele fühlte immer deutlicher, das irgendetwas nicht richtig war. Was das jedoch war, wusste sie nicht. Auch ihre innere Stimme gab ihr weiter keinen Aufschluss, außer dass sie eben das Gefühl hatte, dass alles, was hier vorging, nicht echt war.

Nachdem die Gräfin ihre „Botschaft" beendet und sich erschöpft in ihren Lehnsessel hatte fallen lassen – wobei sie sich schüttelte, als ob sie erst eine andere Welt abschütteln müsse, ehe sie sich in dieser wieder zurechtfinden könne – erhob sich ein anderer der Gäste und führte aus: „Wie Sie alle wissen, bin ich viel in der Welt herumgekommen, habe Ägypten und Indien bereist und dort überall die okkulte Seite des Lebens studiert. Ich kann nur sagen, dass ich mich glücklich schätze, in diesen Kreis hier gekommen zu sein, wo uns ein so hervorragendes Medium wie die Gräfin Roszinsky direkte Botschaften unserer Lieben aus dem Jenseits übermittelt und wo ein Gönner wie unser lieber Freund und Gastgeber Mack es einem ernstlich nach Erkenntnis Strebenden wie Professor Susan ermöglicht, seine hochwichtigen transzendentalen Studien ungestört fortsetzen zu können. Wie Sie wissen, befassen sich meine Studien hauptsächlich mit Reinkarnation, und wie Sie sich wohl alle erinnern, habe ich ja auch schon versucht, Ihnen allen aus Ihrem Vorleben zu erzählen. Über das Vorleben unseres lieben Gastes, Fräulein Geigele, bin ich mir jedoch noch nicht im Klaren, aber ich fühle, dass sie in ihrem Vorleben die Hohepriesterin irgendeines Volkes war, das einst eine große Kulturhöhe erreicht hatte, dann aber spurlos von der Erde verschwand."

Geigele war einfach sprachlos über das Gehörte; noch niemals hatte sie je gedacht, ein Vorleben hier auf Erden gehabt zu haben. Die ganze versammelte Gruppe machte daher auf sie nicht nur einen ungewohnten, sondern einfach abstoßenden Eindruck, obgleich sich doch jeder bemühte, ganz besonders freundlich und entgegenkommend zu ihr zu sein. Es lag aber etwas über diesem Kreis, das ihr fremd und unnatürlich vorkam. Sie schwieg jedoch über ihre empfangenen Eindrücke.

Dann sprachen noch mehrere andere von den anwesenden Gästen. Sie gaben ihre angeblichen übersinnlichen Erlebnisse und Erkenntnisse zum Besten, von denen jedoch kein einziges irgendwelchen Eindruck auf Geigele machte. Sie war deswegen auch froh, als Mack, der Geigele dauernd im Auge behalten hatte, das gesellschaftliche Zusammensein endlich mit den Worten aufhob: „Liebe Freunde! Sie glauben gar nicht, welche Freude Sie mir durch das Befolgen meiner Einladung erwiesen haben. Es war ein Genuss, allen Ihren Ausführungen lauschen zu dürfen. Schade nur, dass unser lieber Gast, Fräulein Geigele, nicht auch etwas aus ihrer zweifelsohne großen okkulten Erfahrung mitgeteilt hat; na, vielleicht ein anderes Mal. Es ist schon recht spät geworden, und ich bitte besonders unseren lieben Gast deswegen um Entschuldigung, der gewiss in seiner Heimatstadt im Norden gewohnt ist, sich zeitig zur Ruhe zu begeben."

Damit brach man auf; alle umringten Geigele und schmeichelten ihr mit Komplimenten, von denen sie nicht wusste, wie sie sie eigentlich verdient haben sollte. Doch alles war so überaus herzlich gehalten, dass sie während der letzten Stunden so eigentlich nicht recht zu sich selbst hatte kommen können.

Als man fertig war, das Haus zu verlassen, kamen Rudi und Joseph, die sich den ganzen Abend hindurch auffällig ruhig verhalten hatten, auf Geigele zu und entschuldigten sich, dass sie sie diesmal nicht nach Hause fahren könnten, da sie noch einer Geschäftssitzung beizuwohnen hätten. Doch Mack stellte ihr und Magdalena eines seiner Autos nebst Chauffeur zur Verfügung. Morgen würden beide sie wieder abholen und besuchen kommen.

Als Geigele und Magdalena im Auto saßen und heimfuhren, fragte letztere ihre Schwester: „Na, Geigele, das hast du dir wohl nicht träumen lassen, dass du in Chicago noch einmal solchen Empfang haben würdest?"

„Nein", gestand Geigele ehrlich ein, „doch warum wurde denn bloß so viel Wesens um mich gemacht?"

„Du weißt es vielleicht nicht, dass über deine hellseherischen und somnambulen Erlebnisse in okkulten Kreisen viel gesprochen wurde, und da Mack, seit er an Professor Susans metaphysischen und okkulten Studien solch großes Interesse nimmt, sich auch für deine medialen Gaben interessiert, so ist es doch ganz natürlich, dass er eine sehr hohe Meinung von dir hat, zumal er Joseph – unseren Bruder – und dessen Freund Rudi schon seit Jahren kennt."

Geigele erwiderte nichts; sie dachte nach. Seltsam war ihr alles vorgekommen, was in den letzten Stunden an ihr wie ein Film vorübergezogen war. Merkwürdigerweise hatte aber nichts von allem Erlebten irgendwelchen Eindruck auf sie gemacht. Gefühlsmäßig kam es ihr so vor, als ob das alles nur eine Fassade war, hinter der sich irgendetwas anderes verbarg. Was das sein konnte, vermochte sie nicht auszumachen.

„Du bist ja so still, Geigele?", unterbrach Magdalena schließlich das eingetretene Schweigen. „Hat es dir denn nicht gefallen? So etwas hättest du doch in deinem Nest, wo du wohnst, sicherlich niemals erlebt. Und das hast du nur dem Umstand zu verdanken, dass wir drei, Rudi, Joseph und ich einst aus dem Örtchen fortliefen und uns hier in Chicago eine Eigenexistenz aus eigener Kraft aufgebaut haben. Du scheinst das alles nicht so richtig zu schätzen! Was soll dir denn noch mehr geboten werden, um dich, die du wie eine Prinzessin behandelt wurdest, noch gnädiger zur Anerkennung zu stimmen?"

Geigele war frappiert über die bei Magdalena plötzlich wieder umgeschlagene Stimmung. Sie hatte sich doch bisher von so überaus freundlicher Seite ihr gegenüber gezeigt. Oder sollte das vielleicht nur Schein gewesen sein? Aber warum? So grübelte und grübelte sie und vergaß ganz darauf, ihrer Schwester irgendeine Antwort zukommen zu lassen.

„Was hast du, hochverehrte Schwester, nun jetzt noch auszusetzen?", nahm im sarkastischen Ton Magdalena die Unterhaltung wieder auf.

„Nichts", entgegnete Geigele kurz.

„Es scheint, dass du Kleinstadtpflänzchen überhaupt nicht zufriedengestellt werden kannst."

Glücklicherweise war man jetzt vor dem Hause Magdalenas angelangt, so dass die Unterhaltung, die einen kritischen Punkt hätte erreichen können, nicht weitergeführt zu werden brauchte.

Mit einem freundlichen „Gute Nacht" begab sich Geigele zu ihrem

Schlafzimmer, ohne darauf eine Antwort von ihrer Schwester zu erhalten.

Geigele begab sich gleich zur Ruhe, konnte und konnte jedoch nicht einschlafen. Das Erlebte ging ihr dauernd durch den Kopf und sie wusste nicht, was das alles sein und bedeuten konnte. Besonders stutzig hatte sie gemacht, das die Stimmung ihrer Schwester umgeschlagen war. Und das für Geigele Irritierende war, dass es ihr vorkam, als ob ihre innere Stimme, die sie in schweren Lagen stets richtig geleitet hatte, absolut stumm zu sein schien. Nur schwach, ganz schwach dämmerte es in ihrem Unterbewusstsein, dass irgendetwas hier nicht in Ordnung war und dass sie, ohne es zu wissen oder erkennen zu können, eine Rolle spielte, bei der sie irgendwie ausgenutzt werden sollte.

Schließlich schlief sie aber doch ein. Nach einem traumlosen Schlaf wurde sie am nächsten Morgen gegen acht Uhr von Magdalena geweckt, die ihr das Frühstück auf den Tisch stellte.

Magdalena war auf einmal wieder die Liebenswürdigkeit selbst: „Geigele, bitte entschuldige mein Benehmen gestern Abend, doch ich war müde und abgespannt. Du kennst ja mein Temperament und ich habe es nicht so unfreundlich gemeint, wie es sich angehört haben mag."

Diese Worte söhnten Geigele sofort wieder aus. Man unterhielt sich über die verschiedensten Dinge, während sich Geigele ankleidete. Ehe Magdalena das Zimmer verließ, warf sie noch ein: „Übrigens, Geigele, Mack hat vorhin angerufen und uns eingeladen, heute Abend als seine Gäste in sein Abendrestaurant zu kommen. Dort sollst du einmal die hellseherische Begabung der Gräfin Roszinsky kennen lernen und beobachten, um dann dein Urteil darüber abzugeben."

„Warum hebt man mich denn bloß immer und immer wieder besonders hervor? Das ist mir peinlich", bemerkte Geigele ungehalten.

„Ach, denke dir nur nichts dabei", erwiderte Magdalena leichthin. „Du kennst nicht Chicago und die verschiedenen Kreise. Mack will dich nun einmal ehren und dann mit dir auch prahlen, weil man über deine übersinnlichen Erlebnisse so viel gesprochen hatte."

„Aber gerade das ist mir im Innersten so zuwider."

„Nimm es nur nicht zu tragisch", tröstete scheinbar beruhigend und scherzhaft Madgalena. „Tue ihm doch den Gefallen und komm heute abend mit in sein Lokal. Schließlich willst du doch auch etwas vom gesellschaftlichen Leben Chicagos sehen, nicht wahr?"

Geigele sagte schließlich zu, am Abend mitzugehen.

Doch da schoss ihr blitzartig ein Gedanke durch den Kopf: „Ist hier in der Nachbarschaft das Büro einer Telegraphenagentur?"

„Willst du ein Telegramm schicken?", antwortete Magdalena lauernd.

„Ja."

„Nun gut, so brauchst du nur den Text des Telegramms aufzuschreiben und in einen Briefumschlag zu tun. Ein junges Mädchen, das hier im Haus wohnt, ein Modell in einem Damenkleidergeschäft, fährt in einer Stunde zum Loop-Distrikt, also in den Geschäftsteil Chicagos, und kann das Telegramm mitnehmen und dort aufgeben."

Geigele dankte, und Magdalena verließ das Zimmer.

Eine Stunde später klopfte es bescheiden an Geigeles Zimmer und auf ihr „Herein" trat ein sehr bürgerlich und bescheiden aussehendes, hübsches junges Mädchen in ihr Zimmer und fragte nach dem Telegramm, das sie mitnehmen sollte.

Geigele gab ihr den Text des Telegramms, der in ein Couvert gesteckt war, das sie nun zuklebte.

Geigele fiel das junge, schüchterne Mädchen auf; sie fühlte sich sofort zu ihr hingezogen.

„Ist Ihr Beruf sehr anstrengend, liebes Fräulein –"

„Nennen Sie mich nur Lucie, das genügt schon", fiel sie Geigele ins Wort. „Nein, die berufliche Betätigung ist nicht sehr anstrengend", beantwortete sie die gestellte Frage. „Aber sehr schwer ist es, jede Woche immer die Mittel zum bloßen Existieren zusammenzubekommen; an Sparen ist gar nicht zu denken. Man vegetiert eben einfach nur so dahin."

Geigele wusste nicht, was sie dazu sagen sollte, hatte sie doch von Rudi gehört, dass Magdalena eine Art von Schutzengel für die weiblichen Mieter der möblierten Zimmer in ihrem Haus sein sollte.

Ehe Lucie ging, bemerkte sie noch vielsagend: „Haben Sie sich eine Abschrift Ihres Telegramms behalten?"

„Ja, doch warum fragen Sie?"

„Nur der Ordnung halber, nur deswegen! Alles Gute und auf Wiedersehen."

Als Lucie ging, öffnete Geigele ihr die Zimmertür und hielt – sie wusste nicht, aus welchem Grunde – die Tür noch eine Weile länger offen. Da kam es ihr so vor, als ob Lucie unten von Magdalena aufgefordert wurde, mit ihr in ein Zimmer hineinzugehen. Dann glaubte

Geigele erregte Stimmen zu hören; doch sie konnte sich auch getäuscht haben.

Das Telegramm, das sie abschicken ließ, war an Dr. Lehmann gerichtet mit der Bitte, wenn es ihm möglich wäre, doch nach Chicago zu kommen und sie unter irgendeinem Vorwand nach Hause abzuholen.

Geigele wollte abreisen; sie fühlte sich nicht wohl bei all dem Aufwand, der sie umgab und der mit ihr gemacht wurde. Sie fühlte, sie konnte nicht mehr sie selbst sein. Sie sehnte sich nach der Stille ihres „Nestes" zurück, wie Magdalena in ihrer Verstimmung wegwerfend bemerkt hatte. Geigele musste jetzt selbst über den Ausdruck „Nest" lächeln.

Am Abend kamen wieder Rudi und Joseph, um Geigele abzuholen. Gleichzeitig trat auch Magdalena mit ins Zimmer und brachte ihr ein kostbares Kleid: „Hier, Geigele, ziehe das heute Abend an."

„Ja, aber warum denn?"

„Du darfst dort, wo wir hingehen, nicht durch einfache Kleidung auffallen. Siehe, Rudi und Joseph haben auch Gesellschaftsanzüge an."

Alles Sträuben Geigeles nützte nichts; sie musste das ihr geborgte Kleid anziehen. Sie tat es schließlich, weil sie hoffte, doch nicht mehr lange in Chicago bleiben zu brauchen und um keine Missstimmung zu erzeugen und zu hinterlassen.

Das Abendrestaurant, wohin Geigele von Mack eingeladen worden war, befand sich im Loop-Distrikt und machte einen sehr vornehmen Eindruck. Als das Auto vorfuhr, erschien sofort ein uniformierter Portier, der die Tür des Autos galant öffnete, die Gäste zum Eingang geleitete und die Tür zum Restaurant aufmachte. Rudi und Joseph entschuldigten sich, da sie ihren Pflichten nachzukommen hätten, eintreffende Gäste an entweder schon reservierte oder sonst noch leere Tische zu geleiten.

Das Lokal machte einen äußerst vornehmen Eindruck. Alle Tische waren weiß gedeckt; auf jedem stand ein kleiner Blumenstrauß, und die Sitzgelegenheiten bestanden in bequemen Sesseln. Nach den Wänden zu war das Restaurant terrassenförmig angelegt, so dass man von den hinteren Tischen aus die Tanzfläche in der Mitte ebenfalls gut übersehen konnte. Gegenüber dem Eingang befand sich die Bühne für die Kapelle. Die Beleuchtung war gedämpft, so dass der Saal einen intimen Eindruck machte.

Mack hatte anscheinend schon auf seinen Ehrengast Geigele gewartet, denn bei ihrem und Magdalenas Betreten des Restaurants kam er gleich auf beide zu, begrüßte sie allerherzlichst und geleitete sie zu einem reservierten Tisch, von wo aus man den ganzen Saal nebst Tanzflur und Bühne gut überblicken konnte. An dem Tisch hatten bereits die Gräfin Roszinsky und Professor Susan Platz genommen. Die Gräfin begrüßte die Neuhinzukommenden herzlichst: „Wie lieb, besonders von Ihnen, liebes Fräulein Geigele, dass Sie der Einladung unseres lieben Freundes und Gönners Mack Folge geleistet haben. Ich möchte Sie hiermit nochmals allerherzlichst willkommen heißen. Ich hoffe, meine hellseherischen Gaben, von denen ich hier nachher eine öffentliche Probe ablege, werden Ihren Beifall finden."

Geigele wusste nicht, was sie erwidern sollte und nahm schweigend am Tisch neben Professor Susan Platz, der sofort versuchte, Geigele in ein Gespräch über transzendentale Themen zu ziehen, während die Gräfin sich mit Magdalena im Flüsterton unterhielt.

Das vornehme Lokal füllte sich schnell mit Besuchern. Die Kapelle spielte Tanzmelodien, nach denen die Paare tanzten. Alles machte einen durchaus gediegenen, ja geradezu vornehmen Eindruck. Alkoholische Getränke schienen nicht serviert zu werden, nur fiel Geigele auf, dass Herren, die aus dem neben der Garderobe befindlichen Foyer zurückkamen, alle etwas in den Händen zu halten schienen, wobei sie sorgfältig bemüht waren, es zu verbergen. Später nahm Geigele noch wahr, dass an verschiedenen Tischen die Herren etwas aus Flaschen in ihre alkoholfreien Getränke zu gießen schienen. Geigele verstand nicht, was das alles bedeutete und kümmerte sich auch weiter nicht darum, zumal es im ganzen Restaurant keinen einzigen Betrunkenen unter den Gästen gab.

Geigele hatte meistens nur halb auf das gehört, was Professor Susan zu ihr sagte und seine Fragen auch zerstreut und uninteressiert beantwortet. Für sie war dieses Lokal etwas absolut Neues, was sie interessierte. Einmal wurde die Tanzmusik unterbrochen, und es erschien auf der Bühne eine elegant gekleidete Sängerin, die über eine sehr gute Stimme verfügte und mit ihren Liederdarbietungen, besonders solchen von Forster, wie „My Old Kentucky Home" und „Swany River" großen Beifall fand.

Da, gegen 22 Uhr, trat Mack auf die Bühne und kündigte an: „Meine hochverehrten Damen und Herren. Ich danke Ihnen allerherzlichst für Ihren Besuch, der zweifelsohne mit auf die Ankündigung zurückzuführen ist, dass das berühmte Medium, Gräfin Roszinsky, Ihnen eine Probe ihres phänomenalen Mediumismus nebst telepathischen Wissens ablegen wird. Bemerken möchte ich, dass Gräfin Roszinsky ihre medialen Kräfte erst so wunderbar entwickelte, seitdem ihre medialen Kräfte von Professor Susan in sachverständiger Weise überwacht wurden. Wie Sie alle, meine hochverehrten Damen und Herren wissen, habe ich für Herrn Professor Susan ein besonderes Laboratorium für Seelenforschung eingerichtet, so dass wir in der Lage sein werden, Ihnen noch weitere diesbezügliche Überraschungen bieten zu können. Doch jetzt, werte Anwesende, stelle ich Ihnen Gräfin Roszinsky vor, die mit verbundenen Augen jede gestellte Frage von Besuchern genau beantworten wird – als Beweis für ihre hellseherische und telepathische Begabung. Zwei Angestellte dieses Restaurants werden sich erlauben, unter Ihnen herumzugehen und Fragen sowie sonstige Wünsche entgegenzunehmen; ich danke Ihnen."

Mack erntete Beifall für seine Einführungsworte. Nun sah Geigele, wie Rudi und Joseph von Tisch zu Tisch gingen und entweder Gegenstände, die ihnen gereicht wurden, oder beschriebene Zettel entgegennahmen.

Die Gräfin Roszinsky saß mit verbundenen Augen in einem bequemen Sessel allein auf der Bühne. Sie war es, die die jetzt folgenden Vorführungen mit der Aufforderung an Rudi und Joseph eröffnete, die gestellten Fragen laut bekanntzugeben. Rudi meldete sich zuerst: „Gräfin, was habe ich hier in der Hand?"

„Die Handtasche einer Dame", antwortete Gräfin Roszinsky ohne Zögern, „die vor nicht allzu langer Zeit eine liebe Person durch den Tod verloren hat. Diese liebe Person sehe ich um sie herum und ihr zuflüstern, sie solle sich keine Sorgen über das machen, worüber sie in letzter Zeit so oft nachgrübelte. Alles würde sich noch zum Besten wenden. Habe ich recht?"

„Absolut, Gräfin", sprang eine Dame ganz erregt von ihrem Stuhl auf einer der unteren Terrassen des Lokals auf. „Ich verlor vor nicht allzu langer Zeit meine beste Freundin, und sie hatte mir vor ihrem Ableben versprochen, dass sie immer um mich sein würde. Ich danke Ihnen, liebe Gräfin, für Ihre Mitteilung; sie war wunderbar!"

Der Eindruck dieser Bestätigung der „Botschaft" der Gräfin durch die Dame, die die Botschaft anging, war auf die im Lokal Anwesenden phänomenal.

Von allen Seiten hagelte es jetzt Fragen an die Gräfin, die teils von

Rudi, teils von Joseph gesammelt und laut vorgelesen wurden. Die Gräfin versagte in keinem Fall, selbst wenn ihr aus der fernsten Ecke des Lokals irgendein Gegenstand entgegengehalten wurde, den sie ja sowieso nicht sehen konnte, weil ihre Augen verbunden waren. Unzweifelhaft, die Gräfin war eine Sensation ersten Ranges für das Lokal.

Nach etwa einer dreiviertel Stunde wurde die Darbietung der Gräfin von Mack unterbrochen: „Nun, meine hochverehrten Damen und Herren, es bedarf wohl keiner weiteren Beweisführung von irgendeiner anderen Seite her über die Echtheit der medialen Darbietungen der Gräfin, die jetzt aber aufs Äußerste erschöpft ist, weswegen die Darbietungen ihrer ganz ungewöhnlichen Fähigkeiten bis morgen Abend unterbrochen werden müssen. Da Sie sich zweifelsohne heute Abend selbst von der geradezu einzigartigen Fähigkeit der Gräfin überzeugt haben werden, so möchte ich Sie alle bitten, nicht nur wiederzukommen, um die Kräfte der Gräfin weiterhin zu prüfen und zu studieren, sondern auch darum, Ihre Freunde und Bekannten mitzubringen. Vielleicht mögen Sie sagen, dass ein Restaurant nicht der rechte Platz für solche Vorführungen ist, aber, meine Damen und Herren, vergessen Sie nicht, es bleibt sich schließlich doch ganz gleich, wo Ihnen ewige Wahrheiten dargeboten werden. Die Hauptsache ist, dass es sich um solche handelt, und davon werden Sie sich wohl alle überzeugt haben. Ich danke Ihnen!"

Mack, besonders aber der Gräfin, wurde beim Abtreten von der Bühne ein nicht endenwollender Beifall gespendet. Die Gräfin schien ungeheuer erschöpft zu sein, als sie zu ihrem Tisch zurückkehrte, erholte sich aber auffallend schnell, als Professor Susan sich zu ihr neigte, ihre Hand drückte und ihr zu ihrem Erfolg anscheinend Glück wünschte.

Geigele wusste nicht, was sie von dem eben Erlebten halten sollte. Ihr Inneres war von all dem Gebotenen und Wahrgenommenen gänzlich unberührt geblieben; sie war verwirrt.

„Nun, was hältst du von der medialen Kraft der Gräfin?", wurde sie – wie es Geigele erschien – lauernd von ihrer Schwester Magdalene gefragt.

„Ich weiß es nicht, ich bin zu verwirrt", gestand Geigele ehrlich ein.

„Nun, das kann ich verstehen, doch ich denke, es war doch wirklich überraschend, wie treffend die Gräfin alle Probleme zur Zufriedenheit der Fragesteller löste. Gibst du das nicht zu?"

„Gewiss", antwortete, aber wieder zögernd, Geigele.

Magdalena merkte das Zögern und schien darüber etwas aufgebracht zu sein, denn sie hielt Geigele die Frage entgegen: „Oder kannst du mir vielleicht eine andere Erklärung als mediale Kraft dafür geben, dass die Gräfin alle Fragen zur vollsten Zufriedenheit der Fragesteller zu beantworten vermochte?"

„Nein", musste Geigele eingestehen. Und doch, und doch, etwas stimmte nach Geigeles innerem Empfinden nicht, aber sie konnte und konnte nicht herausfinden, was das wohl sein mochte.

Sie bat Magdalena, nach Hause gebracht zu werden, worauf diese gern einging.

Als sich beide zu der Garderobe begaben, begegnete ihnen Mack, der sich natürlich danach erkundigte, welchen Eindruck die Gräfin auf Geigele gemacht hatte.

„Die Gräfin ist sehr gut", bemerkte Geigele, was ein zufriedenes Lächeln bei Mack auslöste. Wie es Geigele jedoch schien, winkten sich beide, Mack und Magdalena, dabei bedeutungsvoll zu.

Mack stellte beiden wieder eines seiner Autos zur Verfügung. Beim Abschied bat er Geigele: „Bitte, kommen Sie beide recht bald wieder; vergessen Sie nicht, Sie sind hier jederzeit willkommen. Vielleicht könnten auch Sie, liebes Fräulein Geigele, später einmal eine Probe Ihrer phänomenalen geistigen Fähigkeiten vor der Öffentlichkeit ablegen?"

Man war gerade beim Einsteigen in das Auto. Diese unerwartete Aufforderung Macks machte Geigele so stutzig, dass sie beim Einsteigen zögerte, was Magdalena zu ärgern schien, denn sie mahnte: „Na, aber mach doch endlich, dass du ins Auto kommst. Du hältst ja durch dein Zögern den ganzen Verkehr auf der Straße auf."

Geigele stieg in den Wagen, ohne Mack auf seine Bemerkung zu antworten.

Anfangs herrschte Schweigen zwischen den Schwestern. Nach einer Weile nahm Magdalena die Konversation auf: „Nun, sag mal, was hast du denn wieder? Man ehrt dich wer weiß wie, du hast heute die wunderbare Gabe der Gräfin beobachten können, und du äußerst dich zu alledem nicht. Sag mir bloß mal, warum nicht?"

„Ich kann es dir nicht sagen, Magdalena, ich bin absolut verwirrt. Mir fehlt hier in Chicago jene – sagen wir – Harmlosigkeit und Selbstverständlichkeit meiner Kräfte, die ich daheim um mich herum fühle."

„Nun, das kann ich verstehen", antwortete zufriedengestellt Magdalena. „Doch noch immer", so fuhr sie fort, „ist es mir nicht klar, was denn nun eigentlich so Außergewöhnliches an deiner Gabe gewesen sein soll? Die Gräfin tut doch dasselbe, vielleicht sogar noch mehr, als du je zu tun fähig gewesen bist. Doch bitte, liebes Geigele, nimm mir meine freie Bemerkung nicht übel."

„Aber, wie könnte ich wohl, liebe Magdalena; doch meine angeblichen Gaben versagen einfach hier in Chicago. Ich weiß nicht, warum und wie das kommt."

„Aber, Geigele, mache dir deswegen bloß keine Sorgen", beruhigte freundlichst Magdalena. „Obwohl ich selbst nicht das Geringste von Mediumismus und ähnlichem Unsinn verstehe und begreife, leuchtet mir dein Einwand doch ein."

So nahm dieser Abend einen zufriedenen Ausgang für die beiden Schwestern.

Der nächste Tag brachte herrlichen Sonnenschein. Geigele fühlte den Frieden in der Natur und war selbst friedlich und zufrieden gestimmt. Als sie ihr Frühstück eingenommen hatte, kleidete sie sich an und wollte gerade einen Spaziergang antreten, als ihr unten im Hausflur Magdalena entgegentrat und sie diesbezüglich umzustimmen versuchte: „O nein, liebe Schwester, so gehst du mir nicht aus, ohne irgendwelche Begleitung. Dafür ist Chicago doch eine viel zu große Stadt. Du kennst deren Versuchungen nicht, und jeder – sei mir deswegen nicht böse – sieht dir die Kleinstadt an Kleidung, Auftreten und Benehmen sofort an. Warte, bis Rudi und Joseph kommen, um dich abzuholen; die zeigen dir schon die Stadt." Geigele gab sich zufrieden.

Gerade, als sie sich nach oben begeben wollte, klingelte das Telefon. Magdalena, die antwortete, wurde plötzlich sehr erregt, und Geigele hörte folgende Antworten von ihr auf telefonische Mitteilungen von irgendeiner Seite her: „Ist es wirklich so schlimm? – Nun gut, ich komme sofort hinüber. – Sie denken, er kommt wieder zu sich? – Gut, ich möchte ihn gern sprechen!"

Darauf hing Magdalena das Telefon ein, doch sie war sehr erregt und bemerkte zu Geigele, die sich noch auf der Treppe zum oberen Stockwerk befand: „Denke dir, Geigele, Joseph hatte einen Autounfall und liegt im Krankenhaus. Willst du mit mir dorthin gehen?"

„Aber natürlich", stimmte Geigele sofort zu.

Man ließ ein Taxi kommen und begab sich ins Krankenhaus.

Der Arzt ließ jedoch noch niemanden vor und vertröstete die Besucher auf den nächsten Tag. Auf Magdalenas Befragen über Josephs Befinden erklärte der Arzt, man wüsste noch nicht, wie sich alles gestalten würde.

So musste man unverrichteter Sache aus dem Krankenhaus fortgehen.

Auf der Straße bat Geigele ihre Schwester, ob sie mit ihr ein wenig die Promenade am Ufer des Michigansees entlanggehen würde, da das vielleicht beiden gut tun würde, denn sonst ließe sich augenblicklich nichts wegen Joseph machen, außer ab und zu im Krankenhaus nachzufragen.

Magdalena war jedoch auffallend niedergedrückt. Sie hatte keine Lust zu einem Spaziergang, war aber auch zu teilnahmslos, um Geigele irgendwelche Vorschriften machen zu wollen. Sie rief ein Taxi, um nach Hause gefahren zu werden und kümmerte sich nun nicht mehr darum, was Geigele vorhatte. Der Unfall, von dem Joseph betroffen worden war, schien ihr doch sehr nahe gegangen zu sein. Sie verabschiedete sich – halb geistesabwesend – von Geigele und überließ diese sich selbst.

Das war aber gerade das, was Geigele wünschte, der plötzlich eine Welle von Energie von irgendwoher zuzufließen schien. Sie winkte einem anderen gerade vorüberfahrenden Taxi und gab als Ziel – da sie kein anderes wusste – den Bahnhof an, auf dem sie in Chicago eingetroffen war und bei dem sie sich erinnerte, dass er zentral im Loop-Distrikt lag.

Auf der Fahrt dorthin im Taxi dachte sie an ihren Bruder Joseph, doch sie bekam weder irgendeine Ahnung noch eine sonstige innere Mahnung bezüglich seines Schicksals. Chicago schien auf sie hinsichtlich ihrer medialen Kräfte wie ein Betäubungsmittel zu wirken.

Am Bahnhof angekommen, zahlte sie das Taxi und machte sich auf eigene Faust zum Bummeln auf. Zunächst durchschritt sie die geräumige Wartehalle des Bahnhofs. Kurz vor dem Ausgang steckte ihr im Vorbeigehen jemand einen Handzettel zu, der die folgende Aufforderung enthielt: „Kommen Sie heute abend in Macks sensationelles Restaurant, wo Ihnen eine wirkliche Gräfin jeden gewünschten Aufschluss über ihr Schicksal geben wird."

Geigele warf den Handzettel fort. Ihr gefiel diese marktschreierische Reklame nicht, doch sie dachte nicht weiter darüber nach.

Sie ging nun einfach darauf los durch das Straßengewirr des Loop-

Distrikts von Chicago. Sie ging kreuz und quer und war schon ganz verwirrt. Auf einmal las sie das Schild: „Hotel Bismarck"; sie befand sich in der Randolph Street. Als sie am Hotel vorbeikam, trat sie – wie einer plötzlichen Eingebung folgend – ein und setzte sich für eine Weile in der Lobby des Hotels hin. Gerade, als sie weitergehen wollte, kam die Treppe zur Lobby das junge Mädchen Lucie herauf, das Modell, das ihr Telegramm an Dr. Lehmann aufgegeben hatte.

„Fräulein Lucie", redete Geigele die Heraufkommende an, die von der Begegnung peinlich berührt zu sein schien. „Das freut mich aber, Sie wiederzusehen. Darf ich Sie einladen, mit mir im Taxi nach Hause zu fahren?"

„Aber, ich wohne doch gar nicht mehr dort", antwortete Lucie.

„Was? Das wusste ich nicht", antwortete Geigele erstaunt. „Haben Sie was Besseres gefunden?", fragte Geigele teilnehmend.

„Ich weiß nicht! Ich wohne jetzt in einem billigen, möblierten Zimmer in einer nicht gerade angenehmen Gegend Chicagos."

„Ja, aber warum sind Sie denn dann ausgezogen?"

„Ich bin von Ihrer Schwester hinausgeworfen worden." Geigele war sprachlos.

„Hinausgeworfen?", stammelte sie ungläubig. „Jawohl, regelrecht hinausgeworfen."

„Aber warum denn bloß?" „Wegen Ihrem Telegramm." „Wieso? Ich verstehe nicht."

„Ihre Schwester verlangte von mir, dass ich ihr Ihr Telegramm gäbe. Ich wollte das nicht, doch da ich mit meiner Miete im Rückstand war, musste ich schließlich das tun, was Ihre Schwester von mir verlangte."

„Sie gaben das Telegramm meiner Schwester?"

„Ja."

„Glauben Sie, dass es abgeschickt wurde?"

„Ich weiß nicht, doch ich bezweifle es."

„Wieso? Ich dachte, meine Schwester hilft allen jungen Mädchen, die bei ihr wohnen – wie ein Schutzengel."

Lucie lacht laut auf. „Ihre Schwester soll helfen? Die nimmt den letzten Cent aus uns jungen Mädchen heraus, wenn sie uns durch ihre verlockenden Anzeigen in ihr Heim in Kost und Logie bekommen hat. Ihre Schwester ist das herzloseste Geschöpf, das mir je im Leben begegnet ist. Sehen Sie zum Beispiel mich an. Ich wurde einfach auf die Straße gesetzt – wobei mir freilich großmütig die restliche Miete geschenkt wurde, weil ich ihr Ihr Telegramm aushändigte, was ich nie und nimmer hätte tun sollen. Doch, was sollte ich wohl machen – ohne irgendwelche Ersparnisse, die alle für Kost und Logie bei ihrer Schwester draufgingen?"

Geigele war erschüttert. Nach kurzem Überlegen erwiderte sie: „Hören Sie, Fräulein Lucie, gehen Sie in irgendein Hotel, bis Sie ein vernünftiges möbliertes Zimmer gefunden haben. Hier sind vorläufig fünfundzwanzig Dollar. Ich weiß nicht, wie lange dieser Betrag Sie in Chicago über Wasser halten wird, doch wenn Sie in Not kommen sollten, schreiben Sie an Dr. Lehmann und bitten Sie ihn, Ihnen in meinem Namen Geld zu überweisen, damit Sie in mein Heimatstädtchen reisen können. Dort können Sie bei mir freie Wohnung und Beköstigung haben, bis Sie irgendeine passende Beschäftigung gefunden haben."

„O danke, tausend Dank. Haben Sie noch den Text des Telegramms im Kopf, das ich senden sollte? Ich lasse es sofort abgehen."

„Danke, das ist nun nicht nötig, da ich es selbst aufgeben werde."

Geigele ging nach diesem Zusammentreffen und Erlebnis in die Lobby zurück und setzte sich auf eine Bank, um alle erlebten Eindrücke zu ordnen und sich innerlich zu sammeln.

Doch das Ordnen von all dem Erlebten war nicht leicht für sie. Was sollte sie tun? Am liebsten hätte sie sich eine Fahrkarte gekauft und wäre mit dem nächsten Zug zu ihrem Heimatstädtchen zurückgereist. Aber das konnte sie ja nicht gut tun, solange sie nicht wusste, wie es um Joseph stand.

Endlich raffte sie sich auf, um wenigstens die Lethargie zu brechen, die sich ihrer bemächtigt hatte und rief nochmals das Krankenhaus an. Sie erfuhr zwar, dass Joseph wieder bei Besinnung sei, aber vorläufig noch keine Besuche empfangen könne.

Nach einer Pause unentschlossenen Nachdenkens ging sie nochmals zum Fernsprecher und rief Magdalena an. Was sie damit bezweckte, wusste sie so recht eigentlich nicht. Das kam ihr aber erst zum Bewusstsein, als sie schon den Hörer abgenommen und dem Amt Magdalenas Telefonnummer gegeben hatte. Es meldete sich jedoch niemand auf den Anruf. Nach einer Weile hing Geigele den Hörer wieder auf. Es war ihr nun lieb, dass bei Magdalena niemand zu Hause zu sein schien, denn was hätte sie ihr wohl über das Telefon sagen sollen? Der Fall Lucie konnte nur mündlich erledigt werden.

Geigele setzte sich wieder in der Lobby nieder und nahm eine

Zeitung auf, die jemand liegen gelassen hatte. Sie blätterte sie gleichgültig durch. Ihr Blick glitt uninteressiert über die Seiten, aber als sie zu den Anzeigen über Restaurants kam, fiel ihr plötzlich ein, dass Magdalena vielleicht zu Mack gefahren sein mochte. Sie sah auf die Uhr und war erstaunt, dass es bereits kurz vor neunzehn Uhr war. Da fiel ihr ein, dass sie ja noch an Dr. Lehmann telegraphieren wollte. Nach kurzem Überlegen ließ sie es jedoch sein, weil sie sich ja vorgenommen hatte, sowieso abzureisen. Sie wusste nicht, dass es vom Hotel Bismarck bis zu Macks Restaurant gar nicht weit war, doch da ihr Chicago nicht näher bekannt war, so nahm sie dennoch ein Taxi. Sie war erstaunt, als dieses schon nach kurzer Fahrt anhielt und sie sich vor dem Eingang zu Macks Restaurant befand, wo der Portier wieder galant die Tür öffnete und überrascht war, Geigele allein aussteigen zu sehen.

Das Lokal war noch ziemlich leer, aber das Tanzorchester spielte schon. Sie setzte sich an einen Tisch im Hintergrund des Saales und bestellte sich einen kalten Aufschnitt nebst Kaffee. Gleichzeitig fragte sie den Kellner, ob sie vielleicht Mack sehen könnte.

„Ich glaube kaum, da sich Herr Mack in Konferenz befindet und ersucht hat, unter keinen Umständen gestört zu werden."

Geigele gab sich zufrieden, bat jedoch den Kellner, es sie sofort wissen zu lassen, sobald die Konferenz vorüber wäre.

Das Restaurant fing nun an, sich schnell zu füllen. Geigele beobachtete die Besucher, die alle elegant gekleidet waren und den besten Gesellschaftskreisen anzugehören schienen. Sie kamen meistens wegen der hellseherischen Darbietungen der Gräfin Roszinsky. Auf jedem Tisch – auch auf dem, an dem Geigele saß – lag ein elegant gehaltenes Schreiben, das besagte: „Sie sind hiermit eingeladen, an die Gräfin Roszinsky während ihrer Seance beliebige Fragen zu stellen, sobald Sie von den dazu bestimmten Angestellten ersucht werden, irgendeinen Gegenstand zu überreichen, um auf solche Weise den seelisch-geistigen Kontakt zwischen sich und dem Medium herzustellen. Die Geschäftsleitung Mack."

Da Geigele ganz im Hintergrund des Restaurants saß, wurde sie von dem Kellner mit Bestellungen nicht weiter belästigt, als sie ihren kalten Aufschnitt verzehrt hatte. Sie langweilte sich und wusste so eigentlich nicht – was ihr jetzt erst zum Bewusstsein kam –, was sie hier überhaupt wollte. Sie dachte nach. O ja, sie hoffte, hier entweder ihre Schwester oder Rudi oder Mack oder Prof. Susan zu treffen, um vielleicht etwas Näheres über den Unfall ihres Bruders Joseph zu erfahren. Seltsamerweise sah sie aber keinen von den Genannten.

Inzwischen war die Zeit herangekommen, in der die Gräfin aufzutreten pflegte, und die Anwesenden wurden bereits leicht unruhig. Doch es trat erneut die Sängerin auf und dann folgte allgemeiner Tanz. Als dieser beendet war, begannen die Anwesenden jedoch so laut zu klatschen, dass sie schließlich sogar das Orchester übertönten, das einen neuen Tanz zu spielen begonnen hatte.

Als das Klatschen sich durchaus nicht geben wollte, erschien endlich Mack neben dem Orchesterleiter auf der Bühne und erklärte, nachdem sich das Publikum beruhigt hatte: „Werte Anwesende! Infolge eines tragischen Unfalls, dem einer der jungen Männer zum Opfer fiel, die von Tisch zu Tisch zu gehen pflegen, um Gegenstände von den Gästen entgegenzunehmen und dann die Gräfin Roszinsky zu ersuchen, laut mitzuteilen, welche Gegenstände es seien, kann dieser heute abend nicht hier sein. Da er erst vor kurzem im Krankenhaus aus seinem Zustand der Bewusstlosigkeit erwacht ist, hat es sich die Gräfin nicht nehmen lassen, sofort mit der Schwester des Verletzten und mit dem anderen jungen Mann zum Krankenhaus zu fahren. Sie sind noch nicht zurück, und daher bitte ich die Anwesenden um Entschuldigung für das verspätete Auftreten der Gräfin und sich deswegen gütigst noch etwas zu gedulden. Ich erwarte die Genannten aber bestimmt in etwa einer halben Stunde zurück."

Nach dieser Ankündigung stand Geigele sofort auf, um ein Taxi zu nehmen und zu dem Krankenhaus zu fahren, in dem ihr Bruder Joseph lag. Vorher versuchte sie nochmals, Mack zu sprechen, aber sie wurde nicht in sein Privatzimmer vorgelassen. Ebenso wusste keiner der Angestellten, wo Prof. Susan zu finden sei.

Schließlich stieg sie in das durch den Portier herbeigerufene Taxi und fuhr zu dem Krankenhaus. Dort wurde sie jedoch ebenfalls nicht vorgelassen, weil die Besucher, die vorher dort waren, den Verletzten zu sehr aufgeregt hätten. Sie sollte am nächsten Tag wiederkommen. Die vorherigen Besucher hatten sich bereits entfernt. So viel konnte sie jedoch von der diensttuenden Krankenschwester erfahren, dass ihr Bruder erfreulicherweise außer Lebensgefahr zu sein schien – nur Ruhe brauche er jetzt.

Geigele wusste, als sie das Krankenhaus verließ, nicht recht, was sie tun sollte. Da meldete sich – und wie ihr schien – zum ersten Male wieder ihre innere Stimme, die ihr riet, in das Restaurant zurückzukehren.

Als sie dort eintraf, fand sie noch einen kleinen Tisch für zwei Personen frei, der sich an einer Stelle im Hintergrund des Lokals befand. Sie bestellte sich einen weiteren kalten Aufschnitt und Kaffee und wartete ab, was kommen würde.

Es dauerte auch nicht lange, bis Mack wieder neben dem Orchesterleiter erschien und nun ankündigte: „Meine hochverehrten Gäste! Ich danke Ihnen allerherzlichst für Ihre Geduld. Gräfin Roszinsky ist jetzt bereit, die allabendlichen Proben ihrer wunderbaren medialen Kraft abzulegen. Wie sie nach ihrer Rückkehr aus dem Krankenhaus mitteilte, ist unser junger Angestellter glücklicherweise bei dem Unfall nicht so ernstlich verletzt worden, dass Lebensgefahr für ihn bestünde. Doch hier kommt die Gräfin. Lassen Sie uns sie alle gebührend mit einem großen Applaus begrüßen."

Das geschah auch. Die Gräfin dankte durch Kopfnicken und ließ sich dann auf ihrem Sessel auf der Bühne nieder, wobei sie sich mit der Bemerkung an die Anwesenden wandte: „Liebe Freunde! Entschuldigen Sie, falls ich heute abend manchmal zerstreut sein sollte. Es geht einem nahe, wenn ein treuer Mitarbeiter von einem Unfall betroffen wird und leidend im Hospital liegt. Er war mir ein großer Helfer, da wir seelisch sehr aufeinander eingestellt waren. Erfreulicherweise habe ich ja noch den anderen Helfer zur Verfügung. Doch für meinen verunglückten Helfer muss ich diesmal einen anderen zur Seite haben, mit dem ich infolge der Kürze der Zeit noch keinen rechten Kontakt herzustellen vermochte. Wenn also heute abend vielleicht nicht jede Frage ganz genau beantwortet werden kann, so haben Sie bitte Nachsicht und ziehen Sie die erwähnten Umstände in Betracht."

Nun sah Geigele, wie Rudi und – zu ihrer höchsten Überraschung – als Ersatz für ihren Bruder Joseph Prof. Susan selbst sich unter das Publikum mischten. Beide baten um Gegenstände, worauf sie dann an die auf der Bühne mit geschlossenen und auch verbundenen Augen sitzende Gräfin Roszinsky die Frage stellten, was sie in der Hand hätten. Anfangs verliefen die Experimente vorzüglich, doch auf einmal stellten sich bei Fragen, die Prof. Susan an die Gräfin richtete, Irrtümer ein; Prof. Susan handelte sehr nervös. Stets sprang jedoch nach einem Fehlschlag der sehr umsichtige Rudi mit seiner Fragestellung ein und dann klappte alles wieder vorzüglich.

Nach einiger Zeit erklärte die Gräfin plötzlich: „Liebe Freunde! Der heutige Tag mit all dem Durcheinander hat mich sehr angegriffen, zumal ich mit meinem neuen Helfer noch nicht den rechten Kontakt finden konnte. Daher möchte ich Sie allerherzlichst bitten, mir zu gestatten, eine Pause in den Darbietungen eintreten zu lassen – sagen wir von einer halben Stunde – und dann hoffe ich, mich wieder genügend erholt zu haben, um zu Ihrer Verfügung zu stehen."

Das Publikum schien damit völlig einverstanden zu sein. Die Musik spielte dann zum Tanz auf, und auch die erwähnte Sängerin brachte mehrere Lieder zu Gehör.

Als die halbe Stunde Pause vorüber war, kam die Gräfin Roszinsky – wie es schien – bedeutend besser gesammelt als das erste Mal auf die Bühne und die hellseherischen Experimente nahmen ihren Fortgang. Statt Prof. Susan fungierte ein anderer junger Mann, in dem Geigele einen vom Restaurant angestellten Kellner – jetzt im Frack – wiederzuerkennen glaubte.

Nun wickelte sich alles glatt wie am Schnürchen ab. Das Publikum applaudierte bei jeder richtigen Angabe der Gräfin über das, was Rudi oder der andere junge Mann gerade – von den Gästen gegeben – in den Händen hielten. Nach etwa einer halben Stunde solcher Vorführungen erhob sich plötzlich im Hintergrund – auf der anderen Seite des Saales, zu weit von Geigele entfernt, um die Person zu erkennen – ein Herr und bemerkte: „Einen Augenblick bitte! Ich bin an solchen Experimenten sehr interessiert und schätze hoch, was der Besitzer dieses Lokals zur Förderung der Erklärung vieler geheimnisvoller Zusammenhänge des Seins hier tut. Würde die Gräfin" – wobei sich der Herr galant gegen die Gräfin hin auf der Bühne verneigte – „gestatten, dass ich mich einmal anstelle des einen jungen Mannes unter die Gäste mische, um Gegenstände bitte und dann die Frage, was es sei, was ich in den Händen halte, an Sie richte, Frau Gräfin?"

Die durch die freundlichen Worte zur Zusage geneigte Gräfin gab ihre Einwilligung, horchte dann aber gespannt hinter den Bühnenvorhang, von woher ihr jemand etwas zurief, worauf sie noch schnell bemerkte: „Wer immer Sie Fragesteller sein mögen, tun Sie, was Sie wünschen, aber bitte nicht zu lange, da ich erschöpft bin und mit Ihnen keinerlei Kontakt habe, weil ich Sie ja gar nicht kenne und auch nicht weiß, wer Sie sind.

„Werte Gräfin", kam es da beruhigend zurück, „seien Sie versichert, dass Sie es mit jemandem zu tun haben, der Ihre wunderbaren Fähigkeiten sehr hoch schätzt und darüber in fachmännischer Literatur eingehend berichten wird."

Die Gräfin schwieg – entweder weil sie nicht wusste, was sie darauf erwidern sollte, oder weil sie abwarten wollte, wie sich alles weiter entwickeln würde.

Inzwischen trat der fremde Herr an einen Tisch in seiner Nähe heran, ergriff die Handtasche, die eine Dame vor sich zu liegen hatte und fragte die Gräfin: „Welchen Zwecken dient der Gegenstand, den ich hier in der Hand halte?"

Die Gräfin schien perplex zu sein und zu überlegen. Dann sagte sie forsch heraus: „Was Sie in der Hand haben – wer immer Sie auch sein mögen – ist ein Damenhut und dient zum Schutz des Kopfes."

Eisiges Schweigen beantwortete diese falsche Auskunft.

Die Gräfin schien zu merken, dass etwas nicht stimmte, denn sie wurde nervös und versuchte sich mit der Bemerkung zu verbessern: „Es mag auch ein Regen- oder Sonnenschirm sein, den Sie, junger Mann, in der Hand halten."

Das eisige Schweigen der Besucher hielt an.

Da merkte die Gräfin, dass etwas schief gegangen war. Sie begann zu stöhnen, sich in Zuckungen zu strecken und eine Ohnmacht vorzutäuschen.

Mack trat auf die Bühne und entschuldigte die Gräfin mit den Worten: „Die Geschäftsleitung bittet Sie, werte Anwesende, vielmals um Entschuldigung für die Unterbrechung der Vorführungen durch die Ohnmacht der Gräfin. Doch es war entschieden zu viel, was heute alles auf die Gräfin einstürmte. Erst die Nachricht von dem Unfall ihres Mitarbeiters, dann der Besuch im Hospital und jetzt hier das Zusammenarbeiten mit völlig fremden Helfern, mit denen sie bisher noch nie einen Kontakt gehabt hatte. Ich bin sicher, dass sich die Gräfin morgen wieder völlig erholt haben wird, und ich würde mich freuen, Sie morgen wieder begrüßen zu können. Doch darf ich vielleicht den Herrn, der zuletzt liebenswürdigerweise die Fragestellung übernommen hatte, um eine persönliche Unterredung bitten."

Doch der Herr war nirgends mehr zu sehen und zu finden. Er hatte sich inzwischen unauffällig aus dem Restaurant entfernt.

Geigele hatte aufgehorcht, als der erwähnte Herr um die Erlaubnis gebeten hatte, selbst Fragen stellen zu dürfen. Die Stimme war ihr bekannt vorgekommen. Sie war während der Fragestellung auf den Eingang zugegangen, und als dann Mack auf die Bühne trat, war der Herr an ihr vorübergegangen, ohne sie erkannt zu haben. Doch Geigele sprach den Herrn hocherfreut an: „Herr Dr. Lehmann, o welche Freude und Beruhigung für mich! Doch, wie kommen Sie denn nach Chicago und hierher?"

Es war Dr. Lehmann, der an Geigele beinahe vorbeigegangen wäre, wenn sie ihn nicht angeredet hätte.

Dr. Lehmann ergriff Geigeles Hand, zog sie mit sich und bemerkte, sie nun ebenfalls mit „Sie" anredend, da er es für richtig hielt, in der breiten Öffentlichkeit formell zu wirken, um damit persönlichen Fragen aus dem Wege zu gehen: „Nicht hier, Fräulein Geigele – hier könnten wir gefährdet sein. Kommen Sie mit mir! Sie haben übrigens recht getan, während wir hier waren, wieder die Anrede ‚Sie' zu gebrauchen."

Damit holte sich Dr. Lehmann seinen Mantel und Hut aus der Garderobe – Geigele hatte nichts in der Garderobe abgegeben –, trat mit Geigele schnell aus dem Lokal, ging rechts bis zur nächsten Ecke und winkte erst dort ein Taxi heran.

Geigele wusste nicht recht, was das alles bedeuten sollte. Dr. Lehmann beruhigte sie und versprach ihr, gern jede Auskunft über sein seltsames Verhalten in dem Lokal zu geben.

Vor seinem Hotel angekommen, bezahlte Dr. Lehmann den Taxifahrer, zog dann Geigele in die nächste Seitenstraße hinein und ging mit ihr in eine dort befindliche Gaststätte, die noch offen war.

„Ich kann verstehen, liebes Fräulein Geigele", begann er dann, als beide im Lokal Platz genommen und sich einen Kaffee und ein Stück Kuchen bestellt hatten, „dass Sie alles das nicht begreifen. Nun gut, ich will von Anfang an berichten. Als ich gar nichts von Ihnen hörte – keine Karte und keinen Brief –"

„Ja, aber ich habe Ihnen doch einen Brief geschrieben", bemerkte Geigele erstaunt.

„Nun ich habe nichts von Ihnen gehört. Daher wurde ich unruhig und beschloss, Ihretwegen selbst einmal nach dem Rechten zu sehen. Ich wusste die genaue Adresse Ihrer Schwester nicht mehr, wohl aber erinnerte ich mich noch an den Platz, wo Joseph und Rudi arbeiteten. Daher begab ich mich heute Abend – ich traf erst am Spätnachmittag in Chicago ein – zu dem Lokal, weil ich hoffte, dort etwas Näheres über Sie und die Adresse Ihrer Schwester zu erfahren. Bei den Darbietungen der Gräfin – nebenbei erkannte ich Rudi, der aber glücklicherweise auf der anderen Seite des Saales ‚arbeitete' und mich wohl kaum gesehen haben mochte – fiel mir auf, dass bei bestimmten Sachen, die Rudi und der andere Herr hochhielten, immer die gleiche Fragestellung bei demselben Gegenstand wiederkehrte. Das kam mir merkwürdig vor. Um die Gräfin zu prüfen, bat ich um die Erlaubnis, selbst Fragen stellen zu dürfen und stellte sie auf eine andere Art und Weise, mit dem Ergebnis, dass die Gräfin einfach festsaß."

„Was meinen Sie damit, lieber Herr Doktor?"

„Ich vermute, dass die Gräfin überhaupt kein Medium ist, sondern dass die ganzen Vorführungen auf Schwindel beruhen, um das Restaurant jeden Abend mit Besuchern zu füllen."

Geigele schwieg; doch nun schien sie zu wissen, warum ihre innere Stimme bei allem, was sie gesehen hatte und was ihr geboten worden war, immer geschwiegen und sich erst heute abend wieder gemeldet hatte.

„Nun, Fräulein Geigele, Sie sagen ja gar nichts dazu. Glauben Sie mir nicht?"

„O ja", antwortete zögernd die Gefragte, „doch ich kann den ganzen Zusammenhang noch nicht so recht begreifen."

„Mir wird jetzt so ziemlich alles klar", bemerkte, wie zu sich selbst sprechend und dabei nachdenkend, Dr. Lehmann. „Sehen Sie, Fräulein Geigele, ich wunderte mich schon über die plötzliche Einladung Ihrer Schwester, nach Chicago zu kommen. Sie war doch eigentlich bisher niemals so freundlich und entgegenkommend gewesen. Ich dachte während Ihrer Abwesenheit oft darüber nach, konnte aber auf kein Motiv kommen, das Ihre Schwester bewogen haben mochte, Sie einzuladen. Aber seit vorhin sehe ich den Zusammenhang."

Geigele sah Dr. Lehmann fragend an, ohne etwas zu erwidern. Deswegen fuhr dieser fort: „Die sogenannten hellseherischen Fähigkeiten der Gräfin – nebenbei glaube ich gar nicht, dass es sich dabei überhaupt um eine Gräfin handelt – werden nicht durch mediale Begabung, sondern dadurch erreicht, dass die beiden jungen Leute, die sich unter dem Publikum bewegen und Gegenstände hochhalten, diese der mit verbundenen Augen auf der Bühne dasitzenden Gräfin durch die Art ihrer Fragestellung bekannt geben. Mir fiel bei der Fragestellung auf, dass sich beispielsweise beim Hochheben eines Schals irgendwelcher anwesenden Damen stets die Frage wiederholte, in der Form, dass sich irgendwo dabei das Wort ‚leicht' vorfand, wie beispielsweise ‚Was ist dieser ‚leichte' Gegenstand wohl, Frau Gräfin, den ich hier hochhalte?' Wurde wieder einmal ein Schal überreicht, so lautete die Frage: ‚Zweifellos werden Sie, Frau Gräfin, den Gegenstand, den ich in der Hand halte, ‚leicht' erkennen.' Das dritte Mal, als ein

Schal gegeben wurde, war die Frage an die Gräfin: ‚Es ist zwar ein ‚leichter' Gegenstand, den ich hier hochhalte, doch das dürfte Sie, Frau Gräfin, kaum hindern, ihn doch zu erkennen.' Warum mir gerade dabei das Wort: ‚leicht' so aufgefallen war, weiß ich selbst nicht. Es war, als ob ich einer inneren Eingebung folgte. Würde ich mal eine Zeitlang jeden Abend zu Mack gehen, würde ich zweifelsohne mit der Zeit auch hinter die Stichworte bei den anderen Fragen kommen. Dass ich auf die Vermutung kam, dass bei der ganzen Vorführung nicht alles stimmte, geschah, weil der erste der beiden neuen Helfer, die anstelle des verunglückten Joseph einsprangen, so oft versagte. Er hatte eben noch keine rechte Zeit gehabt, sich mit der Gräfin auf die Stichworte einzuarbeiten. Bei Rudi, der alle Stichworte kannte und schon lange genug geübt hatte, versagte die Gräfin nie."

Geigele konnte das alles immer noch nicht recht fassen.

Dr. Lehmann erklärte deswegen weiter: „Hören Sie, Fräulein Geigele, ist Ihnen denn während Ihres Aufenthaltes hier nie irgendwie etwas aufgefallen?" –

„Eigentlich nein."

„Wie hat man Sie denn behandelt?"

„O man behandelte mich mit einer Hochachtung und Rücksicht, als ob ich die Gräfin wäre."

„Aha, da haben wir schon etwas. Hat man Ihnen nicht irgendein Angebot gemacht?"

„Nein, doch warten Sie mal", fuhr Geigele nachdenklich fort. „Mack machte einmal die kurze Bemerkung, dass auch ich vielleicht einmal auftreten und Proben meiner medialen Veranlagung ablegen sollte."

Dr. Lehmann schlug lachend mit der Hand auf den Tisch: „Da haben wir es! Man wollte die ‚Seherin von Waterville' als eine Bühnenattraktion für Macks vornehmes Abendrestaurant ausnutzen, wusste, dass Sie nie zustimmen würden und versuchte nun, Sie langsam auf eine andere Art zu gewinnen. Ich frage mich, wer wohl der Anstifter zu alldem gewesen sein mag?"

„Ich weiß nicht, ich bin ganz und gar verwirrt."

„Ich glaube nicht", fuhr Dr. Lehmann fort, „dass es Ihr Bruder Joseph war. Eher denke ich da an Rudi, doch auch dieser ist nicht direkt heimtückisch. Eigentlich habe ich Ihre Schwester Magdalena im Verdacht, obgleich ich nichts beweisen kann. Schließlich spricht ja auch der Umstand zu ihren Gunsten, dass sie sich alleinstehender Mädchen annimmt."

Geigele blickte bei diesen Worten weg, was Dr. Lehmann auffiel, ohne dass er jedoch deswegen irgendeine Bemerkung fallen ließ.

Dr. Lehmann riet Geigele nach einer Pause des Schweigens jedoch, diesmal nicht in Magdalenas Heim zurückzukehren, sondern sich ebenfalls ein Einzelzimmer im Hotel zu nehmen.

Auf den fragenden Blick Geigeles hin bemerkte Dr. Lehmann nur: „Es ist wegen des Vorfalls in Macks Restaurant. Als ich das Lokal verließ, bat Mack auf der Bühne, dass der Herr, der zuletzt die Fragen stellte – und das war ja ich – zu ihm in sein Privatzimmer kommen sollte, wo mich Rudi natürlich sofort erkannt hätte. Das würde zur Folge haben, dass Sie mit Magdalena, wenn Sie heute Nacht in ihr Haus zurückkehrten, einen Auftritt haben würden; dem sollten Sie aus dem Weg gehen."

„Man hat Sie doch aber anscheinend gar nicht erkannt, Herr Dr. Lehmann."

„Das vermuten wir nur. Man mag uns beide aber gesehen haben, als wir zusammen das Lokal verließen. Die Folge wäre dann bestimmt, dass Ihre Schwester allerlei Fragen an Sie stellen würde. Sie mag auch möglicherweise nicht die Anstifterin des Komplotts sein, Sie als ‚Hellseherin' zu einer Nachtklubgröße zu machen. Ich kann mir aber nicht helfen und muss doch vermuten, dass Ihre Schwester – trotz ihrer Fürsorge für alleinstehende Mädchen – etwas mit dem Komplott gegen Sie zu tun gehabt hat."

Auf weiteres Zureden hin stimmte Geigele schließlich zu, die Nacht nicht im Haus ihrer Schwester zuzubringen, sondern sich ein Zimmer im Hotel zu nehmen.

Vorher rief man aber nochmals das Krankenhaus an und erfuhr, dass die Verletzungen Josephs nicht so gefährlich gewesen waren, wie man anfangs angenommen hatte, aber man sollte mit dem Besuch bis zum nächsten Nachmittag warten, da der zweite Besuch seiner Schwester Magdalena den Patienten sehr aufgeregt hätte.

Dr. Lehmann und Geigele sahen sich bei dieser Auskunft überrascht an. Warum hatte Magdalena ihren Bruder Joseph schon zweimal besucht, und zwar immer ohne Geigele, und warum hatte der zweite Besuch wohl ihren Bruder so aufgeregt?

Da es schon spät war, ging man ins Hotel zurück, wo sich Geigele ein Zimmer für sich sicherte. Darauf trennte man sich und verabredete, sich am Vormittag des nächsten Tages gegen elf Uhr unten in der Cafeteria zu treffen.

Geigele konnte diese Nacht keinen rechten Schlaf finden.

Nach dem gemeinsamen Frühstück in der Cafeteria rief Geigele wieder das Krankenhaus an und erhielt die Zusicherung, dass sie am Nachmittag gegen drei Uhr ihren Bruder besuchen könne. Vom Krankenhaus aus wurde ihr aber noch die Nachricht ihrer Schwester Magdalena übermittelt, sie möge sie sofort anrufen oder am besten gleich zu ihr kommen, da sie mit ihr etwas sehr Ernstes und Wichtiges zu besprechen hätte. –

Dr. Lehmann riet Geigele ab, zu ihrer Schwester zu fahren; sie sollte sie nur anrufen. Das tat Geigele.

Als die Verbindung hergestellt war und Geigele gesagt hatte, dass sie es wäre, die anriefe, ging es von der anderen Seite der Telefonleitung auch schon los: „Also so eine bist du? Treibst dich die ganze Nacht auf den Straßen Chicagos herum. Weißt du, dass ich für dich verantwortlich bin? Ich hätte dich gar nicht kommen lassen, wenn ich gewusst hätte, wie du dich hier benehmen und aufführen würdest. Das Beste für dich ist, du reist möglichst bald wieder ab zu deinem Nest und versauerst dort weiter. Es hat keinen Zweck, wenn man Kleinstadtblüten in eine Großstadt verpflanzen will. Sie schlagen da nur über die Stränge. Also, hörst du, du holst dir noch heute deine Sachen bei mir ab und fährst zurück in dein Nest! Ich will dich hier nicht mehr haben! Und dann das Aufsehen, das dein nächtliches Ausbleiben verursacht hat. Nirgends warst du zu finden, niemand hatte dich gesehen. Mack hat sofort die Polizei gebeten, nach dir Nachforschungen anzustellen. Nicht einmal deinen Bruder hast du im Krankenhaus besucht, du herzloses Geschöpf, du! Also, du holst deine Sachen bei mir ab, und dann sehe ich dich hoffentlich nie wieder." Damit wurde am anderen Ende der Hörer aufgehängt.

Geigele war wie vor den Kopf gestoßen. Sie erzählte Dr. Lehmann, was Magdalena gesagt hatte.

Man beschloss, langsam durch den Loop-Distrikt zu schlendern und sich die Auslagen in den Schaufenstern der Geschäfte anzusehen, bis es Zeit zum Besuch im Krankenhaus war.

Dort angekommen, wurde Geigele sofort vorgelassen – auch Dr. Lehmann, als dieser sich als ein Bekannter von Geigele vorgestellt hatte.

Joseph war bei Bewusstsein, und man sah ihm die Freude über Geigeles Besuch an. Doch, wieder ernster werdend, fragte er: „Ist außer Dr. Lehmann noch jemand bei Dir? Vielleicht Magdalena?"

Als Geigele das verneinte, schien Joseph ersichtlich aufzuatmen. Dr. Lehmann fragte nach dem behandelnden Arzt, stellte sich ihm als ein Kollege vor und beide gingen den Korridor auf und ab, so dass Joseph und Geigele sich selbst überlassen blieben.

Sie beglückwünschte ihren Bruder dazu, dass der Unfall nicht schlimmer gewesen war und lud ihn nach Waterville ein, bis er sich völlig erholt hätte.

„Nur zu gern, Geigele, würde ich auf eine Weile zu Dir kommen, doch ich weiß nicht, ob ich hier fortkann."

„Für einige Wochen mag Mack wohl Ersatz für dich finden, bis du wieder ganz hergestellt bist."

„Mack schon, aber die Gräfin?", kam es etwas zögernd von Josephs Lippen.

Doch gleich wurde er verlegen, als ob er zu viel gesagt hätte.

Geigele tat, als ob sie von seiner Verlegenheit nichts bemerkt hätte, und Joseph erzählte jetzt von seinem Unfall.

Plötzlich hörte man draußen laute Stimmen auf dem Korridor. Joseph fasste ängstlich Geigeles Hand und lauschte angestrengt. Dann warf er sich, wie enttäuscht, auf sein Bett zurück und bemerkte ungehalten: „Schon wieder Magdalena!"

Doch die lauten Stimmen schienen sich wieder zu entfernen, und es wurde still auf dem Korridor.

Geigele dachte an die Mahnung des Arztes, sich noch nicht allzu lange am Krankenlager aufzuhalten und stand auf mit dem Versprechen, am nächsten Tag bestimmt wiederzukommen.

Beim Abschiednehmen hielt Joseph Geigeles Hand wie schutzsuchend. Dann ließ er die Hand resigniert mit der Bemerkung fallen: „Nein, erst das nächste Mal, erst morgen!"

Geigele hatte den Eindruck gewonnen, als ob er ihr noch etwas hätte sagen wollen, dann aber für sich behielt.

Auf dem Korridor war, als Geigele Josephs Krankenzimmer verließ, niemand zu sehen – auch nicht Dr. Lehmann. Als sie sich jedoch dem geräumigen Toreingang zum Hospital näherte, hörte sie, da die Tür offen stand –, dass sich Dr. Lehmann mit jemandem in einem erregten Wortwechsel befand. Und die Person, mit der er sich stritt, war ihre Schwester Magdalena.

Als Geigele näher kam, unterbrach Magdalena das Streitgespräch mit Dr. Lehmann und kam erregt auf sie zu, sofort losprudelnd: „Das hat man davon, wenn man sich zu viel um seine Angehörigen kümmert und ihnen Gutes tun möchte. Wie bereue ich meinen Entschluss, als ich in einer schwachen Stunde den Wünschen anderer nachgab und dich hierher einlud. Ich konnte mir schon denken, was du mir wohl noch alles antun würdest. Hast du denn gar kein Gefühl des Dankes für das, was ich dir hier bot und noch weiter bieten wollte, als ich dich hierher einlud? Nein, da musst du hinter meinem Rücken an deinen ‚Doktor' in dein Nest telegraphieren, er möge bloß kommen und dich aus meinen Klauen befreien. Ach, wie gemein von dir! Das hätte ich nie und nimmer von meiner Schwester gedacht! Wo soll ich dir deine Sachen, die ich alle schon zusammengepackt habe, hinschicken, denn ich will dich nicht mehr in meinem Hause haben? Zwischen uns ist es nun ein für alle Male aus! Und deinen Bruder Joseph kannst du dir – wenn du willst – auch gleich mitnehmen. Er wird von jetzt an bloß noch hinderlich sein. Doch damit du siehst, dass ich nicht so schlecht bin wie du denkst, wünsche ich dir alles Gute, aber bleibe raus aus meinem Leben!"

Ohne eine Antwort abzuwarten, drehte sie sich um und ging an Dr. Lehmann vorbei, ohne ihn eines Blickes zu würdigen.

Beide, Geigele und Dr. Lehmann, waren sprachlos über solch ein Benehmen.

„Na, wie geht es Joseph?", nahm schließlich Dr. Lehmann das Gespräch wieder auf?

„Es geht ihm anscheinend besser."

„Haben Sie irgendetwas darüber herausgefunden, was meine Annahme bestätigt, dass die Vorführungen in Macks Restaurant mehr auf Reklame für das Restaurant als auf Studien okkulter Kräfte hinzielen?"

„Nichts Direktes, doch hat mich manches im Verhalten von Joseph etwas stutzig gemacht."

Geigele erzählte Dr. Lehmann, dass Joseph glaube, wegen der Gräfin „unabkömmlich" im Restaurant zu sein, dann schien er eine ausgesprochene Abneigung gegen seine Schwester Magdalena zu haben, mit der er gestern anscheinend eine Auseinandersetzung hatte, und darauf hat er zögernd zu verstehen gegeben, dass er morgen eventuell etwas anzuvertrauen hätte.

„Das genügt vorläufig", bemerkte Dr. Lehmann. „Nun, wir bleiben noch zwei bis drei Tage hier – doch Sie, Geigele, bleiben im Hotel und lassen sich Ihre Sachen von Magdalena durch irgendeinen Boten dorthin bringen. Da das Wetter heute schön ist und wir doch nichts weiter mehr vorhaben, so lassen Sie uns ein wenig am Seeufer spazieren gehen." Das tat man auch.

Am Abend beauftragte Dr. Lehmann einen Boten, Geigeles Sachen aus dem Apartmenthaus von Magdalena abzuholen und in ihr Zimmer im Hotel zu bringen. Da Dr. Lehmann besser in Chicago Bescheid wusste als Geigele, so richtete er es am Abend beim Spaziergang so ein, dass man auf der anderen Seite an Macks Restaurant vorbeikam.

Es schien sowohl Geigele wie auch Dr. Lehmann so, als ob der Besuch des Lokals nachgelassen hätte, da es um die Zeit herum war, wo sonst die Besucher in Massen herbeiströmten. Möglicherweise war das auf den Reinfall der Gräfin vom Tag vorher zurückzuführen.

Am nächsten Tag begaben sich Geigele und Dr. Lehmann schon frühzeitig in das Krankenhaus, in dem Joseph lag. Beide waren höchst gespannt, was der Patient wohl zu sagen haben würde. Obgleich die Besuchsstunde noch nicht begonnen hatte, wurde Geigele eher eingelassen, da Dr. Lehmann im Gebäude zufällig den Kollegen wiedertraf, mit dem er sich am Tag vorher unterhalten hatte.

Joseph freute sich sichtlich, als Geigele eintrat. Er schien sich bedeutend besser zu fühlen.

„Kommst du allein zu mir?", war Josephs erste Frage, die er wieder mit einer scheinbar ängstlichen Neugier stellte.

„Nur Dr. Lehmann ist mitgekommen. Er unterhält sich draußen mit einem Arzt und wird uns nicht stören. Also, du willst nun doch mitkommen nach Waterville, wenigstens bis du dich völlig erholt hast?"

Geigele hatte diese Frage wie auf eine Eingebung hin gestellt, und Joseph war es anscheinend nicht unangenehm, dass seine Schwester von allein dieses Thema wieder angeschnitten hatte.

„Ganz genau weiß ich es noch nicht, da ich erst noch von Rudi hören will, ob Mack nichts dagegen einzuwenden hat. Rudi hat mir gestern telefonisch versprochen, dass er heute entweder noch selber kommen würde oder mir telefonisch Bescheid geben würde."

Darauf trat eine Pause im Gespräch ein, während der aber Geigele – zu ihrer eigenen Überraschung – wieder wie auf Eingebung den Entschluss fasste, nun direkt auf das Ziel zuzusteuern, dass Dr. Lehmann und auch sie hatte, nämlich endlich einmal zu erfahren, was es denn wohl für eine Bewandtnis mit Mack, mit Professor Susan und mit der Gräfin einerseits und ihm, seinem Freund Rudi und ihrer

Schwester Magdalena andererseits hätte, und warum letztere sie, Geigele, nach Chicago eingeladen hatte.

Noch wusste sie nicht recht, wie sie diese Frage stellen sollte, als ihr Joseph zuvorkam und aus der Verlegenheit half, indem er erklärte: „Geigele, höre mal! Ich habe dir ein langes Geständnis zu machen. Hast du Geduld, mich anzuhören?"

„Aber freilich", stimmte Geigele hoch erfreut sofort zu.

„Also höre und staune! Als Rudi und ich vor Jahren aus Waterville nach Chicago kamen, hatten wir es anfangs nicht so leicht, doch Rudi fand immer wieder Verdienstmöglichkeiten und brachte dann auch mich gewöhnlich irgendwie in seinem Arbeitsfeld mit unter. Als wir einmal eine ziemlich gut bezahlte Stellung in einem der besseren Restaurants hatten – Rudi hinter dem Schanktisch und ich als Kellner –, hatte ich zufällig eine Gruppe von Herrn zu bedienen, die einen reichen Eindruck machten. Als ich an der Bar vorbeikam, flüsterte mir Rudi schnell zu, dass er gesehen hätte, wie einer der Herren beim Herausziehen seines Taschentuches aus der Hosentasche einen Geldschein verloren hatte. Ich sollte mich mal bei seinem Sitz umsehen und, wenn ich etwas auf dem Boden liegen sähe, das sofort aufheben und dem Herrn geben, in dem Rudi nach einem Bild in der Zeitung Mack erkannt hatte, der damals als einer der bedeutendsten Bierbarone galt, das heißt, er hatte die Kontrolle über fast die Hälfte der heimlichen Kneipen, Lokale und Restaurants Chicagos, in denen trotz des Prohibitionsgesetzes alle alkoholischen Getränke, die man haben wollte, verkauft wurden – natürlich zu den allerhöchsten Preisen. Ich ging nun wie von ungefähr um den Tisch herum und sah tatsächlich neben dem Sitz von Mack nicht nur einen Geldschein, sondern ein ganzes Bündel von Geldscheinen liegen. Gerade wollte ich Mack darauf aufmerksam machen, als die ganze Gesellschaft aufbrach. Mack wandte sich an mich mit den Worten: ‚Hier habe ich das Geld für unsere Zeche hingelegt. Der Rest ist Ihr Trinkgeld!' Damit entfernte sich die Gesellschaft auch schon und war dabei in einer lebhaften Unterhaltung begriffen. Als ich das Geldbündel vom Boden aufgehoben hatte, war die Gesellschaft schon zum Lokal hinaus. Ich gab das Paket Rudi hinter dem Schanktisch, der die Geldscheine schnell durchzählte und feststellte, dass sich in dem Bündel von Scheinen im ganzen etwa sechshundert Dollar befanden, meistens in Zwanzig-, Zehn-, ja sogar einigen Fünfzig-Dollar-Scheinen. Ich sah Rudi fragend an, doch dieser bemerkte hocherfreut – wieder im

Flüsterton – dass dieser Fund der Anfang unserer wirklichen Karriere in Chicago wäre. Ich verstand ihn nicht, worauf er hinzusetzte: ‚Wir suchen morgen Mack persönlich auf und geben ihm das Geld zurück, obwohl er den Verlust vielleicht kaum spüren würde'. Und so taten wir es auch. Mack ließ uns, als wir ihm in seinem palastartigen Haus gemeldet wurden, auch vor, da Rudi dem Diener beim Öffnen der Tür versichert hatte, dass wir Mack etwas Hochwichtiges zu sagen hätten. Mack hatte anscheinend erwartet, dass wir ihm etwas über seine Konkurrenten im Biergeschäft mitzuteilen hätten, was hochwichtig für ihn sein würde, da sich der Kampf um die Vorherrschaft stark zu verschärfen begann, so dass es schon zu verschiedenen Verbrechen zwischen den Anhängern dieser sogenannten Bierbarone gekommen war. Um es kurz zu machen: Mack lachte herzlich auf, als wir ihm das gefundene Geld zurückbrachten, dessen Verlust er, wie Rudi ganz richtig vermutete, überhaupt noch nicht bemerkt hatte. Er gab uns auch das Geld einfach wieder mit den Worten: ‚Hier, behaltet es und teilt es euch!' Damit wurden wir entlassen. Doch das ging gegen Rudis Pläne. Kurz vor der Tür drehte er sich noch einmal frech mit den Worten zu Mack um: ‚Herr Mack, könnten Sie nicht zwei ehrliche Charaktere wie uns in Ihrem Geschäftsbetrieb gebrauchen?'

Die Dreistigkeit Rudis schien Mack zu gefallen. Er sah uns eine Weile freundlich-gönnerhaft an und erwiderte dann lächelnd: ‚Freilich kann ich das! Kommt morgen früh dorthin' – damit gab er uns eine Visitenkarte mit einer Adresse – ‚und Ihr werdet euer Aufgabengebiet erfahren. Betrachtet euch aber jetzt schon als von mir engagiert, verstanden?' So kamen wir mit Mack zusammen, der stets anständig zu uns war, gut bezahlte und unsere Zuverlässigkeit und Ehrlichkeit wohl zu schätzen wusste."

Als Joseph darauf schwieg, um nachzudenken, auf welche Weise er seine Mitteilungen wohl am besten fortsetzen könnte, warf Geigele ein: „Was hattet ihr beide denn bei Mack zu tun?"

„Das ist es, worüber ich jetzt reden will. Wir hatten eine Art von Aufseherposten und mussten die geheime Ablieferung der Getränke überwachen. Als das infolge der verschärften Bierkonkurrenz mit der Zeit gefährlich wurde, bekamen wir Revolver, brauchten aber – Gott sei Dank – nie davon Gebrauch zu machen; einmal, weil man uns fast überall gern hatte, und dann auch, weil Mack vernünftig war und nichts auf die Spitze trieb. Als aber der wirkliche Bierkonkurrenzkampf entbrannte, verkaufte er seine Geschäftsinteressen an das Umsatzsyndikat und machte das jetzige Restaurant auf; alles ging gut. Mack verkaufte natürlich auch alkoholische Getränke, aber in so versteckter Form, dass man ihm nichts anhaben konnte, zumal er sich ja auch sehr gut mit der Polizei stand. Seit nun der blutige Kampf zwischen den Anhängern der verschiedenen Umsatzsyndikate tobt, führt Mack sein angesehenes vornehmes Restaurant unbelästigt weiter. Uns beide ernannte er zu Platzanweisern, die das Publikum zu begrüßen und an die Tische zu führen hatten. Wir wurden gut bezahlt und alles war in Ordnung."

Wie kam dann die Gräfin in das Lokal?", fragte Geigele weiter.

„Dazu komme ich auch noch", fuhr Joseph in seinem Bericht fort. „Das kam so: In dem Restaurant stellte sich als ein ständiger Gast die Person ein, die jetzt überall als Professor Susan vorgestellt wird und die die Sache mit der Gräfin in Szene setzte."

Geigele begann nun, höchst interessiert aufzuhorchen.

Professor Susan imponierte Mack, weil er angeblich früher einmal an einer Universität doziert hatte. Er war später wegen Trunkenheit entlassen worden, was man ihm gern glaubte, denn er verließ keinen Abend eher das Restaurant, bis er nicht total betrunken war. Mack ließ ihn gewähren, obgleich Professor Susan bald nicht mehr bezahlen konnte. Mack fand aber Gefallen und Interesse an den gelehrten Gesprächen, die der Professor zu führen verstand, bis er volltrunken war. Vor etwa einem Jahr begann der Besuch in Macks Lokal stark nachzulassen. Worauf das zurückzuführen war, ließ sich nicht feststellen. Mack wurde besorgt und teilte das auch Professor Susan mit. Dieser versprach Mack, einmal ordentlich darüber nachzudenken, wie er ihm helfen könnte, um sich dadurch auch für alles erkenntlich zeigen zu können, was Mack Gutes an ihm getan hatte. Und wirklich, Professor Susan hatte einen Plan ausgeheckt. Er überredete Mack, ihm in seinem großen villenartigen Haus – und zwar im oberen Stockwerk – einige Zimmer einzurichten und zu gestatten, sonntagabends – wenn Macks Lokal geschlossen war – eine Studiengruppe einzuladen und mit ihr metaphysische Studien zu betreiben. Mack war einverstanden, obgleich er anfänglich nicht sehen konnte, wie ihm das im Geschäft helfen sollte. Aber eines Tages schien Professor Susan so weit zu sein, seine ausgedachten Pläne in die Praxis umzusetzen. Er überredete Mack, bei den abendlichen Vorführungen in seinem Lokal auch immer einen kurzen Vortrag von ihm – Professor Susan – über das Fortleben nach dem Tode mit einzufügen, woran doch schließlich jedermann interessiert sei. Man machte den Versuch, der Erfolg war jedoch nicht derart, wie man erwartet hatte. Professor Susan versicherte Mack aber, dass man es dann eben auf eine andere Weise versuchen müsse – und damit tritt die Gräfin in den Vordergrund! Sie besuchte öfter Professor Susans sonntägliche Abendvorträge und glaubte, mediale Kräfte zu besitzen. Ob dem so war, weiß ich nicht. Jedenfalls schienen diese wohl nicht so zuverlässig zu sein, denn plötzlich wurden Rudi und ich gebeten, dabei mitzuhelfen. Und nun begannen die Proben. Uns wurde gesagt, dass die Gräfin mediale, hellseherische und telepathische Kräfte besitze, dass sie aber in ihren Fähigkeiten noch nicht wirklich gefestigt genug wäre, um nicht gelegentlich doch noch den Einflüssen zu unterliegen, die in einem Saal bei gemischtem Publikum stets vorherrschten. Da sollten wir beide aushelfen. Und wie? Wir wurden beauftragt, uns unter das Publikum zu mischen und Gegenstände hochzuhalten, und dann die Gräfin zu fragen, was es sei. Bei der Fragestellung hatten wir Stichworte zu gebrauchen, wie zum Beispiel bei Schals das Wort ‚leicht‘, das irgendwie in den fragenden Satz einzufügen war. Bei Hüten war das Stichwort: ‚auffallend‘, bei Handtaschen: ‚schwierig‘ und so weiter. Wir mussten jeden Tag mindestens eine Stunde mit der Gräfin üben, damit alles bei unserer Fragestellung am Abend gut verlief. Jeden Monat wurden die Stichwörter gewechselt, damit sie nicht entdeckt werden konnten, was nun aber doch geschehen ist."

„Ist die Gräfin Roszinsky eine wirkliche Gräfin?", fragte Geigele gespannt.

„Ach wo", kam es lachend von Joseph zurück. „Ihr wirklicher Name ist Meyer. Sie erhielt den Namen einer Gräfin Roszinsky von Professor Susan, damit ihr Auftreten so größere Zugkraft ausüben sollte, was ja auch der Fall gewesen ist. Mack war glücklich und zufrieden. Aber jetzt, nach dem Reinfall mit der Gräfin, will er alles aufgeben, sowohl das Auftreten der Gräfin wie das Restaurant selbst. Er will es verkaufen und sich zur Ruhe setzen, was er ja auch leicht tun kann."

Wieder trat eine Pause ein. Dr. Lehmann hatte mit seiner Beobachtung also völlig recht gehabt. Nun handelte es sich für Geigele nur noch darum herauszufinden, warum Magdalena sie nach Chicago eingeladen hatte.

„Wie kam denn eigentlich", nahm Geigele wie von ungefähr das Gespräch wieder auf, „Magdalena dazu, mich hierher einzuladen?"

„Nun, das hatte seine eigene Bewandtnis. Magdalena, die ja ein wirklich gut gehendes Geschäft mit der Zimmervermietung hat, wobei sie gleichzeitig auch noch nach zugkräftigen Talenten für Auftritte in Macks Restaurant Ausschau hält und dafür von ihm bezahlt wird, kam öfter abends ins Lokal. Als wir einmal abends nach Schluss des Restaurants alle – Mack, Professor Susan, Frau Meyer – ich meine natürlich die Gräfin –, Magdalena, Rudi und ich – zusammensaßen, kam man ins Gespräch über die Leichtgläubigkeit der Menschen, wie es sich doch allabendlich zeigte. Mack sprach da die Besorgnis aus, was man wohl aber tun würde, wenn mal ein Besucher doch hinter die angebliche mediale Begabung von Frau Meyer käme. Da mischte sich Margareta ein. Sie erklärte, dass man dagegen schon jetzt Vorkehrungen treffen sollte und könnte. Wenn Mack damit einverstanden wäre, könnte man ihre Schwester Geigele mal nach Chicago einladen und unauffällig in den Kreis einführen. Man sollte es ihr überlassen, ihre Schwester für die Gräfin und für deren mediale Kräfte zu gewinnen. Mack war über den Vorschlag hocherfreut und fühlte sich nun gesichert, falls einmal doch bei den Vorführungen etwas nicht planmäßig verliefe oder falls Frau Meyer krank werden oder gar sterben sollte. Man würde es so einrichten, dass man Magdalenas Schwester – damit bist du, Geigele, gemeint – mit aller Vorsicht und Rücksicht behandeln würde und dass Frau Meyer gelegentlich einmal krank sein sollte, so dass man Geigele bitten könnte, aus Gefälligkeit für die Erkrankte einzuspringen und aufzutreten. Wenn man sie dann als die berühmte ‚Seherin von Waterville' vorstellen könnte, würde er – Mack – bestimmt bald sein Lokal ganz bedeutend vergrößern müssen. Man würde für Geigele dann einen großen Salon einrichten, wo sie – Geigele – Seancen abhalten könne. Und wenn sie dabei noch unsicher wäre, so hätte man ja – noch vom Biergeschäft her – genug Freunde und Bekannte, die stets heimlich Recherchen über Personen einholen könnten, die um Rat und Aufschluss vorsprächen. Wenn Geigele einmal nicht recht wissen sollte, was sie den Fragestellern bei ihrer Seance sagen könnte, so bräuchte sie nur zu bemerken, sie möchten in ein paar Tagen wiederkommen, da sie sich psychisch erst sammeln müsse. Während dieser Zeit könnten über die betreffenden Personen alle Informationen eingeholt werden, so dass Geigele die Fragesteller dann mit ihrem Wissen über sie einfach täuschen würde."

Geigele fühlte sich nach diesem Geständnis ihres Bruders wie zerschlagen. Also, so wollte man sie missbrauchen. Und dazu hatten ihre eigene Schwester und ihr eigener Bruder die Zustimmung gegeben! Sie brach in Tränen aus.

Joseph konnte das nicht begreifen. „Aber, Geigele, warum weinst du denn, ich habe dir doch alles wahrheitsgemäß berichtet? Ja, du wärst beinahe eine große Berühmtheit in den Vereinigten Staaten geworden."

Geigele weinte noch heftiger nach diesen Worten. Joseph war fassungslos: „Aber, liebste Schwester, liebes Geigele, was hast du denn bloß? Bitte, bitte, sage es mir doch."

Doch Geigele hatte nicht das Herz, ihrem Bruder zu sagen, wie sehr sie sich davon getroffen fühlte, dass ihre eigene Schwester die Anstifterin gewesen war und der Bruder ihr nichts davon geschrieben hatte, um sie vor dem Antritt der Reise nach Chicago noch rechtzeitig aufzuklären und zu warnen.

Geigele entschuldigte sich, dass ihr nicht gut wäre und sie einmal für einen Augenblick raus auf den Gang gehen müsste. Sie würde aber bald wiederkommen.

Draußen auf dem Gang sah sie nichts von Dr. Lehmann. Sie ging weiter in einen Seitengang, um dort nach ihm zu suchen. Währenddessen war aber Dr. Lehmann von der anderen Seite den Gang heraufgekommen, gerade als Geigele in den Seitengang eingebogen war.

Dr. Lehmann klopfte an Josephs Krankenzimmer.

Als er auf dessen „Herein" eintrat, fand er Geigele nicht vor, dafür aber Joseph in aufgeregter Verfassung. Dieser berichtete, dass Geigele plötzlich zu weinen angefangen habe und hinausgegangen sei. Er wisse nicht, wie seiner Schwester plötzlich habe schlecht werden können.

Dr. Lehmann stand auf, entschuldigte sich und ging wieder auf den Gang, wo ihm Geigele gerade entgegenkam. Sie war jetzt gefasst und lächelte ihrem Bruder zu, als sie wieder ins Krankenzimmer trat.

„Joseph", tröstete sie ihren aufgeregten Bruder, „wir kommen heute nachmittag wieder, um alles wegen deiner Abreise mit uns nach Waterville näher zu besprechen. Bis dahin wirst du wohl auch von Rudi gehört haben. Also, bis zum Nachmittag."

„Ist dir jetzt aber wirklich auch wieder besser, Geigele?", fragte Joseph besorgt.

„Aber ja doch, lieber Joseph", beruhigte sie ihren Bruder.

Auf dem Weg zum Hotel berichtete Geigele alles, was ihr Joseph erzählt hatte und bestätigte damit Dr. Lehmann, dass er in allen seinen Vermutungen recht gehabt hätte.

Geigele war äußerlich zwar gefasst, doch im Inneren aufgewühlt; sie entschuldigte sich und begab sich auf ihr Zimmer, um nochmals ruhig über alles nachzudenken. Schließlich schlief sie ein, erwachte aber glücklicherweise zur rechten Zeit für den versprochenen Besuch im Krankenhaus.

Als man dort ankam, drängte Joseph Geigele, ihr doch nur zu sagen, ob ihr auch wirklich wieder gut sei. Als sie das versicherte, wurde Joseph ruhiger und teilte Dr. Lehmann freudig mit: „Rudi ist gerade eben gegangen. Wie er mir sagte, ist es Mack sehr ernst mit dem Verkauf seines Restaurants, um sich ganz vom Geschäft zurückzuziehen. Rudi will noch in Chicago bei Mack bleiben, bis dieser das Restaurant verkaufen kann und dann nach Waterville zurückkehren. Er hat mir geraten, ebenfalls dorthin zu reisen, weil ich mich dort besser erholen könnte. So fahre ich eben mit euch mit, Geigele, sobald ich aus dem Krankenhaus entlassen bin, was wahrscheinlich schon morgen sein wird."

Man verabredete nun, Joseph am Nachmittag des nächsten Tages abzuholen und für ihn ein Zimmer für eine Nacht im Hotel zu bestellen. Am Tag darauf wurde beschlossen, dass alle drei nach Waterville zurückkehren würden.

Auf dem Rückweg zum Hotel begegnete Geigele und Dr. Lehmann zufällig Fräulein Lucie, die früher bei ihrer Schwester ein möbliertes Zimmer gehabt und der Geigele beim letzten Zusammentreffen 25 Dollar mit der Bitte gegeben hatte, an Dr. Lehmann zu schreiben und nach Waterville zu fahren.

Geigele war erstaunt, dass Lucie noch in Chicago war. Auf ihre Frage antwortete sie: „Ich schrieb, wie Sie mir geraten hatten, an Dr. Lehmann, bekam aber keine Antwort und blieb deswegen in Chicago."

„Das ist allerdings verständlich", klärte Geigele sie auf. „Sehen Sie, Fräulein Lucie, Herr Dr. Lehmann ist in Chicago und steht hier neben mir", damit stellte Geigele Dr. Lehmann vor. „Wir fahren übermorgen nach Waterville zurück. Ich lade Sie ein mitzukommen."

Lucie ging hocherfreut auf das Angebot ein, und man verabredete, sich übermorgen auf dem Bahnhof, kurz vor Abfahrt des Zuges nach Waterville, zu treffen.

Geigele klärte nach Lucies Fortgang Dr. Lehmann über den Zusammenhang auf.

24. Geigeles Heimkehr

Nach Waterville zurückgekehrt, nahm der Alltag wieder wie früher seinen Verlauf. Lucie hatte sich mit Geigele recht befreundet und diese bat sie, vorläufig bei ihr zu Gast zu bleiben, was Lucie zwar annahm, dabei aber doch durchblicken ließ, dass sie von Natur aus zu aktiv wäre, um es lange ohne Arbeit aushalten zu können. Da sich Dr. Lehmanns Praxis vergrößerte, so machte dieser den Vorschlag, Lucie zusammen mit Geigele als Hilfe zu engagieren. Dr. Lehmann schwebte vor, beide, wenn sie wollten, später im örtlichen Krankenhaus zu Krankenschwestern ausbilden zu lassen; doch es kam anders.

Josephs Erholung schritt seltsamerweise nur langsam vorwärts, und Dr. Lehmann riet ihm, vorläufig keine Arbeit anzunehmen, bis er wieder kräftiger sein würde. Aber es wurde merkwürdigerweise mit Joseph nicht besser, und als Dr. Lehmann im lokalen Hospital Röntgenaufnahmen von Josephs Verletzungen nehmen ließ, zeigten diese, dass Josephs Verletzungen viel stärkere innere Zerreißungen zur Folge gehabt hatten, als anfangs festgestellt werden konnte. Nach einigen Wochen trug man Joseph zu Grabe, obgleich er alle Pflege erhalten hatte, die ihm nur hätte zuteil werden können. Zu seiner Beerdigung war auch Rudi nach Waterville gekommen und berichtete, dass Mack nun im nächsten Monat bestimmt sein Restaurant verkaufen und er – Rudi – dann nach Waterville übersiedeln würde. Er wolle von seinen Ersparnissen irgendein Hotel kaufen und dieses als ein Heim für Touristen herrichten. Genau wusste er selbst noch nicht, was er mit dem Hotel anstellen wollte, um den Umsatz zu steigern und das Hotel zu einer erfreulichen Einnahmequelle zu machen. Während seines Aufenthalts in Waterville lud er Lucie zu Autofahrten ein, und beide schienen Gefallen aneinander zu finden.

Allmählich fiel Dr. Lehmann auf, dass Geigele müde und desinteressiert wurde – nur viel schlafen wollte sie. Sie versuchte, sich deswegen zu entschuldigen, doch Dr. Lehmann beruhigte sie, beobachtete sie jedoch von nun an genauer und verschrieb ihr auch stärkende Medizin, die aber immer nur für ganz kurze Zeit half. Schließlich half die Medizin überhaupt nicht mehr.

Als eines Tages Geigele nicht aus ihrem Zimmer herunterkam – Lucie hatte es automatisch übernommen, für den Haushalt zu sorgen –, war Dr. Lehmann höchst besorgt. Er ging mit Lucie in Geigeles Zimmer hinauf, und was er da sah, überzeugte ihn sofort, dass sich bei Geigele wieder die somnambulen Schlafanfälle einzustellen begonnen hatten, was er übrigens schon seit langem heimlich erwartete.

Nachdem Dr. Lehmann und Lucie eine Weile vor Geigeles Bett gestanden hatten, begann diese, leise zu stöhnen, als ob sie erwachte. Dr. Lehmann zog einen Stuhl heran und horchte aufmerksam, ob Geigele eventuell zu sich kommen und zu ihm sprechen würde – und das geschah auch. Langsam öffnete sie die Augen, sah sich anfänglich verstört um und schien erst allmählich die neben ihrem Lager Befindlichen zu erkennen.

„Kann ich Ihnen mit irgendetwas behilflich sein?", fragte Dr. Lehmann teilnahmsvoll.

Geigele schien über etwas nachzudenken, fing dann aber – wie unter Anstrengung – zu sprechen an: „Ich glaube, ich brauche wieder Hilfe von Ihnen, Herr Doktor. Lucie, wollen Sie mich pflegen?"

„Aber selbstverständlich doch", versicherte die Angeredete.

Nach einer Pause fuhr dann Geigele, wie zögernd fort, „ich glaube, ich habe meine Mission auf Erden erfüllt, doch es wird noch etwas dauern, ehe ich ganz vom irdischen Körper befreit sein werde. Würden Sie, Herr Doktor, so freundlich sein und wieder Aufzeichnungen machen, denn ich fühle, dass es vielleicht noch manches aufzuzeichnen geben wird. Ich sah Aristos und Fred vor mir stehen, genau wie damals, als ich mit ihnen meine Wanderungen durch das Jenseits machte. Sie sagten, sie würden von nun ab für eine Weile immer zwischen neun und zehn Uhr abends zu mir kommen und mir Verschiedenes mitteilen, was du, lieber Doktor – wie früher – aufzeichnen sollst. Würdest du das tun?"

„Aber gewiss, sehr gern", versicherte der Gefragte.

Geigele nahm von nun an wieder die Anrede mit „Du" auf, wie es früher der Fall gewesen war.

„Von nun ab werde ich die meiste Zeit schlafend zubringen – wie ohnmächtig – und werde Pflege brauchen. Doch abends möchte ich, dass du, lieber Doktor, zur Stelle bist, wenn ich im somnambulen Schlaf sprechen werde wie damals – als meine liebe Mutter noch lebte."

Von nun ab passte Dr. Lehmann jeden Abend genau auf, ob sich wieder das Sprechen im somnambulen Schlaf einstellen würde, doch es dauerte noch mehrere Tage, ehe das geschah. In der Zwischenzeit nahm Geigele fast keine Nahrung zu sich und schlief viel. Ab und zu erwachte sie zu einer Art von Halbschlaf, sprach aber nichts, sondern sah nur sinnend vor sich hin. Sie schien keinerlei Schmerzen zu spüren.

Eines Morgens jedoch erwachte sie zu vollem Tagesbewusstsein und teilte Lucie – die sie betreute – mit, dass sie am Abend um neun Uhr wieder geführt werden würde, um mit ihrem Seelenkörper Beobachtungen anzustellen.

Und so war es auch.

Dr. Lehmann stellte sich schon kurz nach acht Uhr in Geigeles Zimmer ein, versehen mit Bleistift und einem Block Schreibpapier; Geigele schien friedlich zu schlafen. Obgleich sie fast gar nichts aß und auch nur sehr wenig Wasser trank, sah sie doch durchaus nicht abgemagert aus.

Plötzlich wurde sie ruhelos, warf sich auf ihrem Lager hin und her, und dann wurde sie wieder ruhig, wobei ihre Gesichtszüge einen verklärten Ausdruck annahmen. Auf einmal begann sie zu sprechen:

„Ja, ich folge dir. Wir entfernen uns von hier hin zu einem großen Haus, anscheinend einem Krankenhaus. Dort stellen wir uns in einem Krankenzimmer neben jemanden, der gerade im Sterben begriffen ist. Er hat eine Schusswunde in der Brust und atmet schwer. Neben ihm stehen außer uns dreien, Aristos – meinem Führer durch die verschiedenen Himmel – meinem Fred und mir, noch zwei wunderschöne Gestalten. Es sind das Jenseitige aus einer höheren Sphäre, die dem Sterbenden das Heraustreten der Seele aus dem Körper erleichtern wollen. Der Sterbende scheint Schmerzen zu haben. Er stöhnt laut. An seinem Bett im Krankenhaus befinden sich ferner noch seine tiefbetrübten Eltern, ein Bruder und eine Schwester. Wie mir Aristos erklärte, war der Sterbende von der Kugel eines Gangsters getroffen worden, als dieser ihn beraubte. Der Überfallene hatte sich zur Wehr gesetzt, woraufhin der Gangster sofort geschossen hatte. Als der Getroffene zusammengebrochen war und der Gangster fliehen wollte, nachdem er den Schwerverletzten noch beraubt hatte, wurde er von der Polizei, die den Schuss gehört hatte, festgenommen. Die Polizei hatte den Verbrecher an das Krankenbett seines Opfers gebracht und wartete nun darauf, dass der Schwerverletzte nochmals zu sich kommen und den Gangster als den identifizieren würde, der ihn niederschoss. Da sahen wir, wie die beiden Schutzengel mit dem Sterbenden verhandelten und ihm rieten, den Mörder nicht zu identifizieren und ihn somit nicht der Todesstrafe auszusetzen, da die lange Gefängnisstrafe – vielleicht sogar auf Lebenszeit – den Gangster doch noch zur Einsicht seiner unseligen Tat bringen würde, während er, wenn hingerichtet, verbittert ins Jenseits eingehen müsse und es dort dann sehr lange für ihn dauern würde, ehe es mit ihm wieder vorwärtsgehen könnte. Die Schutzengel versprachen, dem Bewusstlosen zu gewähren, dass er nochmals so weit zu sich kommen könnte, dass er seine Angehörigen erkennen würde. Wenn ihm aber dann der Verbrecher vorgeführt werde, würde er erneut bewusstlos werden. Der Schwerverletzte erklärte sich damit einverstanden, was die Schutzengel zu freuen schien. Der Sterbende kam bald darauf nochmals zum Bewusstsein, erkannte seine Angehörigen und drückte ihnen die Hände, verlor aber darauf sofort wieder das Bewusstsein, als die Polizei den gefesselten Verbrecher zur Identifizierung herbeiführte. Mein Führer Aristos erklärt mir, dass der Sterbende dem Verbrecher in einem früheren Leben einmal bitteres Unrecht zugefügt habe, was nun gesühnt sei. Diese Sühne dürfte demjenigen, der ihn niedergeschossen habe, jetzt dadurch zur Rettung verhelfen, da er nicht hingerichtet werden würde. Er könne so den Rest seines irdischen Lebens dafür verwenden, zur Einsicht seiner Handlungsweise als Mörder zu kommen. Dazu verhilft der jetzt Sterbende dadurch, dass er den Mörder nicht identifiziert. So sei beiden geholfen, dem Sterbenden, dessen Schuld aus früherem Leben nun gesühnt wäre und dem Mörder, der durch die abzusitzende lange Freiheitsstrafe eine innere Wandlung durchmachen würde, die seine bisherige Lebenseinstellung gänzlich ändern müsse."

Die letzten Worte kamen nur noch wie gehaucht hervor.

Geigele verfiel anscheinend wieder in einen Tiefschlaf, und da weiter keine Nachrichten mehr zu erwarten waren, begab sich Dr. Lehmann wieder nach unten an seine Arbeit.

An den nächsten Abenden kam es zur selben Stunde immer wieder zu ähnlichen Mitteilungen, wobei es sich um Berichte über Szenen an Sterbebetten handelte. Geigele berichtete dabei unter anderem, wie leicht in Wirklichkeit das eigentliche Sterben sei, obgleich es den

Umstehenden so vorkomme, als ob der Sterbende ganz fürchterlich litte. Das Hinübergehen ins große Jenseits sei in Wirklichkeit ein genauso einfacher Vorgang wie abends das Einschlafen, wenn man gleich von einem schönen Traum umfangen wird. Ein andermal beschrieb sie eingehend das Eintreffen von Seelen Verstorbener im großen Jenseits, das in jedem Falle wieder verschieden wäre. Einmal erzählte sie auch im somnambulen Schlaf, dass sie mit allen ihren Angehörigen, die schon gestorben wären, vereint sei und welches beglückendes Gefühl das bei ihr auslöste.

Eines Abends machte Geigele folgende Ausführungen: „Ich fühle immer deutlicher, dass es jetzt bald mit mir auf Erden vorüber sein wird. Ich bin bereit zu gehen und wünsche euch alles, alles Gute auf eurem ferneren Lebensweg, der ganz deutlich vor mir sichtbar ist. Du, liebe Lucie, wirst Rudi heiraten, wenn er hierher übergesiedelt ist und ein glückliches Familienleben führen. Du, lieber Doktor, wirst unverheiratet bleiben und ganz in deiner Arbeit aufgehen. Ich bitte euch aber, euch ab und zu nach Magdalena zu erkundigen, der es noch einmal – wie ich sehe – schlecht gehen wird. Nehmt euch dann ihrer bitte an!"

Lucie und Dr. Lehmann versprachen Geigele, alles zu tun und zu besorgen, um was sie gebeten hatte. Sie schien die Zusage beider trotz ihres somnambulen Schlafes vernommen zu haben. Dann sprach sie weiter: „Ach, ihr glaubt ja gar nicht, wie schön das Fortgehen von der Erdenwelt ist, wenn man das Gefühl hat, niemandem absichtlich ein Unrecht zugefügt zu haben und sich stets bemühte, das als Pflicht zu tun, was einem als Lebensaufgabe zugedacht wurde. Wenn die Menschen bei Lebzeiten nur ahnten, wie herrlich es in der Sterbestunde ist, wenn man sich bewusst ist, niemandem absichtlich ein Unrecht zugefügt und jedermann verziehen zu haben, der einem wirklich Unrecht zufügte! Es kommt einem dann so vor, als ob man ein Examen glücklich bestanden hat und nun in einen Seinszustand eingehen kann, wo es solche Sorgen und Kümmernisse wie auf Erden nicht mehr gibt. Und von wie vielen herrlichen Gestalten – teils Engeln und teils bereits seit langem Verstorbenen und weit Fortgeschrittenen – ist man umgeben, wenn sich die Fesseln, die einen noch hier ans irdische Leben ketten, langsam zu lösen beginnen. Ihr wisst es nicht, doch ich befinde mich bereits im Zustande der Loslösung von dieser Erde und lebe beinahe schon ständig in zwei verschiedenen Welten."

Und so schien es auch zu sein, denn Geigele wachte jetzt am Tag manchmal wieder vollbewusst auf und nahm an den Vorgängen des Alltags wirklichen Anteil, doch sie sprach nicht viel und schien wie durchgeistigt. Öfters sah sie lächelnd irgendwo im Zimmer auf einen Punkt und schien sich dort mit jemandem lautlos zu unterhalten. Ein anderes Mal wieder nickte sie und schien auf etwas mit äußerster Aufmerksamkeit zu lauschen. Dr. Lehmann und Lucie störten Geigele nicht, die sich aber wohl doch irgendwie bewusst sein musste, dass ihr seltsames Benehmen Neugierde erweckte. Eines Abends, zur festgesetzten Stunde zwischen neun und zehn Uhr abends erklärte sie plötzlich im somnambulen Schlaf: „Ich bin dankbar dafür, dass ihr beiden lieben Menschen mich nicht stört, wenn ich Besuche aus dem Jenseits empfange. Denn das ist der Fall, wenn ihr mich am Tag plötzlich wie geistesabwesend auf einen Punkt starren und mich mit euch unwahrnehmbaren Wesen unterhalten seht. Jetzt, im Zustand des langsamen Sterbens, befinde ich mich, während ich noch voll lebe, oftmals schon im Jenseits und bin mit dortigen Bewohnern zusammen, wobei ich aber nicht weiß und angeben kann, ob ich nicht in Wirklichkeit in deren Seinsebene eingehe, oder ob nicht die jenseitigen Besucher mit ihrer Seinsebene hierher kommen. Denn wenn sie hier sind, verschwindet manchmal völlig das ganze Zimmer und ist nur noch wie eine Umrahmung für das vorhanden, was ich dann sehe und erlebe.

Es ist ein schwer zu beschreibender, aber herrlicher und beglückender Zustand. Mir werden da viele, viele innere Offenbarungen zuteil. Manchmal ist es mir, als ob ich dabei den ganzen Erdball begreifend umfassen könnte, und dann wieder sehe ich in unendlich entfernte Sternenwelten hinein, die plötzlich für mich ganz nahe rücken. Oft ist es nur ein Gestirn, das mir dabei so nahe kommt, dass ich sogar die Bewohner darauf erkennen kann. O wie herrliche Menschen gibt es auf einigen solcher Sterne."

Obgleich Geigele noch ganz gesund und kräftig erschien, merkte man aber an ihrem immer mehr und mehr durchgeistigten Zustand deutlich, dass mit ihr bereits Veränderungen vor sich gingen, die sie immer mehr und mehr der Welt zu entrücken schienen.

Eines Abends – es war im Spätsommer – erschien Geigele besonders durchgeistigt, gleichzeitig aber auch innerlich beglückt, als sie Folgendes in ihrem somnambulen Schlaf enthüllte: „Nun sind es nur noch ein paar Tage, ihr lieben Freunde, die ich mit euch zusammen hier auf Erden verbringe. Erschreckt darüber nicht! Wir alle müssen ja einmal von hier fort. Diesmal möchte ich euch aber etwas mitteilen, da mir mein Führer Aristos andeutete, dass ich es euch sagen sollte. Jeder Mensch, der auf Erden geboren wird, hat eine Aufgabe zu erfüllen, und wäre es auch nur die, eben einmal auf dieser Welt gelebt zu haben. Doch für die meisten Erdenmenschen ist die Aufgabe größer als nur gelebt zu haben. Mir wurde zum Beispiel gezeigt, dass es meine Mission war, die Erdenmenschen darauf aufmerksam zu machen, dass das irdische Leben so eigentlich nur einen einzigen Schultag in unserem ewigen Sein darstellt. Und dieser Schultag wird von jedem Lebenden wieder anders aus- und durchgelebt, je nach der Schulaufgabe, die ihm am Tag zuvor aufgegeben wurde. Dieser Tag zuvor ist dabei die Zeit vor seiner Geburt, wenn er noch vollbewusst im Jenseits weilt und ihm innerlich zur Kenntnis kommt, dass er auf diese Erde versetzt werden würde – für einen ganz bestimmten Zweck und für eine ganz bestimmte Aufgabe. Meine Aufgabe war zum Beispiel – und ich werde mir derselben jetzt auch voll bewusst – ein Leben zu führen, durch das ich seelisch und geistig auffallen würde und so viele Menschen, die mit mir irgendwie in Berührung kämen, durch meinen somnambulen Zustand und meine Gabe des geistigen Beratens veranlassen würde, über die Fragen des Seins nachzudenken. Oft dachte ich bei mir im Leben, wenn ich über meinen somnambulen Zustand nachdachte, ja, ich beeindrucke dabei doch nur einen wirklich kleinen Kreis, der von gar keiner Bedeutung für die Masse der Menschheit sein kann. Aber jetzt habe ich die Lösung zu dieser meiner inneren Frage gefunden. Freilich kann ich immer nur einige wenige beeindrucken, doch alles Weltgeschehen und jede Veränderung und Verbesserung im Weltdenken wurde immer nur zuerst von einigen wenigen begonnen und strahlte dann von diesen aus in Kanäle der Überlieferung, die später große Aufklärung brachten."

Dr. Lehmann hatte sich über diese somnambule Eröffnung ganz besondere Aufzeichnungen gemacht, da sie ihm sehr wertvoll erschienen.

An einem der nächsten Abende setzte Geigele im somnambulen Schlaf und im somnambulen Sprechen diesen Gedankengang noch weiter fort, indem sie unter anderem bemerkte: „Ja, ja, ihr ahnt nicht, welche inneren Zusammenhänge zwischen allem Weltgeschehen im Kosmos bestehen. Irgendwie und irgendwo besteht sogar eine Art von magnetisch-seelischer Bindung zwischen dem Sandkorn und einem

Sonnensystem. Ach, es ist so furchtbar schwer, euch das alles klarmachen zu können, was mir jetzt kurz vor meinem Hinscheiden von dieser Welt bewusst wird. Und dabei kommt es mir vor, als ob ich doch noch viel, viel mehr hätte tun sollen und können zur Verbreitung meiner Gabe als Somnambule, die meine Lebensmission darstellte, obschon ich eigentlich nicht wüsste, wie ich das hätte anstellen sollen. Aber, ich sage euch allen, so schön wie es ist beim Sterben zu wissen, dass man niemandem absichtlich wehgetan hat und deswegen ruhig sterben kann, so quälend ist doch das Gefühl, dass man die irdische Lebenszeit vielleicht doch nicht richtig ausnutzte und sie hat vergehen lassen, ohne das Äußerste zu tun, die Mission zu erfüllen. Dann taucht dabei jedoch auch wieder der Gedanke auf, wäre man dabei nicht vielleicht zu einem Fanatiker geworden, der schlimmer ist als jemand, der seine Missionspflicht nicht ganz erfüllt hat? Es gibt manchmal auch Augenblicke beim Sterben – besonders bei einem Sterben wie es bei mir vor sich geht, langsam und sich über Tage ausdehnend – wo man von Vorwürfen gequält wird und nicht die Kraft fühlt, solche Gedanken zu bannen, obschon meine euch unsichtbaren Freunde um mich herum mir lächelnd-beschwichtigend versichern, dass ich mich zu Unrecht mit solchen Vorwürfen quäle. Wenn derartige Augenblicke über mich kommen, dann fühle ich, wie ich körperlich schwitze, und dieser Schweiß ist schon eine Art Todesschweiß."

Dann kamen wieder Abende, wo Geigele fast fröhlich war, wobei ihr Gesicht strahlte, als ob ihr Kopf von einem Heiligenschein umgeben wäre.

Aufgrund der Ankündigung Geigeles, dass es nun wirklich bald mit ihr zu Ende gehen würde, wachten Dr. Lehmann und Lucie besonders sorgfältig über Geigele. Manchmal schien es ihnen, als ob schon jedes Leben aus ihrem Körper gewichen wäre, doch eine genaue Untersuchung Dr. Lehmanns erbrachte dann immer wieder den Beweis, dass es doch noch nicht so weit war.

An einem Abend war Geigele ganz besonders glücklich und strahlend. Geradezu jubelnd hörte sich das an, was sie da im somnambulen Schlaf sagte: „Oh, bin ich heute glücklich! Wie wundervoll ist mir zumute! Sie sind heute abend alle, alle gekommen, mich zu besuchen und füllen hier die Stube aus, obgleich ihr beide sie nicht seht. Da steht Fred und neben ihm Aristos. Freundlich lächelnd neben diesem steht Gottlob, der liebe Führer und Erklärer bei unserer Wanderung durch den Liebehimmel, ja ich sehe auch den liebenswürdigen Erläuterer aus der ‚teuren Stadt', wo ich es damals nicht lange aushielt, weil mir die Kräfte zu schwinden drohten, und außerdem sind noch unzählige andere Verstorbene um mich herum, die ich einst auf Erden kannte – manche davon sind schon in einem teilweise verklärten Zustand. Auch meine liebe Mutter, ja sogar schon Joseph, obgleich er doch erst kurze Zeit tot ist und auch mein lieber verstorbener Vater, der jetzt so beglückt aussieht; sie alle, alle sind um mich versammelt und wollen mir den Ein- und Übertritt in deren Welt so leicht und erfreulich wie möglich machen. Mir ist es jetzt, als ob ich direkt aus meinem Körper heraustreten und zu den Umstehenden um mich herum hinübergehen könnte, doch eine innere Stimme sagt mir, ich solle mich noch eine kleine Weile gedulden. Aber gar nicht mehr lange würde es dauern und ich wäre von dieser Erdenbürde befreit und erlöst."

Geigele fühlte anscheinend keine Schmerzen, denn sie klagte niemals, dass ihr irgendetwas weh täte. Aber in den letzten zwei bis drei Tagen stellten sich einige Veränderungen bei ihr ein. Ihr Körper schien Gewicht zu verlieren, die Haut wurde wie durchsichtig und ihr Blick war seltsam wehmütig und traurig.

Dabei kam es nun auch den Tag über oft zu Anfällen von großer Schwäche, wobei Geigele stark schwitzte. Dr. Lehmann konnte trotz aller seiner ärztlichen Kenntnisse nicht feststellen, was Geigele nun eigentlich fehlte, außer einem allgemeinen körperlichen Verfall infolge großer Schwäche.

Am nächsten Abend kam Geigele auf des Doktors Diagnose zurück und führte aus: „Lieber Doktor, du kannst als Arzt nicht feststellen, was nun eigentlich mein Leiden ist, das zum Tod führen wird. Du kannst das auch nie feststellen, außer als allgemeinen körperlichen Schwächezustand, aber darunter verbirgt sich doch noch so mancherlei, was die ärztliche Wissenschaft heute noch nicht weiß. Mein Leiden ist verursacht durch meine medial-somnambule Veranlagung, die sich als Werkzeug der Nerven oder, noch besser gesagt, des sogenannten Nervengeistes oder vielleicht – am deutlichsten ausgedrückt – des Nervenfluidums bedient. Das Nervenfluidum ist sozusagen das Blut der Seele und wirkt im irdischen Körper auch durch das menschliche Blut. Mein Leiden ist also so eigentlich kein rein irdisches, sondern eines des Nervengeistes meines Seelenkörpers. Dieser ist bei mir weit geöffnet für überirdische Einflüsse, über die die ärztliche Kunst keine Macht besitzt und auf die sie auch keinen Einfluss auszuüben vermag. Daher tritt mein eigentliches Ableben erst dann ein, wenn meine seelisch-geistige Verpflichtung erfüllt ist, die mit meiner Lebensmission verbunden ist. Und solche Erfüllung steht nun unmittelbar bevor. Einen Todeskampf werde ich nicht durchzumachen brauchen, da mich meine jenseitigen Freunde – wenn der Moment der Reife für mein Ableben gekommen ist – sofort in Empfang nehmen werden, so dass ich sozusagen nur aus meinem irdischen Körper werde herauszutreten – oder besser – herauszusteigen brauche. Ihr werdet Zeuge davon sein, denn, wie mir von meinen unsichtbaren Freunden mitgeteilt wird, werde ich abends zwischen neun und zehn Uhr sterben, also in der Stunde, in der ihr sowieso immer hier um mich versammelt seid."

Dr. Lehmann und Lucie waren diesmal von dem Gehörten erschüttert. Sie begaben sich schweigend nach unten, während Geigele in einen wohltuenden Tiefschlaf fiel.

Während der nächsten drei Tage war Geigele fast die ganze Zeit – wie ihr Benehmen zeigte – mit Verstorbenen zusammen, die um sie herum waren und mit denen sie sich zu unterhalten schien. Oft nickte sie mit dem Kopf, lächelte gelegentlich auch wie beglückt, dann hörte sie wieder wie äußerst gespannt zu, kurz es war, als ob sie sich schon mehr im Jenseits als noch in diesem irdischen Leben aufhalten würde.

An diesen Abenden kam es zwischen neun und zehn Uhr nur zu unbedeutenden Mitteilungen. Sie berichtete lediglich, wer alles um sie herum sei und wie Einzelne davon sie herrliche Szenen schauen ließen. Schmerzen schien sie nicht zu haben. Es war, als ob ihr Körper sich bereits aufzulösen begänne, denn ihre Haut war fast ganz durchsichtig, und der Glanz ihrer Augen war geradezu überirdisch.

Am Abend des vierten Tages begann sie bereits um neun Uhr zu sprechen. Es nahm sich so aus, als ob sie das, was sie diesmal mitteilen wollte, einfach auszusprechen hätte, um, wie es schien, etwas loszuwerden, was sie noch bedrückte.

„Ihr Lieben werdet euch gewiss wundern, warum meine Schwester Magdalena so gegen mich eingestellt war. Jetzt weiß ich es, doch ich muss, ehe ich es sage, euch vorher noch etwas anderes eröffnen. Wir denken oft, dass Blutsverwandte in diesem Leben durch verwandtschaftliche Bindungen in früheren Leben zusammengeführt werden. Das trifft gelegentlich wohl zu, doch Verwandtschaften werden im

Leben meistens mehr durch Verhältnisse in früheren Leben bedingt, wo bestimmte andere als verwandtschaftliche Bindungen mit- und untereinander infolge irgendwelcher Einstellungen und Auffassungen vorlagen, die sich dann in diesem Erdenleben auswirken. Manche davon lösen sich während des irdischen Erdenlebens in ganz natürlicher und für jedermann unmerklicher Weise. Damit tritt dann eine Entfremdung zwischen Geschwistern oder zwischen Kindern und Eltern ein. Die verwandtschaftlichen Bindungen in einem Erdenleben sind manchmal sogar ganz oberflächlicher Natur, ohne jede besondere frühere verwandtschaftliche Beziehung. Oftmals kommt es allerdings auch vor, dass verwandtschaftliche Bindungen in einem Erdenleben dadurch veranlasst sind, dass sie bestimmte latente Hemmungen auszulösen oder wiederum als Hemmungen für einzelne andere Familienmitglieder zu dienen haben. Das liegt natürlich in jedem Fall wieder anders. Erklären möchte ich hier nur, dass verwandtschaftliche Bindungen im irdischen Leben durchaus nicht immer tiefgründiger Art sind, sondern öfters lediglich durch gelegentliche Umstände verursacht sein mögen, so dass man fast sagen kann, sie sind rein zufälliger Natur."

Sie unterbrach ihre Ausführungen und es sah so aus, als ob sie tief einschlafen wollte. Nach einigen Minuten fuhr sie jedoch fort zu berichten: „Nun, wie kam es, dass meine Schwester Magdalena in unserer Familie so aus der Art geschlagen war und – zum Teil auch etwas – mein schon verstorbener Bruder Joseph. Magdalena war während mehrerer meiner früheren Leben meine Freundin gewesen, dann aber ihre eigenen Wege gegangen und dabei auf Abwege geraten. Ich hatte ihr nicht helfen können. Es bestand aber eine gewisse ursächliche Bindung zwischen uns. Sie hatte sich in einem späteren Leben unter widrigen Verhältnissen verkörpern müssen und war ziemlich tief gesunken. Aufgrund meiner einstigen Freundschaft und meiner somnambulen Gabe war die Möglichkeit vorhanden, sie auf den rechten Weg zurückzubringen; mir gelang das nicht. Doch dadurch, dass sie mir jetzt großes Unrecht tun wollte und ihr das nicht gelang, wird sie aus dem Gleichgewicht geworfen werden und in Verhältnisse geraten, die dann bessernd auf sie einwirken werden. Für mich selbst erfüllte sie die Aufgabe, mir meine somnambule Mission auf Erden etwas zu erschweren, denn ohne solche Hemmungen hätte meine Mission niemals Proben bestehen können. Kein Sterblicher, selbst die Heiligen, sind in ihrem Leben von Heimsuchungen frei. Sie müssen im Gegenteil desto schwierigere durchmachen, je höher sie sich zur Heiligkeit durchringen. Legt also eng verwandtschaftlicher Bindung im irdischen Leben keine zu große Bedeutung bei. Oft befinden sich Verwandte im Lebenskreis eines Menschen und seiner Familie nur infolge ganz nebensächlicher Umstände, oder damit sich diejenigen, die jetzt Verwandte sind, durch das Zusammenleben gegenseitig unbewusst helfen und fördern, oder hemmen und zurückhalten, wie nun gerade der Fall liegen mag."

Erneut trat eine Pause ein, die von Dr. Lehmann und Lucie nicht gestört und unterbrochen wurde. Dann fuhr sie auf einmal wieder, weiter erklärend, fort: „Mein Führer teilte mir eben mit, dass ich das, was er anführte, etwas ungenau und verwirrt gesagt hätte, doch ich kann es nicht klarer in Worten ausdrücken, während es mir in dem Zustand, in dem ich mich befinde, völlig klar und verständlich ist. Entschuldigt deswegen, ihr Lieben, dass ich euch alles jetzt Mitgeteilte nicht deutlicher zum Bewusstsein zu bringen vermag."

Damit schlief Geigele ein und sprach nicht mehr weiter.

Drei Tage später war Geigele, als Lucie ins Zimmer trat, freudig gestimmt. Sie lachte Lucie entgegen und teilte ihr mit: „Lucie, heute Abend werde ich abgeholt. Es wird das ungefähr 21:35 Uhr sein. Sage Dr. Lehmann, er soll ja rechtzeitig zur Stelle sein. Um euch beide für eure Güte und Pflege wenigstens etwas zu entschädigen, habe ich meine Freunde aus dem großen Jenseits, die nun dauernd um mich sind, gebeten, euch, wenn möglich, irgendetwas von der Beseligung fühlen zu lassen, die für mich mit meinem Eintritt ins große Jenseits verbunden sein wird."

Lucie nickte nur stumm, fragte Geigele, ob sie was Besonderes wünsche, was aber verneint wurde, und begab sich dann zu Dr. Lehmann nach unten, dem sie Geigeles Eröffnung mitteilte. Beide waren den ganzen Tag hindurch so bedrückt, dass sie nicht recht wussten, was sie mit sich beginnen sollten. Zum Glück hatte Dr. Lehmann an diesem Tag keine Patienten. Ab und zu ging man hinauf in Geigeles Zimmer, wo diese aufrecht im Bett saß und sich beglückt mit ihren Gästen aus dem großen Jenseits zu unterhalten schien.

Endlich kam der Abend heran.

Der Himmel hatte sich mit schwerem Gewölk bedeckt und ferner Donner rollte; ab und zu zuckte ein jäher Blitz auf. Es war eine unheimliche Stimmung in der Natur.

Schon um 20.30 Uhr begaben sich Dr. Lehmann und Lucie, die

den Tag über fast gar nichts gegessen hatten, in Geigeles Zimmer.

Noch immer schien diese sich mit ihren Gästen aus dem großen Jenseits zu unterhalten. Manchmal blickte sie ruhig vor sich hin.

Gegen neun Uhr schien sie müde zu werden und einzuschlafen. Ihr Atem ging aber ruhig und regelmäßig. Es war 21:30 Uhr und noch immer schien Geigele ruhig und friedlich zu schlafen.

Plötzlich aber wurde sie wach, richtete sich im Bett auf und – Dr. Lehmann sah nach der Uhr, es war genau 21:35 Uhr – breitete auf einmal mit einem Aufjauchzen ihre Arme nach jemandem aus, den Dr. Lehmann und Lucie aber nicht sehen konnten. Doch sie sahen etwas anderes, was wohl noch nicht von allzu vielen Menschen in einem Sterbezimmer wahrgenommen wurde. Sie sahen, dass sich vom Kopf und der Brust Geigeles her eine schleierhafte Form, die ganz das Aussehen von Geigele hatte, loslöste, bis diese Form schließlich die volle Gestalt von Geigele erreicht hatte. Als dieses geschah, drehte sich die schleierhafte Form freudig-beglückt zu Dr. Lehmann und Lucie, und im gleichen Augenblick fiel die sitzend aufgerichtet gewesene irdische Gestalt von Geigele im Bett zurück und lag steif und kalt da. Dr. Lehmann und Lucie nahmen ferner wahr, wie einige andere schleierhafte Formen im Sterbezimmer sichtbar wurden, die das seelische Geigele an den Armen fassten und mit ihr langsam davon schwebten, wobei auf einmal das ganze Sterbezimmer mit Tönen einer himmlischen Musik erfüllt und gleichzeitig das Zimmer auch von herrlichen Blumendüften durchweht zu sein schien.

Es war für Dr. Lehmann und Lucie ein Erlebnis eigener Art und von solcher Deutlichkeit, dass beide ebenfalls glaubten, ins Jenseits versetzt zu sein.

Allmählich wich der Bann von beiden, und da erst nahmen sie wahr, dass draußen ein schweres Gewitter mit wolkenbruchartigem Regen tobte, der gegen das Zimmerfenster peitschte.

Dr. Lehmann trat an Geigeles Bett und stellte fest, dass der Tod eingetreten war. Er drückte ihr die Augen zu.

Die Beisetzung erfolgte auf dem Friedhof neben dem Grab ihrer Mutter.

Mit dem Ableben Geigeles war nochmals das Interesse der Stadtbevölkerung für ihr früheres Wirken unter der Hilfe und sonstige Weisungen suchenden Bevölkerung erwacht, und die beiden Lokalzeitungen schrieben lange Artikel über sie. Bei der Beerdigung hatten sich Hunderte von Menschen eingefunden. Da Geigele zu keiner bestimmten Kirche gehört hatte, hielt Dr. Lehmann die Beisetzungsrede, die er mit den folgenden Worten abschloss:

„Und so gehe ein, liebes Geigele, in die von dir wohlverdiente himmlische Ruhe! Du hast durch dein Leben und Wirken bewiesen, dass es auch heute noch – wie es schon in der Vergangenheit stets war und wie es auch in die Zukunft hinein immer sein wird – Vorkommnisse und Begebenheiten gibt, von denen sich die Schulweisheit nichts träumen lässt. Deine Lebensmission war es, der Welt zu zeigen, dass es durch bestimmte Zustandsverhältnisse, die wir Somnambulismus nennen, möglich ist, noch während unseres irdischen Daseins die Grenzen dieser irdischen Welt zu überschreiten und in jene Zonen einzudringen, in die diese irdische Welt von allen Seiten eingebettet ist. Ein Mensch, bei dem sich solche Zustandsverhältnisse von Zeit zu Zeit einstellen, erfüllt damit eine Mission für die Menschheit, und das irdische Leben einer solchen Person ist nicht leicht. Geigele, deren irdischen Körper wir hiermit der Mutter Erde übergeben, hat nun eine solche Mission voll und ganz durchgeführt. Wir werden ihrer stets gedenken. Ihre Seele und ihr Geist werden jetzt in besseren Gefilden neue und noch herrlichere Aufgaben durchzuführen haben. Geigele, wir werden dich nie vergessen!"

Literaturempfehlungen

Auch in anderen Verlagen finden Sie interessante Literatur zu den Themen Sterben, Tod und Jenseits. Hier eine kleine Auswahl:

Franchezzo (2003): Ein Wanderer im Lande der Geister. Bietigheim/Württ.: Turm-Verlag.
Georgi, Superintendent (o. D.): Sieben Himmelsstufen. Gütersloh, Urgemeinde-Verlag.
Kübler-Ross, Elisabeth (2009): Über den Tod und das Leben danach. Güllesheim: Verlag Silberschnur.
Lees, Robert James (2008): Reise in die Unsterblichkeit. Ergolding: Drei-Eichen-Verlag.
Lorber, Jakob (1989): Die geistige Sonne. Bietigheim/Württ.: Lorber-Verlag.
Lorber, Jakob (1995): Von der Hölle bis zum Himmel. Bietigheim/Württ.: Lorber-Verlag.
Lorber, Jakob (2003): Bischof Martin. Die Entwicklung einer Seele im Jenseits. Bietigheim/Württ.: Lorber-Verlag.
Lorber, Jakob (2004): Jenseits der Schwelle. Sterbeszenen. Bietigheim/Württ.: Lorber-Verlag.
Moody, Raymond A. (2008): Leben nach dem Tod. Die Erforschung einer unerklärlichen Erfahrung. Reinbek bei Hamburg: Rowohlt-Taschenbuch-Verlag. (Rororo, 62348).
Ritchie, George G. (1988): Rückkehr von morgen. Unter Mitarbeit von Elizabeth Sherrill. Marburg an d. Lahn: Francke.
Snell, Joé (2003): Der Dienst der Engel. Diesseits und jenseits ; Erlebnisse einer Krankenschwester. Umbeck, Eduard (Hg.). Bietigheim/Württ.: Turm-Verlag.
Swedenborg, Emanuel (2005): Himmel und Hölle. Visionen & Auditionen. Zürich: Swedenborg-Verlag.
Swedenborg, Emanuel; Horn, Friedemann (2000): Er sprach mit den Engeln. Ein Querschnitt durch das religiöse Werk von Emanuel Swedenborg. Zürich: Swedenborg-Verlag.
Wickland, Carl (1991): Dreißig Jahre unter den Toten. St. Goar: Der Leuchter Reichl.